AF540369

देवनागरी लिपि और हिन्दी : संघर्षों की ऐतिहासिक यात्रा

देवनागरी लिपि और हिन्दी
संघर्षों की ऐतिहासिक यात्रा

डॉ. रामनिरंजन परिमलेन्दु

राधाकृष्ण प्रकाशन

ISBN : 978-81-8361-638-6

देवनागरी लिपि और हिन्दी
संघर्षों की ऐतिहासिक यात्रा

पहला संस्करण : 2014
This book is printed on **Print on Demand** Technology : 2026

मूल्य : ₹995

प्रकाशक
राधाकृष्ण प्रकाशन प्राइवेट लिमिटेड
जी-17, जगतपुरी दिल्ली-110 051

शाखाएँ : अशोक राजपथ, साइंस कॉलेज के सामने, पटना-800 006
पहली मंजिल, दरबारी बिल्डिंग, महात्मा गांधी मार्ग, प्रयागराज-211 001
1, अनमोल सोराबजी संतुक लेन, धोबी तलाव, मरीन लाइंस, मुम्बई-400 002

वेबसाइट : www.radhakrishnaprakashan.com
ई-मेल : info@radhakrishnaprakashan.com

DEVNAGARI LIPI AUR HINDI
Sangharshon Ki Eitihasik Yatra
by Dr. Ram Niranjan Parimalendu

दो शब्द

देवनागरी लिपि और हिन्दी : संघर्षों की ऐतिहासिक यात्रा शीर्षक मेरी पुस्तक के सभी खोजपूर्ण निबन्ध अलभ्य अगवेषित सामग्री के आधार पर चिन्तन की नई भूमि पर केन्द्रित हैं। हिन्दी में यह अपने ढंग की सबसे पहली कृति सिद्ध होगी, ऐसी आशा है। इस संकलन के अधिकतर निबन्ध विभिन्न लब्धप्रतिष्ठ पत्रिकाओं में अनेक कालखंडों में प्रकाशित हो चुके हैं। पाठकों ने इनकी अत्यधिक सराहना की थी। ये सभी निबन्ध देवनागरी लिपि और हिन्दी भाषा के अछूते विषय पर लिखे गए हैं और मौलिक हैं। मेरी दृष्टि सर्वत्र वस्तून्मुखी रही है। ऐतिहासिक गरिमा के रक्षार्थ उद्धरण-चिन्हों में उद्धृत पंक्तियों में किसी भी प्रकार का संशोधन-परिवर्द्धन-परिमार्जन अथवा परिवर्तन मैंने यथासंभव नहीं किया है। उन्नीसवीं शताब्दी के उत्तरार्द्ध की हिन्दी गद्य-भाषा की तत्कालीन स्वाभाविकता की रक्षा करने के प्रयास यहाँ मैंने किये हैं।

यदि कहीं पुनरुक्ति दोष की घुसपैठ हो गई हो तो वह मूल विषयवस्तु के तथ्यात्मक प्रतिपादन की अनिवार्यता और विवशता के कारण है।

इस पुस्तक का मूल शीर्षक था–'संघर्षों की यात्रा में देवनागरी लिपि और हिन्दी भाषा।' डॉ. नामवर सिंह जी ने अपनी हस्तलिपि में इसका कृपापूर्वक नामकरण किया–'देवनागरी लिपि और हिन्दी : संघर्षों की ऐतिहासिक यात्रा।' एतदर्थ मैं उनका आभारी हूँ। इस नामकरण से इसकी महत्ता में अभिवृद्धि ही हुई है। भारत में किसी के भी नामकरण संस्कार का पवित्र अधिकार किसे है, यह एक सर्वविदित सत्य है।

आशा है यह पुस्तक प्रबुद्ध पाठकों के लिए अत्यन्त उपादेय और प्रेरणाप्रद सिद्ध होगी।

–डॉ. रामनिरंजन परिमलेन्दु

पूर्व युनिवर्सिटी प्रोफेसर (हिन्दी)
दक्षिण दरवाजा, गया 823001 (बिहार)

अनुक्रम

देवनागरी लिपि और हिन्दी : संघर्षों की ऐतिहासिक यात्रा

भारत के मुगल शासन में देवनागरी लिपि

भारत की प्रचलित अति प्राचीन लिपि देवनागरी रही है। विभिन्न मूर्ति-अभिलेखों, शिला-लेखों, ताम्रपत्रों आदि में भी देवनागरी लिपि के सहस्राधिक अभिलेख प्राप्य हैं, जिनका काल खंड सन् 1008 ई. के आसपास है। इसके पूर्व, सारनाथ में स्थित अशोक स्तम्भ के धर्मचक्र के निम्न भाग देवनागरी लिपि में भारत का राष्ट्रीय वचन 'सत्यमेव जयते' उत्कीर्ण है।[1] इस स्तम्भ का निर्माण सम्राट् अशोक ने लगभग 250 ई. पूर्व में कराया था।

मुसलमानों के भारत आगमन के पूर्व से, भारत की देशभाषा हिन्दी और लिपि देवनागरी या उसका रूपान्तरित स्वरूप था, जिसके द्वारा सभी कार्य सम्पादित किए जाते थे। मुगल राजत्व काल के प्रारम्भ (1200 ई.) से सम्राट् अकबर के राजत्व काल (1556 ई.-1605 ई.) के मध्य राजस्व विभाग में हिन्दी भाषा और देवनागरी लिपि का प्रचलन था।[2] भारतवासियों की फारसी भाषा से अनभिज्ञता के बावजूद उक्त काल में दीवानी और फौजदारी कचहरियों में फारसी भाषा और उसकी लिपि का ही व्यवहार था।[3] यह मुस्लिम शासकों की मातृभाषा थी।

भारत में इसलाम के आगमन के पश्चात् कालान्तर में संस्कृत का गौरवपूर्ण स्थान फारसी को प्राप्त हो गया। देवनागरी लिपि में लिखित संस्कृत भारतीय शिष्टों की शिष्ट भाषा और धर्मभाषा के रूप में तब कुंठित हो गई। किन्तु मुगल शासक देवनागरी लिपि में लिखित संस्कृत भाषा की पूर्ण उपेक्षा नहीं कर सके। महमूद गजनवी ने अपने राज्य के सिक्कों पर देवनागरी लिपि में लिखित संस्कृत भाषा को स्थान दिया था।

औरंगजेब राजत्व काल (1658 ई.-1707 ई.) में अदालती भाषा में परिवर्तन नहीं हुआ, राजत्व विभाग में हिन्दी भाषा और देवनागरी लिपि ही प्रचलित रही। फारसी किबाले, पट्टे रेहन्नामे आदि का हिन्दी अनुवाद अनिवार्य ही रहा। औरंगजेब राजत्व काल, औरंगजेब परवर्ती मुसलमानी राजत्व काल (1707 ई. से प्रारम्भ) एवं ब्रिटिश राज्यारम्भ काल (23 जून, 1757 ई. से प्रारम्भ) में यह अनिवार्यता सुरक्षित रही।[4] औरंगजेब परवर्ती काल में पूर्वकालीन हिन्दी नीति में किसी प्रकार का परिवर्तन नहीं हुआ।[5] ईस्ट इंडिया कम्पनी शासन के उत्तरार्द्ध में

उक्त हिन्दी अनुवाद की प्रथा का उन्मूलन अदालत के अमलों की स्वार्थ-सिद्धि के कारण हो गया और ब्रिटिश शासकों ने इस ओर ध्यान नहीं दिया।[6] फारसी किबाले, पट्टे, रेहन्नामे आदि के हिन्दी अनुवाद का उन्मूलन किसी राजाज्ञा के द्वारा नहीं, सरकार की उदासीनता और कचहरी के कर्मचारियों के फारसी-मोह के कारण हुआ। इस मोह में उनका स्वार्थ संचित था। सामान्य जनता फारसी भाषा से परिचित नहीं थी। बहुसंख्यक मुकदमेबाज मुवक्किल भी फारसी से अनभिज्ञ ही थे। फारसी भाषा के द्वारा ही कचहरी के कर्मचारीगण अपना उल्लू सीधा करते थे।

शेरशाह ने अपनी राजमुद्राओं पर देवनागरी लिपि को समुचित स्थान दिया था। शुद्धता के लिए उसके फारसी के फरमान, फारसी और देवनागरी लिपियों में समान रूप से लिखे जाते थे।[7] देवनागरी लिपि में लिखित हिन्दी परिपत्र सम्राट् अकबर (शासन काल 1556 ई.-1605 ई.) के दरबार से निर्गत-प्रचारित किए जाते थे, जिनके माध्यम से देश के अधिकारियों, न्यायाधीशों, गुप्तचरों, व्यापारियों, सैनिकों और प्रजाजनों को विभिन्न प्रकार के आदेश-अनुदेश प्रदान किए जाते थे।[8] इस प्रकार के चौदह पत्र राजस्थान राज्य अभिलेखागार, बीकानेर में सुरक्षित हैं। औरंगजेब परवर्ती मुगल सम्राटों के राज्य-कार्य से सम्बद्ध देवनागरी लिपि में हस्तलिखित बहुसंख्यक प्रलेख उक्त अभिलेखागार में द्रष्टव्य हैं, जिनके विषय तत्कालीन व्यवस्था-विधि, नीति, पुरस्कार, दंड, प्रशंसापत्र, जागीर, उपाधि, सहायता, दान, क्षमा, कारावास, गुरुगोविन्द सिंह का कार्यभार ग्रहण, अनुदान, सम्राट् की यात्रा, सम्राट् औरंगजेब की मृत्यु-सूचना, युद्ध, सेना-प्रयाण, पदाधिकारियों को सम्बोधित आदेश-अनुदेश, पदाधिकारियों के स्थानान्तरण-पदस्थापन आदि हैं।

मुगल बादशाह हिन्दी के विरोधी नहीं, प्रेमी थे। अकबर (शासन काल 1556 ई.-1605 ई.), जहाँगीर (शासन काल 1605 ई.-1627 ई.), शाहजहाँ (शासन काल 1627 ई.-1658 ई.) आदि अनेक मुगल बादशाह हिन्दी के अच्छे कवि थे।

मुगल राजकुमारों को हिन्दी की भी शिक्षा दी जाती थी। शाहजहाँ ने स्वयं दाराशिकोह और शुजा को संकट के क्षणों में हिन्दी भाषा और हिन्दी अक्षरों में पत्र लिखा था, जो औरंगजेब के कारण उन तक नहीं पहुँच सका।[9] आलमगीरी शासन में भी हिन्दी को महत्त्व प्राप्त था। औरंगजेब ने शासन और राज्य-प्रबन्ध की दृष्टि से हिन्दी शिक्षा की ओर ध्यान दिया और उसका सुपुत्र आजमशाह हिन्दी का श्रेष्ठ कवि था। मोजमशाह शाहआलम बहादुरशाह जफर (शासन काल 1707 ई.-1712 ई.) का देवनागरी लिपि में लिखित हिन्दी काव्य प्रसिद्ध है।[10] मुगल बादशाहों और मुगल दरबार की हिन्दी कविताओं की प्रथम मुद्रित झाँकी 'राग सागरोद्भव संगीत रागकल्प द्रुम' (1842-43 ई.), शिवसिंह सरोज (प्रथम संस्करण अप्रैल 1878 ई.) आदि में सुरक्षित है।[11]

गार्सा द तासी के अनुसार, ''वाकअ: यह है कि मुसलमान बादशाह हमेश: एक हिन्दी सिकरेटरी जो हिन्दी नवीस कहा जाता था और एक फारसी सिकरेटरी जिसको वह फारसी नवीस कहते थे, रखा करते थे ताकि उनके एहकाम इन दोनों ज़बानों में लिखे जायें।''[12]

भारत में मुसलमानों का युग पृथ्वीराज की पराजय और शाहबुद्दीन गोरी (मोहम्मद गोरी) की विजय के बाद ही प्रारम्भ हुआ।

भारत में मुगल राजत्व काल के प्रारम्भ से ही देवनागरी लिपि और हिन्दी भाषा के अतिरिक्त फारसी लिपि और फारसी भाषा का प्रचार हुआ।[13]

मुगल राजत्व के प्रारम्भ से राज्य-कार्य बहुधा हिन्दी भाषा और देवनागरी लिपि में ही सम्पन्न किये जाते थे। हिसाब और जमाखर्च के दफ़्तर मोहम्मद कासिम से अकबर राजत्व काल तक हिन्दी भाषा और देवनागरी लिपि में ही थे।[14] मुंशी देवी प्रसाद के अनुसार, ''इसका कारण कुछ यह नहीं था कि मुसलमान लोग हिसाब नहीं जानते हों। किन्तु वे ऐश्वर्यवान् और सिपाही-पेशा होने से हिसाब करने और जोड़-तोड़ लगाने का परिश्रम कम उठाना चाहते थे और इसको अपनी सिपहगिरी और विजय-प्राप्ति के आगे कुछ बड़ा काम नहीं समझते थे, इसलिए जो देश फतह करते थे, वहीं के दीवानों, दफ़्तरों और लेखकों को ज्यों-का-त्यों बना रखते थे और उन पर शासन करने के लिए अपनी एक बड़ी कचहरी बना देते थे, जिसका काम या तो आप, या उनके मुसलमान मंत्री किया करते थे।''[15]

मोहम्मद कासिम ने 711 ई. में सिन्ध प्रदेश का राज्य दाहर से विजय प्राप्त कर हस्तगत करने पर, वहाँ के दीवान को राज्य-कार्य सौंपकर ब्राह्मणों को अपने कार्यालय में नियुक्त किया, जिनके द्वारा प्रजा से राज्य कर प्राप्त किया जाता था। अत: वहाँ का माल दफ़्तर हिन्दी भाषा और लिपि देवनागरी में ही रह गया।[16]

मुहम्मद गजनवी ने विक्रम संवत् 1070 में पंजाब राज्य पर विजय प्राप्त की और उसने भी वहाँ के हिसाब का दफ़्तर हिन्दी और हिन्दुओं के हाथ में रहने दिया। राजपूत काल में महमूद गजनवी ने देवनागरी लिपि में लिखित संस्कृत भाषा के महत्त्व को मान्यता प्रदान की और राजनीतिक तथा प्रशासनिक दृष्टियों से उसने अपने सिक्कों पर देवनागरी लिपि में लिखित संस्कृत में शब्द अंकित कराए।[17] इन सिक्कों पर अरबी में कलमा है और साथ ही संस्कृत अनुवाद भी। राजपूत कालीन प्रशासन में हिन्दी का प्रयोग व्यापक रूप से किया जाता था।[18] शाहबुद्दीन गोरी ने विक्रम संवत् 1250 (1193 ई.) में दिल्ली राज्य पर विजय प्राप्त करने के बाद ऐसा ही किया।[19]

दिल्ली के खालजी सुल्तान अलाउद्दीन खालजी (शासन काल 1296 ई.-1316 ई.) ने भी अपने सिक्कों पर देवनागरी लिपि को वहिष्कृत नहीं किया था और यह लिपि उसके शासन की सहलिपि थी।[20]

शाहबुद्दीन ने अपने शासन का कामकाज देवनागरी लिपि और हिन्दी भाषा के माध्यम से करने के आदेश प्रदान किये।[21] दक्षिण भारत के विजयनगर साम्राज्य (शासन काल मुख्यतः 1336 ई.–1564 ई.) के सिक्कों पर देवनागरी लिपि थी। इस साम्राज्य के संस्थापक संगम कुल के नरेश हरिहर प्रथम (शासन काल 1336 ई.–1357 ई.) के प्रधानमंत्री माधव (वेदों के भाष्यकार सायण का भ्राता) ने आदेश प्रदान किया था कि केवल सिक्कों पर ही नहीं अपितु सभी राजकीय कार्यों में देवनागरी लिपि के प्रयोग किये जायें।[22]

जून, 1977 ई. में हैदराबाद से प्रायः 140 मील दूर बोधन (जिला निज़ामाबाद) के निकट एक नहर की खुदाई के क्रम में भूमि के गर्भ से 32 स्वर्ण–मुद्राएँ प्राप्त हुई थीं।[23] इन स्वर्ण–मुद्राओं पर एक ओर मूर्ति अंकित है, दूसरी ओर देवनागरी लिपि में राजा का नाम उत्कीर्ण है। ये स्वर्ण–मुद्राएँ विजयनगर के तीन शासकों से सम्बन्धित हैं–हरिहर (द्वितीय) देवराय (शासन काल 1377 ई.–1404 ई.), श्रीकृष्ण देवराय (शासन काल 1509 ई.–1529 ई.) और अच्युतदेव राय (शासन काल 1530 ई.–1542 ई.)।

तात्पर्य यह कि बोधन में प्राप्त देवनागरी लिपि की बत्तीस विजयनगर स्वर्ण–मुद्राओं का काल 1377 ई.–1542 ई. है। चौदहवीं शती से सोलहवीं शती के मध्य तक दक्षिण भारत के आंध्र के कृष्ण और तुंगभद्रा का दुआबा तटवर्ती क्षेत्र, कृष्ण के दक्षिण स्थित कर्नाटक, तमिलनाडु और केरल क्षेत्र, विजयनगर और दक्षिण भारत के शेष भाग वहमनी एवं कालान्तर में गोलकुंडा, बीजापुर, अहमदनगर और बीदर के मुसलमान शासकों के द्वारा शासित थे। विजयनगर साम्राज्य कालीन (1336 ई.–1564 ई.) आंध्र, कर्नाटक, तमिलनाडु और केरल के सिक्कों पर देवनागरी लिपि को गौरवपूर्ण स्थान प्राप्त था। चौदहवीं शताब्दी से सोलहवीं शताब्दी के उत्तरार्द्ध तक देवनागरी लिपि दक्षिण भारत की राज्य–लिपि थी।

विजयी मुसलमानों के शासन काल में विजित हिन्दुओं की हिन्दी भाषा और उसकी लिपि देवनागरी अकबर राजत्व काल तक कार्यालयों में सुरक्षित रही। सुलतान सिकन्दर लोदी भी अपने धार्मिक पक्षपात के बावजूद हिन्दी कार्यालयों को फारसी में परिवर्तित नहीं कर सका। विक्रम संवत् 1638 (1581 ई.) में टोडरमल अकबर का प्रधानमंत्री था। उसने बड़ी सावधानी और बुद्धिमानी से राज्य–कार्यालयों को हिन्दी से फारसी में परिवर्तित कर दिया। हिन्दूगण हिन्दी को विस्मृत कर जीविकोपार्जन हेतु फारसी में दक्षता प्राप्त करने लगे। राजा टोडरमल द्वारा प्रचलित फारसी में जमा खर्च लिखने की रीति स्वतंत्रता–पूर्व तक मुसलमानी रियासतों में चलती रही। रजवाड़ों के हिन्दी दफ़्तरों और बनियों के बही खातों पर भी उसका विशेष प्रभाव रहा है। राजा टोडरमल ने महकमा माल के काग़ज़ात हिन्दी में कर दिए थे, जो सदैव प्रचलन

में रहे। पटवारीगण भी नागरी अक्षरों में ही काग़ज़ातदेही दाखिल करते रहे। महाजनी और हुंडी के दस्तावेज भी देवनागरी लिपि और हिन्दी भाषा में उसने प्रचलित किए।[24] हुंडी के मसविदे में किसी प्रकार का परिवर्तन कठिन था। हिन्दी भाषा में अयोग्य व्यक्तियों के लिए भी फारसी अक्षरों में हुंडी की वही नकल अनिवार्य थी, जो हिन्दी में लिखी जाती थी।[25] विक्रम सवत् 1669 (1612 ई.) में लिखित गोस्वामी तुलसीदास का पंचनामा अकबर राजत्वकालीन कार्यालयों में देवनागरी लिपि और हिन्दी भाषा के प्रचलन का प्रमाण है।[26]

दक्षिण भारत के बादशाहों के दफ़्तरों में हिन्दी और उसकी लिपि का स्थान सुरक्षित रहा।

अकबर से औरंगजेब की दक्षिण दिग्विजय तक शैनेः-शैनेः विक्रम संवत् 1640 से विक्रम संवत् 1742 (1583 ई.-1685 ई.) तक हिन्दी मुसलमानों के दफ़्तरों से निष्कासित कर दी गई और उसके स्थान पर फारसी भाषा और उसकी लिपि कार्यालयों में प्रविष्ट हुई। गुजरात, मालवा, कश्मीर, बंगाल, सिन्ध आदि के हिन्दी कार्यालयों की यही स्थिति हो गई, क्योंकि उक्त राज्य मुगल बादशाहों द्वारा अधिकृत कर लिए गए थे।

निष्कर्ष यह कि प्रायः एक हजार वर्षों तक मुस्लिम बादशाहों के दफ़्तरों में देवनागरी लिपि प्रचलित रही।[27] किन्तु एक हिन्दू प्रधानमंत्री और हिन्दी के कवि राजा टोडरमल की अदूरदर्शिता से हिन्दी बादशाही दफ़्तरों से खारिज कर दी गई। अकबर काल से फारसी भाषा और उसकी लिपि हिन्दुओं के लिए पद और प्रतिष्ठा-प्राप्ति का साधन बन गई। यहाँ यह उल्लेख कर देना अप्रासंगिक नहीं होगा कि बादशाही दफ़्तरों से हिन्दी भाषा और उसकी लिपि के बहिष्कार करने के बावजूद, अकबरनामा के अनुसार, अकबर ने अपने पौत्र खुसरो को 7 आज़र सन् 38 जलूसी तदनुसार अगहन सुदी 6 विक्रम संवत् 1650 से हिन्दी-विद्या का प्रारम्भ कराया था।[28] आईने अकबरी में अकबर के हिन्दी-प्रसार के अन्य रूपों के विवरण मिलते हैं।

बादशाहों के सिक्कों में देवनागरी लिपि

शहाबुद्दीन मुहम्मद गोरी से अकबर राजत्व काल तक, प्रायः चार सौ वर्षों तक, बादशाही सिक्कों पर देवनागरी लिपि को प्रवेश प्राप्त था। उक्त सिक्कों में बादशाहों के नाम और अन्य विशेषण देवनागरी लिपि में अंकित रहते थे।

शहाबुद्दीन मुहम्मद गोरी ने अपनी दिग्विजय में हिन्दुओं और हिन्दू धर्म की गम्भीर क्षति की। किन्तु हिन्दू राजाओं के समय से प्रचलित देवनागरी लिपि और राज्य-चिह्न को उसने सिक्कों में सुरक्षित रखा।

बादशाह मोईज्जुदीन मोहम्मद साम व शहाबुद्दीन मुहम्मद गोरी के सिक्कों पर देवनागरी लिपि में (क) स्री महम्मद बिन साम (ख) स्रीमद हमीर स्री महमद साम, महमूद बिन साम और ताजुद्दीन यलदोज के सिक्कों पर स्री हमीर, शमसुद्दीन एलतमश के सिक्कों पर स्री हमीर, श्री समसदिण, रूक्नुद्दीन, फीरोजशाह के सिक्कों पर (क) स्री हमीर (ख) सुरिताँ स्री रुक्ण दीण, रजिया बेगम के सिक्कों पर (क) स्री हमीर और स्री सामन्तदेव, मुइज्जुद्दीन बहरामशाह के सिक्कों पर स्री मुइंज, अलावुद्दीन मसऊदशाह के सिक्कों पर स्री हमीर, स्री अलावदिण: नासिरुद्दीन महमूदशाह के सिक्कों पर स्री हमीर, गयासुद्दीन बलबन के सिक्कों पर स्री सुलताँ गयासुद्दीन, मुइज्जुद्दीन कैकुबाद के सिक्कों पर स्री सुलताँ मुईजुदी, जलालुद्दीन फीरोज खिलजी के सिक्कों पर स्री सुलताँ जलालुदी, गयासुद्दीन तुगलक शाह के सिक्कों पर स्री सुलताँ गयासदी, शेरशाह के सिक्कों पर स्री सेर साहि, इसलामशाह, सूर सलीमशाह के सिक्कों पर स्री इसलाम साहि और अकबर बादशाह के सिक्कों पर 'श्रीराम' शब्द भी अंकित थे।

जनता की दृष्टि में अपने-अपने प्रशासन को सरल एवं सुलभ बनाने के उद्देश्य से शहाबुद्दीन मुहम्मद गोरी से शेरशाह सूरी तक सभी समर्थ बादशाहों के सिक्कों पर देवनागरी लिपि में 'श्री हम्मीर' (श्री हमीर) आदि उत्कीर्ण थे।[29]

बादशाह अकबर द्वारा प्रचलित अनेक सिक्कों में से एक सिक्का ऐसा भी था, जिसमें एक ओर श्रीराम और सीताजी की युगल मूर्ति थी और देवनागरी लिपि में 'श्रीराम' शब्द अंकित थे तथा दूसरी ओर इलाही महीना और इलाही सन् अंकित थे। ऐसे सिक्कों में बादशाह अकबर का नाम अथवा उसका राज्य-चिह्न अंकित नहीं था।[30]

शुद्धता की दृष्टि से, शेरशाह के शाही फरमान फारसी लिपि के अतिरिक्त देवनागरी लिपि में भी समानान्तर रूप से लिखे जाते थे।[31] फरामीन में सर्वप्रथम फारसी में, तत्पश्चात् उसकी पुनरावृत्ति देवनागरी लिपि में की जाती थी। फारसी इबारत में गाँवों के नाम के उच्चारण और सन्देहों की स्पष्टता के लिए देवनागरी लिपि का प्रयोग किया जाता था। शुद्धता की दृष्टि से ही देवनागरी लिपि का व्यवहार प्रत्येक फरमान में किया जाता था।[32]

शेरशाह ने प्रत्येक परगना में दो कारकुन नियुक्त किये थे-एक कारकुन हिन्दी लिखने के लिए, और दूसरा, फारसी के लिए।

लोदी वंश की बादशाहत में भी देवनागरी लिपि में भी फारसी फरमान लिखे जाने की प्रथा थी।[33]

लोदी सुल्तान की सनदें सर्वप्रथम फारसी में और उसके नीचे देवनागरी लिपि और फारसी भाषा में लिखी जाती थी। लोदियों के शाही फरमान सूरियों की तरह

ही लिखे जाते थे। लोदी और सूरी सुलतानों के शाही फरमानों में एकरूपता है, फारसी और देवनागरी लिपियों की समानान्तर व्यवस्था है।

पंडित चन्द्रबली पांडे का यह कथन सत्य है कि गजनी के महमूद से लेकर दिल्ली के श्री सुलतान अहमद आदिल साही सूर तक के सिक्कों पर नागरी विराजमान है।[34]

अकबर राजत्व काल (1556 ई.–1605 ई.) से औरंगजेब राजत्व काल (1658 ई.–1707 ई.) तक के सरकारी काग़ज़ात में हिन्दी भाषा और देवनागरी लिपि की आंशिक प्रविष्टि यदा–कदा होती रही। प्रथम हिन्दी साहित्य सम्मेलन (1910 ई.) के काशी अधिवेशन के अवसर पर पठित निबन्ध 'मुसलमानी राजत्व में हिन्दी' में मुंशी देवी प्रसाद ने सच कहा था–

''काजी लोग जो मुकदमों के फैसले लिखते थे, या कानूनगो सरकारी काग़ज़ और परवाने निकालते थे, उनमें भी कभी कभी हिन्दी लिखी जाती थी। जमीन सम्बन्धी फैसलों में ऐसे हिन्दूवादी प्रतिवादी के समझने के लिए, जो फारसी पढ़े नहीं होते थे, फारसी के नीचे कुछ सारांश हिन्दी में भी लिख दिया जाता था। गाँववालों के नाम के परवाने दस्तक और इतलाकनामे वगैरा बहुधा हिन्दी में ही होते थे। इस हिन्दी की रोक किसी ने नहीं की थी। औरंगजेब के समय में भी यह चलती रही थी।[35]

तात्पर्य यह कि प्रारम्भ में इसलाम का आग्रह किसी लिपि के प्रति नहीं था। लिपि के प्रति उसकी दृष्टि उदार और समन्वयवादी थी। मुगल बादशाहों ने देवनागरी लिपि का सम्पूर्ण वहिष्कार नहीं किया। उनके शासन काल में फारसी लिपि के साथ देवनागरी लिपि को भी शासकीय स्तर पर यत्र–तत्र प्रतिष्ठा मिलती रही।

संदर्भ

1. देवनागरी लिपि में उक्त देवनागरी–अभिलेख इस प्रकार हैं–
   सत्यमेव जयते नानृतम् सत्येन पन्था विवेता देवयानः।
   येन वमन्ति ऋषयो हि आप्तकामा, यत्न तत्सत्यस्य परम निधानम्।
2. नागरीप्रचारिणी पत्रिका। ग्यारहवाँ भाग। 1908 ई. अकबर के राजत्व काल में हिन्दी शीर्षक लेख–पंडित सूर्यनारायण दीक्षित। सम्पूर्ण पृष्ठ 85/192
3. (क) कोर्ट करेक्टर्स एंड प्राइमरी एडुकेशन इन दि एन. डब्ल्यू. प्राविन्सेज एंड अवध, इलाहाबाद 1891 ई. पृष्ठ 1
   (ख) पश्चिमोत्तर प्रदेश तथा अवध में अदालती अक्षर और प्राइमरी शिक्षा। –नागरीप्रचारिणी सभा, काशी 1898 ई. पृष्ठ 1
   (ग) नागरीप्रचारिणी पत्रिका (दूसरा भाग), काशी, 1898 ई.।

–पश्चिमोत्तर प्रदेश तथा अवध में अदालती अक्षर और प्राइमरी शिक्षा–
बाबू श्यामसुन्दर दास/ पृष्ठ 125

(घ) 'पश्चिमोत्तर प्रदेश और अवध में अदालती अक्षर और प्राइमरी शिक्षा' शीर्षक पुस्तक (1898 ई.) में संकलित 'मुसलमानी दफ़्तरों में हिन्दी' शीर्षक लेख। बाबू राधाकृष्ण दास। स्वतंत्र, पृष्ठ सं. 1

(ङ) नागरीप्रचारिणी पत्रिका (दूसरा भाग) काशी। 1898 ई.–'मुसलमानी दफ़्तरों में हिन्दी' शीर्षक लेख। बाबू राधाकृष्ण दास/पृष्ठ 115–116

(च) सरस्वती : अप्रैल 1900 ई. (भाग 1 संख्या 4)। 'पश्चिमोत्तर प्रदेश और अवध में नागरी अक्षर का प्रचार' शीर्षक लेख–पंडित किशोरी लाल गोस्वामी।

4. (क) 'पश्चिमोत्तर प्रदेश तथा अवध में अदालती अक्षर और प्राइमरी शिक्षा' शीर्षक पुस्तक (1898 ई.) में संकलित 'मुसलमानी दफ़्तरों में हिन्दी' शीर्षक लेख–बाबू राधाकृष्ण दास/स्वतंत्र पृष्ठ सं. 5/10

(ख) नागरीप्रचारिणी पत्रिका (दूसरा भाग)। काशी 1898 ई.। मुसलमानी दफ़्तरों में हिन्दी–बाबू राधाकृष्ण दास।

5. (क) 'पश्चिमोत्तर प्रदेश तथा अवध में अदालती अक्षर और प्राइमरी शिक्षा' शीर्षक पुस्तक में संकलित 'मुसलमानी दफ़्तरों में हिन्दी' शीर्षक लेख–बाबू राधाकृष्ण दास/स्वतंत्र पृष्ठ 5–10

(ख) नागरीप्रचारिणी पत्रिका (दूसरा भाग) काशी 1898 ई.। 'मुसलमानी दफ़्तरों में हिन्दी'–बाबू राधाकृष्ण दास।

6. उपरिवत्।

7. ए हिस्ट्री ऑफ दि पर्सियन लैंग्वेज एंड लिट्रेचर एट दि मुगल कोर्ट (भाग 2) मोहम्मद अब्दुल गनी, इंडियन प्रेस, इलाहाबाद, पृष्ठ 116

8. कादम्बिनी : फरवरी 1976 ई. (वर्ष 16 अंक 4)–मुगलों के राज–काज में हिन्दी–रामबाबू शर्मा।

9. (क) ओरिएंटल कॉलेज मैगजीन, लाहौर। अगस्त 1931 ई.। पृष्ठ 27

(ख) मुगल बादशाहों की हिन्दी : चन्द्रबली पांडे, पृष्ठ 38

10. विशेष द्रष्टव्य : बहादुरशाह ज़फर : अमीर अहमद/अलवीनामी प्रेस, कानपुर, 1935 ई. (उर्दू)। मुगल बादशाहों की हिन्दी : पंडित चन्द्रबली पांडे–नागरीप्रचारिणी सभा, काशी। प्रथम संस्करण विक्रम संवत् 1997 पृष्ठ 1/104

11. (क) रागसागरोद्‌भव संगीत रागकल्पद्रुम–बंगीय साहित्य परिषद्, कलकत्ता। विक्रम संवत् 1971, प्रथम खंड। पृष्ठ 62/64, 66, 80, 115, 121, 128, 134, 171, 172, 181, 191,/193, 199, 236, 249, 262, 263, 291, 295, 296, 301, 303, 324, 325, 469, 641 और 642

(ख) एडुकेशन इन मुस्लिम इंडिया : एस. एम. जाफर–रिपन प्रिन्टिंग प्रेस, बट्ट रोड, लाहौर, 1936 ई.।

12. कचहरी की भाषा और लिपि : चन्द्रबली पांडेय/पृष्ठ 15/16 पर उद्धृत।

13. प्रथम हिन्दी–साहित्य–सम्मेलन, काशी, कार्य–विवरण–दूसरा भाग, 1910 ई., मुसलमानी राजत्व में हिन्दी शीर्षक निबन्ध–मुंशी देवी प्रसाद, पृष्ठ 72

14. उपरिवत्।
15. उपरिवत्।
16. उपरिवत्।
17. बारहवीं सदी से राज-काज में हिन्दी : रामबाबू शर्मा, पृष्ठ 37
18. उपरिवत्, पृष्ठ 38
19. पश्चिमोत्तर प्रदेश तथा अवध में अदालती अक्षर और प्राइमरी शिक्षा। 'मुसलमानी दफ़्तरों में हिन्दी'-बाबू राधाकृष्ण दास, पृष्ठ 4
20. भारतीय इतिहास कांग्रेस के 41वें अधिवेशन, बम्बई विश्वविद्यालय, मुंबई, दिसम्बर 1980 ई. में पठित शोधपत्र-ए रेयर क्वायन ऑफ सुल्तान अलाउदिनया वा दिन, खालजी सुल्तान ऑफ दिल्ली।
21. बारहवीं सदी से राज-काज में हिन्दी : रामबाबू शर्मा, पृष्ठ 39
22. दिनमान : 28 अगस्त-3 सितम्बर 1977 ई.। पुरातत्व, पृष्ठ 11
23. दिनमान : 28 अगस्त-3 सितम्बर 1977 ई. विजय नगर की स्वर्ण-मुद्राएँ पृष्ठ 11
24. पश्चिमोत्तर प्रदेश तथा अवध में अदालती अक्षर और प्राइमरी शिक्षा-'मुसलमानी दफ़्तरों में हिन्दी'-बाबू राधाकृष्ण दास, पृष्ठ 4
25. उपरिवत्।
26. पंचनामा द्रष्टव्य :
    (क) रामचरितमानस : गोस्वामी तुलसीदास / खड्गविलास प्रेस, बांकीपुर, पटना। विक्रम संवत् 1946
    (ख) दि मॉर्डन वार्नक्युलर लिट्रेचर ऑफ हिन्दुस्तान : डॉ. ग्रियर्सन।
    (ग) रामचरितमानस : गोस्वामी तुलसीदास। टीकाकार और संशोधक श्यामसुन्दर दास। इंडियन प्रेस, इलाहाबाद। 1938 ई. भूमिका (आविर्भाव काल), पृष्ठ 28-29.
    (घ) रामचरितमानस/काशिराज संस्करण, 1962 ई. 'आत्मनिवेदन'।
27. प्रथम हिन्दी साहित्य-सम्मेलन-कार्य-विवरण-दूसरा भाग। काशी। 1910 ई.-मुसलमानी राजत्व में हिन्दी-मुंशी देवी प्रसाद, पृष्ठ 73
28. उपरिवत्। पृष्ठ 73-74
29. बारहवीं सदी से राज-काज में हिन्दी : रामबाबू शर्मा, पृष्ठ 40
30. प्रथम हिन्दी-साहित्य-सम्मेलन, कार्य-विवरण (दूसरा भाग), काशी, 1910 ई., पृष्ठ 75-76
31. मुगल बादशाहों की हिन्दी : चन्द्रबली पांडे, पृष्ठ 8
32. (क) ओरिएंटल कॉलेज मैगजीन (उर्दू), लाहौर, मई 1933 ई., पृष्ठ 116
    (ख) शासन में नागरी : चन्द्रबली पांडे। पृष्ठ 4-5
33. ओरिएंटल कॉलेज मैगजीन (उर्दू), लाहौर, मई 1933 ई., पृष्ठ 116
34. शासन में नागरी : चन्द्रबली पांडेय, पृष्ठ 8
35. प्रथम हिन्दी-साहित्य-सम्मेलन, कार्य-विवरण-दूसरा भाग। काशी।1910 ई., मुसलमानी राजत्व में हिन्दी-मुंशी देवी प्रसाद, पृष्ठ 76

ईस्ट इंडिया कम्पनी शासन काल में देवनागरी लिपि : दशा और दिशा

पलासी के ऐतिहासिक युद्ध में 23 जून, 1757 ई. को भारत ने ईस्ट इंडिया कम्पनी शासन का दासत्व स्वीकार कर लिया। उक्त तिथि से भारत में अंग्रेज़ी शासन का प्रारम्भ हुआ। 1762–63 ई. में मीर कासिम और 1764 ई. में दिल्ली के भूतपूर्व सम्राट शाह आलम द्वितीय, मीर कासिम और अवध के नवाब सिराजुद्दौला ने ईस्ट इंडिया कम्पनी की शासन–सत्ता के विरुद्ध युद्ध किये। किन्तु बक्सर युद्ध में 23 अक्टूबर, 1764 ई. को अंग्रेज़ों की विजय हुई। शाह आलम द्वितीय ने 12 अगस्त, 1765 ई. को बंगाल, बिहार और उड़ीसा की दीवानी ईस्ट इंडिया कम्पनी को समर्पित कर दी।[1] भारत में अंग्रेज़ी शासन व्यापक और सुदृढ़ हो गया। नवम्बर 1858 ई. को लार्ड कैनिंग की घोषणा के अनुसार भारत में तात्कालिक प्रभाव से महारानी एलेक्ज़ेंड्रिना विक्टोरिया (जन्म 24 मई, 1819 ई. राज्य प्राप्ति 28 जून, 1838 ई., निधन 22 जनवरी, 1901 ई.) का शासनारम्भ हुआ अर्थात् 1757 ई. से 31 अक्टूबर, 1858 ई. तक का काल भारत का ईस्ट इंडिया कम्पनी शासन काल है।[2]

सन् 1784 ई. में एशियाटिक सोसाइटी, कलकत्ता (स्थापना तिथि 15 जनवरी, 1784 ई.) के तत्त्वावधान में सोसाइटी के संस्थापक और प्रथम अध्यक्ष सर विलियम जोंस[3] (सन् 1746 ई.–27 अप्रैल 1794 ई.) द्वारा लिखित *ए डिस्सर्टेशन ऑन दि ऑर्थोग्राफ़ी ऑफ़ एशियाटिक वर्ड्स इन रोमन लेटर्स* (A Dissertation on the Orthography of Asiatick Words in Roman Letters) शीर्षक विनिबन्ध से ही देवनागरी लिपि आन्दोलन का प्रारम्भ हुआ। यह वस्तुतः एशियाटिक रिसर्चेज़ के प्रथम खंड का प्रथम लेख है। इस लेख में सर विलियम जोंस ने देवनागरी लिपि की स्वाभाविक व्यवस्था को अन्य लिपियों की अपेक्षा सर्वाधिक श्रेष्ठ घोषित किया। किन्तु सम्पूर्ण एशियाई भाषाओं के लिए अनिवार्य स्वरलिपियों से युक्त संशोधित रोमन लिपि को ही एकमात्र लिपि के रूप में उन्होंने मान्यता दी। वे रोमन लिपि की अपूर्णताओं और त्रुटियों से परिचित थे। रोमन लिपि भारतीय, फ़ारसी और अरबी शब्दों को पूर्णतया व्यक्त करने में अक्षम हैं। अतएव, उन्होंने रोमन लिपि को अनिवार्य स्वर लिपियों से युक्त करने की अनुशंसा की।[4]

रोमन लिपि की अपूर्णता, असमर्थता और देवनागरी लिपि की संक्षिप्तता और स्वच्छता से परिचित होने के बावजूद देवनागरी लिपि के स्थान पर संशोधित रोमन लिपि को सम्पूर्ण एशियाई भाषाओं की एकमात्र लिपि का गौरव प्रदान करने का अनुचित प्रयास सर्वप्रथम सर विलियम जोंस ने 1788 ई. में किया था।

ए डिस्सर्टेशन ऑन दि आर्थोग्राफ़ी ऑफ़ एशियाटिक वर्ड्स इन रोमन लेटर्स ही लिपि आन्दोलन की गंगोत्री है। यह सर्वभाषाओं की एकलिपि की सर्वप्रथम योजना एवं परिकल्पना है। यह भारत ही नहीं एशिया में लिपि आन्दोलन का सर्वप्रथम सूत्र हैं। सम्पूर्ण एशियाई भाषाओं को एकलिपि तथाकथित संशोधित रोमन लिपि को प्रदान करने का यह सर्वप्रथम षड्यन्त्र था।

फ़ोर्ट विलियम कॉलेज की स्थापना (1803 ई.) के पूर्व डॉ. जॉन वार्थविक गिलक्रिस्त (John Worthwick Gilchrist) ने भारत की पूर्वी भाषाओं के रोमन लिप्यंतरण की सर्वप्रथम अनुशंसा की थी। उसने अपनी महत्त्वपूर्ण पुस्तक *दि हिन्दी-रोमन आर्थोपिग्राफ़िकल अल्टिमेटम* (The Hindee Roman Orthoepigraphical Ultimatum) में भी इस मत को व्यक्त किया था। हिन्दी भाषा की किसी एक पद्धति को व्यक्त करने के लिए रोमन लिपि में दो या दो से अधिक अक्षरों के नियोजन की त्रुटि को भी उसने स्वीकार किया था।[5] उसने तथाकथित 'हिन्दुस्तानी जुबान' अर्थात् हिन्दी को रोमन लिपि में ही लिखा। निस्सन्देह गिलक्रिस्त द्वारा प्रतिपादित 'हिन्दुस्तानी जुबान' हिन्दी ही है। गिलक्रिस्त कृत *दि रूडिमेंट्स ऑफ़ हिन्दुस्तानी ग्रामर* (1806 ई.) आदि पुस्तकों में इस कथन के अनेक उदाहरण मिलते हैं।

गिलक्रिस्त ने अरबी क़िस्सा 'हिन्दुस्तानी जुबान' और रोमन लिपि में लिखा।[6]

ग्रिलक्रिस्त ने *ओरिएंटल फ़ेबुलिस्ट* नामक अपनी पुस्तक में अंग्रेज़ी, हिन्दुस्तानी, फ़ारसी, अरबी, ब्रजभाषा, बंगला और संस्कृत भाषाओं का रोमन लिप्यन्तरण प्रस्तुत किया। किन्तु *दि हिन्दी मैनुअल* में उसने हिन्दुस्तानी को फ़ारसी और नागरी अक्षरों में प्रस्तुत किया। *दि हिन्दी स्टोरी टेलर* में रोमन, फ़ारसी और नागरी लिपियाँ हैं।

फ़ोर्ट विलियम कॉलेज, कलकत्ता में हिन्दुस्तानी भाषा के भूतपूर्व प्रोफ़ेसर डॉ. जे. गिलक्रिस्त का सम्मान तत्कालीन युग में विशेष था। अतएव, डॉ. गिलक्रिस्त का उक्त मत शासन और शासनेत्तर क्षेत्रों में अनुकूल-प्रतिकूल कोलाहल उत्पन्न करने में सफल हुआ।

ईस्ट इंडिया कम्पनी शासन का सर्वप्रथम संविधान एक मई 1793 ई. तदनुसार वैशाख कृष्ण षष्ठी, विक्रम संवत् 1850 से प्रभावी हुआ था। उक्त संविधान के प्रथम अनुच्छेद की द्वितीय धारा में देवनागरी लिपि को सरकारी स्वीकृति प्राप्त हुई। ईस्ट इंडिया कम्पनी के सर्वप्रथम भारतीय संविधान के प्रथम अनुच्छेद की द्वितीय

धारा के अनुसार, सरकारी मुहरों में देवनागरी लिपि में 'सदरेरियासत' शब्द अनिवार्य कर दिया गया। उक्त संविधान के प्रथम अनुच्छेद की तृतीय धारा में यह स्पष्ट निर्देश था कि सदर दीवानी अदालत के द्वारा सवा दो इंचों की गोलाकार मुहर का व्यवहार किया जायगा, जिसमें फ़ारसी और वंग लिपियों और भाषाओं के अतिरिक्त हिन्दुस्तानी भाषा और नागरी लिपि में भी यह अभिलेख अंकित रहेगा–'सदर दीवानी अदालत की मुहर' (The Seal of the Sudder Dewanny Adawlut)[7] यह ईस्ट इंडिया कम्पनी और ब्रिटिश शासन द्वारा देवनागरी लिपि की सर्वप्रथम मान्यता और प्रयोग था।

उक्त संविधान की त्रयोदश धारा में सदर दिवानी अदालत की समस्त कार्यवाहियाँ बिहार क्षेत्र में हिन्दुस्तानी भाषा और नागरी लिपि में किये जाने का स्पष्ट प्रावधान था।[8]

फ़ोर्ट विलियम (लोक विभाग) दिनांक 11 दिसम्बर, 1798 ई. के आदेशानुसार प्रत्येक राजपत्रित पदाधिकारी के मनोनयन के लिए सपर्षद गवर्नर जनरल द्वारा पारित अधिनियमों–परिनियमों के अतिरिक्त कुछ भाषाओं की जानकारी अनिवार्य मानी गई, जिससे कर्त्तव्य–निष्पादन में सुविधा हो। बंगाल, बिहार, उड़ीसा अथवा बनारस में न्यायाधीश अथवा किसी न्यायालय के निबन्धक पद हेतु हिन्दुस्तानी और फ़ारसी भाषाओं की विज्ञता अनिवार्य थी। बंगाल अथवा उड़ीसा में राजस्व या सीमा शुल्क समाहर्ता अथवा व्यापारिक प्रतिनिधि अथवा साल्ट एजेन्ट के पदों के लिए बंगला भाषा की जानकारी अनिवार्य थी। बिहार अथवा बनारस में राजस्व समाहर्ता, सीमा शुल्क समाहर्ता, व्यापारिक रिजेडेंट अथवा अफ़ीम एजेंट के पदों के लिए हिन्दुस्तानी भाषा की जानकारी अनिवार्य थी। बंगाल के किसी न्यायाधीश को उस प्रान्त की क्षेत्रीय भाषा से परिचित होना चाहिए था, क्योंकि हिन्दुस्तानी और फ़ारसी में बंगला भाषा के मिश्रण से लाभ था। यह आदेश एक जनवरी 1801 ई. से प्रभावी हुआ।[9]

भारत आनेवाले ब्रिटिश पदाधिकारियों और अन्य विदेशी सज्जनों के लिए हिन्दुस्तानी भाषा अत्यधिक महत्त्वपूर्ण एवं अनिवार्य मानी गई थी। ईस्ट इंडिया कम्पनी सरकार और गिलक्रिस्त के अनुसार हिन्दुस्तानी 'वर्नाक्यूलर स्पीच ऑफ़ दि पीपुल' अर्थात् जनभाषा थी। बंगाल, मद्रास और बम्बई प्रेसिडेंसियों में नागरिक एवं सैन्य संस्थानों के लिए हिन्दुस्तानी की जानकारी अनिवार्य थी। हिन्दुस्तानी भाषा अनुचित रूप से मूर्स (Moors) के नाम से भी अंगेज़ों के समाज में सम्बोधित की जाती थी। *दि ब्रिटिश इंडियन मोनिटर*[10] (1806 ई.) के आवरण पृष्ठ पर गिलक्रिस्त ने हिन्दुस्तानी भाषा को 'मूर्स' कहे जाने के अनौचित्य को स्वीकार किया है। Hindoostanee Language improperly called Moors.[11]

अधिनियम संख्या 29, 1837 ई. के तहत न्यायिक और राजस्व विषयक कार्यवाहियों से फ़ारसी भाषा का उन्मूलन किया गया। इसके पूर्व और उपरान्त भारतीय न्यायालयों अथवा राजस्व और अन्य सन्दर्भों में देवनागरी लिपि की स्थिति का पर्यवेक्षण करना अप्रासंगिक नहीं होगा।

कहा जा चुका है कि ईस्ट इंडिया कम्पनी का सर्वप्रथम संविधान 1 मई, 1793 ई. से प्रभावी हुआ। उसके प्रथम अनुच्छेद की तृतीय धारा के अन्तर्गत हिन्दुस्तानी भाषा और देवनागरी लिपि में भी सदर दीवानी अदालत की मुहर अंकित करने का प्रावधान किया गया था। अधिनियम 17 धारा 36, सन् 1795 ई., अधिनियम 17 धारा 21 सन् 1796 ई. अधिनियम 31 धारा 20, सन् 1803 ई., अधिनियम 34 धारा 22, सन् 1803 ई., आईन 43 दफ़ा 13, दफ़ा 15 खंड 2, दफ़ा 19 सन् 1803 ई., आईन 45 दफ़ा 18 तफ़सील 2 सन् 1803 ई., अधिनियम 8 धारा 31 सन् 1805 ई., अधिनियम 18 धारा 7, खंड 20 सन् 1805 ई., अधिनियम 10 धारा 3, सन् 1809 ई., आज्ञापत्र कोर्ट ऑफ़ डायरेक्टर्स, 29 सितम्बर 1830 ई., अधिसूचना, सदर बोर्ड, पश्चिमोत्तर प्रदेश और अवध, दिनांक 29 जुलाई 1836 ई., सचिव, सदर बोर्ड ऑफ़ रेवेन्यू अधिसूचना संख्या 45 दिनांक 30 मई 1837 ई., सचिव, बंगाल सरकार पत्रांक 914 दिनांक 30 जून 1837 ई. और गवर्नर जनरल इन कौंसिल, फ़ोर्ट विलियम संकल्प दिनांक 4 सितंम्बर 1837 ई. में फ़ारसी भाषा के अतिरिक्त क्रमश: 'नागरी भाषा वो अच्छर', 'हीनदोसतानी भाषा वो नागरी अच्छर', 'हीनदवी जुवान वो नागरी अच्छर', 'हीनदोसतानी भाषा वो नागरी अच्छर', 'उस खत ओ बोली में...जो मोवाफिक वहाँ के चलन के हों', 'हीनदवी जुवान वो नागरी अच्छर', 'हिन्दी भाखा वो अछर', 'हिन्दी की बोली और नागरी अच्छरन', 'वर्नाक्यूलर लैंग्वेज ऑफ़ दि डिस्ट्रिक' अर्थात् ज़िले की देशभाषा आदि का स्पष्ट प्रावधान किया गया था।

अधिनियम संख्या 10 धारा, 3 सन् 1809 ई. के तहत ईस्ट इंडिया कम्पनी सरकार के सिक्कों पर फ़ारसी और देवनागरी लिपियों की प्रविष्टि हुई थी। किन्तु उसके मात्र छब्बीस वर्ष बाद अधिनियम संख्या 17 सन् 1835 ई. के अन्तर्गत जो 1 सितम्बर, 1835 ई. से प्रभावी हुआ, सिक्कों से देवनागरी लिपि का उन्मूलन कर दिया गया।

सन् 1835 ई. के अधिनियम की द्वितीय धारा के अनुसार सिक्कों के मूल्य नाम मात्र अंग्रेजी और फारसी में और 'ईस्ट इंडिया कम्पनी' शब्द मात्र अंग्रेजी अर्थात् रोमन लिपि में अंकित किये जाने का प्रावधान किया गया। अधिनियम 17, धारा आठ सन् 1935 ई. के अन्तर्गत सोने के मोहर (पन्द्रह रुपए के समतुल्य), सोने के मोहर का एक तिहाई अथार्त् पाँच रुपए, दस रुपए (सोने के मोहर को दो तिहाई); तीस रुपए (डबल गोल्ड मोहर) अर्थात् द्विगुणित सोने के मोहर के सिक्कों पर उनके विभिन्न मूल्य नाम अंग्रेजी और फारसी में और *ईस्ट इंडिया कम्पनी* शब्द मात्र अंग्रेजी अर्थात्

रोमन लिपि में अंकित किये जाने का कानून लागू किया गया। ताँबे के सिक्कों को अभिलेख-भाषा के निर्णय करने का अधिकार उक्त अधिनियम की दसवीं धारा के अन्तर्गत गवर्नर जनरल इन कौंसिल के लिए सुरक्षित था।

अधिनियम संख्या 22 धारा 7 सन् 1836 ई. के तहत पथ कर की दरें, किराया, उसे वसूल करने के स्थान एवं राज्यपाल द्वारा निर्मित समस्त नियमों का प्रकाशन 'कलकटा गजट' में अंग्रेजी और फारसी और बंगला भाषाओं में सभी पथ कर केन्द्रों पर जनता के अवलोकनार्थ प्रदर्शित करने का प्रावधान किया गया।[12] किन्तु देवनागरी लिपि अथवा हिन्दी भाषा और देवनागरी लिपि का कोई प्रावधान इस अधिनियम के अन्तर्गत नहीं किया गया।

सदर दीवानी अदालतें (फोर्ट विलियम, कलकत्ता, फोर्ट सेंट जार्ज, मुम्बई और इलाहाबाद) में मुकदमे की कार्यवाही मूलतः देशीय भाषाओं (कंट्री लैंग्वेजेज) और उनकी लिपियों मं ही लिखी जाती थी। सदर दीवानी अदालत के फैसले के खिलाफ प्रिवी कौंसिल में अपील करने पर सम्बन्धित सम्पूर्ण कार्यवाही, सभी साक्ष्य, दस्तावेज, निर्णय अथवा आदेश के अंग्रेजी अनुवाद की दो प्रतियाँ तैयार की जाती थीं जिनका व्यय-भार वादी ही वहन करता था। उक्त अपील में मूलतः देशभाषा में लिखित कार्यवाही भेजने का नियम नहीं था। अधिनियिम संख्या 2, सन् 1844 ई. इस तथ्य का श्रेष्ठ उदाहरण है।[13]

दि इंडियन टोल्स एक्ट 1851 अर्थात् अधिनियम संख्या 8 सन् 1851 ई. (4 जुलाई, 1851 ई.) के अन्तर्गत सार्वजनिक मार्गों और सेतुओं के पथ कर की विवरणिका पथ कर की अपवर्चना के दंड-विधान और नियम विरुद्ध पथ कर ग्रहण आदि की लिखित अथा मुद्रित सूचनाएँ पथकर द्वारा या किसी निर्दिष्ट स्थान विशेष में अंग्रेजी भाषा तथा अंकों और 'वर्नाक्युलर लेंग्वेज ऑफ दि डिस्ट्रिक्ट' अर्थात् जिले की देशभाषा में प्रदर्शित करने का नियम था।[14]

अधिनियम संख्या 18 सन् 1854 ई. भारतीय रेल सम्बन्धी कानून है। इसके तहत, इस अधिनियम की एक प्रति, सामान्य नियमों-परिनियमों, समय सारिणी, किराए की विवरणिका आदि को प्रत्येक रेलवे स्टेशन के किसी महत्त्वपूर्ण सार्वजनिक स्थान पर सम्बन्धित जिले की देशभाषा अर्थात् 'वर्नाक्युलर लेंग्वेज ऑफ दि डिस्ट्रिक्ट' और यदि आवश्यक हुआ तो स्थानीय सरकार द्वारा प्राधिकृत किसी अन्य भाषा में प्रदर्शित करने का प्रावधान था।[15]

अधिनियम संख्या 33 सन् 1854 ई. न्यायालय के निर्णय, मुकदमे के विचार-बिन्दु दंड प्रक्रिया, निषेधाज्ञा, आदेश आदि न्यायाधीश अथवा ईस्ट इंडिया कम्पनी के न्यायिक पदाधिकारी की देशभाषा (वर्नाक्यूलर लैंग्वेज) में लिपिबद्ध किये जाने का ही कानून था।[16]

ईस्ट इंडिया कंपनी के प्रारम्भिक अधिनियमों में जनहित की दृष्टि से फारसी भाषा और लिपि के अतिरिक्त देवनागरी लिपि में हिन्दी का प्रावधान भी किया गया था। अधिनियम 31 धारा 20, सन् 1803 ई. के कतिपय अंश इस दृष्टि से उल्लेख करने योग्य है।

जन–साधारण के बोध के लिए ही ईस्ट इंडिया कम्पनी सरकार ने नागरी भाषा और नागरी लिपि का प्रावधान किया था।

अधिनियम 31 धारा 37 और 38, सन् 1803 ई. में अंग्रेजी के अतिरिक्त देशी भाषा का स्पष्ट प्रावधान था। उक्त अधिनियम में देशी भाषा का तात्पर्य देवनागरी लिपि में लिखित हिन्छी और बंगालिपि में लिखित बंगभाषा है, फारसी लिपि में लिखित फारसी भाषा नहीं।

अधिनियम 34 धारा 22, सन् 1803 ई. का अनुवाद ''फारसी भाषा वो अछर वो हीनदोसतानी भाषा वो नागरी अछर'' में किया जाना अनिवार्य अधिनियमित किया गया।

1803 ई. आईन 43 दफा 13 तफसील 6 में यह स्पष्ट प्रावधान था कि ''जो सीटाम सभा के दावे जो जवाब गैरेह कागज के ऊपर किया जायगा उसके ऊपर नीचे का मजमून फारसी भाखा वो अछर वो हीनदवी जुवान वो नागरी अक्षर में खोदा जायगा।''[18]

कम्पनी सरकार ने टकसाल में भी हिन्दी को स्थापित किया। इस सन्दर्भ में 1803 ई. आई 45 दफा 18 तफसील 2 के उल्लेखनीय अंश द्रष्टव्य है–ऊपर का लीखा दफा के तरफ के ईसतहार पावने पीछे उसका नक्ल फारसी भाखे वो अछर वो हीनदोसतानी भाषा वो नागरी अक्षर में लीखाए के टकसाल के साहेब टकसाल में आदमी के देखरेख जऐह में लटका वही।''[19]

अधिनियम 18 धारा 7 खंड 20, सन् 1805 में कम्पनी सरकार का स्पष्ट आदेश था–''जो कैफियतें और खत और मुकदमें जमीदारों के तरफ से साहिब मजिस्टर के पास भेजे जावें और अैसही जेतेने हुकुम और बातें मजिस्टर साहिब के तरफ जमीदारों के पास भेजवाएँ जावे चाहिए के उस खत ओ बोली में लिखे जावें जो मोवाफिक वहां के चलन के हों।''[20]

उक्त अधिनियम में फ़ारसी भाषा और लिपि का प्रावधान नहीं है।

पंडित चन्द्रबली पांडे के अनुसार, ''कम्पनी सरकार ने एक साथ ही चार भाषाओं को अपनाया, जिनमें से फ़ारसी और अंग्रेज़ी तो स्पष्ट ही विदेशी थी। देश में फ़ारसी और अंग्रेज़ी कम्पनी सरकार की निजी भाषा। कम्पनी सरकार के साथ ही वह भी सरकारी भाषा हो गई थी। दूसरी ओर हिन्दुस्तानी और देशी भाषा की बात थी। देशी भाषा और हिन्दुस्तानी का परस्पर वही सम्बन्ध था, जो किसी भी देशी तथा राष्ट्रभाषा का होता है। नागरी भाषा और बंगला लिपि का भी। बंगला का विधान भी आईनों में इसलिए कर दिया गया कि वह कम्पनी सरकार के केन्द्र की भाषा थी।

उसी के देश में कम्पनी सरकार का अड्डा जमा था। उसकी उपेक्षा किसी प्रकार संभव न थी।[21]

इसलिए, अधिनियम 43 धारा 15 खंड 2 सन् 1803 ई. में क्रमशः फ़ारसी भाषा और उसकी लिपि, बंगला भाषा और बंगलिपि, हिन्दी भाषा देवनागरी लिपि और अधिनियम 43 धारा 19, सन् 1803 ई. में अंग्रेजी भाषा और रोमन लिपि, फ़ारसी भाषा और फ़ारसी लिपि, बंगला भाषा और बंगलिपि तथा हिन्दी भाषा देवनागरी लिपि का प्रावधान था।

अधिनियम 10 सन् 1809 ई. के अन्तर्गत ईस्ट इंडिया कम्पनी सरकार के सिक्कों पर फ़ारसी और देवनागरी लिपियों की प्रविष्टि हुई।

ईस्ट इंडिया कम्पनी के कोर्ट ऑफ़ डाइरेक्टर्स ने अपने 29 सितम्बर, 1830 ई. के आज्ञा पत्र में यह स्पष्ट आदेश दिया था कि भारतवासियों को न्यायाधीश की भाषा का ज्ञान अर्जित करने के स्थान पर न्यायाधीश को भारतवासियों की भाषा के ज्ञान का अर्जन करना विशेष सुगम होगा।

हेनरी पिट्स फ़ार्सटर

हेनरी पिट्स फ़ार्सटर ने *इंगलिश एंड बंगाली भोकेबुलरी* नामक महत्त्वपूर्ण ग्रन्थ दो खंडों में लिखा था। इसका प्रथम खंड 1799 ई. और द्वितीय खंड 1802 ई. में प्रकाशित हुआ था। इसके पूर्व विलियम कैरे (1761 ई.–1834 ई.) ने *ए ग्रामर ऑफ़ दि संस्कृत लैंग्वेज* नामक पुस्तक की रचना की थी, जिसका प्रथम प्रकाशन मिशन प्रेस, सिरामपुर से 1806 ई. में हुआ था और उसमें देवनागरी लिपि भी मुद्रित थी। कैरे का उक्त व्याकरण ही संस्कृत का सर्वप्रथम मुद्रित व्याकरण है। 1793 ई. में उसने कार्नवालिस कोड का अनुवाद भी अंग्रेज़ी में किया था। 1783 ई. में ईस्ट इंडिया कम्पनी की सेवा में उसने प्रवेश किया था और कालान्तर में कलकत्ता में वह टकसाल का एक उच्च पदाधिकारी भी था। फ़ार्सटर ने अपने उक्त शब्दकोश की भूमिका में, बंगला भाषा को बंगाल की राजभाषा बनाए जाने की चेष्टा की थी। 10 सितम्बर 1815 ई. को उसका निधन हो गया। तत्पश्चात् उसकी उक्त अनुशंसा ठंडे बस्ते में धूल चाटती रही।

कलकटा जर्नल

प्रेस की आजादी के समर्थक ज़ेम्स सिल्क बंकिघम के सम्पादन में कलकत्ता से प्रकाशित अर्द्धसाप्ताहिक पत्र *कलकटा जर्नल* (अक्टूबर 1818 ई.–अप्रैल 1823 ई.) में भारतीय भाषाओं के रोमन लिप्यंतरण पर अनेक लेख प्रकाशित हुए।

दि फ्रेंड ऑफ़ इंडिया

सिरामपुर, कलकत्ता से प्रकाशित *दि फ्रेंड ऑफ़ इंडिया* (प्रकाशन अवधि 30 अप्रैल, 1818 ई.–30 दिसम्बर 1876 ई.) नामक अंग्रेज़ी मासिक पत्र में जून–जुलाई 1821 ई. में एक लेख भारतीय न्यायालयों (इंडियन कोर्ट्स ऑफ़ जुडिकेचर) में विदेशी भाषा और लिपि के व्यवहार की अनुपयोगिता पर प्रकाशित हुआ था। उक्त लेख के प्रकाशन पर कलकत्ता से प्रकाशित अंग्रेज़ी साप्ताहिक *कलकटा गज़ट* ने अत्यधिक प्रसन्नता व्यक्त की और उक्त लेख के समर्थन में *ऑन दी यूज ऑफ़ परसियन इन इंडियन लॉ कोर्ट्स* शीर्षक एक सम्पादकीय अग्रलेख, *कलकटा गज़ट* 12 जुलाई, बृहस्पतिवार, 1821 ई. में लिखा।

सम्पादकीय अग्रलेख में उक्त लेख के मूल आशय की पुनरावृत्ति करते हुए कहा गया कि ब्रिटिश प्रजा के लिए संस्थापित सर्वोच्च न्यायालय की सारी कार्यवाहियाँ अंग्रेज़ी भाषा और रोमन लिपि में क्रियान्वित की जाती हैं। किन्तु देशीय लोगों के न्यायालयों में न्यायिक कार्यवाहियाँ एक ऐसी भाषा और लिपि में की जाती हैं, जो वादी–प्रतिवादी, अधिवक्ताओं और न्यायाधीशों के लिए विदेशी ही थी और जो पर्सिया की भाषा थी। ब्रिटिश सरकार के साम्राज्य से प्रायः दो हजार मील सुदूर राज्य पर्सिया से भारत ने कोई कानून ग्रहण नहीं किया और जिससे भारत को कोई सम्पर्क भी नहीं है। राष्ट्रों के इतिहास में इस प्रकार की भाषागत असंगति ब्रिटिश सरकार के अधीन होना आश्चर्य का विषय है।[22]

विभिन्न राष्ट्रों के इतिहास के साक्ष्य उपस्थापित कर *दि फ्रेंड ऑफ़ इंडिया* ने यह प्रमाणित किया कि न्यायिक कार्यवाहियों में देशीय भाषा का ही व्यवहार सदैव होता रहा है। भारत के न्यायालयों में फ़ारसी भाषा और लिपि का व्यवहार उत्कृष्ट प्रतीत नहीं होता है।[23]

उन्नीसवीं सदी के प्रारम्भ में सरकारी सेवा के लिए आवश्यक अर्हता के अन्तर्गत दो भाषाओं का अध्ययन अनिवार्य था, जिनमें से एक भाषा फारसी अनिवार्य रूप से थी। इस प्रावधान के विरुद्ध फ़ोर्ट विलियम कॉलेज पाठ्यक्रम में बंगला और हिन्दुस्तानी की अनुशंसा उक्त लेख में की गई थी।[24]

फ्रेडरिक जॉन शोर (FREDERICK JOHN SHORE)

फ्रेडरिक जॉन शोर (31 मई, 1799 ई.–29 मई, 1837 ई.) ने भारत की कार्यपालिका एवं न्यायपालिका की भाषा और लिपि के प्रश्न पर अत्यन्त तर्कसम्मत, गहन, निष्पक्ष, न्यायपूर्ण एवं व्यापक ढंग से विचार किया। वे व्यवहार न्यायालय और

दांडिक सत्र, फ़र्रुखाबाद (उत्तर प्रदेश) के न्यायाधीश थे। भाषा और लिपि विषयक उनका प्रथम लेख 29 मई, 1832 ई. का है। इस विषय पर उनके लेखों का लेखन-काल मुख्यत: 20 मई, 1832 ई. से 1 जून, 1834 ई. तक है। 25 महीने 13 दिनों की अल्पावधि में लिखित भाषा और लिपि विषयक उनके लेख अत्यन्त महत्त्वपूर्ण हैं। भाषा और लिपि विषयक अपने प्रथम लेख 'ऑन दि यूज ऑफ़ दि हिन्दुस्तानी लैंग्वेज' (लेखन-तिथि 20 मई, 1832 ई.) में फ्रेडरिक जॉन शोर ने बताया कि भारत में शासक और शासितों की भाषा भिन्न है। उसने भारतीय न्यायालयों में प्रचलित फ़ारसी भाषा के औचित्य का अत्यन्त तार्किक ढंग से खंडन किया। पढ़ दिए जाने पर अभ्यास के कारण थोड़ा समझने के बावजूद शासनाधिकारी और दंडाधिकारी भारत में ऐसे तीस भी नहीं थे, जो फ़ारसी भाषा सुगमतापूर्वक पढ़ सकते थे या पुलिस प्रतिवेदन का शुद्ध अनुवाद करने योग्य थे और आवश्यक आदेश शीघ्रतापूर्वक शुद्ध फ़ारसी लिखने में वे सक्षम नहीं थे। भारत की बहुसंख्यक जनता अदालत की कार्यवाहियों को फ़ारसी भाषा और लिपि की दुर्बोधता एवं अज्ञान के कारण नहीं समझती थी। फ़ारसी उसके लिए विदेशी भाषा थी। यह न्यायालय की भाषा और लिपि थी। यह सत्य है कि ईस्ट इंडिया कम्पनी की सरकार फ़ारसी भाषा सीखनेवाले अंग्रेज़ पदाधिकारियों को प्रश्रय-प्रोत्साहन प्रदान करती थी।[25]

उनके लिए फ़ारसी की जानकारी आवश्यक थी, क्योंकि फ़ारसी कचहरी की भाषा थी। फ़ारसी लिपि कचहरी-लिपि थी। किन्तु स्थिति कुछ और ही थी। कोलकाता से बाहर सम्राट के पदाधिकारियों के सेवकों को छोड़कर शायद ही ऐसा कोई देशीय व्यक्ति (नेटिव) था, जो अंग्रेज़ी भाषा बोलता या समझता हो। उन्नीसवीं शताब्दी के पूर्वार्द्ध में भारत की यह भाषागत स्थिति थी।[26]

अंग्रेजी भाषा को न्यायालय-भाषा का स्तर दिए जाने के लिए उन्नीसवीं शताब्दी के चतुर्थ दशक के प्रारम्भ में कतिपय चर्चा हुई थी। फ्रेडरिक जॉन शोर ने इसका विरोध किया था। उसने हिन्दुस्तानी को न्यायालय की भाषा बनाए जाने की सर्वोच्च एवं अत्यधिक अनुशंसा की और इसकी सर्वव्यापिनी उपयोगिता को रेखांकित किया।[27] वह प्रथम अंग्रेज़ पदाधिकारी था, जिसने ऐसी अनुशंसा की।

फ्रेडरिक जॉन शोर ने 'वर्नाक्यूलर लैंग्वेज' अर्थात देशीय भाषा के रोमन लिप्यंतरण के सुझाव की बड़ी तीखी आलोचना की और इस सुझाव को अमान्य कर दिया।[28] रोमन लिपि भारत की लिपि नहीं है। यह विदेशी लिपि है। किसी अति विशाल जनसंख्या पर विदेशी लिपि को बलपूर्वक लादने के औचित्य को उसने अस्वीकार किया और कहा कि रोमन लिपि में देशीय भाषा अर्थात् हिन्दुस्तानी अर्थात् हिन्दी भाषा की ध्वनियों को पूर्णतया अभिव्यक्त करनेवाले समुचित अक्षरों का अभाव है। इसके लिए नए अक्षरों का आविष्कार करना होगा।[29]

ऐसी स्थिति में सर्वप्रचलित और शताब्दियों से सर्वस्वीकृत देवनागरी लिपि, जो हिन्दुस्तानी भाषा की एकमात्र पूर्ण समर्थ लिपि है, को स्वीकार क्यों नहीं किया जाय? एक विदेशी लिपि के फलस्वरूप करोड़ों नेटिव अर्थात् भारतीयों को असुविधा होगी।[30] उन्नीसवीं शताब्दी के पूर्वार्द्ध में भारत में सभी वर्गों के अंग्रेज़ों की संख्या प्रायः तीस हज़ार ही थी।[31] भारत की विशाल जनसंख्या की तुलना में भारत में अंग्रेज़ों की संख्या नगण्य ही थी।

ऐसी स्थिति में देशीय भाषा के रोमन लिप्यंतरण का प्रश्न सर्वथा अविवेकपूर्ण था। किसी सम्पूर्ण राष्ट्र को अपनी लिपि के परिवर्तन के लिए बाध्य करना एक कठिन कार्य है। उसने रोमन लिपि को भारत की न्यायालय-लिपि बनाए जाने का विरोध अत्यन्त तार्किक ढंग से अनेक बार किये।[32]

हिन्दी-हिन्दुस्तानी की सम्पूर्ण ध्वनियों को व्यक्त करनेवाली क्षमता के अभाव के कारण डेवी, विलियम्स, हाल्हेड, सर विलियम जोन्स, फार्स्टर, केरी, जॉन शेक्सपीयर, हॉटन, आरनोट, फोर्बेस आदि अंग्रेज़ विद्वानों के हिन्दी भाषा के रोमन-लिप्यंतरण के प्रयास असफल ही सिद्ध हुए। एतदर्थ रोमन लिपि में पर्याप्त सुधार एवं संशोधन की आवश्यकता है।

फ्रेडरिक जॉन शोर ने डॉ. जॉन गिलक्रिस्त द्वारा प्रतिपादित *हिन्दी-रोमन आर्थोएपिग्राफ़िकल अल्फाबेट* की कटु आलोचना विभिन्न समुचित तथ्यों के आधार पर की। उन्होंने जॉन गिलक्रिस्त द्वारा प्रतिपादित लिपि की क्लिष्टता, दुरूहता और अव्यावहारिकता आदि को रेखांकित किया।[33]

रोमन लिपि में भारतीय भाषाओं का लेखन यूरोप में विद्यार्थियों के लिए उपयोगी हो सकता था, क्योंकि उच्चारणों का प्रशिक्षण प्रारम्भ करने के लिए वहाँ देशीय शिक्षकों का अभाव था। किन्तु भारत की विशाल जनता के लिए इसकी कोई सार्थकता, उपयोगिता और प्रासंगिकता नहीं हो सकती।

कोई भी स्वतंत्र या परतंत्र या सभ्य देश, जिसकी गौरवमयी लम्बी परम्परा हो और जिसका अपना समृद्ध साहित्य हो, अपनी लिपि का परिवर्तन नहीं कर सकता। फ्रेडरिक जॉन शोर ने भी इस सिद्धान्त को स्वीकार किया।[34]

फ्रेडरिक जॉन शोर ने यह स्वीकार किया कि अंग्रेज़ी के विरुद्ध भारतीयों में अत्यधिक उग्र पूर्वाग्रह थे। उन पर विदेशी रोमन लिपि लादे जाने से अंग्रेज़ों के प्रति विरोध की ज्वाला अधिक उग्र हो जाने की आशंका थी।[35] देवनागरी लिपि को अंग्रेज़ी भाषा में यथासंभव प्रस्थापित करने के सुझाव के कार्य कराने से देशीय लोगों को अंग्रेज़ी भाषा का कार्यसाधक ज्ञान संभाव्य है। जॉन गिलक्रिस्त द्वारा प्रतिपादित हिन्दुस्तानी के रोमन लिप्यंतरण से अनेक लोगों को हिन्दुस्तानी का कार्यसाधक ज्ञान हुआ। किन्तु उसका यह रोमन लिप्यंतरण का उत्साह मूर्खतापूर्ण ही था। फ्रेडरिक जॉन शोर के मतानुसार-

1. देशीय भाषाओं और देश की लिपि में ज्ञान की विभिन्न शाखाओं के शिक्षण के लिए विद्यालयों की स्थापना की जाय।
2. विभिन्न विषयों पर सूचना प्रदायिनी उपयोगी पुस्तकों के अनुवाद देशीय भाषाओं और देश-लिपि में किये जायँ।
3. उच्चतर अध्ययन के प्रति विशेष अभिरुचि रखनेवाले व्यक्तियों को अंग्रेज़ी भाषा का ज्ञान प्रदान किया जाय। मूल बंगाल के लिए बंगला और हिन्दुस्तान के लिए नागरी को चरितार्थ किया जाना चाहिए।[36]

इस सम्बन्ध में ध्यातव्य है कि भारतीय भाषाओं के रोमन लिप्यंतरण की चर्चा विगत प्रायः दो सौ वर्षों से यदा-कदा होती रही है। इस चर्चा का प्रारम्भ सन् 1784 ई. में हुआ, जब विलियम जोन्स ने *ए डिस्सर्टेशन ऑन दि आर्थोग्राफ़ी ऑफ़ एशियाटिक वड्‌र्स इन रोमन लेटर्स* नामक महत्त्वपूर्ण निबन्ध लिखा।[37] उन्होंने देवनागरी लिपि की वैज्ञानिक व्यवस्था को अन्य लिपियों की अपेक्षा सर्वाधिक श्रेष्ठ घोषित किया था।

ट्रेवेलियन, जे. प्रिन्सेप आदि के द्वारा लिखित और सिरामपुर, कोलकाता से 1834 ई. में प्रकाशित *दि एप्लिकेसन ऑफ़ दि रोमन अल्फ़ाबेट टू ऑल दि ओरिएंटल लैंग्वेजेज़* (The Application of the Roman Alphabet to all the Oriental Languages) नामक पुस्तक में सभी भारतीय भाषाओं के रोमन लिप्यंतरण की वकालत की गई।

1854 ई. में डब्ल्यू. एन. लीस (W.N.Lees) ने *ऑन दि अप्लिकेशन ऑफ़ दि करेक्टर्स ऑफ़ द रोमन अल्फ़ाबेट टू ओरिएंटल लेंग्वेजेज़* (On the application of the characters of the Roman alphabet to Oriental Languages) नामक निबन्ध में इस प्रश्न को पुनर्जीवित किया।[38] उसकी दलील थी कि हिन्दुस्तानी का अपनी कोई लिपि नहीं है। अतएव हिन्दुस्तानी भाषा रोमन लिप्यंतरण के सर्वथा अनुकूल है।

लीस ने एसियाटिक सोसाइटी की बैठक (1863 ई.) में इस दलील की पुनरावृत्ति की।

1867 ई. में एफ.एस. ग्राउस (F.S. Growse) ने भारतीय लपियों के रोमन लिप्यंतरण के प्रस्ताव को अमान्य कर दिया।[39] ग्राउस द्वारा भारतीय भाषाओं के रोमन लिप्यंतरण के प्रस्ताव को अमान्य कर दिए जाने से ही देवनागरी लिपि आन्दोलन के ईस्ट इंडिया कम्पनी काल का समापन हुआ।

सचिव, सदर बोर्ड ऑफ़ रेवेन्यू के नाम सम्बोधित पत्रांक 914 दिनांक 30 जून 1837 ई. में सचिव, बंगाल सरकार ने यह स्पष्ट कर दिया था कि यूरोपीय पदाधिकारियों के पारस्परिक पत्राचार अंग्रेज़ी में और सदर बोर्ड रेवेन्यू के प्रत्येक

विभाग में जनता से सम्बन्धित सरकारी कार्य और आदेश देशभाषा और जनभाषा में निष्पादित किये जायँ।[40]

सुदीर्घ अवधि से बहिष्कृत जनता की देशभाषा को समुचित स्थान प्रदान करना सरकार का लक्ष्य था। किन्तु बंगाल संहिता के कतिपय पूर्व प्रावधानों ने न्यायिक एवं राजस्व कार्य–कलापों में फ़ारसी भाषा और उसकी लिपि को स्थापित कर दिया था। अतएव, वाइसराय की व्यवस्थापक सभा में 4 सितम्बर, 1837 ई. को देशीय भाषा विषयक विधेयक उपस्थापित–पारित किया गया। इसमें शासकीय स्तर पर फ़ारसी के स्थान पर देशभाषा को प्रतिष्ठा प्रदान की गई। किन्तु सन् 1837 ई. का राज्यादेश मात्र देशभाषा के विषय में था। लिपि के सम्बन्ध में सरकार का उक्त राज्यादेश मौन था। हिन्दुस्तानी भाषा फ़ारसी अथवा देवनागरी लिपि में लिखी जाय। इस सम्बन्ध में सरकार ने विचार अथवा निर्णय नहीं किया।

वाइसराय की व्यवस्थापक सभा ने 4 सितम्बर, 1839 ई. को देशीय भाषा विषयक विधेयक पारित किया। इसमें शासकीय स्तर पर फ़ारसी के स्थान पर देशभाषा को प्रतिष्ठा प्रदान की गई।

4 सितम्बर, 1837 ई. का यह संकल्प 20 नवम्बर, 1837 ई. को संविधान का एक अंग बन गया जो अधिनियम संख्या 29 सन् 1837 ई. के नाम से प्रतिष्ठापित हुआ। अधिनियम संख्या 29 सन् 1837 ई. एक दिसम्बर, 1837 ई. से प्रभावी हुआ।

सच तो यह है कि हिन्दुस्तान (जिसके अन्तर्गत बिहार, पश्चिमोत्तर प्रदेश और मध्य प्रदेश के कुछ भाग हैं) की भाषा हिन्दी थी, जो नागरी लिपि अथवा उनके अन्य रूप में लिखी जाती थी। परन्तु इस भाषा के विपरीत इन प्रान्तों की कचहरियों में उर्दू भाषा का प्रचार हुआ। इसका कारण यह हुआ कि कुछ यूरोपीय लेखकों ने इस उर्दू भाषा को 'हिन्दुस्तानी' नाम दिया, जिससे यह समझा गया कि जैसे बंगाल की भाषा बंगाली और गुजरात की भाषा गुजराती है, वैसे ही हिन्दुस्तान की भाषा भी हिन्दुस्तानी है। इस भूल से उर्दू का हिन्दुस्तानी की कचहरियों में प्रचार हुआ।[41]

बंगाल में बंगला और ओड़िशा में उड़िया भाषा न्यायालय और राजस्व की भाषा और लिपि बन गई। किन्तु तत्कालीन पश्चिमोत्तर प्रदेश और अवध, बिहार और मध्य प्रदेश के कुछ क्षेत्रों में न्यायालय और राजस्व की भाषा और लिपि के सम्बन्ध में न्यायसंगत निर्णय नहीं लिया जा सका। फ़ारसी के स्थान पर उर्दू को उपर्युक्त प्रदेशों में स्थापित किया गया। इस सम्बन्ध में तर्क यह प्रस्तुत किया गया कि कुछ यूरोपीय लेखकों ने उर्दू का नामकरण 'हिन्दुस्तानी' किया था। बंगाल में बंगाली, गुजरात में गुजराती की पद्धति से उर्दू को हिन्दुस्तान की भाषा का ग़लत अर्थ दे दिया गया।

सदर दीवानी अदालत के मतानुसार कचहरियों की कार्रवाई सरल, सुबोध और सुगम भाषा में की जाय। किन्तु हिन्दी की घोर उपेक्षा की गई। सुदीर्घ काल से

फ़ारसी से बोझिल उर्दू-लेखन के कारण कचहरियों के कर्मचारियों को लिपि देवनागरी में लिखने से घृणा हुई, जिसके फलस्वरूप कचहरियों में उर्दू भाषा और फ़ारसी अक्षरों का प्रचार हुआ।

तत्कालीन पश्चिमोत्तर प्रदेश और अवध की जनभाषा या देशीय भाषा देवनागरी लिपि में लिखित हिन्दी रह गई। ईस्ट इंडिया कम्पनी और विक्टोरिया के शासनकाल में सरकार की ओर से भी यह तथ्य अनेक प्रतिवेदनों में और अवसरों पर स्वीकार किया गया। पश्चिमोत्तर प्रदेश और अवध सरकार के सचिव ने प्राचार्य, आगरा कॉलेज, आगरा को सम्बोधित पत्रांक 750 दिनांक 17 अगस्त, 1844 ई. में और पश्चिमोत्तर प्रदेश और अवध के विद्यालयों के महानिदेशक ने सन् 1854-55 ई. के अपने प्रतिवेंदन की पृष्ठ संख्या 38 पर इस तथ्य को स्वीकार किया था। पश्चिमोत्तर प्रदेश और अवध सरकार ने ज्ञापांक संख्या 4011 दिनांक 30 सितम्बर, 1854 ई. के अन्तर्गत समाहर्ताओं और आयुक्तों को यह निर्देश प्रदान किया था कि पटवारियों के अभिलेख उस भाषा और लिपि में लिपिबद्ध किये जायँ, जो बहुसंख्यक जनता के लिए सर्वाधिक सुपरिचित हों और उक्त भाषा हिन्दी और लिपि देवनागरी ही हो सकती थी। राजस्व बोर्ड, पश्चिमोत्तर प्रदेश और अवध के समाहर्ताओं और आयुक्तों को सम्बोधित अधिसूचना संख्या 8, वर्ष 1857 में इसी निर्देश की पुनरावृत्ति की गई।[42]

अनेक मान्य यूरोपीय और भारतीय हिन्दीतर विद्वानों ने ईस्ट इंडिया कम्पनी और विक्टोरिया शासनकालों में देवनागरी लिपि में लिखित हिन्दी को भारत की राष्ट्रभाषा के रूप में स्वीकार किया था।[43]

सदर दीवानी अदालत, पश्चिमोत्तर प्रदेश अधिसूचना संख्या 33 दिनांक 19 अप्रैल, 1839 ई. में अदालतों की समस्त कार्यभाषा फ़ारसी के स्थान पर 1 जुलाई, 1839 ई. से हिन्दुस्तानी में परिवर्तित करने का स्पष्ट आदेश प्रदान किया गया था। न्यायालयों की सम्पूर्ण कार्रवाई सरल, सुबोध उर्दू अथवा जहाँ हिन्दी का प्रचलन हो वहाँ हिन्दी का ही व्यवहार करने का आदेश भी उक्त अधिसूचना में था।[44]

किन्तु कचहरी के अमलों के प्रभाव से हिन्दी के व्यवहार के निर्देश की अवहेलना की गई। एक लम्बी अवधि तक फ़ारसीपूरित उर्दू लेखन के अभ्यास के कारण कचहरी के अमले जनभाषा हिन्दी और देवनागरी लिपि को उपेक्षा, तिरस्कार एवं घृणा की दृष्टि से देखते थे।[45]

फ़ारसी लिपि में लिखित उर्दू कचहरी की भाषा बन गई थी। किन्तु सरकार सरल सुबोध उर्दू की पक्षधर थी, फ़ारसीपूरित उर्दू की नहीं।

सदर बोर्ड ऑफ रेवेन्यू, पश्चिमोत्तर प्रदेश अधिसूचना संख्या 3 दिनांक 28 अगस्त, 1840 ई. के अन्तर्गत न्यायालय और राजस्व विभाग की भाषा ऐसी लिखी जाय कि एक कुलीन हिन्दुस्तानी फ़ारसी से पूर्णतया वंचित रहने पर भी बोलता हो।[46]

न्यायालय और राजस्व विभाग का प्रत्यक्ष सम्बन्ध जनता से है। अतएव सरकार ने सुबोध जनभाषा की अनुशंसा की। किन्तु उपर्युक्त राजाज्ञाओं का परिणाम निष्फल हुआ। व्यवहार न्यायालय, दांडिक न्यायालय और राजस्व न्यायालय के व्यवहार की भाषा प्रायः फ़ारसी ही थी, जनभाषा नहीं। अतः सरकार ने सदर दीवानी अदालत और राजस्व–परिषद से उचित परामर्श कर न्यायालयों के पदाधिकारियों को यह आदेश दिया कि सभी देशीय भाषाओं के अभिलेख सुबोध जनभाषा में अभिलेखबद्ध किये जायँ।

किन्तु इस 28 अगस्त, 1840 ई. की अधिसूचना का कोई परिणाम अथवा प्रभाव नहीं हो सका। प्रायः इसके पन्द्रह वर्ष पश्चात् सरकार ने अनुभव किया कि दीवानी, फ़ौजदारी और राजस्व न्यायालयों की कार्रवाई एक विशिष्ट और विदेशी भाषा में लिखी जाती है। अतएव अनुसन्धान के बाद सरकार ने न्यायालय के पदाधिकारियों को निर्देश दिया कि सरकारी काग़ज़ात ऐसी भाषा में लिखे जायँ जिन्हें जनसाधारण भलीभाँति समझ सके। 9 मई, 1854 ई. का आग्रह–पत्र इसी आशय का था। परन्तु इसका भी कुछ प्रभाव नहीं हुआ। इस प्रकार, 28 अगस्त, 1840 ई. और 9 मई, 1854 ई. के राज्यादेश ठंडे बस्ते में बन्द कर दिए गए।

1854 ई. में सरकार ने यह आदेश दिया कि पटवारियों के काग़ज़ात हिन्दी भाषा और देवनागरी लिपि में लिखे जायँ। यह निर्देश पत्र राजस्व पर्षद, पश्चिमोत्तर प्रदेश और अवध की संकल्प संख्या 4011 दिनांक 30 सितम्बर 1854 ई. में इस दृष्टि से निहित है।[47]

सन् 1856 ई. में सरकार ने यह आज्ञा दी कि माल विभाग के कर्मचारी तहसीलदार आदि (जो उर्दू भलीभाँति जानते थे) नागरी का अक्षर ज्ञान भी प्राप्त करें। उनके लिए देवनागरी लिपि में लिखित हिन्दी भाषा की परीक्षा में उत्तीर्णता प्राप्त करना अनिवार्य कर दिया गया और यह घोषणा की गई कि उक्त आदेश का उल्लंघन करने पर उन्हें सेवामुक्त कर दिया जायगा।

सरकार के इस आदेश का वांछित परिणाम हुआ। अत्यन्त कम समय में सभी राजस्व पदाधिकारीगण, मुसलमान तहसीलदारों आदि ने देवनागरी लिपि पढ़ने–लिखने का ज्ञान अर्जित कर लिया और निर्धारित देवनागरी परीक्षा में उत्तीर्णता प्राप्त की।[48]

किन्तु 1857 ई. के भारतीय स्वतन्त्रता संग्राम के दमन के बाद सरकार की मनोवृत्ति में परिवर्तन हुआ और उक्त नागरी विषयक आदेश के प्रति अवहेलना की नीति को स्वयं सरकार की ओर से प्रश्रय प्रदान किया गया।[49]

सन् 1837 ई. से 1900 ई. तक कचहरी–भाषा में किसी प्रकार का परिवर्तन नहीं किया जा सका। डॉक्टर फैलन, ग्राउस, फ्रेडरिक पिंकौट आदि विद्वानों और भाषा तत्त्ववेत्ताओं ने इस कचहरी–भाषा की बड़ी निन्दा की थी।

देवनागरी लिपि की प्रतिष्ठा के बिना कचहरी–भाषा का सरलीकरण संभव नहीं था। अनेक सरकारी आज्ञाओं के बावजूद कचहरी भाषा में अति क्लिष्ट, दुर्बोध एवं जटिल अरबी और फ़ारसी शब्दों का अनावश्यक बोझ था। अदालतों के कार्य फ़ारसी लिपि में सम्पन्न किये जाते थे। अतएव कचहरी भाषा भी अति दुरूह एवं दुर्बोध थी। फ़ारसी लिपि के स्थान पर देवनागरी लिपि को कचहरी लिपि की अनिवार्य सांविधानिक स्वीकृति के पश्चात् सरल और सुगम हिन्दुस्तानी अथवा हिन्दी का प्रचार अवश्यम्भावी था। यह अनुभव किया गया कि जब तक कचहरियों की कार्रवाई फ़ारसी लिपि में लिखी जायगी, तब तक हिन्दुस्तानी भाषा में से अरबी और फ़ारसी शब्दों का बहिष्कार अथवा सरल, सुबोध, सुगम और सार्वजनिक कचहरी–भाषा की स्थापना कदापि संभव नहीं है।[50]

तात्पर्य यह कि अधिनियम संख्या 29 सन् 1837 ई. के पूर्व ईस्ट इंडिया कम्पनी सरकार ने जनसाधारण से सम्बन्धित अधिनियमों, अधिसूचनाओं परिनियमों, अनुदेशों, संकल्पों, निर्देशपत्रों, शासनादेशों आदि में फ़ारसी भाषा के अतिरिक्त हिन्दी भाषा और अंग्रेज़ी, फ़ारसी और बंगला भाषाओं को प्रश्रय दिया। गवर्नर जनरल इन कौंसिल, फ़ोर्ट विलियम के संकल्प दिनांक 4 सितम्बर, 1837 ई. में *वर्नाक्यूलर लैंग्वेज ऑफ़ दि डिस्ट्रिक्ट* अर्थात् ज़िले या जनपद की देशभाषा को प्रमुखता प्रदान की गई। 1809 ई. से ईस्ट इंडिया कम्पनी के सिक्कों पर फ़ारसी और देवनागरी लिपियाँ प्रतिष्ठित की गईं। सितम्बर 1853 ई. से उक्त सिक्कों से देवनागरी लिपि का उन्मूलन कर मात्र अंग्रेज़ी और फ़ारसी को सिक्कों की भाषा और लिपि का गौरव प्रदान किया गया।

सन् 1837 ई. के उपरान्त मुख्यतः 4 जुलाई, 1851 ई. से कम्पनी सरकार और विक्टोरिया शासन ने अंग्रेज़ी भाषा के अतिरिक्त *वर्नाक्यूलर लैंग्वेज ऑफ़ दि डिस्ट्रिक्ट, लैंग्वेज ऑफ़ दि डिस्ट्रिक्ट, वर्नाक्युलर लैंग्वेज ऑफ दि प्रिजाइडिंग ऑफिसर ऑफ प्रिंसिपल लैंग्वेज ऑफ दि डिस्ट्रिक्ट* का ही प्रावधान अपने विभिन्न अधिनियमों, अधिसूचनाओं और परिनियमों में किया। फ़ारसी या उर्दू भाषा का स्पष्ट उल्लेख मात्र एक अपवाद को छोड़कर, अन्यत्र नहीं किया गया। मात्र अधिनियम संख्या 1 सन् 1867 ई. में उर्दू भाषा का स्पष्ट उल्लेख किया गया। अधिनियम संख्या 7 सन् 1876 ई. में *वर्नाक्यूलर लैंग्वेज एंड करेक्टर ऑफ़ दि डिस्ट्रिक्ट* उल्लिखित हुआ अर्थात् लिपि का भी उल्लेख जानबूझ कर किया गया।

सन् 1837 ई. के पूर्व देवनागरी लिपि विभिन्न अधिनियमों, अधिसूचनाओं, परिनियिमों और संकल्पों में मुख्य रूप से उल्लिखित की जाती रही। किन्तु इसके बाद सरकार ने लिपि के प्रश्न को गौण कर अधिनियम संख्या 7 सन् 1876 ई. के अपवाद को छोड़कर, ज़िले की देशभाषा को प्रश्रय दिया। ज़िले की देशभाषा

नि:सन्देह हिन्दी ही थी, जिसकी एकमात्र लिपि देवनागरी थी। किन्तु कर्मचारियों ने परम्परागत स्वार्थवश इसे ग़लत ढंग से परिभाषित कर उर्दू भाषा और उसकी फारसी लिपि को मुख्य रूप से प्रश्रय प्रदान किया। भाषा और लिपि विषयक सरकार के अनुदेशों, अधिनियमों, कार्यपालक आदेशों, निर्देशपत्रों और राज्यादेशों का अनुपालन न्याय और निष्ठा के आधार पर नहीं किया गया। सरकार की त्रुटि यह थी कि उसने *वर्नाक्यूलर लैंग्वेज ऑफ़ दि डिस्ट्रिक्ट* को परिभाषित अथवा उसका स्पष्ट निर्देश प्राय: नहीं किया और अपनी-अपनी सुविधा के अनुसार उसे परिभाषित करने की अनियंत्रित सुविधाएँ राज्यकर्मियों और राज्याधिकारियों को प्रदान कर दीं। हिन्दी भाषा के पवित्र अधिकार को उसने विवाद का विषय बना दिया। कार्यालयों, न्यायालयों आदि के कर्मचारियों द्वारा पूर्व प्रचलित फ़ारसी लिपि और उर्दू भाषा, शासकों और शासितों की लिपि अथवा भाषा नहीं रहने के बावजूद, क्लिष्ट उर्दू और फ़ारसी लिपि को प्रयुक्त किये जाने को ग़लत और दुर्भाग्यपूर्ण निरन्तरता प्रदान कर दी गई। इसके सुदूरव्यापी प्रभाव से देवनागरी लिपि आन्दोलन सम्पूर्ण हिन्दी भाषा और हिन्दी बहुल क्षेत्रों में हुआ और कचहरी भाषा क्लिष्ट उर्दू के रूप में चलती रही। कचहरी की यह भाषा हिन्दी भाषा के स्वाभाविक संस्कार की सार्वजनिक हत्या ही थी।

संदर्भ

1. Bihar Through the Ages : General Editor R.R. Diwakar, Chapter XVII, 'Freedom Movement in Bihar', Page 639.
2. उपरिवत्।
3. **विशेष द्रष्टव्य :**
    (A) Selections from Calcutta Gazettes. (Vol.II) Edited by W.S. Seton-Kar, Calcutta, 1865, Editorial Part II, Page 381.
    (B) Sir William Jones (1746-1794), Suniti Kumar Chatterjee—Jones Bicent, Vol. 1948, P. 81/96
    (C) Sir William Jones as a Poet, R.K. Dasgupta-Jones Bicent Vol. 1948, p.162-166.
4. (A) Asiatick Researches, (Volume the First), London Reprint edition 1798. A Dissertation on the Orthography of Asiatick Words in Roman Letters. Page 13.
    (B) Sir William Jone's Works (Vol.I) Page 186.
    (C) Asiatick Researches (Volume I), 1788, Page 156
5. The Rudiments of Hindoostanee Grammar, John Borthwick Gilchrist, London, 1806, Preface, Page XXX.
6. उपरिवत्।

7. The Regulations and Laws enacted by the Governor General in Council, for the Civil Government of the Provinces under the Presidency of Fort William in Bengal, from 1793 to 1828, inclusive arranged in Departments, on the Plan of Molong's synopsis, Vol.1, Judicial Department, Division 1, Civil Regulations, Baptist Mission Press Edition, Calcutta, 1929, p.1.
8. उपरवित्, पृष्ठ 5 और 6
9. The British Indian Monitor or the Antijargonist Stranger's Guide. Oriental Linguist and various other works, compressed into a series of portable volumes, on the Hindoostanee Language improperly called Moors with considerable information respecting Eastern Tongues, Manners, Customs, i.e.i.e. By the Author of Hindoostanee Philology JOHN BORTHWICK GILCHRIST, Vol. 1, 1806, Preface.
10. The British Indian Monitor, John Borthwick Gilchrist, Vol.1, 1806, p. XCI/XC 99.
11. Ibid., Page XCII/XCIII.
12. The Unrepealed Acts of the Legislative Councils of India and Bangal, James W. Furrell Vol. 1 Part II, Calcutta, p. 56.
13. उपरिवत्,
14. The Unrepealed Central Acts with Chronological Table and Index, Vol. 1, 1938, p. 80.
15. उपरिवत्, पृष्ठ 170
16. उपरिवत्
17. चन्द्रबली पांडे, कचहरी की भाषा और लिपि, पृष्ठ 27
18. उपरिवत्, पृष्ठ 28/29
19. उपरिवत्, पृष्ठ 29
20. उपरिवत्, पृष्ठ 32/33
21. उपरिवत्, पृष्ठ 33
22. (a) On the uses of Persian in Law-Courts,
— Calcutta Gazette, July 12, Thursday, 1821 .A.D.
    (b) Selections from Calcutta Gazettes by High David Sandeman Volume V, 1869.
23. On the Use of Persian in Law-Courts,
Calcutta Gazette, July, 12, Thursday, 1821 Part II, Editorial, p. 412/413.
24. उपरिवत्
25. **विशेष द्रष्टव्य–**
    (A) Extract from the proceedings of the Governor General in Council, Dated the 24th August, 1792, into the Public Department.
— The Calcutta Gazette & the Oriental Advertiser, 6 Sept. 1792.
    (B) Selections from Calcutta Gazettes. Vol. II, 1865. Official part 1, p. 66.
    (C) The Calcutta Gazette & the Oriental Advertiser, Thursday, the 23rd April, 1795.

(D) Selections from Calcutta Gazettes Vol. II, 1865, Official Part 1, p. 147.

(E) On the introduction of the English Language into the Courts of Justice शीर्षक लेख।

(लेखन-तिथि 20 जून, 1833 ई.)

— Notes of Indian Affairs, Hon'ble Frederick John Shore Vol. 1 London, 1837. Chapter XIX.

(F) On the Language and Character best suited to the Education of the people शीर्षक लेख।

(लेखन-तिथि 20 जून 1834 ई.)

— Notes of Indian Affairs, Vol. 1, 1837. Chapter XIX

26. Notes of Indian Affairs, Vol.1, 1837, London, Chapter V
On the use of the Hindustanee Language, p. 25/26.
27. उपरिवत्, पृष्ठ 25/30
28. उपरिवत्, पृष्ठ 36
29. उपरिवत्, पृष्ठ 216 और 443
30. उपरिवत्
31. On the Language and Character best suited to the Education of the People. (लेखन तिथि मार्च 1834 ई.)
— Notes on Indian Affairs, Vol. 1, 1837. Chapter XXX, p. 435.
32. On the Injustice of compelling the people of India to adopt a Foreign Language and Character (Dated 1 June, 1834)
— Notes on Indian Affairs, Vol. 11, p. 1/5.
33. Frederick John Shore, Notes on Indian Affairs, Vol. II, 1837. p. 6 (Footnote)
34. "No civilized Nation, who has possessed the use of letters for centuries, will ever voluntarilly change them." —Notes on Indian Affairs, Vol. II, 1837. p. 6.
35. उपरिवत्
36. Frederick John Shore, Notes on Indian Affairs, Vol.1, 1837. p. 443.
37. Asiatick Researches 1788. Volume V,
'A Dissertation on the Orthography of Asiatick words in Roman Letters, p. 1/56.
38. The Journal of the Asiatic Society Bengal. 1854 Volume XXIII, p. 345/359.
39. On the transliteration of Indian Alphabets in Roman Characters, F.S. Growse.
— The Journal of the Asiatic Society of Bengal. 1867, Volume XXXVI (1) p. 136/142.
40. Circular Orders of the Sudder Board of revenue, Edition 1938 p. 737/739.

41. (क) पश्चिमोत्तर प्रदेश तथा अवध में अदालती अक्षर और प्राइमरी शिक्षा, पृष्ठ 2
(ख) बाबू श्यामसुन्दर दास के निबन्धों का संग्रह, पृष्ठ 348
42. Court Character and Primary Education in the N.W. Provinces & Oudh. 1897.Allahabad. p. 4.
43. (A) The Calcutta Review, Vol. IX, 1848. A Thompson's Dictionary, page 375-377
(B) Dr. Rajendra Lal Mitra; 'On the origin of the Hindi Language and its relation to the Urdu dialect.
Journal of the Asiatic Society of Bengal Vol. XXXII 1864 p. 489.
(C) A Comperative Grammar of the Modern Aryan Languages of India (Vol.1). John Beams, C.S. Introduction 'On the Hindi Language' p. 31-33.
(D) Journal of the Asiatic Society of Bengal, Vol.XXXV. Part 1 1866. Some objections to the Modern Style of Official Hindustani. F.S. Growes, p.172.
(E) Annual Report on the Progress of Education for 1873-74.
(F) Annual Report on the Progress of Education of 1877-78 Director of Public Instruction, N.W.P. and Oudh. p. 83.
44. Marshman's Guide to the Civil Law. Edition 1848.
Circular order of the Sudder Dewany Aduwlut. N.W.P. No. 303 Dated 19th April, 1839. p. 218.
45. (क) Court Character and Primary Education in the N.W. Provinces & Oudh. Allahabad. 1897, p. 6.
(ख) बाबू श्यामसुन्दर दास के निबन्धों का संग्रह, पृष्ठ 350
46. सर्कुलर ऑर्डर ऑफ दि सदर बोर्ड ऑफ रेवेन्यू नार्थ-वेस्टर्न प्रोविन्सेज, नम्बर 3 दिनांक 28 अगस्त, 1840 ई.
— Court Character and Primary Education in the N.W. Provinces & Oudh, p. 4.
48. भारत मित्र, 19 अगस्त, 1882 ई.
49. उपरिवत्
50. (क) पश्चिमोत्तर प्रदेश तथा अवध में अदालती अक्षर और प्राइमरी शिक्षा (1898 ई.) पृष्ठ 8
(ख) बाबू श्यामसुन्दर दास के निबन्धों का संग्रह, पृष्ठ 352

देवनागरी लिपि आन्दोलन और भारतेन्दु हरिश्चन्द्र

सन् 1784 ई. में एशियाटिक सोसाइटी, कलकत्ता (स्थापना 15 जनवरी, 1784 ई.) के तत्त्वावधान में सोसाइटी के संस्थापक एवं प्रथम अध्यक्ष सर विलियम जोन्स (1746 ई.–27 अप्रैल 1794 ई.) द्वारा लिखित–पठित *ए डिस्सटेंशन ऑन दि ऑर्थोग्राफी ऑफ एशियाटिक वड्र्स इन रोमन लेट्र्स* (A Dissertation on the orthography of Asiatic words in Roman Letters) शीर्षक विनिबन्ध से ही वस्तुत: देवनागरी लिपि आन्दोलन का प्रारम्भ हुआ।

फ्रेडरिक जौन शोर (31 मई, 1799 ई.–29 मई, 1637 ई.) ने भारत की न्यायपालिका एवं कार्यपालिका की भाषा और लिपि के प्रश्न पर अत्यन्त तर्कसंगत, गहन निष्पक्ष, न्यायपूर्ण एवं व्यापक ढंग से विचार किया था। वे व्यवहार न्यायालय और दांडिक सत्र, फर्रुखाबाद के न्यायाधीश थे। भाषा और लिपि पर उनका प्रथम लेख 20 मई, 1832 ई. का है। इस विषय पर उनके लेखों की लेखन–तिथियाँ मुख्यत: 20 मई, 1832 ई. से 1 जून 1834 ई. तक की हैं। न्यायाधीश शोर ने फारसी लिपि बनाम देवनागरी लिपि के प्रश्न पर भी विचार किया था और देवनागरी लिपि को न्यायालय लिपि बनाए जाने के लिए अपना निर्णय दिया। उन्होंने 'वर्नाक्यूलर लैंग्वेज' अर्थात् देशीय भाषा के रोमन लिप्यन्तरण के सुझाव की बड़ी तीखी आलोचना की और इसे अमान्य एवं निरस्त कर दिया।

ट्रेविलियन, जे. प्रिन्सेप आदि के द्वारा लिखित और सिरामपुर, कलकत्ता से 1834 ई. में प्रकाशित *दि एप्लिकेशन ऑफ दि रोमन अल्फाबेट टु ऑल दि ओरिएंटल लैंग्वेजेज* शीर्षक पुस्तक में सभी पौर्वात्य भाषाओं के रोमन लिप्यन्तरण की वकालत की गई।

1854 ई. डब्ल्यू. एन. लीस (W. Nassau Lees) ने *दि जर्नल ऑफ दि एशियाटिक सोसाइटी ऑफ बंगाल* (1854 ई.) वाल्यूम 13 (पृष्ठ 345–359) में प्रकाशित 'आन दि एप्लिकेशन ऑफ दि करेक्टर्स ऑफ दि रोमन अल्फाबेट टु ओरिएंटल लैंग्वेजेज' शीर्षक निबन्ध में इस प्रश्न को पुनर्जीवित किया और कहा कि हिन्दुस्तानी भाषा की अपनी कोई लिपि नहीं है। अतएव हिन्दुस्तानी भाषा रोमन

लिप्यंतरण के सर्वथा अनुकूल है। उसने 1863 ई. में एशियाटिक सोसाइटी की बैठक में इस दलील की पुनरावृत्ति की।

जर्नल ऑफ दि एशियाटिक सोसाइटी ऑफ बंगाल (खंड 33, पृष्ठ संख्या 489/518) में सन् 1864 ई. में डॉक्टर राजेन्द्र लाल मित्रा (1824 ई., कलकत्ता-1892 ई.) का 'ऑन दि ऑरिजिन ऑफ दि हिन्दवी लैंग्वेज एंड इट्स रिलेशन टु दि उर्दू डायलेक्ट' शीर्षक शोधपूर्ण लेख प्रकाशित हुआ था। डॉ. मित्रा सर्वप्रथम भारतीय थे जिन्होंने देवनागरी लिपि आन्दोलन में भाग लिया, हिन्दवी भाषा के स्रोत पर विचार करते हुए उसके और उर्दू बोली के सम्बन्धों पर प्रकाश डाला और देवनागरी लिपि को हिन्दवी और उर्दू भाषाओं की लिपि के रूप में अपनाए जाने की आवश्यकता पर बल दिया। वे फारसी लिपि की असामर्थ्य को रेखांकित करने वाले प्रथम भारतीय थे। उसके पूर्व अनेक अंग्रेज विद्वानों, विचारकों और बुद्धिजीवियों ने फारसी लिपि की त्रुटियों और विसंगतियों की ओर प्रबुद्ध जनमानस एवं सरकार का ध्यान आकृष्ट किया था।

डॉ. राजेन्द्र लाल मित्रा ने हिन्दवी (हिन्दी) की सर्वव्यापकता और प्राचीनता पर प्रकाश डाला। उन्होंने उर्दू अर्थात् 'कैम्प डायलेक्ट' के उद्‌गम पर भी उचित प्रकाश डाला। लिपि के सम्बन्ध में डॉ. मित्रा ने विचार व्यक्त किया कि संस्कृत की बोलियों के रूप में हिन्दवी और उर्दू को नागरी लिपि पर निर्विवाद अधिकार है क्योंकि इस लिपि के द्वारा ही उनकी ध्वनि-व्यवस्था की अभिव्यक्ति संभव है। फारसी लिपि इस दृष्टि से त्रुटिपूर्ण है क्योंकि यह हिन्दवी की ध्वनियों को प्रतिनिधित्व करने में पूर्णतया अक्षम है।[1]

डॉ. मित्रा ने कहा कि मुसलमान शासकों के राष्ट्रीय गौरव और विदेशी लिपि सीखने की असुविधा के कारण उर्दू साहित्य फारसी लिपि में है। कुछ ऐसे अरबी और फारसी अक्षर भी हैं जिनके समानार्थक अक्षर देवनागरी लिपि में नहीं हैं। किन्तु इनके कारण किसी भी भाषा को उसकी निजी लिपि में लेखन के अधिकार से वंचित नहीं किया जा सकता। भाषा में विदेशी शब्दों का आयात उक्त भाषा में उन्हें आत्मसात् करने हेतु होता है, एतदर्थ नवीन लिपि के आविष्कार के लिए नहीं। मिस्र देश का उदाहरण इस सम्बन्ध में लिया जा सकता है। मिस्र ने नए अक्षरों से परिचित होने पर निजी अक्षरों की संख्या-वृद्धि नहीं की अपितु निकटतम पर्यायवाची अक्षरों से उक्त अक्षरों का प्रतिनिधित्व किया। पड़ोसी देशों की भाषा का 'जे' (J) अक्षर इसका उदाहरण है। यही पद्धति हिन्दवी-लेखन में अद्यावधि स्वीकार की गई है जो सर्वथा उचित एवं तर्कसंगत है।[2]

ए कम्परेटिव ग्रामर ऑफ दि मॉडर्न आर्यन लैंग्वेज ऑफ इंडिया (प्रथम खंड) की भूमिका में जॉन बीम्स (JOHN BEAMES) ने हिन्दी भाषा पर विचार किये।

उसने हिन्दी और उर्दू को दो भिन्न भाषाओं के रूप में अस्वीकार किया और उर्दू को 'दि उर्दू डायलेक्ट ऑफ हिन्दी' अथवा 'दि उर्दू फेज ऑफ हिन्दी' के रूप में घोषित किया।[3] उसके अनुसार न्यायालय-लिपि परिवर्तनवादियों का आन्दोलन न्यायालय-भाषा के संस्कृत तद्भव-रूपों के लिए था। बीम्स ने लिपि-समस्या पर उक्त पुस्तक की भूमिका में विचार नहीं किया। बीम्स के विचारों का उल्लेख ग्राउस ने 1866 ई. में प्रकाशित 'सम ओब्जेक्शन्स टु दि मॉडर्न स्टाइल ऑफ ऑफिशियल हिन्दुस्तानी' शीर्षक लेख में बंगाल एशियाटिक सोसाइटी के तत्त्वावधान में किया था।

सन् 1866 ई. में एफ. एस. ग्राउस (F.S.GROWSE, M.A. Oxon : B.C.S.) का 'सम ओब्जेक्शन्स टु दि मॉडर्न स्टाइल ऑफ ऑफिशियल हिन्दुस्तानी' शीर्षक विचारोत्तेजक लेख सर्वप्रथम *जर्नल ऑफ दि एशियाटिक सोसाइटी ऑफ बंगाल* (खंड 35 (एक) पृष्ठ 172/181) में प्रकाशित हुआ। भारतेन्दु हरिश्चन्द्र (भाद्रपद शुक्ल 7, चन्द्रवार, विक्रम संवत् 1907, तदनुसार 9 सितम्बर, 1850 ई.-6 जनवरी, मंगलवार 1885 ई.) द्वारा सम्पादित मासिक पत्र श्रीहरिश्चन्द्र चन्द्रिका, नवम्बर 1874 ई. (खंड 2 संख्या 2) में भी पृष्ठ संख्या 35/44 में यह लेख पुनर्प्रकाशित हुआ। सिरसा, जिला इलाहाबाद निवासी लेखक काशीनाथ खत्री (1846 ई.-1891 ई.) ने ग्राउस के हिन्दी विषयक विचारों की समीक्षा 01 नवम्बर, 1874 ई. को अंग्रेजी भाषा में की थी जो मूल अंग्रेजी में हिन्दी मासिक पत्र 'श्रीहरिश्चन्द्र चन्दिका', नवम्बर 1874 ई. में पृष्ठ 33/35 में 'एफ. एस. ग्राउस इस्क्वायर, एम.ए. ज्वायन्ट कलक्टर एंड मजिस्ट्रेट ऑफ मथुरा, ऑन हिन्दी, एज वर्नाक्यूलर ऑफ दीज प्राविन्सेज' शीर्षक से प्रकाशित हुआ।

सन् 1897 ई. में प्रकाशित *कोर्ट करेक्टर एंड प्रायमरी एडुकेशन इन दि एन. डब्ल्यू. प्राविन्सेज एंड अवध* पुस्तक के परिशिष्ट में (पृष्ठ 32/39) भी महामना पंडित मदनमोहन मालवीय (पौष कृष्ण अष्टमी वैक्रमाब्द 1918 तदनुसार 25 दिसम्बर, 1861 ई.-12 नवम्बर, 1946 ई.) ने ग्राउस का उक्त लेख पुनर्प्रकाशित किया। किन्तु ग्राउस का उक्त लेख प्रथम प्रकाशन की दृष्टि से 1866 ई. का ही है। 1866 ई. के पूर्व, *जर्नल ऑफ दि एशियाटिक सोसाइटी ऑफ बंगाल* में प्रचलित उर्दू रचना के पक्ष में विचार प्रकट किये गए थे जिसके विरोध में ग्राउस ने उर्दू विषयक और हिन्दी विरोधी दलीलों का युक्तिसंगत खंडन किया।

ग्राउस ने यह स्पष्ट कहा कि सर्वथा शुद्ध हिन्दी में लिखित प्रेमसागर की भाषा भारतव्यापी स्तर पर समझी जाती है। किन्तु प्रेमसागर की शुद्ध सती भाषा के समर्थक बहुत कम लोग थे। बैतालपचीसी की भाषा में फारसी शब्दों का न्यायोचित आयात है। अतः बैतालपचीसी की भाषा प्रेमसागर की भाषा की अपेक्षा प्रत्येक स्तर पर विशेष बोधगम्य है।[4]

देवनागरी लिपि को न्यायालय-लिपि और कार्यालय-लिपि में परिवर्तन के विचार को कार्यान्वित किये जाने के लिए ग्राउस ने सर्वप्रथम हिन्दी भाषा विषयक भ्रान्तियों का निराकरण किया।[5]

अकबर के शासनकाल और उसके परवर्ती वर्षों में भी हिन्दुओं और मुसलमानों की प्रचलित भाषा (पॉपुलर डायलेक्ट) एक ही थी। मुसलमान हिन्दी भाषा में ही साहित्य सृजन करते थे। उन्नीसवीं शती के प्रारम्भ में मुसलमानों की जन-शैली की रचनाओं में विदेशी और स्वदेशी शब्दों का अनुपात प्रायः समान हो गया था। 1837 ई. से न्यायालयों की भाषा के रूप में फारसी का तथाकथित निष्कासन कर दिया गया। यह सरकार का दावा था। यह दावा खोखला था। 1837 ई. के पूर्व राजभाषा और जनभाषा में पृथकत्व था। इस पृथकत्व की समाप्ति अनिवार्य थी। कचहरी के कर्मचारियों को फारसी भाषा का ही अभ्यास था।

राज्यादेश के दबाव से उन्होंने अपनी बहसों में हिन्दुस्तानी प्रभाव को सुरक्षित रखा किन्तु उनकी शब्दावली पूर्णतः फारसी ही रही। फारसी लिपि की अस्वाभाविक कचहरी बोली का यही कारण है।

ग्राउस ने घोषणा की कि उर्दू बोली स्वतन्त्र भाषा का गौरव कदापि प्राप्त नहीं कर सकती।[6]

कचहरी के कर्मचारियों ने एक विचित्र, सर्वथा अस्वाभाविक दुर्बोध और भारतीय मूल से पृथक कचहरी बोली को जन्म दिया जिसमें भाषा की अस्वाभाविक कृत्रिमता थी, जिसकी लिपि विदेशी और त्रुटिपूर्ण थी। सन् 1837 ई. के पश्चात् कचहरी बोली की यही स्थिति थी जिसका विशद वर्णन ग्राउस ने किया था।[7]

ग्राउस ने अपने उक्त लेख में सतरह प्रचलित हिन्दी शब्दों की एक अति संक्षिप्त सूची दी है और उनका विदेशी फारसी विकल्प भी दिया है जिसका व्यवहार कचहरी बोली में किया जाता था। इनके अतिरिक्त उसने कुछ अन्य प्रचलित हिन्दी शब्दों और उनके विकल्प के व्यवहृत फारसी क्लिष्ट शब्दों का तुलनात्मक अध्ययन किया है। इस कचहरी बोली के व्यवहार से शासन-स्तर पर देवनागरी लिपि का अनिवार्य निष्कासन हो गया।

ग्राउस ने देवनागरी लिपि की सर्वश्रेष्ठता की घोषणा करने के बावजूद, अरबी अथवा फारसी शब्दों के लेखन हेतु उसकी अक्षमता का प्रतिपादन किया। फारसी लिपि भी हिन्दी शब्दों के लेखन के लिए अनुकूल नहीं है। कचहरी के मुंशी हिन्दी ज्ञान से दूर थे। वे फारसी वर्ण-विन्यास के अनुसार प्रत्येक शब्द का उच्चारण करते थे जिसके कारण मूल हिन्दी स्वरूप का अशुद्ध, अनियमित और अनुचित प्रतिनिधित्व होता था। इस संकट को दूर करने के लिए ग्राउस ने दोनों प्रकार की लेखन-पद्धतियों के पारस्परिक नियंत्रण की योजना कार्यान्वित किये जाने की आवश्यकता पर बल दिया।[8]

ग्राउस ने यह स्वीकार किया कि है कि हिन्दी और उर्दू के रूप में वर्नाक्यूलर अर्थात् देशभाषा का विभाजन फोर्ट विलियम कॉलेज के मुंशियों का सर्वाधिक दुर्भाग्यपूर्ण आविष्कार था। इसलिए हिन्दी और उर्दू के पारस्परिक विलयन के द्वारा उसने देश की एक भाषा का स्वप्न देखा। वह भाषा वस्तुतः हिन्दुस्तानी होगी। उर्दू शब्दों को बनाए रखने में, ग्राउस के मतानुसार, किसी प्रकार का लाभ नहीं है।[9]

ग्राउस का कथन है कि हिन्दी और उर्दू के पारस्परिक विलयन से उत्पन्न हिन्दुस्तानी भाषा फारसी अथवा देवनागरी लिपि के माध्यम से व्यक्त की जा सकती है। प्रस्तावित हिन्दुस्तानी भाषा के लेखन में देवनागरी और फारसी लिपियों की समानान्तर उपयोगिता चरितार्थ की जा सकती है। उसने फारसी लिपि की त्रुटियों, अक्षमताओं और कमियों का उल्लेख कर देवनागरी लिपि की श्रेष्ठता का प्रतिपादन किया। उसने सच कहा कि किसी फारसी दस्तावेज से किसी नाम का जिसकी पहचान भूल गई हो, ठीक-ठीक पढ़ लेना संभव नहीं है। अतएव ऐसी लिपि हकूक के रेकर्ड रखने योग्य कदापि नहीं है। देवनागरी लिपि द्रुत गति से नहीं लिखी जाती, किन्तु स्पष्ट और सर्वथा शुद्ध होती है। यह मुद्रण कार्य के लिए रोमन लिपि की अपेक्षा विशेष उत्कृष्ट है।[10]

फारसी लिपि में प्रचलित कचहरी की बोली की भर्त्सना कर ग्राउस ने देवनागरी लिपि की शासकीय स्वीकृति का मार्ग प्रशस्त किया।

राजभाषा परिवर्तन हेतु सन् 1868 ई. में जनता की ओर से उद्योग किये गए थे। किन्तु उक्त उद्योग निष्फल सिद्ध हुए।[11]

इलाहाबाद स्थित इलाहाबाद इंस्टिच्यूट के तत्त्वावधान में, सन् 1871 ई. में, पश्चिमोत्तर प्रदेश के लेफ्टिनेन्ट गवर्नर की सेवा में बहुसंख्यक जनता के हस्ताक्षरों से युक्त एक अनुरोध पत्र पश्चिमोत्तर देशस्थ कार्यालयों में हिन्दी अक्षरों के प्रचलन हेतु प्रेषित किये जाने के प्रयत्नों का मात्र तीन वाक्यों का एक शीर्षकविहीन संक्षिप्त समाचार भारतेन्दु हरिश्चन्द्र द्वारा सम्पादित 'कविवचनसुधा' में प्रकाशित हुआ था।[12] 'कविवचनसुधा' ने इस पर आनन्द प्रकाशन किया था।[13] क्रिन्तु इस सम्बन्ध में किसी प्रकार की अन्य सूचना प्राप्त नहीं है। भारतेन्दु हरिश्चन्द्र ने अपने लेखन काल के पूर्वार्द्ध में हिन्दी भाषा की शुद्धि पर जोर दिया था, लिपि की समस्या के प्रति उन्होंने मौन धारण कर लिया था[14] क्योंकि भाषोन्नति और देशोन्नति में अविभाज्य सम्बन्ध है।

राजा शिवप्रसाद

जनवरी 1868 ई. में राजा शिवप्रसाद[15] ने (माघ सुदी 2 विक्रम संवत् 1880, सन् 1823 ई.–23 मई, बृहस्पतिवार, तीन बजे रात्रि, 1895 ई. हिन्दू पंचांग के अनुसार)

पश्चिमोत्तर प्रदेश के शिक्षा निरीक्षक की हैसियत से एक अभ्यर्थनापत्र लिखा था। उक्त अभ्यर्थनापत्र में उन्होंने संस्कृतनिष्ठ हिन्दी का विरोध करने के बावजूद देवनागरी लिपि का पूर्ण समर्थन किया।[16] यह लिपि सर्वसाधारण की शिक्षा के हेतु सर्वाधिक उपयोगी थी। उनका यह अभ्यर्थनापत्र पश्चिमोत्तर प्रदेश के वार्षिक शिक्षा प्रतिवेदन (सन् 1867–68 ई.) में सुरक्षित है।

सात माह के पश्चात् अगस्त 1868 ई. में राजा शिवप्रसाद ने द्वितीय अभ्यर्थनापत्र पुनः अंग्रेजी में लिखा। न्यायालय लिपि विषयक इस अभ्यर्थनापत्र का शीर्षक था–*मेमोरंडम : कोर्ट करेक्टर्स इन दि अपर प्राविन्सेज ऑफ इंडिया*। यह 'व्यक्तिगत वितरण हेतु' ('फॉर प्रायवेट सर्कुलेशन') था। इस द्वितीय अभ्यर्थनापत्र में हिन्दी और हिन्दी–लिपि के कट्टर समर्थक के रूप में उन्होंने अपने को प्रमाणित कर दिया।

इसके पूर्व 'तिमिरनाशक' की भूमिका में उन्होंने कहा था कि कचहरी की भाषा देश की प्रचलित भाषा नहीं है।

उनका अंग्रेजी में लिखित और 1868 ई. में प्रकाशित *मेमोरंडम : कोर्ट करेक्टर्स इन दि अपर प्राविन्सेज ऑफ इंडिया* किसी भी हिन्दी साहित्यकार और पत्रकार द्वारा समर्पित देवनागरी लिपि विषयक प्रथम अभ्यर्थनापत्र है। डॉ. ग्रियर्सन ने *दि मॉडर्न वर्नाक्यूलर लिट्रेचर ऑफ हिन्दुस्तान* (1889 ई.) में राजा शिवप्रसाद के *मेमोरंडम : कोर्ट करेक्टर्स इन दि अपर प्राविन्सेज ऑफ इंडिया* का उल्लेख नहीं किया यद्यपि उन्होंने हिन्दी की उनकी 18 और उर्दू की 32 पुस्तकों की सूची भी उसमें दे दी है।[17]

1868 ई. में अपने अभ्यावेदन में राजा शिवप्रसाद ने तत्कालीन भाषिक संरचना और लिपि के अत्याचार पर दुख प्रकट किया। उनके अनुसार, सरकार इस तथ्य से अवगत थी कि अंग्रेजी जनता की भाषा नहीं थी। किन्तु वह अप्रत्यक्ष रूप से दूसरी विदेशी भाषा अर्थात् अर्द्धफारसी, फारसी लिपि में लिखित उर्दू को असहाय जनता पर बलपूर्वक लाद रही थी। सभी तहसीली और हल्काबन्दी विद्यालयों में हिन्दी का स्थान फारसी ग्रहण कर रही थी और हिन्दी एक व्यर्थ भाषा के रूप में घृणा का पात्र बन गई थी।[18] उन्होंने फारसी लिपि के स्थान पर देवनागरी लिपि को कचहरी लिपि बनाए जाने की प्रार्थना की।

उन्होंने अपने द्वितीय 'मेमोरंडम' अर्थात् अभ्यर्थनापत्र में कहा कि जब मुसलमानों ने भारत पर आधिपत्य स्थापित किया, हिन्दी देश की भाषा थी और हिन्दी तथा उसकी लिपि के माध्यम से देश की सम्पूर्ण कार्यवाही सम्पन्न की जाती थी। हिन्दी से उनका तात्पर्य इस विशाल देश में बोली जानेवाली विभिन्न बोलियों से था और हिन्दी लिपि देवनागरी लिपि थी।[19] यह लिपि कैथी, महाजनी, मुंडा आदि उसके विभिन्न रूपों में भी थी।

मुसलमान शासकों ने अपने पर्सियन, अफगान और तुर्क पदाधिकारियों को, ब्रिटिश सरकार की तरह, यहाँ की देशभाषा स्वीकार करने के लिए बाध्य नहीं किया अपितु उन्होंने हिन्दुओं को उनकी भाषा अर्थात् मुसलमान शासकों की भाषा सीखने हेतु बाध्य किया जिसमें सारी सरकारी कार्यवाही की जाती थी।[20]

अकबर के शासन काल से फारसी भाषा का शासकीय प्रभुत्व स्थापित हो गया था। दरबार और राजधानी फारसी साहित्य के केन्द्र हो गई। फारसी कवियों को उच्च पुरस्कार दिए जाते थे और फारसी का ज्ञान पद एवं प्रभाव का एकमात्र आधार बन गया था। अनेक हिन्दूगण फारसी में सोचने लगे, फारसी में बोलने लगे और फारसी लिखने लगे। किन्तु यह फारसी लोकभाषा या जनभाषा या जनता जनार्दन की भाषा नहीं बन सकी। पटवारी अपने काग़ज़ात हिन्दी और उसकी लिपि में ही लिखते थे। महाजनों, व्यापारियों और दुकानदारों की कार्य–भाषा और कार्य–लिपि हिन्दी ही थी। जो व्यक्ति सम्पूर्ण या अर्द्ध–मुसलमान बन कर मुसलमानों के कृपाकांक्षी नहीं थे, वे तुलसीदास, सूरदास, कबीर, बिहारी आदि की रचनाओं का रसास्वादन करते थे।[21]

मुसलमानों की कृपा के ऐसे आकांक्षियों से राजा शिवप्रसाद का स्पष्टतया मन्तव्य, क्रिस्टोफर रौलेन्ड किंग के अनुसार, कायस्थों से ही था।[22] किन्तु मुसलमानी शासन के कारण हिन्दी संगठन की सभी बोलियों में बहुसंख्यक फारसी शब्दों की सर्वत्र घुसपैठ हो गई और फारसी शब्द घर और बाजार के शब्द बन गए। इस नूतन सम्मिश्रण का नाम अर्द्धफारसी हुआ।[23]

ब्रिटिश सरकार ने कचहरियों से फारसी भाषा को निष्कासित कर दिया किन्तु फारसी लिपि का राजपद सुरक्षित रह गया। राजा शिवप्रसाद के अनुसार, फारसी लिपि अत्यन्त दुष्पाठ्य है। कचहरी के अभिलेखों में फारसी लिपि में व्यक्तियों, गाँवों आदि के नाम शुद्ध रीति से नहीं पढ़े जा सकते। एक अक्षर अनेक प्रकार से पढ़े जाते हैं। संस्कृत मूल के शब्द–लेखन में फारसी लिपि अक्षम है। फारसी लिपि में यथासंभव अधिक–से–अधिक फारसी शब्दों का प्रयोग कचहरियों के काग़ज़ात में किया जाता था। अतएव फारसी–ज्ञान हेतु अपना बहुत समय नष्ट करना न्यायालय–जीवन के अभिलाषियों की विवशता थी।[24]

राजा शिवप्रसाद के अभ्यर्थनापत्र के प्रायः एक दशक पूर्व से सरकार जनता के लिए राष्ट्रीय शिक्षा पद्धति को सुसंगठित करने के प्रयत्न कर रही थी। ब्रिटिश संरक्षण में दो प्रकार की भिन्न भाषाएँ 'वर्नाक्यूलर' अर्थात् देशभाषा के काल्पनिक नाम पर चलने लगीं। बहुसंख्यक जनता फारसी अक्षरों की अपेक्षा हिन्दी अक्षरों की सरलता के कारण हिन्दी का अध्ययन करती थी।[25]

मौलवियों ने यह प्रचार किया कि हिन्दी का कोई मूल्य नहीं है, जो ज्ञान और शिक्षा दरबार या कचहरी की जीविका में सहायक नहीं हो, वह नितान्त व्यर्थ है।

उन्होंने हिन्दी के भविष्य को क्षतिग्रस्त कर उर्दू के पक्ष में प्रचार किया। किसी भारतीय ग्रामीण को उर्दू अंग्रेजी के समान कठिन प्रतीत होती थी। ग्रामीणों का तर्क था कि उर्दू और फारसी के सीखने में छह वर्षों के समय का अपव्यय करने के विपरीत अंग्रेजी भाषा का शीघ्र अध्ययन क्यों नहीं किया जाय जो नियुक्ति अथवा आर्थिक दृष्टि से उर्दू और फारसी की अपेक्षा विशेष लाभप्रद थी? किन्तु सरकार का कथन था कि जनता पर अंग्रेजी को बलपूर्वक नहीं लादा जाय और उसे अपनी देशभाषा अर्थात् वर्नाक्यूलर का अध्ययन करना चाहिए।[26] इस भाषा स्थिति पर राजा शिवप्रसाद ने अपना आक्रोश व्यक्त किया–

"Vernaculars! What Vernaculars? Persian? Or that only which can be written in Persian characters? What a confusion! confounding confusion!!"[27]

ब्रिटिश सरकार का कथन था कि अंग्रेजी सामान्य भारतीय जनता के लिए ('लैंग्वेज फॉर दि मासेज') नहीं थी। किन्तु असहाय भारतीय जनता पर एक दूसरी विदेशी भाषा फारसी अथवा अर्द्ध–फारसी अर्थात् फारसी लिपि में उर्दू भाषा को वह अप्रत्यक्ष रूप से बलपूर्वक लाद रही थी। राजा शिवप्रसाद के अनुसार, भाषा का कठोर अन्याय दिल्ली के मुसलमान बादशाहों ने भी नहीं किया था।[28]

विक्टोरिया शासन काल में तहसीली और हल्काबन्दी विद्यालयों में विभक्त सभी ग्रामीण विद्यालयों में हिन्दी के स्थान पर फारसी स्थापित की जा रही थी। जहाँ ऐसा नहीं किया जा सका, वहाँ हिन्दी व्यर्थ मानी जाती थी। कतिपय निर्धन और भिक्षुक ब्राह्मणों के अतिरिक्त संस्कृत का अध्ययन कोई नहीं करता था। उन दिनों फारसी आधी अरबी ही थी। इस प्रकार, जिस देशभाषा के साहित्य का निर्माण किया जा रहा था, उसका सम्बन्ध आर्य कुल की अन्य भाषाओं से टूटता जा रहा था और भाषा–रचना का स्रोत भी कुंठित हो रहा था।[29]

भाषा और लिपि के मामले में राजा शिवप्रसाद ने उग्र हिन्दू राष्ट्रीयता का परिचय अपने द्वितीय अभ्यर्थनापत्र (अगस्त, 1868 ई.) में किया। उन्होंने आधी अरबी के रूप में भारत में प्रचलित फारसी का विरोध किया। कचहरी की भाषा न्यायालयों और कार्यालयों में फारसी लिपि में प्रचलित थी। उन्होंने कहा कि फारसी के अध्ययन से हम फारसीदाँ हो जाते हैं, हमारे सभी विचार भ्रष्ट हो जाते हैं और हमारी राष्ट्रीयता विलुप्त हो जाती है। मुसलमानी राज्य–स्मृति की अवशिष्ट भाषा और लिपि के द्वारा हिन्दुओं को अर्द्ध–मुसलमान बनाए जाने और हिन्दू राष्ट्रीयता नष्ट करने की कार्य–नीति का उन्होंने विरोध किया।[30]

महामना पंडित मदन मोहन मालवीय ने *कोर्ट करेक्टर एंड प्राइमरी एडुकेशन इन दि एन. डब्ल्यू. प्राविन्सेज एंड अवध* (1897 ई.) के परिशिष्ट में संकलित राजा शिवप्रसाद के द्वितीय अभ्यर्थनापत्र 'मेमोरंडम : कोर्ट करेक्टर्स इन दि अपर

प्राविन्सेज ऑफ इंडिया' के उग्र हिन्दू राष्ट्रीयता विषयक विचारों को हिन्दू-मुस्लिम सद्भाव की दृष्टि से स्थान नहीं दिया है। किन्तु अमेरिका स्थित विसकॉनसिन (Wisconsin) विश्वविद्यालय में 1974 ई. में स्वीकृत पी-एच.डी. (इतिहास) विषयक शोध-प्रबन्ध *दि नागरीप्रचारिणी सभा : सोसाइटी फॉर दि प्रोमोसन ऑफ दि नागरी स्क्रिप्ट एंड लैंग्वेज ऑफ बनारस 1893-1914 : ए स्टडी इन दि सोशल एंड पोलिटिकल हिस्ट्री ऑफ दि हिन्दी लैंग्वेज* के भाग-3 'दि डेवलपमेंट 1868-1914 (षष्ठ अध्याय) दि फर्स्ट नागरी-हिन्दी कम्पेन' में क्रिस्टोफर रौलेंड किंग (Christopher Rolland King) ने उनके उक्त विचारों को उद्धृत कर विशद् रूप से विचार किया है। ऐतिहासिकता की दृष्टि से उनके उक्त विचारों का प्रामाणिक उल्लेख आवश्यक है।

राजा शिवप्रसाद का आरोप था कि पश्चिमोत्तर प्रदेश अवध और पंजाब में उर्दू भाषा और फारसी लिपि का समर्थन कर सरकार उक्त क्षेत्र की देशीय भाषा के साहित्य (वर्नाक्यूलर लिट्रेचर) का सम्बन्ध बंगला, मराठी और गुजराती आदि आर्यभाषा कुल की अन्य भाषाओं से विच्छेद कर रही थी।[31]

भाषा-संकट की इस कालिमापूर्ण पृष्ठभूमि में राजा शिवप्रसाद ने न्यायालयों से फारसी भाषा के समान, फारसी लिपि के निष्कासन और विकल्प में हिन्दी और देवनागरी लिपि में के पदस्थापन हेतु सरकार से प्रार्थना की।

उन्होंने अपने अभ्यर्थनापत्र के उपसंहार में प्रार्थना की-

"I pray that the Persian letters may be driven out of the Courts as the language has been, and that Hindi may be substituted for them."[32]

अक्षर-परिवर्तन की प्रक्रिया के हेतु अमलों को उन्होंने तीन वर्षों का समय प्रदान किये जाने की अनुशंसा की। देवनागरी लेखन में फारसी लिपि की अपेक्षा विशेष समय के कथित आरोप के उत्तर में उन्होंने नागरी की लिखावट के अनेक नमूनों द्वारा यह प्रमाणित किया कि प्रायः फारसी लिपि के अनुपात में ही नागरी-लेखन शीघ्रतापूर्वक सम्पन्न किया जा सकता है।[33]

राजा शिवप्रसाद ने न्यायालयों में अक्षर-परिवर्तन अर्थात् देवनागरी लिपि-प्रवेश के नौ सूत्री लाभ बताए जो इस प्रकार हैं-

1. हिन्दू राष्ट्रीयता की पुनर्स्थापना होगी।
2. यदि हम सिकन्दर के काल के हिन्दू नहीं बन सकें जब पोरस ने उत्तर पश्चिम भारत में सिकन्दर के आक्रमण का अत्यन्त वीरतापूर्वक मुकाबला किया था, हम पृथ्वीराज और जयचन्द के काल के हिन्दू बन सकते हैं, जिन्होंने बारहवीं शताब्दी के उत्तरार्द्ध में भारत में मुसलमानी आक्रमण के समय अपने प्राणों की आहुति दे दी।

3. संस्कृत का अध्ययन किया जायगा।
4. एक वर्नाक्यूलर अर्थात् देशीय भाषा होगी।
5. कचहरी के काग़ज़ात दुर्बोध एवं जनता के लिए अभेद्य नहीं रहेंगे।
6. ज्ञानमार्ग अपेक्षाकृत सुगम हो जायगा।
7. देशीय भाषा के साहित्य की विकास-गति तीव्रतर होगी।
8. सम्पूर्ण भारत में भाषागत ऐक्य का संचार होगा।
9. असैनिक और सैन्य पदाधिकारियों को दो लिपियों और दो देशीय भाषाओं के प्रभार से मुक्ति मिलेगी।।[34]

न्यायालयों में फारसी लिपि के स्थान पर हिन्दी और उसकी लिपि की मान्यता के लाभ की उपर्युक्त सूची में क्रिस्टोफर रोलैंड किंग के अनुसार राजा शिवप्रसाद की हिन्दू भाषागत राष्ट्रीयता थी।[35]

राजा शिवप्रसाद के दोनों अभ्यावेदनों में अन्तर है। प्रथम अभ्यावेदन में उन्होंने उर्दू को प्रान्त की मातृभाषा की संज्ञा दी, किन्तु द्वितीय अभ्यावेदन में यह मातृभाषा हिन्दी थी। प्रथम अभ्यावेदन में फारसी लिपि या देवनागरी लिपि को और द्वितीय में उन्होंने मात्र देवनागरी लिपि को स्वीकार्य घोषित किया। प्रथम अभ्यावेदन में जनता को कचहरी की भाषा सीखने की बाध्यता थी किन्तु द्वितीय में, कचहरी की भाषा जनता की भाषा होनी चाहिए। प्रथम और द्वितीय अभ्यावेदनों में उन्होंने क्रमशः संस्कृतनिष्ठ हिन्दी और फारसी का विरोध किया। प्रथम अभ्यावेदन में उनका समझौतावादी दृष्टिकोण था। द्वितीय अभ्यावेदन में यह दृष्टिकोण परिवर्तित हो गया। मात्र सात माह के अन्तराल में प्रकाशित उनके दोनों अभ्यावेदनों की मुख्यधारा में बहुत अन्तर है।[36]

अर्द्ध-अरबीयुक्त उर्दू भाषा और फारसी लिपि के विरोध में उन्होंने नागरी-प्रचार का राष्ट्रीय कार्यक्रम उपस्थापित किया। उनकी उग्र हिन्दू राष्ट्रीयता ऐतिहासिक अनिवार्यता थी। किन्तु वे मुसलमान-विरोधी अथवा साम्प्रदायिक व्यक्ति नहीं थे। उदाहरणार्थ, 23 सितम्बर (शनिवार) 1893 ई. को प्रातःकाल साढ़े आठ बजे लन्दन मिशन स्कूल, बनारस में दंडाधिकारी आर.एच. ब्रेरिटन के सभापतित्व में आयोजित प्रथम पारितोषिक वितरणोत्सव के अवसर पर अपने भाषण में राजा शिवप्रसाद ने कहा- ''शिक्षा का फल यह होना चाहिए कि हिन्दू-मुसलमान दोनों आपस में भाइयों का सा बर्ताव करें और परस्पर एक-दूसरे के गले मिलें।''

इतना कहकर उन्होंने अपने पार्श्ववर्ती मुसलमान को गले लगा लिया।[37]

राजा शिवप्रसाद ने प्राथमिक शिक्षा के प्रचार नहीं होने का कारण कचहरियों में फारसी अक्षरों का प्रचार बताया तथा इस अवरोध को दूर करने के लिए नागरी अक्षरों के प्रचार का परामर्श दिया। किन्तु किसी ने उस पर ध्यान नहीं दिया।[38]

देवनागरी लिपि आन्दोलन के उनके उत्तराधिकारीगण उनके जीवन काल में

उनकी हिन्दी सेवा और मात्र नागरी अक्षरों के प्रचार की नीति की सार्थकता एवं उपयोगिता को अभिप्रमाणित कर चुके थे, कि उनके द्वारा हिन्दी की रक्षा हो सकी, नहीं तो हिन्दी का कोई नामलेवा भी नहीं रह जाता। उनकी मिश्रित भाषा की नीति ने बड़ा काम किया।[39]

राजा शिवप्रसाद के अभ्यावेदन के पश्चात् 1869 ई. में न्यायालय में अक्षर परिवर्तन के प्रश्न पर बड़ा कोलाहल हुआ। तत्कालीन हिन्दी और उर्दू समाचार पत्रों में इस प्रश्न को सर्वाधिक प्रमुखता प्रदान की गई।[40] किन्तु यह कोलाहल स्थायी नहीं रह सका। पुनः 1873 ई. में न्यायालयों में लिपि-परिवर्तन का मामला उठा जिसके परिणामस्वरूप देवनागरी लिपि के पक्ष में 1874 ई. में अभ्यावेदन पश्चिमोत्तर प्रदेश के तत्कालीन लेफ्टिनेन्ट गवर्नर सर विलियम म्योर को समर्पित किये गए। किन्तु इसका उल्लेख्य प्रभाव नहीं हुआ। लेफ्टिनेन्ट गवर्नर म्योर इस सम्बन्ध में किसी प्रकार के आदेश प्रदान किये बगैर सेवानिवृत्त हो गए। उनके उत्तराधिकारी सर जॉन स्ट्रैची हिन्दी को 'हिन्दी भाषा' मानते थे।[41]

राजा शिवप्रसाद ने 'कुछ बयान अपनी जुबान का' (उर्दू) में कहा-''खालिस हिन्दी चाहनेवालों को हम इस बात पर यकीन दिला सकते हैं कि जब तक कचहरी में हुरूफ फारसी जारी हैं, मुमालिक मगरिबी (संयुक्त प्रान्त) के दरमियान किसी तरह अलफाज संस्कृत जारी करने की कोशिश महज बेफायदा और ला हासिल होगी।''[42]

सन् 1873 ई. के प्रायः अन्त में कचहरी भाषा को किसी प्रकार की रियायत देने से रोकने के लिए मुसलमानों ने एक संस्था का गठन किया। सन् 1874 ई. के ज्ञापन पर कोई अनुकूल कार्रवाई के मार्ग में यह तथ्य भी बाधक हुआ।[43] ज्ञापन में सरकार से माँग की गई थी कि फारसी लिपि के स्थान पर सभी न्यायालयों एवं सरकारी कार्यालयों में हिन्दी अथवा नागरी अक्षरों को मान्यता प्रदान की जाय।

मेरठ से प्रकाशित हिन्दी साप्ताहिक 'जगत समाचार', 19 अप्रैल, 1869 ई. के अंक में एक लेखक ने आरोप लगाया कि केवल कचहरी के कर्मचारी ही कचहरी के काग़ज़ात समझ सकते थे और कभी-कभी वे भी भ्रम में पड़ जाते थे। उर्दू लिपि की अस्पष्टता के कारण शब्दों के लेखन और वाचन में अन्तर पड़ जाता है। प्रत्येक कर्मचारी अपने व्यक्तिगत ढंग से लिखता था। अन्य बाहरी व्यक्तियों को इस लिपि के कारण कचहरी अथवा उसके कर्मचारियों से कुछ पल्ले नहीं पड़ता था।[44]

'सहारनपुर गजट', 24 अप्रैल, 1871 ई., में एक लेखक ने कहा कि यद्यपि उर्दू कचहरी की प्रचलित भाषा बन गई थी तथापि नागरी लिपि को कचहरी लिपि का दर्जा दिया जाय। बहुत कम ग्रामीण फारसी अथवा उर्दू से परिचित थे। अतएव, उन्हें सम्बन्धित कचहरी के दस्तावेजों को पढ़वाने में उन्हें बड़ी कठिनाइयों का अनुभव करना पड़ता था। यदि नागरी कचहरी लिपि हो तो यह दिक्कत दूर हो जायगी।[45]

साप्ताहिक 'बनारस अखबार', 22 मई, 1873 ई., में एक लेखक का आरोप था कि फारसी लिपि बेईमानी को जन्म देती है क्योंकि एक शब्द, कतिपय ध्वन्यात्मक चिह्नों को जोड़ या घटा कर अनेक तरीकों से पढ़ा जा सकता है।[46]

'आगरा अखबार', 20 जुलाई, 1873 ई., में उर्दू के एक समर्थक ने दावा किया कि सभी लिपियों के द्वारा बेईमानी की जा सकती है और इस सन्दर्भ में उर्दू लिपि अन्य लिपियों की अपेक्षा निकृष्ट नहीं है।[47]

उर्दू के प्रवक्ताओं की दलील थी कि उसका जन्म भारत में हुआ था। 'आगरा अखबार', 20 जुलाई, 1873 ई., के अनुसार उर्दू के समर्थकों ने पश्चिमोत्तर प्रदेश के लेफ्टिनेन्ट गवर्नर के समक्ष यह दलील दी थी कि उसकी उद्भावना भारत में हुई किन्तु उसकी लिपि फारसी है जो भारतीय नहीं कही जा सकती।[48]

अंग्रेजी पत्र 'पायनियर,' 10 जनवरी, 1873 ई., ने 'दि कोर्ट लैंग्वेज ऑफ दि एन. डब्ल्यू. पी.' शीर्षक सम्पादकीय अग्रलेख में फारसी और देवनागरी लिपियों के गुणों-अवगुणों का पारस्परिक विवेचन कर पश्चिमोत्तर प्रदेश के न्यायालयों में भाषा और लिपि की समस्या का विवेचन किया था।

रेवरेंड जे.डी. बेट (Rev. J.D. BATE)ने 'नोट्स ऑन दि हिन्दी लैंग्वेज' शीर्षक निबन्ध में फारसी लिपि की त्रुटियों का सोदाहरण अध्ययन किया और कहा कि फारसी लिपि की अभिव्यक्तिजन्य सम्पूर्ण त्रुटियों का मार्जन देवनागरी लिपि के द्वारा हो जाता है। किन्तु देवनागरी लिपि में फारसी लिपि की लेखन-शीघ्रता नहीं है। इसके अतिरिक्त, यह सभी दृष्टियों से फारसी लिपि की अपेक्षा सर्वाधिक श्रेष्ठ है।[49]

बेट ने नागरी के विरुद्ध एक अन्य आरोप का उल्लेख किया था। वह यह कि न्यायालयों में देवनागरी लिपि की स्वीकृति से मुसलमान दुखी हो जायेंगे। इस सम्बन्ध में उक्त लेखक का कथन है कि हमारे न्यायालयों में फारसी का व्यवहार किया जाता था किन्तु यह भाषा असुविधाजनक प्रमाणित हुई और सरल समझौते के रूप में वहाँ उर्दू का प्रवेश हुआ।[50]

बेट ने भविष्यवाणी की कि देवनागरी लिपि को न्यायालय-लिपि का गौरव प्रदान करने पर मुसलमानों को वह कार्य करना होगा जिसे करने के लिए हिन्दुओं को विवश होना पड़ा अर्थात् उन्हें अपरिचित वर्णमाला सीखनी होगी।[51]

उस स्थिति में मुसलमानों के अतिरिक्त कानूनी कार्यवाही करनेवाले ब्रिटिश अधिकारियों के लिए भी देवनागरी लिपि का ज्ञान अनिवार्य होगा।[52]

'हिन्दी इंगलिश डिक्शनरी' की भूमिका में रेवरेंड जे.डी. बेट ने भारत में हिन्दी की सर्वव्यापकता की चर्चा करते हुए कहा कि हिन्दी ही भारत की एकमात्र भाषा है जो अधिक-से-अधिक लोगों द्वारा बोली जाती है।[53]

जौन डावसन ने 1872 ई. में प्रकाशित अपने 'हिन्दुस्तानी ग्रामर' में कहा कि

क्लिष्ट उर्दू लिपि पढ़ने की योग्यता भाषा की अच्छी जानकारी पर निर्भर है। उसके बिना हस्तलिखित दस्तावेजों को पढ़ने का प्रयास व्यर्थ समय नष्ट करना है।[54]

'कलकटा रिव्यू' (Calcutta Review) की जिल्द संख्या 61 में पादरी जे.डी. बेट ने कहा कि उर्दू लिपि के पक्षधरों की मजबूत दलील यही हो सकती है कि यह लिपि देवनागरी की तुलना में शीघ्रतापूर्वक लिखी जा सकती है। किन्तु यदि यह कहा जाय कि उर्दू लिपि में दूसरी वर्णमालाओं के अक्षरों को ठीक-ठीक लिखना अथवा अत्यन्त सरलतापूर्वक पढ़ना संभव है तो यह दलील नहीं चल सकती। कचहरियों में देवनागरी लिपि चलाने से मुसलमानों के आक्रोश की सम्भावना अस्वीकार नहीं की जा सकती। किन्तु सत्य तो यह है कि कचहरियों में उर्दू लिपि किसी सुनियोजित कार्यक्रम या सिद्धान्त के फलस्वरूप कदापि नहीं थी। फारसी भाषा ही कचहरी-भाषा थी। असुविधा के कारण समझौते के रूप में उर्दू स्वीकार की गई थी।[55]

1875 ई. में सर्वप्रथम प्रकाशित अपने 'ए ग्रामर ऑफ दि हिन्दी लैंग्वेज' की भूमिका में रेवरेंड एस. एच. केलॉग ने भी भारत में हिन्दी की सर्वव्यापकता को स्वीकार किया था।[56]

मध्य प्रदेश

मध्य प्रदेश में, न्यायिक आयुक्त, मध्य प्रदेश के परिसारी आदेश संख्या 11 दिनांक 6 जून, 1881 ई. के अन्तर्गत यह प्रावधान किया गया कि सभी व्यक्ति, अपनी इच्छा के अनुसार अपने आवेदनपत्र देवनागरी लिपि और हिन्दी भाषा में निवेदित कर सकते हैं। सभी प्रतिलिपियाँ, डिक्री, अनुवाद, आदेश, निर्णय और अन्य कार्यवाहियाँ हिन्दी भाषा और देवनागरी लिपि में प्रदान की जायगी यदि आवेदक उन्हें उर्दू में प्रदान किये जाने की तीव्र इच्छा व्यक्त नहीं करे। देवनागरी लिपि को अच्छी तरह पढ़ने और लिखने की जानकारी नहीं रखनेवाले व्यक्तियों की नियुक्ति, इस परिसारी आदेश के पश्चात, न्यायिक विभाग में नहीं की जायगी। जिला और तहसील कार्यालयों में पर्याप्त संख्या में आवेदनपत्र लेखकों और प्रतिलिपिकों को सुगमता एवं सुविधा से नागरी लिखने-पढ़ने की योग्यता प्राप्ति के लिए उपायुक्तों को सरकार के उपर्युक्त आदेशों के पालन हेतु निर्देश दिए गए। जनता के द्वारा कहाँ तक नागरी लिपि का व्यवहार, समर्थन और स्वागत किया गया, इसका उल्लेख उपायुक्तों को अपने-अपने वार्षिक न्यायिक प्रतिवेदनों में करने का निर्देश प्रदान किया गया।

न्यायिक आयुक्त, मध्य प्रदेश का यह परिसारी आदेश मध्य प्रदेश के जबलपुर, सागर, दमोह, सिवनी, मांडला, होशंगाबाद, बेतुल, नरसिंहपुर और छिंदवारा जिलों के लिए जारी हुआ।[57]

न्यायिक आयुक्त, मध्य प्रदेश की परिसारी आदेश संख्या 5 दिनांक 18 सितम्बर, 1872 ई. के अन्तर्गत मध्य प्रदेश के उपर्युक्त मात्र नौ जिलों की दीवानी अदालतों में ही देवनागरी लिपि को प्रवेश मिल सका था।[58] उक्त परिसारी आदेश में भाषा का प्रश्न गौण था, लिपि का प्रश्न सर्वप्रमुख। किन्तु परिसारी आदेश संख्या 11 दिनांक 6 जून 1881 ई. (न्यायिक आयुक्त, मध्य प्रदेश) में देवनागरी लिपि और हिन्दी भाषा का स्पष्ट रूप से संयुक्त प्रावधान उक्त नौ जिलों के सम्पूर्ण न्यायिक विभागों के लिए कर दिया गया। इस प्रकार 18 सितम्बर, 1872 ई. की अपेक्षा 6 जून, 1881 ई. का परिसारी आदेश देवनागरी लिपि और हिन्दी भाषा तथा व्यवहार के कार्य-क्षेत्र की संयुक्त दृष्टि से पर्याप्त प्रगति का सूचक है। 1872 ई. के आदेश में फारसी और रोमन वैकल्पिक लिपियाँ थीं। 1881 ई. के आदेश में देवनागरी लिपि और हिन्दी भाषा को सरकार की ओर से प्रायः अनिवार्यता की श्रेणी प्रदान कर दी गई। निवेदन करने पर ही उर्दू में प्रतिलिपियाँ, डिक्री के अनुवाद, आदेश, फैसले और अन्य कार्यवाहियाँ प्रदान किये जाने की व्यवस्था कर दी गई।

किन्तु सम्पूर्ण भारत में मध्य प्रदेश सर्वप्रथम प्रान्त अथवा प्रदेश है जिसके व्यवहार न्यायालयों में देवनागरी लिपि को अनिवार्य रूप से प्रवेश मिल सका। सम्पूर्ण भारत में सर्वप्रथम मध्य प्रदेश के न्यायिक विभाग में देवनागरी लिपि ही नहीं, हिन्दी भाषा को भी स्वीकृति प्राप्त हुई।

बिहार में 1875 ई. और 1880 ई. के परिसारी आदेशों के अन्तर्गत फारसी लिपि के समानान्तर में ही देवनागरी लिपि को मान्यता मिली। हिन्दी भाषा का प्रश्न नहीं था। यहाँ यह उल्लेख करना अप्रासंगिक नहीं होगा कि पश्चिमोत्तर प्रदेश और अवध (वर्तमान उत्तर प्रदेश) में 1900 ई. में फारसी लिपि के समानान्तर में ही देवनागरी लिपि को स्थान मिला, मात्र देवनागरी लिपि अथवा देवनागरी लिपि और हिन्दी भाषा नहीं। भाषा का प्रश्न वहाँ भी नहीं था।

इस अधिसूचना के उपरान्त न्याय-प्रशासन का उच्च न्यायालय, फोर्ट विलियम, बंगाल के प्राधिकार से निर्गत परिपत्र संख्या 12 दिनांक कलकत्ता, 11 सितम्बर, 1875 ई. के अन्तर्गत बिहार प्रान्त की दीवानी अदालतों में उर्दू के समानान्तर में देवनागरी लिपि में भी आवेदनपत्र दिए जाने का वैध अधिकार हो गया।[59] यह बिहार की दीवानी अदालतों में देवनागरी लिपि का सर्वप्रथम प्रवेश था। इस परिपत्र के मूल उद्देश्यों और निर्देशों का पालन कचहरी के कर्मचारियों की उदासीनता के कारण नहीं के बराबर हुआ। अधिसूचना के स्पष्ट आदेश के बावजूद बिहार के व्यवहार न्यायालयों के सभी पदक्रम के न्यायाधीशों ने व्यवहार न्यायालय में देवनागरी लिपि के प्रवेश के प्रति अपनी उदासीनता का परिचय दिया।

कचहरी-भाषा जनभाषा नहीं थी। वह अत्यन्त दुरूह, दुर्गम और दुर्बोध थी।

कचहरी–भाषा के सरलीकरण हेतु अनेक परिपत्र समय–समय पर पश्चिमोत्तर प्रदेश, सरकार द्वारा निर्गत किये गए। पश्चिमोत्तर प्रदेश के सभी जनपदों और प्रमंडलों के पदाधिकारियों को सम्बोधित कार्यवाहक सचिव, पश्चिमोत्तर प्रदेश सरकार की परिपत्र संख्या 12 ए दिनांक नैनीताल, 13 जून, 1876 ई. में देशभाषा में लिखित सरकारी अभिलेखों की भाषा–शैली की ओर ध्यान आकृष्ट किया गया और यथासंभव सहज, सरल और सुबोध उर्दू को कार्यालयों और न्यायालयों की कार्य–भाषा बनाए जाने और भाषा के सरलीकरण के निर्देश प्रदान किये गए।

सरकारी अभिलेखों की भाषा फारसी और अरबी के कठिन शब्दों की सघनता एवं जटिलता के कारण सामान्य जनता के लिए सर्वथा दुर्बोध थी। इस प्रकार की अनुचित स्थिति को दूर करने के लिए प्रत्येक संभव उपाय अपनाए जाने का निर्देश उक्त परिपत्र में प्रदान किया गया।[60] किन्तु इसका उल्लेख्य प्रभाव नहीं हुआ। पश्चिमोत्तर प्रदेश सरकार ने कचहरी की भाषा के सरलीकरण सिद्धान्त को कार्यरूप में परिणत करने के अनेक निष्फल आदेश दिए। किन्तु सरकार लिपि की ज्वलन्त समस्या पर मौन रही।

सर्वप्रथम, 1873 ई. में तत्कालीन पश्चिमोत्तर प्रदेश निवासियों के द्वारा लेफ्टिनेन्ट–गवर्नर, पश्चिमोत्तर प्रदेश सर विलियम म्योर को एक द्वादश सूत्री अभ्यर्थनापत्र न्यायालयों और सरकारी कार्यालयों में फारसी लिपि के स्थान पर देवनागरी लिपि को प्रतिष्ठापित करने हेतु प्रदान किया गया। उक्त अभ्यर्थनापत्र में सरकार से यह निवेदन किया गया कि–

1. सभी न्यायालयों और सरकारी कार्यालयों में फारसी लिपि के स्थान पर हिन्दी अथवा नागरी लिपि प्रचलित की जाय।
2. फारसी लिपि भारत के लिए विदेशी है। लम्बी अवधि तक न्यायालयों और सरकारी कार्यालयों में व्यवहार के बावजूद, यह लिपि अपनी आन्तरिक त्रुटियों के कारण जनसाधारण द्वारा जीवन के दैनिक कार्यकलापों के लिए अक्षम है। अन्य प्रदेशों में भी सम्पूर्ण ग्रामीण एवं व्यापारिक कार्य हिन्दी में ही किये जाते हैं, जो देश की सामान्य स्वीकृति के लिए फारसी लिपि की अक्षमता का प्रमाण है।
3. न्यायालयों और सरकारी कार्यालयों में फारसी लिपि के प्रचलन की अनेक त्रुटियों में से एक यह है कि सामान्य जनता को, जिसका कार्य–सम्बन्ध वहाँ रहता है, उक्त लिपि का बोध नहीं है। वादी–प्रतिवादी अपने सम्बन्ध में न्यायालय से निर्गत काग़ज़ात के भाव और अर्थ से वंचित रहते हैं जब तक कि वे फारसी लिपि से परिचित व्यक्तियों की एतदर्थ सहायता ग्रहण नहीं करें। प्रतिदिन इस प्रकार के उदाहरण मिलते हैं कि कचहरी के

समन अथवा अन्य काग़ज़ात प्राप्त होने पर लोग अपने गाँवों से लम्बी दूरी तय कर फारसी की जानकारी रखनेवाले व्यक्तियों से उन्हें पढ़वाते और उनकी सहायता से अर्थ समझते हैं।

4. फारसी लिपि में लिखित कचहरी के काग़ज़ात की घोर क्लिष्टता द्वितीय दुर्गुण है। यह सामान्य जनता का स्थायी परिवाद है।
5. कचहरी लिपि फारसी में लिखित शब्दों में दुष्ट व्यक्तियों द्वारा दुष्प्रेरणा और दुष्ट मनोवृत्ति से प्रेरित होकर उद्‌भेदन और परोक्ष परिवर्तन कर दिए जाते हैं, जिनका अर्थ उनके मनोवांछित रूप से परिवर्तित हो जाता है। व्यावहारिक रूप से न्यायालयों के न्याय-निष्पादन में इस प्रक्रिया से विशेष अवरोध होता है। भारत की अन्य लिपियों द्वारा ऐसा संभव नहीं हो सकता।
6. न्यायालयों में फारसी लिपि के प्रचलन से वहाँ से निर्गत दस्तावेजों में अनावश्यक कठिन और सामान्यतः दुर्बोध अरबी और फारसी शब्दों का सघन प्रवेश रहता है।
7. राष्ट्रीयता के कारण हिन्दी, फारसी की अपेक्षा, विशेष सुगमता से सीखी और पढ़ी जाती है। न्यायालयों की शरण में जानेवाले बहुसंख्यक व्यक्ति हिन्दी भाषी ही रहते हैं। न्यायालयों में देवनागरी लिपि के प्रवेश के बाद वहाँ फारसी लिपि से उत्पन्न घटनाओं की समाप्ति हो जायगी। देवनागरी लिपि में लेखन के द्वारा ही न्यायालयों में कठोर अरबी और फारसी शब्द नियन्त्रित और बहुसंख्यक जनता के लिए कचहरी के काग़ज़ात सुगम हो जायेंगे।
8. इस देश की जनता में हिन्दी व्यापक प्रचलन में है। हिन्दू और मुसलमान ग्रामीणों में पत्राचार हिन्दी में ही होता है। ग्राम-अभिलेखों और नगरों और ग्रामों के महाजनों और दुकानदारों की लेखा-पुस्तकें सामान्यतः हिन्दी में अभिलेखबद्ध की जाती हैं। इस सामान्य व्यवहार के कारण फारसी लिपि के स्थान पर हिन्दी (लिपि) की आवश्यकता है।
9. कुछ लोगों के द्वारा यह आपत्ति की जाती है कि देवनागरी लिपि फारसी लिपि की तरह सुगमतापूर्वक नहीं लिखी जा सकती। किन्तु हिन्दी-लेखन में अभ्यस्त लोग कार्य के सफल निष्पादन के आवश्यक अनुपात में इसे पर्याप्त सुविधा, सुगमता और तीव्रता से लिख सकते हैं। मध्य भारत के कुमाऊ और गढ़वाल, राजपूताना आदि देशी राज्यों के अतिरिक्त नेपाल के न्यायालयों में हिन्दी प्रचलित है और वहाँ कार्य-निष्पादन अथवा कार्य-सम्पादन में किसी प्रकार की असुविधा नहीं होती।

10. हिन्दी लिपि के विरुद्ध दूसरी आपत्ति यह व्यक्त की जाती है कि यह उच्च श्रेणी के लोगों के व्यवहार में नहीं है। उच्च श्रेणी के लोगों का एक अंश फारसी के व्यवहार में अभ्यस्त है, वह जनसंख्या का एक लघु खंड है। देश के मुसलमानों को न्यायालयों में लिपि–परिवर्तन संभवतः नापसन्द है। किन्तु लिपि–परिवर्तन के लाभार्थियों के अनुपात में उनकी संख्या जनसंख्या का आठवाँ हिस्सा है। जनसंख्या के इस आठवें हिस्से का एक बड़ा अंश गाँवों का निवासी है जो अपने दैनिक जीवन में हिन्दी का प्रयोग करता है।

11. हिन्दी (लिपि) के द्वारा फारसी अक्षरों के विस्थापन से प्रारम्भ में कुछ कठिनाई अवश्य होगी। किन्तु यह ऐसी कठिनाई नहीं है जिसके कारण बहुसंख्यक जनता के सर्वाधिक लाभ की योजना का परित्याग किया जा सके। हिन्दी का ज्ञानार्जन सुगम है। यदि कार्यालय कर्मचारीगण को हिन्दी (लिपि) के लेखन–ज्ञान हेतु एक या दो वर्ष का समय प्रदान किया जाय तो सुगमतापूर्वक इस कठिनाई पर विजय प्राप्त की जा सकती है। जैसे फारसी के स्थान पर बंगाल में बंगला और ओड़िशा में उड़ीया भाषाएँ हैं, उसी प्रकार यहाँ के न्यायालयों में हिन्दी (लिपि) का प्रवेश आसानी से कराया जा सकता है।

12. न्यायालयों में हिन्दी अक्षरों के प्रवेश के द्वारा, न्यायालय से सम्बन्ध रखने वाले बहुसंख्यक लोगों के लाभ के अतिरिक्त देश की राष्ट्रीय और जन शिक्षा को बल मिलेगा। न्यायालय में फारसी लिपि के अनुरक्षण के कारण लम्बी अवधि तक तिरस्कृत एवं उपेक्षित रहने के बावजूद देवनागरी लिपि ने जनसाधारण के दैनिक कार्य–कलापों में अपना स्थान अद्यावधि सुरक्षित रखा है। जनमानस में इसका अति गहन स्थायी प्रभाव है। प्रोत्साहन के अभाव में भी इसमें पुस्तकों और समाचारपत्रादि का प्रकाशन होता रहा है। हिन्दी लिपि के प्रचार–प्रसार से सरकार को बहुसंख्यक जनता की सद्भावना और प्रेम की प्राप्ति हो सकेगी।[61]

यह अभ्यर्थनापत्र अंग्रेजी में सरकार को निवेदित किया गया था। अंग्रेजी पत्र 'अलीगढ़ इंस्टीच्युट गजट' सम्पादक के नाम पत्र में 1873 ई. में काशीनाथ खत्री ने इस अभ्यर्थनापत्र का उल्लेख किया था। यह अभ्यर्थनापत्र *कोर्ट करेक्टर एंड प्राइमरी एडुकेशन इन दि एन. डब्ल्यू. प्राविन्सेज एंड अवध* के परिशिष्ट में यथावत् पुनर्प्रकाशित है।

देवनागरी लिपि को न्यायालय–लिपि एवं कार्यालय–लिपि की गरिमा प्रदान करने का यह जनता का प्रथम ज्ञापन था। इसके पूर्व ज्ञापन विचारकों एवं शिक्षाविदों द्वारा दिए जाते थे।

1873 ई. के इस नागरी लिपि विषयक अभ्यर्थनापत्र में जनता की न्यायोचित भावनाएँ गुम्फित थीं।

जनवरी, 1874 ई. में सरकार द्वारा इस पर समयानुसार विचार करने का मात्र औपचारिक आश्वासन दिया गया।[62]

इसके पूर्व, भारतेन्दु हरिश्चन्द्र द्वारा सम्पादित 'कविवचनसुधा' के द्वितीय वर्ष के तेइसवें अंक में 1871 ई. में अपने प्रकाशन–इतिहास में सर्वप्रथम पश्चिमोत्तर देशस्थ कार्यालयों में हिन्दी अक्षर प्रचलन विषयक एक समाचार प्रकाशित हुआ था जिसकी अविकल पूर्ण सत्य प्रतिलिपि इस प्रकार है–

"ऐसा जान पड़ता है कि इलाहाबाद इंस्टीच्यूट की ओर से एक अनुरोधपत्र प्रस्तुत हो रहा है कि लोगों के हस्ताक्षर कराकर श्रीयुत नव्वाब लेफ्टनेट गवर्नर साहब के पास भेजा जाय! उसका आशय यह है कि पश्चिमोत्तर देशस्थ कार्यालयों में हिन्दी अक्षर प्रचलित किये जायें। अब, इससे आनन्ददायक बात और क्या हो सकती है?"[63]

मात्र तीन वाक्यों के इस समाचार में तृतीय वाक्य, समाचार पर, सम्पादक की समर्थनमूलक अनुकूल टिप्पणी है। इस एक वाक्य की टिप्पणी से पश्चिमोत्तर देशस्थ कार्यालयों में हिन्दी अक्षरों के प्रचलन हेतु 'कविवचनसुधा' सम्पादक भारतेन्दु हरिश्चन्द्र का समर्थन अभिव्यक्त है। इस एक वाक्य की टिप्पणी के अतिरिक्त भारतेन्दु ने न्यायालयों और कार्यालयों में देवनागरी लिपि की प्रविष्टि के आन्दोलन के पक्ष या विपक्ष में किसी प्रकार की प्रतिक्रिया 'कविवचनसुधा' में व्यक्त नहीं की और इस विषय अथवा समस्या पर किसी अन्य लेखक की रचना का प्रकाशन 'कविवचनसुधा' में नहीं किया। 1868 ई. में राजा शिवप्रसाद सितारेहिन्द का देवनागरी लिपि विषयक अभ्यर्थनापत्र प्रकाशित हो गया था। किन्तु भारतेन्दु इस ज्वलन्त समस्या पर मौन रहे।

मासिक पत्रिका 'हरिश्चन्द्र मैगजीन' के प्रथमांक में 'हिन्दी भाषा' शीर्षक लेख अंग्रेजी में आया जो मूलत: भारतेन्दु का ही लेख है। यह अंग्रेजी में भारतेन्दु हरिश्चन्द्र का सर्वप्रथम लेख है। तत्कालीन पश्चिमोत्तर प्रदेश की जनता द्वारा 1873 ई. में नागरी अभ्यावेदन के कोलाहल में यह लेख आया। मात्र दो पृष्ठों के इस लेख में भारतेन्दु ने हिन्दी भाषा और लिपि की समस्या पर अपने विचार व्यक्त किये। न्यायालयों और कार्यालयों में देवनागरी लिपि की वैधानिक प्रविष्टि के प्रति भारतेन्दु ने अपने साहित्यिक जीवन के पूर्वार्द्ध में सर्वथा अरुचि, उदासीनता और शुद्ध तटस्थता का परिचय दिया। फारसी लिपि बनाम देवनागरी लिपि को उन्होंने 'तुच्छ' कहा जिस पर शक्ति और समय का अपव्यय व्यर्थ है। इसके विपरीत, भारतेन्दु के मतानुसार, हमें भाषा के विकास करने और उसे समृद्ध एवं उर्वर करने में प्रयत्नशील होना चाहिए। सभी सुलभ स्रोतों से अपनी भाषा को समृद्ध करने में ही अपनी शक्ति

व्यय करनी चाहिए। उन्होंने भाषा-समृद्धि, भाषा-उर्वरता, भाषा-परिष्कार और भाषा-सरलीकरण के लिए जनता को प्रेरित किया।[64]

भारतेन्दु ने यह उपदेश दिया कि हमें वास्तविक ज्ञान के अर्जन के लिए प्रयास करना चाहिए और अक्षरों के विवाद में अपने समय को नष्ट नहीं करना चाहिए।

भारतेन्दु हरिश्चन्द्र के शब्दों में-

"... What characters ought to be employed, Persian or Devanagari? This is such an insignificant point, on which it is useless, in my opinion, to waste our energies and time. It is indeed a matter of indifference to me, whether one or other is chosen as the medium of expressing our thoughts; our efforts... should be directed toward improving our language and making it rich and fertile. I would not care much for the adoption of the Sanscrit alphabets, simply because they are admitted, on all hands, to be most perfect but would try to follow, in this respect, the literary men of England, who notwithstanding their very defective orthography have immensely, beyond all conception, enriched their language.

We should try, I repeat, to acquire real learning, and not waste our time at the formation of letters only."[65]

वस्तुतः भारतेन्दु ने 'हिन्दी भाषा' शीर्षक अंग्रेजी लेख के माध्यम से तत्कालीन देवनागरी लिपि आन्दोलन की सार्थकता-उपादेयता पर प्रश्नचिह्न उपस्थित कर दिया।

भारतेन्दु ने उक्त लेख के प्रारम्भ में यह स्वीकार किया है कि कचहरी-लिपि परिवर्तन हेतु सरकार को अभ्यावेदन समर्पित करने के पश्चात् बहुत ज्यादा उत्तेजना फैल गई थी। देशीय, उर्दू और अंग्रेजी समाचार पत्रों में हिन्दी लिपि के पक्ष-विपक्ष में यथेष्ठ विवाद फैला था। किन्तु भारतेन्दु का यह कथन भ्रामक है कि यह आन्दोलन कचहरी-भाषा के परिवर्तन हेतु (फॉर ए चेंज इन दि कोर्ट लैंग्वेज) था।[66] कचहरी-भाषा नहीं, यह कचहरी-लिपि के परिवर्तन का आन्दोलन था। सच तो यह है कि भारतेन्दु इस आन्दोलन की सुदूरव्यापिनी सार्थकता एवं उपादेयता को नहीं समझ सके थे।

लिपि विषयक भारतेन्दु की नीति का प्रभाव भारतेन्दु काल के किसी अन्य लेखक या उस काल की पत्रकारिता पर नहीं पड़ सका। भारतेन्दु की नीति के विपरीत, भारतेन्दुकालीन लेखकों और हिन्दी पत्रों ने न्यायालयों और कार्यालयों में देवनागरी लिपि के वैध प्रवेश हेतु अपनी सक्रियता पुनः-पुनः प्रदर्शित की और फारसी लिपि की त्रुटियों से जनता को परिचित कराया। देवनागरी लिपि को न्यायालय-लिपि और कार्यालय-लिपि में परिवर्तित किये जाने के लिए भारतेन्दु काल के प्रमुख पत्रों ने विशिष्ट भूमिका का निर्वाह किया।

बताया जा चुका है कि भारतेन्दु के बहुत पूर्व, 1784 ई. से ही देवनागरी लिपि के पक्ष और विपक्ष में आन्दोलन यत्र-तत्र अथवा सघन रूप से चलता रहा। इस आन्दोलन के पूर्वार्द्ध में अंग्रेज विद्वानों ने देवनागरी लिपि के पक्ष में वैचारिक क्रान्ति की, राजेन्द्रलाल मित्र आदि अनेक अहिन्दी भाषी भारतीय विद्वानों ने देवनागरी लिपि-आन्दोलन में महत्त्वपूर्ण भूमिका का निर्वाह किया। 1868 ई. में राजा शिवप्रसाद सितारेहिन्द और 1873 ई. में पश्चिमोत्तर प्रदेश और बिहार में अत्यन्त तीव्र आन्दोलन हुआ, सरकार को विभिन्न प्रान्तों अथवा नगरों से विभिन्न अवसरों और अवधियों में जनता द्वारा बहुत बड़ी संख्या में अभ्यर्थनापत्र दिए गए, किन्तु इन सब का कोई प्रभाव भारतेन्दु पर नहीं हो सका। कचहरी-लिपि-परिवर्तन के बिना हिन्दी भाषा का सुधार संभव नहीं है, इस अनिवार्य तथ्य की ओर भारतेन्दु का ध्यान नहीं जा सका।

1874 ई. में भारतेन्दु हरिश्चन्द्र ने बीबी उर्दू की तथाकथित मौत पर हास्य-व्यंग्य प्रधान गद्य-पद्य मिश्रित 'स्यापा' की रचना की। इस स्यापा में लिपि का उल्लेख नहीं है। तत्कालीन युग में उर्दू के विरोध में इस प्रकार की रचनाएँ प्रायः सभी हिन्दी पत्र-पत्रिकाओं में अक्सर छपती रहती थी। उक्त 'स्यापा' की अविकल प्रतिलिपि अधोलिखित है-

॥ स्यापा ॥

अलीगढ़ इंस्टीट्यूट गज़ट और बनारस अखबार के देखने से ज्ञात हुआ कि बीबी उर्दू मारी गई और परम अहिंसानिष्ठ हो कर भी राजा शिवप्रसाद ने यह हिंसा की-हाय! हाय! बड़ा अंधेर हुआ मानो, बीबी उर्दू अपने पति के साथ सती हो गई यद्यपि हम देखते हैं कि अभी साढ़े तीन हाथ की ऊँटनी सी बीबी उर्दू पागुर करती, जीती है पर हम को उर्दू अखबारों की बात का पूरा विश्वास है हमारी तो यही कहावत है "एक मियाँ साहेब परदेश में सरिश्तेदारी पर नौकर थे कुछ दिन पीछे घर का एक नौकर आया और कहा कि मियाँ साहब आप की जोरू राँड़ हो गई मियाँ साहब ने सुनते ही सिर पीटा रोए गाए बिछोने से अलग बैठे सोग माना लोग भी मातमपुरसी को आए उनमें उन के चार पाँच मित्रों ने पूछा कि मियाँ साहब आप बुद्धिमान होके ऐसी बात मुँह से निकालते हैं भला आपके जीते आपकी जोरू कैसे राँड़ होगी? मियाँ साहब ने उत्तर दिया-भाई बात तो सच है। खुदा ने हमें भी अक़िल दी है मैं भी समझता हूँ कि मेरे जीते मेरी जोरू कैसे राँड़ होगी पर नौकर पुराना है झूठ कभी न बोलैगा, जो हो "बहरहाल हमें उर्दू का गम वाजिब है" तो हम भी यह स्यापे का प्रकर्ण यहाँ सुनाते हैं हमारे पाठक लोगों को रुलाई न आवै तो हँसने की भी उन्हें

सौगन्ध है क्योंकि हांसा तामासा नहीं बीबी उर्दू तीन दिन की पट्ठी अभी जबरन कट्ठी मरी हैं।

अरबी, फारसी, पश्तो, पंजाबी इत्यादि कई भाषा खड़ी होकर पीटती हैं।

है है उरदू हायहाय॥
कहाँ सिधारी हायहाय॥
मेरी प्यारी हायहाय॥
मुंशी मुल्ला हायहाय॥
बल्ला बिल्ला हायहाय॥
रोयें पीटै हायहाय॥
टाँग घसीटैं हायहाय॥
सब छिन सोचैं हायहाय॥
दाढ़ी नोचैं हायहाय॥
दुनिया उलटी हायहाय॥
रोज़ी विलटी हायहाय॥
सब मुख़तारी हायहाय॥
किसने मारी हायहाय॥
ख़बर नवीसी हायहाय॥
दांता पीसी हायहाय॥
एडिटरपोशी हायहाय॥
बातफरोशी हायहाय॥
वह लस्मानी हायहाय॥
चरबजुवानी हायहाय॥
शोख़बयानी हायहाय॥
फिरनहिं आंनी हायहाय॥''[67]

भारतेन्दु हरिश्चन्द्र ने 1877 ई. में हिन्दी प्रचारिणी सभा, बलिया में भारतोन्नति एवं निज भाषोन्नति विषयक अंट्ठानबे दोहों अर्थात् 196 पंक्तियों में पद्यबद्ध भाषण दिया था। मासिक पत्र 'हिन्दी प्रदीप' (प्रयाग) में 1 सितम्बर, 1877 ई. (जिल्द 1 संख्या 1) से 1 दिसम्बर 1877 ई., मार्गशीर्ष कृष्ण 11, विक्रम संवत् 1934 (जिल्द 1 संख्या 4) तक 'श्रीयुत् बाबू हरिश्चन्द्र का लेक्चर' शीर्षक से इसका धारावाहिक प्रकाशन हुआ था। तत्पश्चात् 'हिन्दी लेक्चर' शीर्षक आठ पृष्ठों की पुस्तिका के रूप में इसका प्रकाशन हिन्दी प्रचारिणी सभा, बलिया ने किया। उक्त पद्यबद्ध अभिभाषण में भारतेन्दु हरिश्चन्द्र ने भारतोन्नति के विभिन्न मार्गों की ओर संकेत

करते हुए निज भाषा की उन्नति को प्रत्येक प्रकार की उन्नति का मूल घोषित किया और कहा–

"निज भाषा उन्नति अहै, सब उन्नति को मूल।
बिन निज भाषा ज्ञान के, मिटत न हिय को सूल॥"[68]

और भी–

"प्रचलित करहु जहान में, निज भाषा करि यत्न।
राजकाज दरबार में, फैलावहु यह रत्न॥[69]
भाषा सोधहु आपनी, होइ सबै एकत्र।
पढ़हु पढ़ावहु लिखहु मिलि, छपवावहु बहु पत्र॥"

किन्तु लिपि के प्रश्न पर यहाँ वे मौन रहे। इसका कारण यह है कि प्रारम्भ में वे यह समझते थे कि भाषोन्नति अर्थात् हिन्दी–कल्याण में ही देवनागरी लिपि का कल्याण निहित है। उन्होंने प्रारम्भ में हंटर आयोग (1882 ई.) के गठन के पूर्व तक भाषा और लिपि के प्रश्न को अलग–अलग कर नहीं देखा था।

'बंगाल मैगजीन' जनवरी 1874 ई. में 'कॉमन हिन्दुस्तानी' शीर्षक अंग्रेजी लेख प्रकाशित हुआ था जिसका पुनर्मुद्रण 'हरिश्चन्द्र मैगजीन' 15 फरवरी, 1874 ई. (पृ. 118/121) में भारतेन्दु हरिश्चन्द्र ने किया। इस लेख के लेखक का नाम उल्लिखित नहीं है। संभवतः यह लेख 'बंगाल मैगजीन' के तत्कालीन सम्पादक का है।

'कॉमन हिन्दुस्तानी' शीर्षक लेख में हिन्दी भाषा की व्यापकता स्वीकार की गई और हिन्दी को भारत की एकमात्र जनभाषा के रूप में समादृत किया गया। लिपि के विषय में लेखक ने अपनी न्याय–दृष्टि का परिचय देते हुए देवनागरी लिपि के पक्ष में अपना निर्णय दिया। उक्त लेख के अनुसार पूरबी, पश्चिमी और दक्षिण भारत में वहाँ की जनता द्वारा बोली जानेवाली भाषा को वहाँ की कचहरियों की भाषा का स्थान दिया गया था किन्तु मात्र हिन्दुस्तान प्रॉपर अर्थात् हिन्दीभाषी क्षेत्रों में एक विदेशी भाषा कचहरी–भाषा के रूप समादृत थी।[70] ब्रिटिश सरकार द्वारा उत्तर भारत में स्वीकृत उर्दू जनता की भाषा नहीं थी।[71] उर्दू कचहरी–भाषा थी, यह अमलों द्वारा समझी जाती थी जिनके लाभार्थ इसे मान्यता प्राप्त थी। किन्तु जिन लोगों के न्याय हेतु न्यायालयों का अस्तित्व था, उनके लिए अंग्रेजी की तरह यह एक अपरिचित भाषा थी।[72]

'बंगाल मैगजीन', जनवरी 1874 ई. के अनुसार, हिन्दी पर यह मिथ्या आरोप लगाया जाता था कि यह अपने आकार–प्रकार और लचीलापन के अभाव के कारण शासकीय व्यवहार के लिए उपयुक्त नहीं है।[73] यह तथाकथित आपत्ति बंगला, मराठी और गुजराती भाषाओं पर भी चरितार्थ होती है। किन्तु इन भाषाओं के विरुद्ध

कभी भी इस प्रकार का परिवाद नहीं किया गया। हिन्दी की अपेक्षा शासकीय व्यवहार में प्रयुक्त उर्दू लिपि कम स्थान और समय लेती थी। किन्तु यह व्यवहार-योग्य और सुपाठ्य नहीं है। उत्तर भारत में तीन चौथाई न्यायकर्त्ता और पदाधिकारीगण इसे पढ़ नहीं सकते थे और शिरिस्ता लिखनेवाले लोग अक्सर स्वयं इसे नहीं पढ़ पाते थे। उर्दू लिपि सम्पूर्णतया सरकारी कार्य के अनुपयुक्त है। इसके विपरीत, देवनागरी लिपि स्पष्ट एवं सुपाठय है। मध्य प्रदेश के रायपुर और विलासपुर जिलों में इसका सरकारी व्यवहार किया जाता था। लेखक का तर्क है कि यदि भारत के उक्त क्षेत्र के लिए देवनागरी लिपि सक्षम है तो उत्तर-पश्चिमी भारत के लिए यह उपयुक्त क्यों नहीं हो सकती?[74]

दूसरी आपत्ति के सम्बन्ध में लेखक का मत है कि सरकार की अनुत्साहपूर्ण प्रवृत्ति के कारण हिन्दी की सन्तोषजनक प्रगति नहीं हो सकी किन्तु संस्कृत के सन्निकट की भाषा हिन्दी में ल़चीलापन का अभाव है, ऐसा कहने का दुस्साहस किसी को नहीं हो सकता।[75]

यहाँ यह उल्लेख करना अप्रासंगिक नहीं होगा कि उक्त लेखक ने राजा शिवप्रसाद द्वारा विरचित और तत्कालीन विद्यालयों के पाठ्यक्रम में स्वीकृत पुस्तक 'तिमिर नाशक' की भाषा की कटु आलोचना की[76] और मिशनरियों द्वारा हिन्दी भाषा के प्रति किये जाने वाले अपघातों का भी उल्लेख किया।[77]

इस प्रकार, लिपि और भाषा के प्रश्न पर 'बंगाल मैगजीन', जनवरी 1874 ई.' ने मुख्यत: देवनागरी लिपि के पक्ष और समर्थन में मार्ग प्रशस्त करने का प्रयत्न किया। उपर्युक्त लेख से सहमति होने के कारण ही भारतेन्दु ने अपने मासिक पत्र 'हरिश्चन्द्र मैगज़ीन में पुनर्प्रकाशित किया था।

फरवरी 1874 ई. के पूर्व, अंग्रेजी पत्र 'पायनियर' में तत्कालीन पश्चिमोत्तर प्रदेश और अवध की जनता द्वारा सरकार को प्रदत्त देवनागरी लिपि विषयक अभ्यावेदन के विरोध में निराधार और अनर्गल तर्कों पर आधारित एक लेख प्रकाशित हुआ था। उक्त लेख के लेखक ने उक्त देवनागरी लिपि विषयक अभ्यावेदन के विरोध में मुख्यत: पाँच तर्क दिए थे, जो इस प्रकार हैं-

1. सभी घरेलू और व्यापारिक लेखा और पत्राचार हिन्दुओं के द्वारा ही नहीं, प्राय: सभी मुसलमान व्यापारियों के द्वारा भी हिन्दी में किये जाते हैं, यह कथन अनुचित है। इस संवर्ग के लेखन की लिपियाँ सर्वथा भिन्न है, कैथी और मुड़िया लिपियाँ हैं। इन लिपियों के ज्ञाता न्यायालयों के अक्षर परिवर्तन से लाभान्वित नहीं होंगे।
2. वर्नाक्यूलर अर्थात् देशीय भाषा में स्वीकृत बहुसंख्यक फारसी शब्द देवनागरी लिपि में शुद्धतापूर्वक नहीं लिखे जा सकते हैं।

3. आवेदनकर्त्ताओं का तर्क था कि अक्षर–परिवर्तन से हिन्दी जाननेवाली जनता के लिए नियोजन के व्यापक आयाम उद्घाटित हो सकेंगे। नियोजन मुट्ठी भर लोगों में सीमित है। किन्तु यह भ्रम है। कचहरी–लिपि जो भी हो, एक विशेष वर्ग के व्यक्तियों का ही एकाधिकार सरकारी पदों पर निश्चित रूप से सुरक्षित रहेगा।
4. अरबी और फारसी शिक्षा का विनाश हो जाययगा। मुसलमान ब्रिटिश सरकार से सदा के लिए दूर हो जायेंगे और वे उसके विद्यालयों का परित्याग कर देंगे। देशीय कार्यालयों में वर्षों तक अव्यवस्था उत्पन्न हो जायगी और उनके व्यय एवं कार्यों में विशेष अभिवृद्धि हो जायगी।
5. हिन्दी शीघ्रतापूर्वक नहीं लिखी जा सकती।[78]

उपर्युक्त पाँच आपत्तियों का सटीक उत्तर सिरसा, जिला इलाहाबाद निवासी भारतेन्दुकालीन साहित्यकार काशीनाथ खत्री (1949 ई.–1891 ई.) ने अंग्रेजी पत्र 'अलीगढ़ इंस्टीच्यूट गजट' सम्पादक के नाम पत्र में दिया। लगभग यही पत्र 'हरिश्चन्द्र मैगजीन' 15 फरवरी 1874 ई. (खंड 1 संख्या 5), में अंग्रेजी भाषा में ही पुनर्प्रकाशित हुआ।

उक्त प्रथम आपत्ति के उत्तर में काशीनाथ खत्री का कथन था कि हिन्दुओं और मुसलमान व्यापारियों द्वारा घरेलू एवं व्यापारिक लेखा और पत्राचार में व्यवहृत लिपि नागरी ही है जो उसके विभिन्न व्यवहारकर्त्ताओं के सुविधार्थ आंशिक रूप से विकृत है। यह महाजनी, बनियौटी, कैथी आदि नामों से सुपरिचित है। इनमें से किसी भी एक लिपि का ज्ञाता, कतिपय निर्देशों के आधार पर, अन्य लिपियों का सुगमतापूर्वक वाचन कर सकता है। इसके अतिरिक्त, विशाल बहुसंख्यक व्यापारी समाज देवनागरी के शुद्ध स्वरूप का ही व्यवहार करता है। सम्पूर्ण भू–लेखा इसी लिपि में सुरक्षित रखे जाते हैं। प्रायः सभी जमींदार और अन्य लोग जिन्हें भूमि के प्रति कुछ भी अभिरुचि है, इस लिपि के ज्ञाता हैं, इसका परिज्ञान दैनिक व्यापार के हेतु अनिवार्य है।

द्वितीय आपत्ति के उत्तर में उनका कथन था कि देशी भाषा में प्रयुक्त फारसी शब्द देवनागरी लिपि में शुद्धतापूर्वक लिखे जा सकते हैं जैसे अंग्रेजी में भारतीय, फ्रांसीसी, जर्मन और अन्य विदेशी सुपरिचित शब्द लिखे जाते हैं।

फारसी लिपि की भ्रष्ट लेखन–पद्धति के कारण शब्दों का रूपान्तर संभावित है। इस लिपि का प्रत्येक अक्षर उपयुक्त लेखन के बिना आपत्तिजनक है। फारसी लिपि में, देवनागरी लिपि की अपेक्षा, धोखे के ज्यादा अवसर हैं। देवनागरी लिपि में सुनिश्चित चिह्न हैं।

तृतीय आपत्ति के सम्बन्ध में कहा गया कि यह निराधार और मात्र निर्मूल आशंका है।

चतुर्थ आपत्ति पर उन्होंने कहा कि कचहरी–लिपि–परिवर्तन से फारसी और अरबी की शिक्षा उसके प्रेमियों के लिए संस्कृत के समान बाधित नहीं होगी। हिन्दी के ज्ञाताओं को सरकारी सेवाओं से वंचित किये जाने के बावजूद संस्कृत का व्यवहार भारत से समाप्त नहीं हो सका। कोई भी न्यायप्रिय शासक अल्पसंख्यक वर्ग को प्रसन्न करने हेतु बहुसंख्यकों के कल्याण का बलिदान नहीं कर सकता। न्यायालयों के अक्षर–परिवर्तन से कर्मचारियों की अल्पजीवी असुविधा, राष्ट्र के सहस्त्रों लाभों के समक्ष, नगण्य है।

पंचम आपत्ति का भी उन्होंने खंडन कर पूर्ण विश्वास व्यक्त किया कि न्यायालयों के मात्र अक्षर परिवर्तन से हिन्दुस्तानी भाषा के स्वाभाविक विकास पर किसी भी प्रकार का प्रभाव नहीं पड़ेगा।[79]

अंग्रेजी पत्र 'अलीगढ़ इंस्टीच्यूट गजट' के सम्पादक ने काशीनाथ खत्री के पत्र पर टिप्पणी करते हुए लिखा कि सरकार की अनुत्साहपूर्ण नीति के बावजूद जनता द्वारा देवनागरी लिपि का सर्वाधिक व्यापक व्यवहार फारसी लिपि के विकल्प में न्यायालयों में इसके पदस्थापन का तर्क कदापि नहीं हो सकता, यदि सारा संसार ही देवनागरी लिपि में अपनी समस्त कार्यवाही करता हो।[80]

'हरिश्चन्द्र मैगजीन', 15 फरवरी, 1874 ई. में, अंग्रेजी भाषा में लिखित 'दि सब्सटिच्यूसन ऑफ देवनागरी करेक्टर्स इन प्लेस ऑफ पर्सियन इन लॉ कोर्ट्स' शीर्षक लेख में काशीनाथ खत्री ने कहा कि प्रारम्भ से ही अंग्रेजी सरकार का यह सर्वप्रमुख आधारभूत सिद्धान्त रहा है कि न्याय और जनता से सम्बन्धित अन्य कार्य–व्यापार उसकी ही भाषा और लिपि में सम्पन्न किये जायें। यह नियम, पश्चिमोत्तर प्रदेश के अपवाद को छोड़कर, ब्रिटिश भारत के प्रत्येक भाग में दृढ़तापूर्वक चरितार्थ है।[81] किन्तु सत्य तो यह है कि गवर्नर जनरल पर्षद के 4 सितम्बर, 1837 ई. के संकल्प और 20 नवम्बर, 1837 ई. को पारित एवं 1 दिसम्बर, 1837 ई. से प्रभावी अधिनियम संख्या 29, सन् 1837 ई. के प्रावधान के अनुसार ही ब्रिटिश सरकार द्वारा पश्चिमोत्तर प्रदेश और अवध ही नहीं वरन् सभी हिन्दी–भाषी राज्यों और प्रदेशों को छोड़कर, अहिन्दी भाषी प्रदेशों में यह प्रावधान चरितार्थ किया गया था। इस अधिनियम के पूर्व भाषा अथवा लिपि के प्रसंग में ईस्ट इंडिया कम्पनी सरकार और ब्रिटिश सरकार प्रायः पूर्व–परम्परा का ही अन्धप्रतिपादन करती रही। इस प्रावधान के अन्तर्गत बंगला, उड़िया, असमी, गुजराती, सिंधी, मराठी, तमिल, कन्नड़ और तेलुगू भाषी ब्रिटिश प्रजा सरकार से कार्य–व्यापार अपनी–अपनी भाषाओं और लिपियों में ही करती थी।

काशीनाथ खत्री ने उक्त लेख में कहा कि मुसलमान विजेताओं से सुदीर्घ सम्बन्धों के कारण देशीय भाषा में फारसी शब्द और मुहावरे प्रविष्ट हो गए और भाषा के अनुपूरक अंश बन गए, जिनके बहिष्कार अथवा परित्याग से भाषा वस्तुतः

निर्धन हो जायगी। किन्तु भाषा–शुद्धिकरण के विपक्षियों को यह स्वीकार करने के लिए बाध्य होना पड़ेगा कि कचहरी–भाषा प्रायः फारसी ही है जो किसी सामान्य देशी व्यक्ति के लिए विचित्र एवं दुष्पाठ्य है।[82] कचहरी–लिपि में परिवर्तन आवश्यक है क्योंकि कचहरी–भाषा में हिन्दी के सामान्य प्रचलित शब्दों के स्थान पर अनावश्यक फारसी शब्दों और मुहावरों की तीव्र प्रवृत्ति में मात्र लिपि–परिवर्तन द्वारा शिथिलीकरण संभव है। संसार की किसी भाषा ने विजेताओं के लिए, अन्य क्षेत्रों में प्रभावित होने के बावजूद, अपनी लिपि का परिवर्तन अथवा परित्याग नहीं किया। भाषाओं के इतिहास में यह दृष्टान्त अपवाद स्वरूप ही है।[83] यहाँ लेखक काशीनाथ खत्री ने कचहरी–लिपि–परिवर्तन आन्दोलन के आधारभूत सिद्धान्त का प्रतिपादन किया है।

सत्यार्थ प्रकाश

सन् 1875 ई. में स्वामी दयानन्द सरस्वती का 'सत्यार्थ प्रकाश' प्रकाशित हुआ। हिन्दी भाषा और उसकी लिपि के प्रचार–प्रसार में यह ग्रन्थ सहायक सिद्ध हुआ।

राजा शिवप्रसाद सितारेहिन्द

राजा शिवप्रसाद सितारेहिन्द का 'हिन्दी व्याकरण' श्रीमन्महाराजाधिराज पश्चिमोत्तर देशाधिकारी श्रीयुत् नव्वाब लेफ्टिनेंट गवर्नर बहादुर की आज्ञानुसार[84] पहली बार 1875 ई. में प्रकाशित हुआ। 1 जनवरी, 1875 ई. को अंग्रेजी में लिखित इसकी भूमिका के प्रारम्भ में राजा शिवप्रसाद ने कहा था कि यह यथेष्ठ विचित्रतापूर्ण है कि हमारी वर्नाक्यूलर अर्थात् देशीय भाषा फारसी और नागरी दो लिपियों में लिखी जाती है और इसके दो प्रकार के व्याकरणों का प्रचलन बिल्कुल अभूतपूर्व ही है।

राजा शिवप्रसाद हिन्दी और उर्दू व्याकरणों का एकीकरण अथवा पारस्परिक विलयन कर एक विशेष प्रकार के व्याकरण की रचना के द्वारा हिन्दी और उर्दू भाषाओं के एकीकरण करने और इस प्रकार लिपियों के संघर्ष एवं तनाव को दूर करने के अभिलाषी थे। भाषा और लिपि की दृष्टि से इस व्याकरण का दूरगामी लक्ष्य था। देवनागरी और फारसी लिपियों के शीत युद्ध की स्थिति उन्नीसवीं शताब्दी के सामाजिक एवं शैक्षणिक जागरण की मूलभूत प्रवृत्ति थी। इस कटु तथ्य के वे स्वयं भुक्तभोगी थे।

किन्तु राजा शिवप्रसाद के 'हिन्दी व्याकरण' की निन्दा और कटु आलोचना तत्कालीन युग में बहुत हुई। उनके द्वारा विरचित 'इतिहास तिमिर नाशक' और 'हिन्दी व्याकरण' उस युग की कुख्यात पुस्तकें थीं।[85] शम्भुलाल कालूराम (इन्दौर)

द्वारा विरचित 'भाषा चन्द्रिका' (बाल व्याकरण) की समालोचना करते हुए 'हिन्दी प्रदीप' ने राजा शिवप्रसाद के 'हिन्दी व्याकरण' को 'भ्रष्ट व्याकरण' कहा था।[86] इस प्रकार के अनेक उदाहरण तत्कालीन हिन्दी पत्र-पत्रिकाओं से दिए जा सकते हैं। 'हिन्दी व्याकरण' ही नहीं, राजा शिवप्रसाद सितारेहिन्द का कटु विरोध भारतेन्दु के जीवन काल में ही नहीं, भारतेन्दु के निधन के बाद भी बहुत हुआ।

1879 ई. में प्रकाशित 'ए हिन्दुस्तानी-इंगलिश लॉ एंड कामर्शियल डिक्शनरी' की भूमिका में शब्दकोशकार एस. डब्ल्यू. फैलन ने कचहरी की फारसीपूरित और अरबी-बोझिल उर्दू भाषा को सोदाहरण रहस्यात्मकता का वाहन सिद्ध करते हुए उसकी निन्दा की।[87]

पुनः ''ए न्यू हिन्दुस्तानी-इंगलिश डिक्शनरी' (1879 ई.) की भूमिका में शब्दकोशकार एस. डब्ल्यू. फैलन ने तत्कालीन युग की प्रचलित कचहरी-भाषा की कड़ी आलोचना की। किन्तु उपर्युक्त दोनों शब्दकोशों में कचहरी-लिपि के प्रश्न पर उन्होंने अपनी प्रतिक्रिया व्यक्त नहीं की।

मिर्जापुर स्थित लन्दन मिशन सोसाइटी के रेवरेंड डी. हट्टन के सम्पादन में अंग्रेजी और हिन्दी में संयुक्त रूप से प्रकाशित द्विभाषी पत्र 'आर्यन' ने अगस्त 1880 ई. में सैद्धान्तिक और व्यावहारिक रूप से न्यायालय और सरकार की आदर्श कार्यभाषा का स्वरूप-निर्धारण करते हुए हिन्दी और देवनागरी लिपि को न्यायालयों एवं कार्यालयों में प्रविष्टि हेतु समर्थन प्रदान किया। इसमें उर्दू की आलोचना की गई और भाषा के प्रश्न पर भारतीयों के अधःपतन का मार्मिक उल्लेख किया गया।

1882 ई. में सरकार ने भारतवर्ष में शिक्षा की सुप्रणाली की स्थापना के अभिप्राय से डब्ल्यू. डब्ल्यू. हंटर (W.W. Hunter) की अध्यक्षता में शिक्षा आयोग का गठन किया था। उक्त आयोग ने प्राथमिक शिक्षा से उच्च शिक्षा तक की रीति-नीति का अध्ययन किया और इसके उन्नत्यर्थ विभिन्न पहलुओं पर विचार किया। इसने अपनी प्रश्नावली में भाषा विषयक प्रश्न को भी सम्मिलित किया था कि देश की कौन मुख्य भाषा है, कहाँ पर किस भाषा में साधारण शिक्षा विशेष उपयोगी है। जनता की ओर से कई सौ अभ्यावेदन शिक्षा आयोग को हिन्दी और नागरी लिपि के समर्थन में दिए गए थे। विभिन्न नगरों और संस्थाओं की ओर से प्रेषित उक्त अभ्यावेदनों पर हजारों व्यक्तियों के हस्ताक्षर थे। जनता में उत्तेजना थी। हिन्दी बनाम उर्दू, उर्दू अक्षरों से हानि, भाषा दीपिका, देवनागरी की पुकार आदि अनेक पुस्तिकाओं का प्रकाशन भी उस अवसर पर किया गया था। हिन्दी और उर्दू भाषाओं में शीत युद्ध और टकराव की दुर्भाग्यपूर्ण स्थिति थी।

वह हिन्दी के आर्त्तनाद का युग था। 'हिन्दी का आर्त्तनाद' राग विहाग में श्रीधर पाठक के शब्दों में सुनें-

"सुनो कोऊ हिन्दी हू की टेर।
हीन छीन अति दीन दुखित मन भ्रमति दैंव के फेर[88]

1882 ई. का शिक्षा आयोग हंटर कमीशन के नाम से भी प्रख्यात था। हंटर कमीशन को अपना वक्तव्य भारतेन्दु हरिश्चन्द्र ने अंग्रेजी भाषा में ही दिया था। यह वक्तव्य 'रिपोर्ट बाई दि नार्थ-वेस्टर्न प्राविन्सेज एंड अवध प्राविन्सियल कमिटी (1884 ई.)' में संकलित है। उक्त आयोग को अपने वक्तव्य में बाबू हरिश्चन्द्र ने स्वीकार किया था कि अपने देशवासियों के शैक्षिक स्तर को ऊँचा उठाना, पश्चिमोत्तर प्रदेश की भाषा में सुधार करना तथा इस भाषा में साहित्य-वृद्धि करना सदैव से मेरा ध्येय रहा है। उन्होंने यह सुझाव दिया कि इंग्लैंड और अन्य यूरोपीय देशों की भाँति भारत में भी प्राथमिक शिक्षा अनिवार्य कर दी जाय और जनभाषा को अदालती भाषा बना दिया जाय तथा अदालत के काग़ज़ात उस लिपि में लिखे जायें जिसे अधिकतम जनता सुगमतापूर्वक पढ़ लें। (...to make the language of the court the language used by the people, and to introduce into the court papers the character which the majority of the public can read.) पश्चिमोत्तर प्रदेश के प्राथमिक विद्यालयों में हिन्दी भाषा की लिपि का व्यवहार प्रायः पूर्ण रूप से किए जाने के बावजूद न्यायालयों और कार्यालयों में फारसी लिपि का प्रचलन था। अतएव गाँव में प्राप्त प्राथमिक शिक्षा की सार्थकता समाप्त हो जाती थी। उर्दू और हिन्दी में वास्तविक अन्तर नहीं है।

अपने साहित्यिक जीवन के पूर्वार्द्ध में अंग्रेजी में लिखित और 'हरिश्चन्द्र मैगजीन' के प्रथमांक में प्रकाशित अपने सर्वप्रथम निबन्ध 'हिन्दी भाषा' में उन्होंने हिन्दी और उर्दू को 'आइडेंटिकल' अर्थात् समानार्थक घोषित किया था, दो सर्वथा भिन्न भाषाएँ नहीं।[89] उन्होंने हिन्दी और उर्दू के समानार्थक होने की मान्यता को ही विकसित कर शिक्षा आयोग (1882 ई.) को बताया कि हिन्दी और उर्दू में मौलिक भेद नहीं है।

भारतेन्दु हरिश्चन्द्र ने कहा कि अदालती भाषा होने के कारण उर्दू को अंग्रेजी राज्य में प्रतिष्ठा है। फारसी लिपि को विशेषतया शिकस्त को, जिसके द्वारा अदालत के कार्य सम्पन्न किये जाते हैं, मुख्तारों, वकीलों और धूर्तों ने निश्चित आय का स्रोत बना दिया है। फारसी लिपि की विसंगति यह है कि तीन अक्षर के एक शब्द को 606 विभिन्न शब्दों में उच्चारण किया जा सकता है। इस प्रकार के अनेक उदाहरण दिए जा सकते हैं।

उक्त वक्तव्य में भारतेन्दु हरिश्चन्द्र ने कहा कि ईश्वर बचाए ऐसे अक्षरों से जिनके द्वारा काला को उजला और उजला को काला किया जाता है। यदि हिन्दी को मान्यता प्राप्त हो जाय तो कचहरियों के गलत लोग जिन्होंने प्रचलित लिखावट को स्थायी आय

का स्रोत बना लिया था, अपनी जेब न भर सकेंगे। कचहरियों में ऐसे क्लिष्ट और जटिल फारसी शब्दों का अनावश्यक प्रयोग किया जाता है जिन्हें जमींदारों, किसानों और व्यापारियों ने कभी नहीं सुने। लक्ष्य यह है कि इनका अर्थ बताने वाले उर्दू के जानकार अपनी कमाई खूब करते रहें। दुर्बोध लिपि के कारण गवाही के समन को गिरफ्तारी का वारेन्ट बताया जाता है।

उन्होंने कहा कि सभी सभ्य देशों के न्यायालयों में उनके देशवासियों की भाषा और लिपि का प्रयोग किया जाता है। किन्तु भारत में अपवादस्वरूप कचहरी-भाषा शासकों और शासितों की भाषा नहीं है। भारतेन्दु के बहुत पूर्व, 1834 ई. में 'फ्रेडरिक जौन शोर ने 'आन दि इनजस्टिस ऑफ कम्पेलिंग दि पिपुल ऑफ इंडिया टु एडौप्ट ए फॉरेन लैंग्वेज ऐंड करेक्टर' (On the Injustice of Compelling the People of India to adopt a Foreign Language and character) शीर्षक लेख में इससे मिलते-जुलते समानबोधी विचार व्यक्त किये थे। (द्रष्टव्य : Notes on Indian Affairs : Frederick John Shore. London. Volume II pages 01-07)

हिन्दी की लोकप्रियता को रेखांकित करते हुए भारतेन्दु ने कहा कि यदि दो सार्वजनिक नोटिस, एक उर्दू में और एक हिन्दी में लिखकर भेजी जाय, तब नोटिस को समझनेवालों के अनुपात का परिज्ञान हो जायगा। समाहर्ताओं द्वारा निर्गत समनों में हिन्दी की लिपि का प्रयोग किया जाता है। साहूकार और व्यापारी अपना हिसाब-किताब हिन्दी में ही करते हैं। प्रत्येक हिन्दू परिवार में हिन्दी का प्रचलन है, हिन्दू महिलाएँ हिन्दी की लिपि का प्रयोग करती हैं, पटवारी के काग़ज़ात हिन्दी और उसकी लिपि नागरी में लिखे जाते हैं और गाँवों के अधिकतर स्कूल हिन्दी के माध्यम से ही शिक्षा प्रदान करते हैं।[90]

भारतेन्दु हरिश्चन्द्र के अनुसार, उर्दू नर्तकियों तथा वेश्याओं की भाषा है।

शिक्षा विभाग के 1873-74 ई. के प्रतिवेदन के अनुसार उत्तर-पश्चिमी प्रान्त के हल्काबन्दी और प्राथमिक विद्यालयों में उर्दू पढ़नेवाले छात्रों की संख्या 34,136 थी और हिन्दी पढ़नेवालों की संख्या 92,528 थी। बालिका प्राथमिक विद्यालयों में उर्दू शिक्षार्थियों की संख्या 1175 और हिन्दी की 6,873 थी। शिक्षा विभाग (1880-81 ई.) के प्रतिवेदन के अनुसार महाविद्यालयों में हिन्दू विद्यार्थी 769 और मुसलमान 112 थे। आंग्ल-देशी भाषा मध्य विद्यालयों में हिन्दू 6,740 और मुसलमान 1,522 थे। प्राथमिक विद्यालयों में 1,70,478 हिन्दू और 32,619 मुसलमान थे, नार्मल स्कूलों में 177 हिन्दू और 50 मुसलमान थे। बनारस जिला में 1882 ई. में देशी भाषा के विद्यालय 103 थे जिनमें से मात्र आठ में उर्दू और हिन्दी दोनों भाषाओं का अध्ययन-अध्यापन किया जाता था, शेष में मात्र हिन्दी की शिक्षा प्रदान की जाती थी। अर्थात् उर्दू जाननेवालों की तुलना में हिन्दी जाननेवालों की संख्या अत्यधिक थी।[91]

भारतेन्दु हरिश्चन्द्र के अनुसार, मौलवियों और पंडितों के निरन्तर तनाव ने सच्ची हिन्दी के हित को बहुत हानि पहुँचाई है। हमारी वर्नाक्यूलर अर्थात् देश-भाषा न तो मौलवियों की भाषा है और न पंडितों की, वह इन दोनों की मध्यवर्ती स्थिति है, वह 'सुनहला मध्यमान' है।[92]

भारतेन्दु ने विविध शब्दों के सुबोध सरलीकरण की आवश्यकता का प्रतिपादन किया। उन्होंने स्पष्ट रूप से कहा कि हम विशुद्ध सरल भाषा चाहते हैं जिसे जनता समझती है और जो बहुसंख्यक लोगों की लिपि में लिखी जाती है।[93]

आयोग ने हिन्दी और उर्दू का झगड़ा नहीं मिटाया, उर्दू को अदालतों से अपदस्थ करने पर राजकार्य में विश्रृंखलता का अनावश्यक भय व्यक्त कर प्रकारान्तर से अदालतों में उर्दू ही रहने देने का अभिप्राय प्रकट कर दिया। जनता में निराशा का अंधकार छा गया। बनारस से रामकृष्ण वर्मा के सम्पादन में प्रकाशित हिन्दी साप्ताहिक पत्र 'भारत जीवन', 16 जून, 1884 ई., में एक लावनी छपी थी जिसकी दो पंक्तियाँ यहाँ उल्लेख्य हैं-

हण्टर ने जो हिन्दी को हण्टर मारा।
बस टूट गया दिल टुकड़े हुआ हमारा॥

और भी,

'हिन्दी प्रदीप', अक्टूबर 1884 ई., में प्रकाशित श्रीधर पाठक की 'ग़ज़ल अव्वल' सुनें-

ग़ज़ल अव्वल

ऐ जान हिन्दी ऐ जान हिन्दी हमारी प्यारी ज़बान हिन्दी॥
थी हमको पहले उमेद कामिल,
ख्याल हंटर को कुछ तो होगा।
मगर वु धोखे की टट्टी निकली,
गँवाया सारा गुमान हिन्दी॥ 1॥
न हुआ कोई भी पूरा अर्मां,
वरन गई वो खुद आप शर्मा।
रही फतहयावी उर्दू ही की,
हुई मुफ़त में हैरान हिन्दी॥ 2॥
कई करोड़ों हैं बसते हिन्दू,
जो मुल्क पंजाबी मग़रबी में।
थी सब की मर्जी अदालतों में,
हो जारी अब ये ज़बान हिन्दी॥ 3॥
हुरूफ़ इस्के हैं साफ इतने,

नहीं ज़रा सी भी होवै गलती
औ समझी जाती है हिन्द भर में
सभी जाने जहान हिन्दी ॥ 4 ॥
मगर है उर्दू ही जिनको प्यारी
करेंगे हिन्दी की खूब ख्वारी।
पड़ी है आफ़त ये आके भारी
लबो पै आई है जान हिन्दी ॥ 5 ॥
ये मुल्क हिन्दुस्ताँ अब नहीं है
अगर्चि हिन्दू तो हम सही हैं।
मगर य उर्दू के आशकों के,
रही है फँस दर्मियान हिन्दी ॥ 6 ॥
निकालो उर्दू को जल्द यक दम
डरो न हिन्दू जरा भी अब तुम।
हमेशा चमकेगी येही हर दम,
ज़बा पै सब ज़बान हिन्दी ॥ 7 ॥
ऐ जान हिन्दी ए जान हिन्दी
हमारी प्यारी ज़बान हिन्दी ॥[94]

अपने साहित्यिक जीवन के पूर्वार्द्ध में भारतेन्दु हरिश्चन्द्र देवनागरी लिपि आन्दोलन की सम्पूर्ण व्यापक गतिविधियों से सुपरिचित थे, किन्तु उसके प्रति उन्होंने नकारात्मक दृष्टिकोण ग्रहण कर लिया था। वे हिन्दी भाषा की उन्नति एवं समृद्धि के कट्टर पक्षधर थे। वे देवनागरी और फारसी लिपियों के विवाद को तुच्छ समझते थे और इस विवाद में अपनी ऊर्जा, अपना समय नष्ट करना, उनकी दृष्टि में निरर्थक था। वे अपनी भाषा को विकसित करने, उसे समृद्ध एवं उर्वर बनाने के पक्षधर थे। संस्कृत की लिपि देवनागरी की सर्वस्वीकृत सर्वोत्कृष्टता के बावजूद उसे अदालती अक्षर के रूप में स्वीकार किये जाने के प्रति उनमें विशेष अभिरुचि नहीं थी। रोमन लिपि की त्रुटिपूर्ण ध्वन्यात्मकता के बावजूद इंग्लैंड के साहित्यकारों ने अपनी भाषा को अन्तिम ऊँचाई तक समृद्ध कर दिया था। भारतेन्दु ने कहा था कि हमें अक्षरों की अपेक्षा वास्तविक ज्ञानार्जन हेतु सचेष्ट रहना चाहिए।

उन्नीसवीं शताब्दी के उत्तरार्द्ध में देवनागरी लिपि का आन्दोलन था–यह भाषा का आन्दोलन नहीं था। यह उर्दू अक्षरों के स्थान पर देवनागरी लिपि की सरकारी मान्यता का आन्दोलन था, सरकारी कामकाज में इस लिपि को जनहित में व्यापक रूप से प्रचलित करने का आन्दोलन था। इस सम्बन्ध में पंडित बालकृष्ण भट्ट के सम्पादन में इलाहाबाद से प्रकाशित मासिक पत्र 'हिन्दी प्रदीप' ने अनेक बार

स्पष्टीकरण दिए थे। वस्तुतः ये स्पष्टीकरण 'हिन्दी प्रदीप' के माध्यम से प्रख्यात साहित्यकार और स्वाधीनचेता सम्पादक पंडित बालकृष्ण भट्ट ने ही दिए थे।

मासिक पत्र 'हिन्दी प्रदीप' ने जून 1878 ई. में कहा था–"खैर हिन्दी भाषा का प्रचार न हो सके तो नागरी अक्षरों ही का बरताव सरकारी कामों में हो तब भी हम लोग अपने को कृतार्थ मानें।"[95]

'हिन्दी प्रदीप' ने नवम्बर 1880 ई. में कहा था–" ...लोग तो केवल इतनी बात चाहते हैं कि प्रजा के नाम जो काग़ज़ सर्कार से निकले वह नागरी अक्षर में हो और हार जीत की डिगरी का फैसला जो कुछ हो सो ऐसे अक्षरों में लिखा जाय जिसे आप घर बैठे पढ़ लिया करैं मुंशी वा मोलवी ढूँढ़ने की जरूरत जाती रहे...।"[96]

अप्रैल 1882 ई. में 'प्रार्थना' शीर्षक सम्पादकीय अग्रलेख में 'हिन्दी प्रदीप' ने प्रार्थना की–

" ...यदि...नागराक्षर सम्पूर्ण भारतवर्ष के राजकार्य में प्रचलित किये जांय तो कैसी अच्छी बात हो...(इसमें) हर एक की बोलचाल के अनुकूल उच्चारण निकलते हैं...लाखों करोड़ों हम हिन्दुस्तानी प्रजा दिलोजान से चाहती हैं कि सब कचेहरी दरबार में फारसी अक्षरों की जगह नागरी में लिखा-पढ़ी हो और इसी में सब हिन्दी, उर्दू, मरहठी, पंजाबी आदि की पुस्तकें छपा करैं...आज कल शिक्षा प्रकर्ण के प्रबन्ध का जो विचार हो रहा है उसका यह मुख्य अंग है वरन् इसको अंगों में शिर और प्राणों में जीव कहना चाहिए जिसके बिना करोड़ों प्रजा का हृदय कंज कुम्हिला रहा है...अब हम और कुछ नहीं कह सक्ते केवल इतनी बात कि अगर सर्कार को प्रजा का लालन पालन मंजूर है और प्रजा के दुःख और ग्लानि का कुछ भी ख्याल होगा तो यह काम खुद सर्कार का है प्रजा कहे वा न कहे इस बात से न तो सर्कार का खजाना खाली होता है न गोली बारूत का खर्च केवल हुक्म की अटक...।"[97]

बनारस से रामकृष्ण वर्मा के सम्पादन में प्रकाशित हिन्दी साप्ताहिक पत्र 'भारत जीवन' ने 23 जून, 1884 ई. के अंक में कहा था–

"यहाँ पर हिन्दी उर्दू की जगह याने देवनागरी अक्षर फारसी अक्षरों की जगह सब सर्कार के दफ़्तरों में हो जाते यही हमलोगों की पुकार थी...।"[98]

'हिन्दी प्रदीप' ने अप्रैल 1899 ई. में कहा–"भाषा का तो कोई प्रश्न नहीं है हम लोग अदालतों में केवल अक्षर का बदल जाना माँगते हैं–उर्दू के अक्षर ऐसे जाली हैं कि जिस्से अदालत की काररवाइयों में बहुधा और का और पढ़ जाने से उचित न्याय नहीं होता–इसलिये अक्षर बदल जांय।"[99]

किन्तु यह भी सत्य है कि नागरी अक्षरों के लिए किये जा रहे सर्वव्यापी सुदूरगामी आन्दोलन में भाषा का प्रश्न धुँधला पड़ गया था। इसीलिए पटना से

प्रकाशित साप्ताहिक पत्र 'बिहार बन्धु', 24 सितम्बर 1879 ई., ने 'नागरी अक्षरों की चलन' शीर्षक सम्पादकीय अग्रलेख का समापन करते हुए कहा था–

"हम लोग को उचित है कि जैसा आग्रह नागरी अक्षर के लिये है वैसा ही चलन भाषा के लिए भी रक्खें और धीरे धीरे एक एक शब्द दो दो शब्द करके संस्कृत के भी चलाए जायें क्योंकि भाषा आदमियों की हालत पर बनती है जोर किये से कुछ नहीं होता है।"[100]

भारतेन्दु एक दूरदर्शी और क्रान्तदर्शी विचारक साहित्यकार थे। अतएव उन्होंने आरम्भ में भाषा की समृद्धि हेतु विशेष बल दिया था। शिक्षा आयोग (1882 ई.) को प्रदत्त वक्तव्य में उन्होंने देवनागरी लिपि आन्दोलन के सारतत्त्व को ही व्यक्त किया और इस आन्दोलन की मुख्य धारा में अपने को समर्पित कर दिया जो उस कालखंड की अनिवार्यता थी।

6 जनवरी (मंगलवार) 1885 ई. को (9.45 अपराह्न) 34 वर्ष 3 महीने 27 दिन 17 घंटे 7 मिनट और 48 सेकंड की अल्पायु में काशी में भारतेन्दु बाबू हरिश्चन्द्र का दु:खद निधन हो गया। किन्तु उनके देहान्त के पश्चात् भी देवनागरी लिपि आन्दोलन रुका नहीं, स्थगित नहीं हुआ, चलता रहा अपनी लक्ष्य-सिद्धि के मार्ग पर। शासनादेश संख्या 585/3-343 सी-68 सन् 1900 ई. (रिजोल्युशन, निश्चय) सामान्य शासन विभाग, नैनीताल, दिनांक 18 अप्रैल, 1900 ई., पश्चिमोत्तर प्रदेश और अवध सरकार, इलाहाबाद का प्रकाशन 21 अप्रैल शनिवार 1900 ई. के राजपत्र में हुआ था। इस शासनादेश के अनुसार, देवनागरी लिपि को राज्यकार्य में फारसी लिपि के समानान्तर में वैकल्पिक लिपि की मान्यता सरकार ने दे दी। इस शासनादेश से फारसी लिपि की वैधता सरकारी लिपि के रूप में सुरक्षित रहने के बावजूद देवनागरी लिपि भी इसकी एक समानान्तर लिपि सरकारी स्तर पर स्वीकार कर ली गई। यह स्वीकृति इस आन्दोलन की एक उपलब्धि ही थी।

संदर्भ

1. "As Sanskritic dialects the Hindvi and the Urdu have undoubted claims to the Nagari, for that alone can supply the necessary symbols properly to indicate their system of sounds. The persian alphabet has no such symbols and therefore fails adequately to represent the phonology of the Hindvi, except by the aid of a cumbrous system of diacritical marks. It is besides, notwithstanding the great facility with which it may be written, to quote the language of the learned translator of Ferishta, "the most difficult to decipher with accuracy, and most liable to orthographical errors. In writing it the diacritical points, by which alone anything like certainty is attainable, are frequently omitted; and in an alphabet where a dot above a letter is negative,

and below the letter is positive; who shall venture to decide in an obscure passage which is correct, or how is it possible that a person unacquainted with the true orthography of proper names can render a faithful transcript of a carelessly written original (Brigg's Ferishta).

— Journal of the Asiatic Society of Bengal : Volume XXXIII 1864, p. 489.

2. उपरिवत्।
3. John Beames : A Comparative Grammer of the Modern Aryan Languages of India. (Volume I), Introduction, p. 31/32.
4. F.S. GROWSE : Some Objections to the Modern Style of Official Hindustani-Journal of the Asiatic society of Bengal; (Vol.xxxv, part I) 1866, p. 172.
5. Ibid.
6. "...this Urdu dialect can never advance to the dignity of an independent language; and yet certainly India is too considerable a country to acquiesce quietly in the position of being, for literary purposes, merely a province of Persia."

— F.S. GROWSE: Some objections to the Modrn Style of official Hindustani, Journal of the Asiatic Society of Bengal. (Volume xxxv, Part 1), 1866.

7. "The great ambition of every Munshi now-a-days is to eliminate from his composition every Hindi word, no matter how far-fetched its Persian substitute may be. With regard to other languages he is not so particular, and will introduce English phrases with great gusto, often with a singularly ludicrous effect. He only studies to conceal his Indian origin; yet, do what he can, he can not get rid of those troublesome inflectional terminations and auxiliary verbs, and, after all his misapplied labour, the pedantic sentences, whose nothing can induce him to call anything but Persian, remain hopelessly and unalterably Hindustani. He has probably succeeded in making it unintelligible Hindustani, but still Hindustani it is and must remain, and no native of Iran could pronounce it to be more than some very provincial type of true Persian, Such a position appears to me highly undignified; while, on the other hand, if the Hindi basis were frankly recognized and worked upon, the result would be genuine National inheritance."

— F.S. GROWSE : Some Objections to the Modern style of official Hindustani. Journal of the Asiatic Society of bengal (vol.xxxv, part 1), 1866.

8. उपरिवत्।
9. (क) Journal of the Asiatic Society of Bengal (Volume xxxv, Part 1), 1866. - F.S. GROWSE : Some Objections to the Modern Style of Official Hindustani.
   (ख) श्री हरिश्चन्द्र चन्द्रिका : नवम्बर 1874 ई. (खंड 2 संख्या 2)।
   (ग) Court Character and Primary Education in the N.W. Provinces. & Oudh, 1897, Appendix. p. 35.
10. उपरिवत्।
11. सरस्वती : अप्रैल 1900 ई. (भाग 1 संख्या 4) 'पश्चिमोत्तर प्रदेश और अवध में नागरी

अक्षर का प्रचार' शीर्षक लेख–पंडित किशोरी लाल गोस्वामी, पृष्ठ 125

12. कविवचनसुधा : श्रावण शुद्ध 15 विक्रम संवत् 1928, वाराणसी, पृष्ठ 176

13. उपरिवत्।

14. ''हमलोगों की केवल यही इच्छा है कि हिन्दी भाषा की वृद्धि होय और हमारे देश की उन्नति।''
कविवचनसुधा : भाद्रपद कृष्ण 30, विक्रम संवत् 1928 (जिल्द 2 नम्बर 24), पृष्ठ 183

15. राजा शिवप्रसाद सितारेहिन्द की जीवनी के लिए द्रष्टव्य–
(क) Modern History of the Indian Chiefs, Rajas Zamindars etc. Lokenath Ghose.
टिप्पणी : डॉ. जी. ए. ग्रियर्सन ने 'दि मॉडर्न वर्नाक्यूलर लिट्रेचर ऑफ हिन्दुस्तान' (1888 ई.) में लोकनाथ घोष की उक्त पुस्तक का उपयोग उनके जीवनी–लेखन में राजा शिवप्रसाद के जीवनकाल में ही किया था।
(ख) सरस्वती : अप्रैल 1900 ई. (भाग 1 संख्या 4) 'राजा शिवप्रसाद सितारेहिन्द' शीर्षक लेख–पंडित किशोरी लाल गोस्वामी।

16. "I would never advise the abolition of the Devannagari character, even if this were possible because a knowledge of it i so easy of acquisition that it has been found by experience the most useful for the education of the masses."
— Babu Shiv Prasad, N.W.P. Education Report 1867-68, p. 32.

17. The Modern Vernacular Literature of Hindustan : George A. Grierson. (Printed as a special number of the Journal of the Asiatic Society of Bengal part I for 1888).
— Asiatic Society, 57 Park Street, Calcutta, 1889, pp. 148/152.

18. "The Government Voting that the English is not the language for the masses, are thus unconsciously forcing another foreign language, namely Persian, or I may say semi-Persian, the Urdu in Persian characters, upon the helpless masses... I see in all the village schools called Tahsili and Halkabandi, Persian is now taking the place of the Hindi and those which are still left Hindi are looked down upon as worthless."
— Raja (then Babu) Shiva Prasad, Memorandum : Court Characters in the upper provinces of India, 1868.
(B) Court Character and Primary Education in the N.W. Provinces & Oudh. 1897. Appendix. Page 73 and quoted in p. 29 also.

19. "When the Muhammadans took possession of India, they found Hindi the language of the country, and the same character the medium through which all business was carried on. By the country, I mean here the plains of Hindustan proper, comprising Behar, the N.W. Provinces, Oudh, Rajputana, the Punjab and portions of the Central Provinces. By Hindi, I mean the different dialects spoken throughout this vast area, and by the Hindi character, the characters which commencing from the infant Pali of the Asoka

inscriptions have now assumed, in their full growth and perfection the form of the Devanagari, Kaithi, Mahajani, Munda, Tankra, Marvari, & C. and all the running hands or short hands of the same style of writing."

— Raja (then Babu) Shiva Prasad :

(A) Memorandum : Court Characters in the Upper Provinces of India, p. 3.

(B) Court Character and Primary Education in the N.W. Provinces & Oudh. Appendix. p. 72.

20. (A) Memorandum : Court Characters in the Upper Provinces of India, 1868. p. 4.

(B) Court Character and Primary education with N.W. provinces & Oudh. Appendix. p. 72.

21. Ibid.

22. (A) THE NAGARI PRACHARINI SABHA (Society for Promotion of the Nagari Script and Language) of Benaras 1893-1914; A study in the Social and Political History of the Hindi Language (Ph. D. Dissertation, Deptt. of History, University of WISCONSIN, U.S.A., 1974). By Christopher Rolland King. Chapter VI. The First Nagari-Hindi Compaign, The Memorandums of Shiv Prasad.

(B) The Kayasthas of Hyderabad city : KAREN B. LEONARD. (Ph. D. Dissertation, Deptt. of History, University of WISCONSIN, U.S.A., 1969). p. 72/75.

23. Court Character and primary Education in the N.W. Provinces & Oudh. Appendix. Page 72.

24. (A) Memorandum : Court Characters in the Upper Provinces of India, Page 4.

(B) Court Character and Primary Education in the N.W. Provinces & Oudh (1897). Appendix, p. 72/73.

25. उपरिवत्

26. उपरिवत् पृष्ठ 5,

27. उपरिवत्।

28. उपरिवत्।

29. उपरिवत्।

30. "The Persian of our day is half Arabic; and I cannot see the wisdom of the policy which thrusts a semitic element into the bosoms of the Hindus and alienates them from their Aryan speech; not only speech, but all that is Aryan; because through speech ideas are formed, and through ideas the manners and customs. To read Persian is to become Persianized, all our ideas become corrupt and our nationality is lost,... and I again say I do not see the wisdom of the policy which is now trying to turn all the Hindus into semi-Muhammadanas and destroy our Hindu nationality."

— Raja Shiv Prasad; : MEMORANDUM-Court Characters in the Upper Provinces of India, p. 5/6.

31. (A) Raja Shiv Prasad : MEMORANDUM -Court Characters in the Upper Provinces of India, p. Ibid.
    (B) Court Character and Primary Education in the N.W. Provinces and Oudh. Appendix, p. 73.
32. (A) MEMORANDUM : Court Characters in the Upper Provinces of India, p. 6.
    (B) Court Character and Primary Education in the N.W. Provinces and Oudh. Appendix, p. 73
33. उपरिवत्, पृष्ठ 73/74
34. MEMORANDUM : Court Characters in the Upper Provinces of India, p. 7.
35. THE NAGARI PRACHARINI SABHA (Society for the Promotion of the Nagari Script and Language) of Benares 1893-1914 : A Study in the Social and Political History of the Hindi Language. Part III Chapter VI. The First Nagari-Hindi Compaign : The Memorandums of Shiv Prasad.
36. उपरिवत्।
37. भारत जीवन साप्ताहिक : मिती भाद्रपद शुक्ल 15 चन्द्रवार विक्रम संवत् 1950, सितम्बर 25, सन् 1893 ई. (भाग 10 अंक 29) 'काशी' स्तम्भ। पृष्ठ 6
38. बाबू श्यामसुन्दर दास के निबन्धों का संग्रह। पृष्ठ 365
39. 1894 ई. में राधाकृष्णदास, भारत जीवन के सम्पादक कार्तिक प्रसाद और श्यामसुन्दर दास ने परामर्श किया और उन्होंने यह निश्चय किया कि "राजा शिवप्रसाद ने हिन्दी की बड़ी सेवा की है। उन्हीं के द्वारा उसकी रक्षा हो सकी है, नहीं तो हिन्दी का कहीं नाम भी न रह जाता। ...उन्होंने विरोध को कम करने के लिए केवल नागरी अक्षरों के प्रचार के बने रहने पर जोर दिया। भाषा वे मिश्रित चाहते थे। जो हो, उस समय उनकी नीति ने बड़ा काम किया।" –श्यामसुन्दर दास : 'मेरी आत्मकहानी', पृष्ठ 22
40. (A) N.W.P.—N.N.R. 1869. Page 198/199.
    (B) THE NAGARI PRACHARINI SABHA (Society for the Promotion of the Nagari Script and Language) of Benares 1893-1914 : A Study in the Social and Political History of the Hindi Language : Christopher Rolland King.
    Part III the Development 1868-1914, Chapter VI, The Nagari Hindi Compaign 1868-1874.
41. N.W.P. Education Report 1873-74. p. 16.
42. हरनारायण सिंह द्वारा लिखित 'राजा शिवप्रसाद की हिन्दी-रक्षा' शीर्षक लेख में उद्धृत हिन्दी : जनवरी-सितम्बर 1944 ई., विक्रम संवत् 2001 (वर्ष 4 संख्या 2/9) काशी।
43. N.W.P. —Education Report 1873-74 Appendix, p. 137.
44. N.W.P.—N.N.R. 1869. p. 198/199.
45. उपरिवत्।
46. उपरिवत्, 1873, पृष्ठ 504.
47. उपरिवत्, पृष्ठ 504.
48. उपरिवत्।

49. The Calcutta, Review : 'Notes on the Hindi Language'
— Rev. J.D. BATE Vol. LXI. pp. 196/198.

50. उपरिवत्।

51. उपरिवत्।

52. उपरिवत्।

53. Rev. J.D. BATE. Preface to the 'Hindi-English Dictionary'. p. I.

54. "But the ability to read Shikasta depends upon a good mastery of the language; without this, the attempt to decipher manuscript documents will be lost labour."
–हिन्दी और उर्दू (1928 ई.), पृष्ठ 43 से उद्धृत।

55. "We fear that advocates of the Persian Characters, as Compared with the Devanagri, have in truth but little to hope for, as long as they argue on the comparative efficiency of the two characters. If they keep to the question of the comparative easy flow of the Persian writing, they have their case at its strongest point; but if they argue that the Persian character is an infallible medium for the representation of letters of other alphabets, and that the writing is on the whole more easily legible, we fear that they are destined to fail as to making out a good case... There is one objection to the introduction of the Devnagri character into our law courts which has great weight with some. They argue that in adopting the Devanagri character we would offend the Muhammadans. But the fact is, the whole arrangement, as it at present exists, owes its origin and its continuance to accident merely. The Persian language was formerly used in our courts, and was at length found to be inconvenient. Then, as an easy compromise, the Urdu was adopted."
–हिन्दी और उर्दू, प्रकाशक मंत्री स्वागत समिति, अष्टादश हिन्दी साहित्य सम्मेलन, मुजफ्फरपुर, 1928 ई., पृष्ठ 45

56. Rev. S.H. KELLOGG : 'A Grammar of the Hindi Language 1875. Preface, p. III.

57. अविकल सत्य प्रतिलिपि–

THE CENTRAL PROVINCES.

CIRCULAR ORDER OF THE JUDICIAL COMMISSIONER OF THE CENTRAL PROVINCES.

USE OF THE HINDI LANGUAGE AND THE NAGRI CHARACTER.

Circular No.11 , dated 6th June, 1881.

In the districts marginally noted-

Jubbulpore	Hoshangabad
Saugor	Betul
Damoh	Narsinghpur
Seoni	Chhindwara
Mandla	

(1) All persons who shall so desire shall be allowed to present their petitions in the Nagri Character and in the Hindi language.

(2) All copies and translations of decrees, orders, judgments and other proceedings shall be given in the Hindi language and the Nagri character, unless the applicant shall expressely desire them to be given in urdu.

(3) No person shall be appointed hereafter to any office in the Judicial department, unless he can read and write Nagri fluently.

Deputy Commissioners will provide for the carrying out of these instructions by seeing that a sufficient number of petition-writers and copyists in the district and tahsil offices are able to read and write Nagri with facility.

The subject will be specially noticed by Deputy Commissioners in their annual Judicial reports, so as to show how far the use of the Nagri Character hereby conceded is enjoyed and welcomed by the people."

— Court character and Primary Education in the N.W. Provinces & Oudh (1897). p. 57.

58. Court character and Primary Education in the N.W. Provinces & Oudh (1897). p. 56. Appendix.

59. Circular order issued by the authority of the High Court of Judicature at Fort William in Bengal. Use of Nagri in petitions in Behar. Circular order No.12, dated Calcutta, the 11th september, 1875.

—Court Character and Primary Education in the N.W. Provinces & Oudh. 1897 Appendix. p. 54.

60. Manual of Orders of Government, N.W.P. and Oudh (Volume I), Ed. 1896. General Administration Department, p. 71.

61. Memorial presented to Government in 1873 praying for the restoration of Nagri Characters in Courts and Public Offices.

— Court Character and Primary Education in the N.W. Provinces & Oudh. 1897, Appendix.

62. Court character and Primary Education in the N.W. Provinces & Oudh, p. 29.

63. कविवचनसुधा : श्रावण शुद्ध 15, संवत् 1928 (जिल्द 2 नम्बर 23) पृष्ठ 176

64. हरिश्चन्द्र मैगजीन : अक्टूबर, 1873 ई. (जिल्द 1 संख्या 1) भारतेन्दु हरिश्चन्द्र कृत अंग्रेजी लेख 'हिन्दी भाषा', पृष्ठ 12

65. भारतेन्दु हरिश्चन्द्र : 'हिन्दी भाषा' शीर्षक अंग्रेजी लेख। HARISCHANDRA'S MAGAZINE : 15 October 1873 (Volum I No. I p. 12.)

66. हरिश्चन्द्र मैगजीन : 15 अक्टूबर 1873 (जिल्द 01 संख्या 1), 'हिन्दी भाषा' शीर्षक अंग्रेजी लेख, पृष्ठ 11

67. श्री हरिश्चन्द्र चन्द्रिका मासिक पत्रिका : जून 1874 ई. (खंड 1 संख्या 9) स्यापा। पृष्ठ 3 और 4, पूर्ण प्रतिलिपि।

68. हिन्दी लेक्चर : भारतेन्दु हरिश्चन्द्र। हिन्दी प्रचारिणी सभा, बलिया, पृष्ठ 1

टिप्पणी :

'हिन्दी प्रदीप' में इस दोहे का पाठभेद इस प्रकार है, जो भारतेन्दु हरिश्चन्द्र का मूल और प्रथम लेखन-पाठ है–

करहु विलम्ब न भ्रात अब, उठहु मिटावहु सूल।
निज भाषा उन्नति करहु, प्रथम जो सब को मूल॥

मासिक पत्र 'हिन्दी प्रदीप' : मार्गशीर्ष कृष्ण 11, विक्रम संवत् 1934, प्रयाग, 1 दिसम्बर, 1877 ई. (जिल्द 1 संख्या 4)

श्री बाबू हरिश्चन्द्र का लेक्चर। दोहा संख्या 97।

69. (क) हिन्दी प्रदीप : कार्तिक कृष्ण 11, विक्रम संवत् 1934, प्रयाग, 1 नवम्बर 1877 ई. (जिल्द 1 संख्या 3)। श्रीबाबू हरिश्चन्द्र का लेक्चर, पृष्ठ 13
    (ख) हिन्दी लेक्चर : भारतेन्दु हरिश्चन्द्र, हिन्दी प्रचारिणी सभा, बलिया, पृष्ठ 6.
70. हरिश्चन्द्र मैगज़ीन : 15 फरवरी, 1874 ई. 'कॉमन हिन्दुस्तानी', पृष्ठ 119
71. "The Urdu, which has been adopted by the British Government in Northern India, is not the language of the people."
    हरिश्चन्द्र मैगज़ीन : 15 फरवरी, 1874 ई.। कॉमन हिन्दुस्तानी, पृष्ठ 119
72. हरिश्चन्द्र मैगज़ीन : 15 फरवरी 1874 ई., पृष्ठ 119
73. उपरिवत्।
74. उपरिवत्।
75. उपरिवत्।
76. उपरिवत्।
77. "Next to Government officials, the men who have done the greatest injury to the Hindi language are the Missionaries. As a class they have completely ignored the language. They write in high-flown Urdu, they preach in Urdu, and their converts, mostly orphans of the lower classes, are taught Urdu of the true Johnsonese type. It is time they should turn over a new leaf."
    (A) Bengal Magazine : January 1874, Common Hindustani.
    (ख) हरिश्चन्द्र मैगज़ीन : 15 फरवरी, 1874 ई. कॉमन हिन्दुस्तानी, पृष्ठ 121
78. हरिश्चन्द्र मैगज़ीन : 15 फरवरी 1874 ई. (खंड 1 संख्या 5), पृष्ठ 122/123
79. (क) उपरिवत्
    (ख) "... I beg to express my firmest conviction that this mere change of letters in courts will not slightly effect the natural development of Hindustanee as a language. No feat of a ruler can check it."
    — Kashi Nath Khatri, in a letter addressed to the Editor of the 'Allygurh Institute Gazette' and reprinted in Harischandra's Magazine, 15th Feb. 1874, pp.122/123, p., 123.
80. हरिश्चन्द्र मैगजीन : 15 फरवरी, 1874 ई. 'दि सब्सटिच्यूसन ऑफ देवनागरी करेक्टर्स इन प्लेस ऑफ पर्सियन इन लॉ-कोर्ट्स', पृष्ठ 121
81. "The most primary principle of the British Government ever since the very beginning has been, and is so strictly observed in every part of British India

with the exception of N.W.P., that justice and other business immediately concerning them should be imparted to natives in their very language and characters. Bengalee, Oriya, Assamese, Gujrati, Scindi, Mahratte, Tamil, Canarese, Telugu, British Subjects have all their business connected with the Government done in their respective languages and letters. Certainly a number of Persian words and pharases have, by long intercourse with the Mahammedan conquerors, crept into the Vernacular and became component part of it, use of which we cannot forego without making it really poor, but even those who are most adverse to the change will admi that, the language used in Law Courts being almost Persian, is as strange and unitelligible to an ordinary native not well-read in it, as English itself."
–HARISCHANDRA'S MAGAZINE : 15th February, 1874.
'The substitution of Devanagari characters in place of Persian in Law Courts'. pp. 121-122.

82. हरिश्चन्द्र मैगजीन : 15 फरवरी, 1874 ई. (खंड 1, संख्या 5)
The Substitution of Devanagari Characters in Place of Persian in Law-Courts', pp. 121-122.

83. "Proneness to thrust unnecessary Persian words and phrases, or to use them when as good vernacular equivalents exist, is most likely to be relaxed with the change of letters only. No language in the world has ever changed its characters for those of conquerors though however influenced by theirs in other respects. It is a singular phenomenon in the History of languages."
—Harischandra's magazine : 15th February, 1874 (Volume I number V).
'The Substitution of Devanagari Characters in place of Persian in Law-Courts. p. 121.

84. आवरण पृष्ठ की प्रतिलिपि के कतिपय अंश–"हिन्दी व्याकरण श्रीमन्महाराजाधिराज पश्चिमोत्तर देशाधिकारी श्रीयुत् नव्वाब लेफ्टिनेंट–गवर्नर बहादुर की आज्ञानुसार राजा शिवप्रसाद सितारेहिन्द ने बनाया।..."
हिन्दी व्याकरण : राजा शिवप्रसाद सितारेहिन्द, प्रथम संस्करण 1875 ई., मुद्रक : मेडिकल हाल का छापाखाना, बनारस।

85. हिन्दी प्रदीप : 1 सितम्बर, 1882 ई., प्रयाग, भाद्रपद कृष्ण 3, विक्रम संवत् 1939 (जिल्द 6, संख्या 1) 'प्रेरित पत्र' स्तम्भ।

86. हिन्दी प्रदीप : 1 जुलाई, 1884 ई. प्रयाग, आषाढ़ शुक्ल 9, विक्रम संवत् 1941 (जिल्द 7, संख्या 11) पृष्ठ 24

87. A Hindustani-English Law and Commercial Dictionary : S.W. Fallon, 1879, Preface, pp. 1-2.

88. हिन्दी प्रदीप : 1 जनवरी 1884 ई. प्रयाग, पौष शुक्ल 5 विक्रम संवत् 1940 (जिल्द 7 संख्या 5)। हिन्दी का आर्त्तनाद, पृष्ठ 17

89. "...that the Hindee and Urdoo languages are in fact identical; and that the Hindee shorn of big and abstruse Sanscrit phraseology, is nothing more or less than the Urdoo deprived of difficult Persian and Arabic words. With this view I concur."

HARISCHANDRA'S MAGAZINE :: October 15th, 1873 HINDI BHASHA Vol I, No. 1, p. 11)

90. "Writing, which is at present a perpetual source of income in hangers-on of the court, will cease to fill their coffers if Hindi is introduced, Bombast and high-sounding Persian words which have never been heard of by landholders, cultivators, and traders, are forced into composition purely with a view to yield a harvest to interpreters. If Hindi is introduced who will pay 2 to 4 annas to learn the contents of summons, or 8 annas to 1 rupee for writing out a small petition? How can then, a Summons to give evidence be interpreted as a warrant of arrest? The use of Persian letters in offices is not only an injustice to Hindus, but it is a cause of annoyance and inconvenience to the majority of the loyal subjects of Her Imperial Majesty. Because Urdu is the language of the court, a few people are favourably impressed towards it.

In all civilised countries the language spoken by the people and the character written by them are also used in the courts. This is the only country where the Court Language is a language which is neither the mother-tongue of the ruler nor of the subject. If you send out two public notices, one written in Urdu and the other in Hindi, the proportion of the people deciphering each can be easily known. But rayats and zamindars have been heartily gratified at the introduction of Hindi letters in summones issued by Collectors. The bankers and traders keep their account books in Hindi. The private correspondence of the Hindus is carried on in the same letters. The Hindus speak Hindi in their families, and their women use Hindi characters. The patwari keeps his village papers in Hindi, and the majority of the village schools teach Hindi.

स्वतंत्रता पूर्व हिन्दी के संघर्ष का इतिहास : रामगोपाल।
परिशिष्ट 2, पृष्ठ 129–130

91. स्वतंत्रता–पूर्व हिन्दी के संघर्ष का इतिहास : रामगोपाल परिशिष्ट 1, पृष्ठ 100
92. उपरिवत्, परिशिष्ट 2, पृष्ठ 132–133
93. उपरिवत्, परिशिष्ट 1, पृष्ठ 102, परिशिष्ट 2, पृष्ठ 134
94. हिन्दी प्रदीप : 1 अक्टूबर 1884 ई., प्रयाग, आश्विन शुक्ल 11 विक्रम संवत् 1941 (जिल्द 8 संख्या 2) ग़ज़ल अव्वल, पृष्ठ 7

शिक्षा कमीशन की रिपोर्ट हेतु विशेष द्रष्टव्य–

साप्ताहिक पत्र सारसुधानिधि : कलकत्ता, 26 नवम्बर, 1883 ई.
सारसुधानिधि : 2 दिसम्बर, 1883 ई.
सारसुधानिधि : 10 दिसम्बर, 1883 ई.
सारसुधानिधि : 31 दिसम्बर, 1883 ई. आदि।
मासिक पत्र भारतेन्दु : पौष शुक्ल 15 विक्रम संवत् 1940, 12 जनवरी 1884 ई. (पुस्तक 1 अंक 10), शिक्षा कमीशन को शिक्षा शीर्षक सम्पादकीय अग्रलेख। पंडित राधाचरण गोस्वामी।

भारतेन्दु : माघ शुक्ल 15 विक्रम संवत् 1940, 11 फरवरी 1884 ई., (पुस्तक 1 अंक 11) 'हिन्दी' शीर्षक लेख। पंडित राधाचरण गोस्वामी।

95. हिन्दी प्रदीप : 1 जून 1878 ई., प्रयाग, ज्येष्ठ कृष्ण 14, विक्रम संवत् 1935 (जिल्दी 1 संख्या 10) पृष्ठ 8
96. हिन्दी प्रदीप : 1 नवम्बर 1880 ई., प्रयाग, कार्तिक कृष्ण 14, विक्रम संवत् 1937 (जिल्द 4 संख्या 3) 'हिन्दी हिन्दी हिन्दी! नागरी नागरी नागरी!!' शीर्षक सम्पादकीय, पृष्ठ 5
97. हिन्दी प्रदीप : 1 अप्रैल 1882 ई., प्रयाग, चैत्र शुक्ल 13, विक्रम संवत् 1939 (जिल्द 5 संख्या 8)। 'प्रार्थना' शीर्षक सम्पादकीय अग्रलेख, पृष्ठ 4 और 5
98. भारत जीवन : विक्रम संवत् 1941 आषाढ़ कृष्ण 15, चन्द्रवार, 23 जून 1884 ई. (भाग 1 अंक 17) 'हिन्दी का क्या हो रहा है' शीर्षक सम्पादकीय अग्रलेख, पृष्ठ 1 कॉलम 2 और 3
99. हिन्दी प्रदीप : अप्रैल 1899 ई. (जिल्द 22 संख्या 4)। मारिफ की अनुचित गल्प, पृष्ठ 18
100. बिहार बन्धु : 24 सितम्बर 1879 ई. (जिल्द 7 नम्बर 38)
'नागरी अक्षरों की चलन' शीर्षक सम्पादकीय अग्रलेख/सम्पूर्ण सम्पादकीय, पृष्ठ 2-3

भारत में सार्वजनीन लिपि की अवधारणा का इतिहास

भारत में सार्वजनीन लिपि की अवधारणा का उद्भव वस्तुतः सन् 1784 ई. में हुआ।

सर विलियम जोन्स

सम्पूर्ण एशियाई भाषाओं के लिए एक सार्वजनीन लिपि की अवधारणा सर्वप्रथम सर विलियम जोन्स (1740 ई.–27 अप्रैल 1794 ई.) ने 1784 ई. में व्यक्त की थी। वे भारत में सार्वजनीन लिपि की अवधारणा के सर्वप्रथम उद्भावक थे। उन्होंने 15 जनवरी 1784 ई. को कलकत्ता में एशियाटिक सोसायटी की स्थापना की थी। एशियाटिक सोसायटी के संस्थापक और प्रथम अध्यक्ष के रूप में 1784 ई. में लिखित-पठित *ए डिसंटेशन ऑन दि आर्थोग्राफी ऑफ एशियाटिक वर्ड्स इन रोमन लेटर्स* (A Dissertation on the Orthography of Asiatick Words in Roman Letters) नामक विनिबन्ध में देवनागरी लिपि की स्वाभाविक व्यवस्था को अन्य लिपियों की अपेक्षा सर्वाधिक श्रेष्ठ घोषित करने के बावजूद सम्पूर्ण एशियाई भाषाओं के लिए अनिवार्य स्वर लिपियों से युक्त संशोधित रोमन लिपि को ही एकमात्र लिपि के रूप में उन्होंने संस्तुति की। वे रोमन लिपि की अपूर्णताओं और त्रुटियों से सुपरिचित थे। यह लिपि भारतीय, फारसी और अरबी शब्दों को पूर्णतया व्यक्त करने में अक्षम है। अतएव उन्होंने रोमन लिपि को अनिवार्य स्वर लिपियों से युक्त करने की अनुशंसा की।[1] सम्पूर्ण एशियाई भाषाओं को एक लिपि प्रदान करने का यह सर्वप्रथम प्रयास था।

डॉ. जौन वार्थविक गिलक्रिस्त

फोर्ट विलियम कॉलेज की स्थापना (1803 ई.) के पूर्व, डॉ. जौन वार्थविक गिलक्रिस्त ने भारत की भाषाओं के रोमन लिप्यंतरण की वकालत की थी। डॉ. गिलक्रिस्त का उक्त मत शासन और शासनेतर क्षेत्रों में अनुकूल-प्रतिकूल कोलाहल उत्पन्न करने में सफल हुआ।

तत्पश्चात् भारतीय भाषाओं के रोमन लिप्यंतरण की चर्चा समय-समय पर

धीमी गति से की जाती रही। उन्नीसवीं शताब्दी के पूर्वार्द्ध में भारत में सभी वर्गों में अंग्रेजों की संख्या प्रायः तीस हजार ही थी।[2] भारत की विशाल जनसंख्या की तुलना में भारत में अंग्रेजों की संख्या नगण्य ही थी। ऐसी स्थिति में देशीय भाषाओं के रोमन लिप्यंतरण का प्रश्न सर्वथा अविवेकपूर्ण एवं हास्यास्पद था।

फ्रेडरिक जौन शोर

फ्रेडरिक जौन शोर (31 मई 1799 ई.–29 मई 1837) ने 20 मई 1832 ई. से 1 जून, 1834 ई. तक अनेक लेख हिन्दी भाषा और देवनागरी लिपि के समर्थन में लिखे थे। वह प्रथम अंग्रेज पदाधिकारी था जिसने देवनागरी लिपि और हिन्दी भाषा को तार्किक ढंग से समर्थन दिया। उसने भारत की कार्यपालिका एवं न्यायपालिका की भाषा और लिपि के प्रश्न पर अत्यन्त तर्कसम्मत, गहन, निष्पक्ष, न्यायपूर्ण और व्यापक ढंग से विचार करते हुए हिन्दुस्तानी भाषा और देवनागरी लिपि की संस्तुति की थी। उसने अंग्रेजी पुस्तकों का प्रकाशन पौर्वात्य लिपि अर्थात् देवनागरी लिपि में करने का भी सुझाव दिया था।

सर चार्ल्स एडवर्ड ट्रेविलियन आदि

सर चार्ल्स एडवर्ड ट्रेविलियन, जे. प्रिन्सेप, टाइटलर, रेवरेंड ए. डप., पी.टी. प्रिन्सेप आदि ने सभी पौर्वात्य भाषाओं के रोमन लिप्यंतरण हेतु कलकत्ता की विभिन्न अंग्रेजी पत्र–पत्रिकाओं में 1834 ई. में लेख लिखे थे। सिरामपुर (पश्चिम बंगाल) से सर चार्ल्स एडवर्ड ट्रेविलियन के सम्पादन में 1834 ई. में प्रकाशित 'दि एप्लिकेशन ऑफ दि रोमन अल्फाबेट टू ऑल दि ओरिएंटल लेंग्वेजेज' शीर्षक पुस्तक में उक्त लेखों का संकलन किया गया था। किन्तु तत्कालीन ईस्ट इंडिया कम्पनी की सरकार ने उनके विचारों का कार्यान्वयन नहीं किया। डब्ल्यू. एन. लीस ने 1854 ई. में 'ऑन दि एप्लिकेशन ऑफ दि करेक्टर्स ऑफ दि रोमन अल्फाबेट टु ओरिएंटल लेंग्वेजेज' नामक निबन्ध में इस प्रश्न को पुनर्जीवित किया।[3] उसने 1863 ई. में एशियाटिक सोसाइटी की बैठक में इस दलील की पुनरावृत्ति की।

एफ. एस. ग्राउस

1867 ई. में एफ. एस. ग्राउस ने भारतीय लिपियों के रोमन लिप्यंतरण के प्रस्ताव को अमान्य कर दिया और देवनागरी लिपि का व्यापक समर्थन किया।[4]

पंडित बालकृष्ण भट्ट

भारतेन्दु युगीन साहित्यकार और पत्रकार पंडित बालकृष्ण भट्ट (आषाढ़ कृष्ण द्वितीया, रविवार, प्रयाग, विक्रम संवत् 1901, सन् 1844 ई.–श्रावण कृष्ण त्रयोदशी सोमवार विक्रम संवत् 1971, तदनुसार 14 सितम्बर 1914 ई.) ने मासिक पत्र 'हिन्दी प्रदीप', अप्रैल 1882 ई., में 'प्रार्थना' शीर्षक सम्पादकीय अग्रलेख में यह मत व्यक्त किया कि देवनागरी लिपि अर्थात् नागराक्षर सम्पूर्ण भारत के राजकार्य में प्रचलित किये जायें, सभी न्यायालयों एवं दरबारों में फारसी लिपि के स्थान पर देवनागरी लिपि में कार्यवाही हो और इस लिपि में हिन्दी, उर्दू, मराठी, पंजाबी आदि भाषाओं की पुस्तकों का प्रकाशन हो क्योंकि इस लिपि में प्रत्येक व्यक्ति की बोलचाल के अनुकूल उच्चारण निकलते हैं।

पंडित बालकृष्ण भट्ट के मूल शब्दों में, " ...यदि...नागराक्षर सम्पूर्ण भारतवर्ष के राजकार्य में प्रचलित किये जायँ तो कैसी अच्छी बात हो...(इसमें) हर एक की बोलचाल के अनुकूल उच्चारण निकलते हैं...लाखों–करोड़ों हम हिन्दुस्तानी प्रजा दिलोजान से चाहती हैं कि सब कचेहरी दरबार में फारसी अक्षरों की जगह नागरी में लिखा–पढ़ी हो और इसी में सब हिन्दी, उर्दू, मरहठी, पंजाबी आदि की पुस्तकें छपा करें...।

...अब हम और कुछ नहीं कह सकते केवल इतनी बात कि अगर सर्कार को प्रजा का लालन पालन मंजूर है और प्रजा के दुख और ग्लानि का कुछ भी ख्याल होगा तो यह काम खुद सर्कार का है प्रजा कहे या न कहे इस बात से न तो सर्कार का खजाना खाली होता है न गोली–बारूद का खर्च केवल हुक्म की अटक...।"[5]

किन्तु भट्ट जी भारत की सार्वजनीन लिपि विषयक अपनी इस मान्यता को विस्तार नहीं दे सके। उनके पूर्व किसी अन्य भारतीय चिन्तक अथवा हिन्दी साहित्यकार ने सार्वजनीन लिपि देवनागरी का स्पष्ट स्वप्न नहीं देखा था। उनका सुस्थापित विचार था कि हिन्दी ही भारत की एक मात्र जातीय भाषा होगी।[6]

सर गुरुदास बनर्जी

सर गुरुदास बनर्जी (26 जनवरी, 1844 ई.–सोमवार, 2 दिसम्बर, 1918 ई.) किसी भी विश्वविद्यालय के प्रथम भारतीय कुलपति थे। 1890–92 ई. में वे कलकत्ता विश्वविद्यालय के कुलपति थे। उन्होंने बताया कि एक मात्र देवनागरी लिपि ही पूर्ण एवं उपयुक्त है जिसका विस्तार भारत के प्रत्येक भाग में सुगमतापूर्वक और सफलतापूर्वक किया जा सकता है और इस लिपि को ही भारत की सार्वजनीन लिपि का अधिकार प्राप्त है।[7]

रामकृष्ण वर्मा

पत्रकार रामकृष्ण वर्मा (21 सितम्बर 1859 ई.–25 दिसम्बर 1906 ई.) ने देवनागरी लिपि को जातीय अर्थात् राष्ट्रीय अक्षर घोषित करते हुए बनारस से प्रकाशित हिन्दी साप्ताहिक पत्र 'भारत जीवन' में 25 अगस्त, 1895 ई. को प्रकाशित अपने 'हिन्दी भाषा और नागरी अक्षर' शीर्षक सम्पादकीय अग्रलेख में कहा था–

"न्याय यह डंका दे के कहता है कि इस प्रशस्त उपद्वीप भारतवर्ष के यदि कोई जातीय अक्षर हैं तो देवनागरी हैं और यदि कोई जातीय भाषा है तो हिन्दी भाषा है न केवल तर्क या युक्ति से वरन प्रत्यक्ष स्पष्ट यह प्रतीत और प्रमाणित होता है कि भारत के सम्पूर्ण प्रचलित अक्षर इसी देवनागरी के रूपान्तर मात्र है और भाषा क्रमशः अपभ्रंश होते या बिगड़ते अथवा पलटते-पलटते हिन्दी के शब्दों से दूसरी भाषा के शब्द बन गए हैं।"[8]

पंडित केशववामन पेठे

उन्नीसवीं शताब्दी के अन्तिम दशक के उत्तरार्द्ध में महाराष्ट्र के पंडित केशववामन पेठे ने भारत की सभी भाषाओं की एक लिपि की अनिवार्यता का प्रतिपादन किया। उन्होंने कहा कि "...हिन्दुस्तान की समस्त भाषाओं की लिपि एक करनी चाहिये...इस नागरी लिपि में ही प्रत्येक भाषा के शब्द लिखे जाने से बहुत कुछ कठिनाई दूर हो जायगी। लिपि भेद के कारण हमारी ही भाषा के शब्दों को हम समझ नहीं सकते।..."[9] उन्होंने स्पष्ट कहा कि "हमारी राष्ट्रभाषा की एक लिपि का स्थान पाने योग्य अधिकारिणी केवल देवनागरी ही है।"[10] उनके अनुसार, हिन्दुस्तान का हित साधन करने के लिए एक राष्ट्रभाषा की आवश्यकता है। हिन्दी ही हमारी राष्ट्रभाषा हो सकती है। एक भाषा और एक लिपि के द्वारा ही भारत का हित-साधन और विभिन्न प्रान्तों में एक्य-संस्थापन संभव है।[11]

पेठे को व्यापक समर्थन

लोकमान्य बालगंगाधर तिलक (23 जुलाई, 1856 ई.–1 अगस्त, 1920 ई.) आदि ने केशववामन पेठे के इन विचारों का समर्थन किया था। 'विविध विज्ञान विस्तार', 'केरल कोकिल', 'शालापत्रक', 'श्री वेंकटेश्वर समाचार', 'केशरी सुधारक', 'इन्दुप्रकाश', 'मुम्बई वैभव', 'प्रभाकर', 'नेटिव औपिनियन', 'ज्ञान प्रकाश', 'उद्योगवृद्धि' आदि महाराष्ट्र के पत्रों ने उनके राष्ट्रभाषा और देवनागरी लिपि विषयक विचारों की भूरि-भूरि प्रशंसा की थी, उनका हार्दिक समर्थन किया था।

बालमुकुन्द गुप्त

भारतेन्दु हरिश्चन्द्र परवर्ती काल के प्रमुख लेखक बालमुकुन्द गुप्त (कार्तिक शुक्ल 4, विक्रम सम्वत् 1922, सन् 1865 ई. कसबा गुडियानी, हरियाणा–भाद्र शुक्ल 11, विक्रम सम्वत् 1964 तदनुसार 18 सितम्बर 1907 ई. दिल्ली) ने 1902 ई. में साप्ताहिक हिन्दी पत्र 'भारतमित्र' के माध्यम से भारतवर्ष के लिए एक सार्वजनीन लिपि देवनागरी का स्वप्न देखा। यूरोप में सोलह देश हैं जिनमें भाषाओं के पार्थक्य के बावजूद लिपि की एकता है। किन्तु भारत में, गुप्त जी के अनुसार, अक्षरों की विचित्र गति है, अक्षरों की गति निराली है।[12]

श्यामसुन्दर दास

जुलाई 1902 ई. में काशी नागरीप्रचारिणी सभा के नवम वार्षिक प्रतिवेदन में हिन्दी भाषा के परम श्रेष्ठ उन्नायक बाबू श्यामसुन्दर दास (आषाढ़ शुक्ल एकादशी, मंगलवार विक्रम संवत् 1932 तदनुसार 14 जुलाई, 1875 ई.–8 अगस्त, 1945 ई.) ने कहा कि–

"भारतवर्ष की समस्त आर्य भाषाओं का लिखना–पढ़ना यदि सब जगह नागरी अक्षरों में ही चल पाये तो इससे देश का बहुत कुछ भला हो सकता है और विद्या को भी बहुत लाभ पहुँच सकता है। बंगला और गुजराती भाषाओं के अक्षर नागरी से बहुत मिलते हैं। इसलिए इन भाषाओं की पुस्तकें यदि नागरी अक्षरों में छपने लग जायें तो बहुत कुछ लाभ हो सकता है और उनके पढ़ने वालों की संख्या भी बढ़ सकती है तथा साथ ही भिन्न-भिन्न प्रान्तों की भाषाओं के जानने से परस्पर सहानुभूति और एकता का बीज बोया जा सकता है।"[13]

1903 ई. में उर्दू और पंजाबी भाषाओं की कतिपय पुस्तकें देवनागरी अक्षरों में प्रकाशित हुई और हिन्दी भाषा की अनेक पुस्तकों का प्रकाशन गुजराती, गुरुमुखी और फारसी लिपियों में किया गया। इस प्रकार, विभिन्न प्रादेशिक भाषाओं का देवनागरी लिप्यंतरण एक सार्वजनीन लिपि विकसित अथवा प्रतिष्ठापित करने की दिशा में एक सत्प्रयास था। हिन्दी भाषा का विभिन्न पारस्परिक प्रादेशिक लिप्यंतरण भी लिपि विषयक कटुता अथवा संकीर्णता दूर करने का एक स्वस्थ प्रयास था।

आचार्य महावीर प्रसाद द्विवेदी

यह एक उल्लेखनीय तथ्य है कि जनवरी 1903 ई. से आचार्य महावीर प्रसाद द्विवेदी (बैशाख शुक्ल 4 विक्रम संवत् 1921 सन् 1864–पौष कृष्ण 30 विक्रम संवत् 1995 तदनुसार 21 दिसम्बर 1938 ई.) मासिक पत्र 'सरस्वती' के सम्पादक हुए।

'सरस्वती' का द्विवेदी सम्पादन कालखंड हिन्दी साहित्य और पत्रकारिता के इतिहास में अत्यन्त महत्त्वपूर्ण है। 'सरस्वती' सम्पादन के अपने प्रथम मास में अर्थात् जनवरी 1903 ई. की 'सरस्वती' में उन्होंने सम्पूर्ण देश की भाषा एक होने के लाभ और अधिलाभ को उजागर करते हुए कहा कि इस देश अर्थात् भारतवर्ष की एक भाषा हिन्दी ही हो सकती है। किन्तु यह समयसाध्य कार्य है। ऐसी स्थिति में गुजराती, बंगला और पंजाबी आदि भाषाएँ देवनागरी अक्षरों में लिखी जायँ तो क्रम-क्रम से हिन्दी सहज ही सम्पूर्ण भारत की एकीकृत भाषा हो सकती है।[14]

आचार्य महावीर प्रसाद द्विवेदी ने 'देशव्यापक भाषा' शीर्षक एक तर्कपूर्ण, विवेचनात्मक गम्भीर विनिबन्ध लिखा था जो 'सरस्वती' में सितम्बर 1903 ई. से नवम्बर 1903 ई. तक धारावाहिक रूप से तीन अंकों में प्रकाशित हुआ था। उक्त विनिबन्ध में द्विवेदी जी ने हिन्दी को देशव्यापक भाषा का गौरव प्रदान करने हेतु भारत की प्रान्तीय भाषाओं के देवनागरी लिप्यंतरण की अनुशंसा की। उनके अनुसार, देवनागरी लिपि में ही देशव्यापक भाषा का होना इष्ट है, क्योंकि देवनागरी लिपि के समान शुद्ध, सरल और मनोहर लिपि संसार में नहीं है। एकमात्र देवनागरी ही भारत की देशव्यापक लिपि हो सकती है।

किन्तु प्रश्न यह है कि यदि सभी भारतीय भाषाओं में हिन्दी की लिपि प्रचलित हो तो उनकी मूल लिपि में मुद्रित-प्रकाशित असंख्य उत्तमोत्तम ग्रन्थों का क्या होगा? इसके उत्तर में द्विवेदी जी का कथन है कि जो पुस्तकें, काग़ज़ात, दस्तावेज आदि बंगला, गुजराती, तमिल आदि लिपियों में हैं, उन्हें वैसे ही रहने दें–पुस्तकों का जब पुनर्प्रकाशन हो तो उनकी लिपि देवनागरी कर दी जाय। इसमें असंभवनीयता नहीं है।

श्यामसुन्दर दास

महामना पंडित मदनमोहन मालवीय (25 दिसम्बर, 1861 ई.–12 नवम्बर, 1946 ई.) के सभापतित्व में 18, 19 और 20 फरवरी, 1904 ई. को आयोजित काशी नागरीप्रचारिणी सभा के गृह प्रवेशोत्सव के अवसर पर बाबू श्यामसुन्दर दास ने भारत की भविष्य भाषा पर अपने विचारोत्तेजक अभिभाषण में कहा था कि भारत की जितनी भाषाएँ हैं उन सबकी लिपि देवनागरी हो।[15]

न्यायमूर्ति शारदाचरण मित्र

न्यायमूर्ति शारदाचरण मित्र (17 दिसम्बर, 1848 ई.–1917 ई.) ने 22 दिसम्बर, 1904 ई. को कलकत्ता विश्वविद्यालय इन्स्टीच्यूट में सर गुरुदास बनर्जी के सभापतित्व में आयोजित संगोष्ठी में 'ए यूनिफार्म अल्फावेट एंड स्क्रिप्ट फॉर

इंडिया' शीर्षक अंग्रेजी लेख का पाठ किया था। यह आलेख डॉ. सच्चिदानन्द सिन्हा द्वारा सम्पादित और इलाहाबाद से प्रकाशित अंग्रेजी मासिक पत्र 'दि हिन्दुस्तान रिव्यू एंड कायस्थ समाचार', जनवरी 1905 ई. (न्यू सिरीज जिल्द 11 सम्पूर्ण संख्या 65) संयुक्तांक अप्रैल-जून 1905 और (न्यू सिरीज जिल्द 11 सम्पूर्ण संख्या 68- 70), में सर्वप्रथम प्रकाशित हुआ।

न्यायमूर्ति शारदाचरण मित्र कलकत्ता उच्च न्यायालय के माननीय न्यायाधीश थे। उन्होंने बर्मा और श्रीलंका सहित सम्पूर्ण अविभाजित भारत के लिए एक सार्वजनीन लिपि के चयन का आह्वान किया। उन्होंने भारतीय भाषाओं के लिए रोमन लिपि ही नहीं, फारसी और अरबी लिपियों के भी अनिवार्य रूप से बहिष्कार करने का परामर्श दिया। वे निश्चित रूप से संस्कृत लिपि अथवा देवनागरी लिपि के पक्षधर थे।

लिपियों के वैविध्य के कारण हम एक-दूसरे प्रदेश के साहित्य से अपरिचित रह जाते हैं। यूरोपीय देशों में यह विडम्बनापूर्ण स्थिति नहीं है। भारत के विपरीत, यूरोप और अमेरिका में लिपि की एकरूपता है। यह एकरूपता भारत में भी अनिवार्य है। न्यायमूर्ति मित्र का कथन है कि वह लिपि देवनागरी ही होनी चाहिए। यूरोप, अमेरिका में रोमन लिपि का जो स्थान है, भारत, बर्मा, श्रीलंका, थाईलैंड और जापान में भी देवनागरी लिपि का वही स्थान होना चाहिए।

न्यायमूर्ति शारदाचरण मित्र ने लिपियों के बाहुल्य से मुक्ति का आह्वान किया और भारत ही नहीं, सभ्यता के क्षेत्र में भारत के ऋणी देशों में भी तथाकथित देवताओं की लिपि देवनागरी लिपि के सुदूरव्यापी प्रचलन का महत्त्वाकांक्षी सन्देश दिया। वस्तुतः देवनागरी लिपि के भूमंडलीकरण का उनका सत्प्रयास था। उनका कथन था कि देवनागरी लिपि को भारत के सार्वजनीन लिपि के रूप में स्वीकार किये जाने का तात्पर्य तत्कालीन प्रभाव से प्रादेशिक लिपियों का उन्मूलन नहीं। प्रान्तीय लिपियाँ देवनागरी लिपि के समानान्तर में अनेक वर्षों तक प्रयुक्त की जायें। शनैः-शनैः उनका उन्मूलन किया जाय ताकि अव्यवहृत लिपि के रूप में उनका इतिहास समाप्त हो जाय। प्रारम्भ में प्रत्येक प्रान्तीय भाषा की महत्त्वपूर्ण साहित्यिक और वैज्ञानिक रचनाओं का प्रकाशन देवनागरी लिपि में करना चाहिए। भारत के विभिन्न प्रान्तों में विचारों के आदान-प्रदान और एक-दूसरे के साहित्य से परिचित होने के लिए सभी प्रान्तों में एक लिपि का होना अनिवार्य है। उनके मतानुसार देवनागरी लिपि के अधिक-से-अधिक व्यवहार से विभिन्न भारतीय भाषाओं में संस्कृत शब्दों का अधिकाधिक व्यवहार हो सकेगा। इस प्रक्रिया से विभिन्न भारतीय भाषाओं के पारस्परिक नैकट्य में अभिवृद्धि हो सकेगी। भारत के लिए यह गर्व का विषय होगा कि सभी भारतीय भाषाएँ एक समान लिपि का व्यवहार करें और एक प्रान्त का साहित्य दूसरे प्रान्त के लिए सहज, सुगम और सुबोध हो।[16]

निष्कर्ष यह कि न्यायमूर्ति शारदाचरण मित्र के लिपि विषयक विचारों का सारसंक्षेप आचार्य महावीर प्रसाद द्विवेदी के शब्दों में इस प्रकार है–'इस देश में जितनी भाषायें हैं, सब एक ही प्रकार की लिपि में लिखी जायँ। यह लिपि संस्कृत की वर्ण माला की भित्ति पर होनी चाहिए अर्थात् देवनागरी अक्षरों में सब प्रान्तिक भाषाएँ लिखी जानी चाहिए।'[17]

सच तो यह है कि न्यायमूर्ति शारदाचरण मित्र ने देवनागरी लिपि के सम्बन्ध में प्राय: वही बातें कहीं जो, उनके पूर्व, आचार्य महावीर प्रसाद द्विवेदी 'देशव्यापक भाषा' शीर्षक लेख (*सरस्वती*, सितम्बर, अक्टूबर, नवम्बर 1903 ई.) में कह चुके थे। आचार्य महावीर प्रसाद द्विवेदी ने भी इस तथ्य को स्वीकार किया था।[18]

न्यायमूर्ति शारदाचरण मित्र ने स्पष्ट निर्णय दिया कि "भारतवर्ष के लिए देवनागरी साधारण लिपि हो सकती है और हिन्दी भाषा ही सर्वसाधारण की भाषा होने के उपयुक्त है।"[19] क्योंकि "हिन्दी की उन्नति और प्रचार का यथार्थ अर्थ भारत की जातीय उन्नति है।"[20] यहाँ साधारण लिपि का तात्पर्य सार्वजनीन लिपि है।

5 जुलाई, 1905 ई. को लिखित नागरीप्रचारिणी सभा, काशी के द्वादश वार्षिक विवरण में सभा के मंत्री श्यामसुन्दर दास ने यह स्पष्ट घोषणा की थी–

"भारतवर्ष में एक भाषा के होने से जो लाभ हैं उनका वर्णन करना व्यर्थ है। वे सब लोगों को भलीभाँति विदित है। परन्तु इसके होने के लिए पहले एक अक्षरों का होना बड़ा ही आवश्यक है। राष्ट्रभाषा के लिए राष्ट्र–अक्षर ही उपाय है। इसलिए सब देश हितैषियों को इस ओर ध्यान देना चाहिए।"[21]

तत्कालीन अखंडित पंजाब में नागरी के प्रति अनादर का भाव था। विष्णु सहस्रनाम और वेदों के मंत्रार्थ फारसी लिपि में लिखे–छापे जाते थे।[22] काशी नागरीप्रचारिणी सभा के प्रयास से इस विषय पर वहाँ अच्छी जागृति हुई।[23]

मराठी की लिपि मोड़ी है। किन्तु महाराष्ट्र में देवनागरी लिपि का पूर्ण प्रचार प्रारम्भ से ही रहा है। लोकमान्य पंडित बालगंगाधर तिलक ने पुणे में देवनागरी अक्षरों की लीनोटाइप कम्पोजिंग मशीन का प्रबन्ध कर लिया था और उनका मराठी पत्र 'केसरी' उसी मशीन द्वारा कम्पोज किया जाता था।[24] गोपालकृष्ण गोखले आदि ने राष्ट्रलिपि देवनागरी कार्य–योजना के कार्यान्वयन में सहयोग दिए थे।[25]

बालमुकुन्द गुप्त

1905 ई. प्रख्यात गद्य निर्माता बालमुकुन्द गुप्त ने 'एक लिपि की जरूरत' महसूस की। 'भारतमित्र' में 1905 ई. में 'एक लिपि की जरूरत' शीर्षक सम्पादकीय अग्रलेख में उन्होंने कहा–

'यदि विद्वान लोग अपने प्रान्तीय अक्षरों का पक्षपात कुछ देर के लिए छोड़ कर देवनागरी अक्षरों का विचार करें तो उनको आपसे आप मान लेना पड़ेगा कि अपने प्रान्तीय अक्षरों का प्रचार घटा कर इन अक्षरों का प्रचार बढ़ाना चाहिये।'[26]

इस विचार के समर्थन में उन्होंने अनेक बहुमूल्य तर्क दिए थे। उन्होंने देशहित में बंगाक्षरों को नागराक्षरों में परिवर्तित किये जाने की आवश्यकता रेखांकित की थी।

एक लिपि विस्तार परिषद्, कलकत्ता

अगस्त 1905 ई. में कलकत्ता में एक लिपि विस्तार परिषद की स्थापना की गई। 'सर्वत्र, विशेषकर भारतवर्ष में सब भाषाओं के लिए संस्कृताक्षर (देवनागरी) का व्यवहार चलाना तथा बढ़ाना ही इस परिषद का मुख्य उद्देश्य' था।[27] इसका उद्देश्य था कि "भारत की भिन्न-भिन्न प्रान्तिक भाषाओं को यथा साध्य यत्नों द्वारा देवनागराक्षर लिखने और छापने का प्रचार बढ़ाना जिससे कुछ समय के अनन्तर भारतीय भाषाओं के लिए एक सामान्य लिपि प्रचलित हो जाय...।"[28] इसके प्रथम प्रधान मंत्री न्यायमूर्ति शारदाचरण मित्र थे। इसके माननीय सदस्यों में विश्वकवि रवीन्द्रनाथ टैगोर, सर गुरुदास बनर्जी, महामहोपाध्याय पंडित सतीशचन्द्र विद्याभूषण, महाराजा सर रमेश्वर सिंह (दरभंगा) महाराजा प्रताप नारायण सिंह (अयोध्या), पंडित श्रीधर पाठक, पंडित बालकृष्ण भट्ट, रामानन्द चटर्जी (सम्पादक, प्रवासी, इलाहाबाद) आदि प्रमुख थे। यह संस्था अपने घोषित उद्देश्यों की पूर्ति के लिए अपने संक्षिप्त जीवन में अत्यधिक सचेष्ट एवं सक्रिय रही।

29 दिसम्बर, 1905 ई. की सभा

'ए कामन करेक्टर फॉर इंडियन वर्नाक्यूर्लस' अर्थात् भारत की आर्य भाषाओं के लिए एक सार्वजनीन लिपि के निर्धारण हेतु वाराणसी में नागरीप्रचारिणी सभा के तत्त्वावधान में 29 दिसम्बर, शुक्रवार, 1905 ई. को बंगला भाषा के यशस्वी उपन्यासकार रमेशचन्द्र दत्त, आई. सी. एस. (सेवानिवृत्त), सी. आई. ई. (13 अगस्त 1848 ई., कलकत्ता–30 नवम्बर, मंगलवार, दो बजे रात्रि, 1909 ई.) के सभापतित्व में एक विशेष सभा का आयोजन किया गया था जिसमें लोकमान्य बालगंगाधर तिलक भी उपस्थित थे। उक्त अवसर पर लोकमान्य तिलक ने कहा कि भारत की सभी आर्य भाषाओं के लिए एक सार्वजनीन लिपि देवनागरी ही हो सकती है। भारत के लिए यही मानक लिपि है। इसकी विपरीत दिशा में किया गया प्रत्येक प्रयत्न आत्मघाती ही सिद्ध होगा।[29]

देवनागर

एक लिपि विस्तार परिषद, कलकत्ता के तत्त्वावधान में कलकत्ता से ही यशोदानन्दन अखौरी (कार्तिक शुक्ल 2, विक्रम संवत् 1926, सन् 1869 ई.–1937 ई. ग्राम हरपुर, रामनाथ, थाना सहार, जिला भोजपुर, बिहार निवासी) के सम्पादन में सचित्र मासिक पत्र 'देवनागर' का प्रकाशन, मई 1907 ई. से किया गया। इसमें विभिन्न भाषाओं में लेखादि देवनागरी लिपि में प्रकाशित किये जाते थे। यह पत्र अनेक वर्षों तक प्रकाशित होता रहा। इस पत्र का मुख्य उद्देश्य था–"भारत में एक लिपि का प्रचार बढ़ाना और वह एक लिपि देवनागराक्षर है।"[30]

जे. नोल्स

1910 ई. में रेवरेंड जे. नोल्स (Rev. J. KNOWLES) ने लंदनसे प्रकाशित 'आवर ड्यूटी टु इंडिया एंड इंडियन इलीट्रेट्स, रोमनिक लेटर्स फॉर इंडियन लैंग्वेजेज' नामक अपनी पुस्तक में भारतीय भाषाओं के रोमन लिप्यंतरण का प्रस्ताव किया। इस प्रस्ताव का व्यापक विरोध हुआ और कार्यान्वयन नहीं किया जा सका।

ए कॉमन स्क्रिप्ट फॉर इंडिया

दिसम्बर 1910 ई. में इलाहाबाद में कॉमन स्क्रिप्ट कॉन्फ्रेंस जस्टिस कृष्णास्वामी ऐयर के सभापतित्व में हुई थी जिसमें देवनागरी लिपि को अत्यन्त तार्किक, उचित एवं न्यायपूर्ण ढंग से 'ए कॉमन स्क्रिप्ट फॉर इंडिया' घोषित किया गया।[31]

जे. नोल्स

20 मार्च, 1911 ई. को पादरी जे. नोल्स ने लन्दन के ईस्ट इंडिया एसोसिएशन की बैठक में कहा कि केवल तीन लिपियाँ ही ऐसी हैं जो भारत की राष्ट्रलिपि होने का दावा कर सकती हैं–अरबी, नागरी और रोमन। इनमें से अरबी लिपि ध्यान देने योग्य नहीं है क्योंकि उसे बहुत थोड़े लोग जानते हैं। यद्यपि नागरी अक्षर भारतवर्ष के कई भागों में प्रचलित है तथापि भारत के बाहर वे भैंस के बराबर है। उनको ग्रहण करने से भारतवर्ष सारे संसार से अलग हो सकता है। अत: रोमन लिपि ही अन्य लिपियों की अपेक्षा सुगम और उपयुक्त है। वहाँ उपस्थित समस्त भारतवासियों ने एक स्वर से इसका कड़ा विरोध किया।[32]

महात्मा गांधी

प्रारम्भ में, महात्मा गांधी (2 अक्टूबर, 1869 ई.-30 जनवरी, 1948 ई.) ने राष्ट्रभाषा हिन्दी के लिए देवनागरी और उर्दू की लिपियों का संयुक्त समर्थन किया था। समर्थन के मूल में भारत से अंग्रेजी भाषा के निष्कासन और हिन्दू-मुस्लिम ऐक्य के भाव निहित थे। 1908 ई. में लिखित और सर्वप्रथम 1909 ई. में प्रकाशित 'हिन्द स्वराज्य' नामक अपनी सर्वप्रथम पुस्तक में उन्होंने कहा कि सम्पूर्ण भारत के लिए जो भाषा चाहिए, वह हिन्दी ही होनी चाहिए। उसे उर्दू या नागरी लिपि में लिखने की छूट रहनी चाहिए। हिन्दू-मुसलमानों के पारस्परिक स्वस्थ सम्बन्धों के लिए बहुसंख्यक भारतीयों को इन दोनों लिपियों का परिज्ञान आवश्यक है। ऐसा होने पर हमारे आपस के व्यवहार से अंग्रेजी का निष्कासन संभव हो सकेगा।[33]

1925 ई. में महात्मा गांधी ने पहली बार समस्त भारतवर्ष के लिए एक राष्ट्रीय लिपि के आदर्श का प्रतिपादन किया।[34] 1927 ई. में भी उन्होंने कहा-'सचमुच मेरा यह दृढ़ विश्वास है कि भारत की तमाम भाषाओं के लिए एक ही लिपि होना फायदेमन्द है और वह लिपि देवनागरी ही हो सकती है।'[35]

पुरुषोत्तम दास टंडन

राजर्षि पुरुषोत्तम दास टंडन (1 अगस्त, 1882 ई.-1 जुलाई, 1962 ई.) ने हिन्दी साहित्य सम्मेलन के 1928 ई. के अधिवेशन में कहा था कि ''हमें तो राष्ट्रीय उद्देश्य से प्रेरित होकर नागरी लिपि का प्रचार करना है। एक लिपि का होना आवश्यक है।''[36]

पंडित जवाहर लाल नेहरू

पंडित जवाहरलाल नेहरू (14 नवम्बर, 1889 ई.-27 मई, 1964 ई.) ने 1937 ई. में 'दि क्वोश्चन ऑफ लेंग्वेज' (THE QUESTION OF LANGUAGE) नामक पच्चीस पृष्ठों की एक पुस्तिका अंग्रेजी में लिखी थी जिसकी समर्थनमूलक भूमिका 3 अगस्त, 1937 ई. को महात्मा गांधी ने लिखी थी। पंडित नेहरू के मतानुसार, देवनागरी, बंगला, गुजराती और मराठी लिपियों का एकीकरण कर एक संश्लिष्ट लिपि का निर्माण किया जाय-यह संश्लिष्ट देवनागरी लिपि होगी। सिन्धी लिपि का अन्तर्लीनीकरण उर्दू की लिपि में किया जाय। दक्षिण भारत की लिपियों के लिए एक सामान्य लिपि हो। आगे चलकर हमें दो लिपियाँ रखनी चाहिए-देवनागरी, बंगला,

मराठी, गुजराती के लिए एक और दूसरी उर्दू और आवश्यक हो तो एक दक्षिणी लिपि भी, बशर्ते कि वह देवनागरी से मिलती-जुलती न बनाई जा सके। इनमें से एक भी लिपि को दबाने का प्रयत्न नहीं होना चाहिए।[37]

किशोर लाल घनश्याम मशरूवाला

गांधीवादी विचारक किशोरलाल घनश्याम मशरूवाला (5 नवम्बर, 1890 ई.- 9 सितम्बर मंगलवार 1952 ई.) ने 'जड़मूल से क्रान्ति' (रचनाकाल 9 अगस्त 1947 ई.-30 जनवरी 1948 ई.) नामक पुस्तक में भारत की लिपि-समस्या के निराकरण हेतु देश की जनता को एक पंचसूत्री कार्यक्रम दिया जो उनके ही मूल शब्दों में इस प्रकार है-

1. रोमन लिपि का ऐसा स्वरूप निश्चित किया जाय कि वह प्रान्तों की विविध भाषाओं के उच्चारों को सम्पूर्ण और स्पष्ट रूप में प्रस्तुत कर सके, इसे निश्चित की हुई रोमन लिपि कहा जाय।
2. सबके लिए दो लिपियों का ज्ञान आवश्यक हो : प्रान्तीय लिपि का और निश्चित की हुई रोमन लिपि का।
3. किसी भी रूप में हिन्दुस्तानी को मातृभाषा की तरह बोलने वाले की दो लिपियाँ होंगी : देवनागरी और उर्दू। यानी मातृभाषा की तरह हिन्दुस्तानी सीखने वाले के लिए देवनागरी तथा रोमन लिपि का अथवा उर्दू तथा रोमन लिपि का ज्ञान आवश्यक हो।
4. हिन्दुस्तानी राष्ट्रभाषा की तरह सीखने वाले उसे अपनी प्रान्तीय लिपि में तथा रोमन लिपि में सीखें और उन दो में से किसी एक का अपनी सुविधा के अनुसार उपयोग करें। प्रान्तीय सरकार उन दोनों लिपियों को रखे। प्रान्त की भाषा के सम्बन्ध में भी यही नियम रहे।
5. केन्द्रीय सरकार के कामकाज में उपयोग की जाने वाली हिन्दुस्तानी में प्रजा निश्चित की हुई रोमन, देवनागरी तथा उर्दू में से किसी भी लिपि का उपयोग करें। प्रजा की जानकारी के लिए प्रकाशित की जाने वाली विज्ञप्तियों और ब्यौरा में रोमन लिपि तथा जिस प्रान्त के लिए वह प्रकाशित हो वहाँ की लिपि दोनों का उपयोग किया जाय।

इस व्यवस्था से देश की हर एक भाषा के लिए कम-से-कम एक सामान्य लिपि-और वह भी जगद्व्यापी लिपि-प्राप्त हो सकेगी, राज्य के आन्तरिक व्यवहारों में तथा साहित्य में प्रान्तीय लिपियाँ भी रह सकेंगी और कोई भाषा सीखने का रास्ता आसान हो जायगा।'[38]

महापंडित राहुल सांकृत्यायन

महापंडित राहुल सांकृत्यायन (19 अप्रैल, 1893 ई.–14 अप्रैल, 1963 ई.) के अनुसार, सारे भारत की राष्ट्रभाषा हिन्दी और राष्ट्रलिपि नागरी ही होनी चाहिए।[39]

स्वातंत्र्यवीर सावरकर

स्वातंत्र्यवीर सावरकर ने 1947 ई. में कहा था–'मैंने सार्वजनिक जीवन के प्रारम्भ से 'हिन्दी' को राष्ट्रभाषा और 'देवनागरी' को राष्ट्रलिपि माना है और इंग्लैंड, अन्दमान में भी उसका प्रचार किया है। भारतवर्ष की सरकार को चाहिए कि 'हिन्दी' भाषा को राष्ट्रभाषा पद दे और 'नागरी' को राष्ट्रलिपि का पद दें।'[40]

डॉ. राजेन्द्र प्रसाद

भारतीय संविधान निर्माण काल में देशरत्न डॉ. राजेन्द्र प्रसाद (3 दिसम्बर 1884 ई.–28 फरवरी 1963 ई.) ने राष्ट्रभाषा और उसकी लिपि के सम्बन्ध में कतिपय उपयोगी सुझाव दिए थे। वे संविधान सभा के सभापति थे। उन्होंने सम्पूर्ण भारत के लिए देवनागरी लिपि को ही मान्यता दी।

1949 ई. में डॉ. राजेन्द्र प्रसाद ने कहा, 'सारे भारत के लिए देवनागरी लिपि ही स्वीकृत होनी चाहिए। हाँ, जिन स्थानों पर काफी समय से उर्दू प्रचलित है, वहाँ यदि लोग चाहें तो उन्हें अर्जी बगैरा उर्दू में देने को छूट होनी चाहिए। किन्तु यह स्पष्ट रूप से समझ लेना चाहिए कि सरकार उसे किसी भी कार्य के लिए अपनाने को बाध्य नहीं होगी। जनता की पर्याप्त संख्या की सुविधा के लिहाज से किसी कार्य विशेष के लिए यदि कहीं प्रान्तीय अथवा रियासती सरकार जरूरी समझे, तो उसका प्रयोग कर सकती है। लिपि के विषय में यह हल सबको स्वीकार होना चाहिए।'[41]

डॉ. राजेन्द्र प्रसाद के मतानुसार अखिल भारतीय कार्यों के लिए देवनागरी लिपि की स्वीकृति के बावजूद कुछ समय के लिए सुविधा की दृष्टि से, यदि लोग चाहें, उर्दू लिपि का व्यवहार करने की छूट दी जानी चाहिए।[42] उनके अनुसार, यदि भारत की समस्त भाषाओं के लिए एक समान लिपि का प्रयोग किया जाय तो बड़ा अच्छा हो। समान लिपि के प्रयोग से भाषा की समस्याओं को सुलझाने के साथ-साथ निरक्षरता दूर करने में बड़ी मदद मिलेगी।[43]

सेठ गोविन्द दास

सेठ गोविन्द दास (1896 ई.–18 जून 1974 ई.) 16 मार्च, 1927 ई. से ही हिन्दी भाषा और उसकी लिपि देवनागरी के लिए संघर्ष करते रहे। यह ध्यातव्य है कि उक्त

तिथि को उन्होंने कौंसिल ऑफ स्टेट में हिन्दी भाषा का प्रश्न उठाया था। इसके पूर्व, भारत की केन्द्रीय व्यवस्थापिका सभा अथवा प्रान्तीय विधान सभाओं में हिन्दी भाषा के प्रश्न पर विचार नहीं किया गया था।

संविधान सभा में 5 नवम्बर 1948 ई. को सेठ गोविन्द दास ने कहा था कि हिन्दी हमारी राष्ट्रभाषा और देवनागरी हमारी राष्ट्रलिपि होनी चाहिए।[44] उक्त सभा में 12 सितम्बर 1949 ई. को भी उन्होंने अपने उपर्युक्त मत का प्रतिपादन किया था।

लोकसभा में शिक्षा मंत्रालय के अनुदानों पर चर्चा के क्रम में 25 मार्च 1960 ई. को सेठ गोविन्द दास ने भारत सरकार को यह सुझाव दिया कि नागरी लिपि में अहिन्दी भाषा का साहित्य मुद्रित किया जाय और उपर्युक्त कार्य के लिए एक करोड़ रुपये प्रतिवर्ष की स्वीकृति प्रदान की जाय।[45]

पुनः उन्होंने लोकसभा में 'समस्त प्रादेशिक भाषाओं के नागरी लिप्यंतरण' के प्रस्ताव पर 17 मार्च, 1961 ई. को देवनागरी लिपि को राष्ट्रलिपि बनाए जाने की माँग की ओर कहा कि "देश के एकीकरण के लिए एक लिपि की आवश्यकता है। यदि हमारी सभी भाषाएँ एक ही लिपि में लिखी जायें, तो उन सब भाषाओं के साहित्य को हम अच्छी तरह से समझ सकेंगे।"[46]

उन्होंने देवनागरी लिपि को समस्त भाषाओं के लिए प्रयुक्त किये जाने का हार्दिक समर्थन किया।

17 मार्च, 1961 ई. को सेठ गोविन्द दास ने उदघोषणा की कि "जिस प्रकार अंग्रेजी राज्य इस देश में अस्वाभाविक था, उसी प्रकार रोमन लिपि भी इस देश में अस्वाभाविक है और वह अपने पुराने और इतने सुसंस्कृत देश में कभी भी स्वीकृत नहीं हो सकती। वर्तमान परिस्थितियों को देखते हुए देश में अगर एकता लानी है, एक–दूसरे के साथ सम्पर्क बढ़ाना है और देश की हर भाषा के साहित्य को समझना है, तो हम को एक लिपि की आवश्यकता हे और वह लिपि देवनागरी लिपि ही हो सकती है। उसी के साथ दूसरी जो लिपियाँ हैं, उनमें भी हमारी श्रद्धा है, भक्ति है और उनको भी हमें उसी आदर की दृष्टि से देखना है, जिस आदर की दृष्टि से हम देवनागरी लिपि को देखते हैं।[47]

यह सत्य है कि राजा राममोहन राय, केशवचन्द्र सेन, बंकिमचन्द्र चटर्जी, सुभाषचन्द्र बोस आदि बंगाल के मनीषियों ने देवनागरी लिपि का हार्दिक समर्थन किया था।[48]

मुख्य मंत्रियों के सम्मेलन का प्रस्ताव, 1961 ई.

10 अगस्त से 12 अगस्त 1961 ई. तक दिल्ली में आयोजित मुख्य मंत्रियों के सम्मेलन में यह प्रस्ताव सर्वानुमति से पारित किया गया–

"भारत की सब भाषाओं के लिए एक लिपि का होना वांछनीय है। यह सब भाषाओं में मेल-जोल बढ़ाने के लिए कड़ी बन सकेगी। यह देश की एकात्मता को मजबूत करने में भी सहायक सिद्ध होगी। भारत के आज के भाषा-विषयक वातावरण में एकमात्र देवनागरी लिपि ही यह स्थान ग्रहण कर सकती है। इस लिपि को तत्काल मान्यता प्रदान करने में बाधाएँ आ सकती हैं, पर भविष्य में इस बात की ओर ध्यान देना चाहिए और इसके लिए एक योजना बनानी चाहिए।" (द्रष्टव्य : देवनागरी लिपि एक संगोष्ठी, पृष्ठ 95-96)।

सन्त विनोबा भावे

भारतीय स्वतन्त्रता के पश्चात् सन्त विनोबा भावे (11 सितम्बर 1885 ई.- 12 नवम्बर 1982 ई. दीपावली) ने राष्ट्रभाषा पर विचार करते हुए कहा कि देवनागरी लिपि में न केवल देशभाषा ही लिखी जाय बल्कि प्रान्तीय भाषाएँ भी लिखी जायें। किन्तु इसका आशय प्रान्तीय लिपियों का निषेध नहीं है। प्रान्तीय भाषाएँ अपनी-अपनी लिपियों में भी लिखी जायें। उन्होंने देवनागरी लिपि को राष्ट्रलिपि बनाए जाने का प्रस्ताव किया।[49]

सातवें दशक में देवनागरी लिपि के प्रश्न को उन्होंने बहुत व्यापक ढंग से लिया। उन्होंने कहा-

"नागरी लिपि अगर हिन्दुस्तान की सब भाषाओं के लिए चले तो हम लोग बिल्कुल नजदीक आ जायेंगे। खास करके दक्षिण की भाषाओं को नागरी लिपि का लाभ होगा। वहाँ की चार भाषाएँ अत्यन्त नजदीक हैं। उनमें संस्कृत शब्दों के अलावा उनके अपने जो प्रान्तीय शब्द हैं, तेलुगू, कन्नड़ और मलयालम के, उनमें बहुत से शब्द समान हैं। वे शब्द नागरी लिपि में अगर आ जाते हैं तो दक्षिण की चारों भाषाएँ 15 दिन में सीख सकते हैं। इतना आसान हो जायगा इसके बाद भिन्न-भिन्न लिपि सीखने में हर एक की अपनी-अपनी परिस्थिति आड़े आती है।"[50]

इस सन्दर्भ में सन्त विनोबा जी का कथन है कि "दूसरी लिपियाँ चलें, उनका मैं विरोध नहीं करता। मैं तो चाहता हूँ वे भी चलें और नागरी भी चले। 'नागरी' ही चले, यह मैं नहीं कहता। मैं 'भी' वादी हूँ। वह 'भी' चले और नागरी 'भी' चले।"[51]

उन्होंने बार-बार यह स्पष्टीकरण किया कि "नागरी लिपि सब भाषाओं में चले इसका मतलब दूसरी लिपियों का निषेध नहीं है, दोनों लिपियाँ चलेंगी।"[52]

उनके मतानुसार, भारत की एकता के लिए हिन्दी भाषा जितना काम देगी, उससे बहुत ज्यादा काम देवनागरी लिपि देगी। अतएव भारत की सभी भाषाएँ देवनागरी लिपि में लिखी जायें।[53]

विनोबा जी के मतानुसार, "मेरा तो मानना है कि अगर भारत की सभी प्रान्तीय भाषाएँ देवनागरी लिपि को भी स्वीकार कर लें तो आगे चलकर चीन, जापान जैसे देश भी उसे स्वीकार कर लेंगे। मैं जानता हूँ कि देवनागरी लिपि जावा, सुमात्रा आदि दक्षिण–पूर्व एशिया की सभी भाषाओं के लिए अपनाई जा सकती है। यह सबका सब नागरी का क्षेत्र है।...यदि चीन और जापान देवनागरी लिपि को अपना लेते हैं तो इसमें इनका ही भला है। पर यह आगे की बात है। लेकिन कम से कम भारत का क्षेत्र नागरी में आए।"[54]

इस सम्बन्ध में उनका पंचसूत्री उद्देश्य इस प्रकार है–

1. मेरा प्रथम उद्देश्य है कि दक्षिण की चार भाषाएँ बिल्कुल नजदीक आ जायें।...एक–दूसरे का साहित्य एक–दूसरे पढ़ें। इससे पन्द्रह दिन के अन्दर–अन्दर पूरी एकता उनकी हो जायगी।
2. सारा उत्तर भारत एक हो जाय। नाहक अलग–अलग लिपि न चलाएँ।
3. दक्षिण और उत्तर भारत एक हो जायें।
4. भारत और एशिया एक हो जायें।
5. भारत और विश्व एक हो जायें। यह पाँचवाँ कार्यक्रम तब शुरू होगा, जब विश्व की एकता लाने की बात होगी, वहाँ मैं नागरी के साथ रोमन–ऐसा मान सकता हूँ। वह होगी विश्व रोमन।"[55]

अतएव, विनोबा जी का मंत्र है कि देवनागरी विश्व नागरी बने।[56]

काका कालेलकर

अपने राष्ट्रीय जीवन के पूर्वार्द्ध में गांधीमत के प्रख्यात भाष्यकार काका कालेलकर (01 दिसम्बर 1885 ई.–21 अगस्त 1981 ई.) महात्मा गांधी द्वारा प्रतिपादित दो लिपियों की हिन्दुस्तानी के प्रमुख प्रवक्ता थे। 1940 ई. में वाराणसी में आयोजित अखिल भारतीय हिन्दी साहित्य सम्मेलन के अठाइसवें अधिवेशन में भी उन्होंने सम्मेलन की घोषित नीति के विपरीत, दो लिपियों के सिद्धान्त का प्रतिपादन किया था।[57] किन्तु भारतीय स्वतन्त्रता के पश्चात् उन्होंने देवनागरी लिपि को व्यापक आधार दिया और इस लिपि को एशिया की लिपि का गौरव प्रदान किये जाने का आह्वान किया।[58]

पवनार (वर्धा) में आयोजित देवनागरी लिपि संगोष्ठी में 23 फरवरी 1974 ई. को काका साहेब कालेलकर ने कहा कि "हम चाहते हैं कि सारे भारत में एक लिपि रहे। हम नहीं कहते कि एक ही लिपि रहे। सब लिपियाँ भले ही रहें। साथ में यह नागरी लिपि भी चले।"[59]

उन्होंने विनोबा जी के लिपि विषयक सिद्धान्तों का समर्थन किया।[60]

नागरी लिपि परिषद्, नई दिल्ली

भारत की समस्त भाषाओं की अपनी–अपनी लिपियों के साथ अतिरिक्त सहलिपि के रूप में देवनागरी लिपि का प्रचलन राष्ट्र की भावनात्मक एकता और अन्ततः मानव जाति के सांस्कृतिक नैकट्य का उत्कृष्ट, श्रेष्ठ और सुदृढ़ साधन हो सकता है। इस भावना से सन्त विनोबा भावे के निर्देशानुसार गांधी स्मारक निधि के प्रयास से 1975 ई. में राजघाट, नई दिल्ली में नागरी लिपि परिषद् की स्थापना की गई। इसका उद्घाटन 17 अगस्त 1975 ई. को नई दिल्ली में भारत के तत्कालीन उपराष्ट्रपति ब. दा. जत्ती ने किया। श्रीमन्नारायण के शब्दों में ''परिषद् का लक्ष्य है, राष्ट्रीय एकता के उद्देश्य से समस्त भारतीय भाषाओं की सहलिपि के रूप में नागरी लिपि को स्वीकार कराने का प्रयत्न करना, और विश्व की सभी भाषाओं, विशेषकर एशियाई भाषाओं की लिपि के रूप में नागरी को स्वीकार्य बनाने का प्रयास करना।''[61]

ब. डी. जत्ती

अप्रैल 1977 ई. में भारत के तत्कालीन कार्यवाहक राष्ट्रपति ब. डी. जत्ती ने कहा था कि ''विभिन्न भाषाओं के बीच निकटता का सम्बन्ध स्थापित करने में देवनागरी लिपि एक महत्त्वपूर्ण भूमिका अदा कर सकती है और राष्ट्रीय एकता की दृष्टि से देश में नागरी को एक अतिरिक्त लिपि के रूप में सभी भाषाएँ प्रेमपूर्वक स्वीकार करें, यह वांछनीय है। इसमें परम्परागत लिपियों को हटाने की बात नहीं है, उनका संरक्षण और संवर्धन होने के साथ नागरी भी चले, यह भावना है।''[62]

ज्ञानी जैल सिंह

15 अप्रैल 1984 ई. को भारत के पूर्व राष्ट्रपति ज्ञानी जैल सिंह ने देवनागरी को सभी भारतीय भाषाओं की सम्पर्क लिपि के रूप में अपनाने की जोरदार अपील की। उन्होंने कहा कि इससे सभी भारतीय भाषाओं को समृद्ध बनाने एवं देश के लोगों को एक–दूसरे के निकट लाने में सहायता मिलेगी।[63] दिल्ली में संस्कृत भवन का शिलान्यास करते हुए उन्होंने यह कहा। इस कथन का अर्थ, जैल सिंह के अनुसार, लोगों पर हिन्दी थोपना नहीं है। उन्होंने कहा कि लोगों में, यहाँ तक कि दक्षिण भारत के लोगों में हिन्दी के प्रति बहुत प्रेम है। यदि कभी कोई समस्या उत्पन्न भी होती है तो उसका कारण राजनीतिक होता है।[64]

आर. वेंकटरामन

10 जुलाई 1987 ई. को भारत के तत्कालीन राष्ट्रपति आर. वेंकटरामन ने कहा कि "हमारे यहाँ अधिकतर भाषाओं की अपनी अलग लिपियाँ हैं। यूरोप में अनेक देशों में लोग दो-दो, तीन-तीन भाषाएँ सीखते और बोलते हैं। लेकिन वहाँ सुविधा यह है कि हर भाषा की लिपि वही अंग्रेजी लिपि यानी मेरा मतलब रोमन लिपि है। आदि शंकराचार्य ने क्या किया था, वे शुद्ध संस्कृत बोलते थे, लेकिन जब तमिलनाडु में अपने विचारों का प्रचार करने आए तो उन्होंने बोला तो खैर तमिल में, लेकिन सवाल था कि संस्कृत श्लोकों को तमिल में लिखा कैसे जाय, क्योंकि संस्कृत की कई ध्वनियाँ ऐसी थीं, जो तमिल लिपि में थीं ही नहीं, तो उन्होंने लिपि का अध्ययन किया और उन ध्वनियों के लिए तमिल में कुछ नये अक्षर प्रचलित किये, फिर वे श्लोक लिखे गए जिसको ग्रन्थ कहते हैं। मैं तो यह भी कहूँगा कि कुछ दिनों के लिए अगर हिन्दी को कई लिपियों में लिखा जाय तो उससे हर्ज क्या है। हिन्दी को कहीं तमिल लिपि में, कहीं कन्नड़ लिपि में, कहीं बंगला आदि कई तरह की लिपियों में, कहीं रोमन लिपि में भी लिखा जाय तो उससे हिन्दी का प्रचार बढ़ेगा।"[65]

किन्तु राष्ट्रीय समग्रता हेतु देवनागरी लिपि में सम्पूर्ण भारतीय भाषाओं का लेखन आवश्यक है, विभिन्न लिपियों में हिन्दी-लेखन नहीं।

नन्द कुमार अवस्थी

लखनऊ के पद्मश्री नन्दकुमार अवस्थी (बैसाख कृष्ण 5, विक्रम संवत् 1964 तदनुसार 2 मई 1907 ई.-27 अक्टूबर 1988 ई.) 1947 ई. से ही भारतीय भाषाओं के सत्साहित्य के देवनागरी लिप्यंतरण हेतु सक्रिय रहे। उन्होंने 1969 ई. में लखनऊ में एतदर्थ भुवनवाणी न्यास की स्थापना की। उन्होंने विभिन्न प्राचीन अहिन्दीभाषी धर्मग्रन्थों और रामायण ग्रन्थों के सानुवाद लिप्यंतरण का विपुल प्रकाशन किया, जो प्रशंसनीय है।

डॉ. मलिक मोहम्मद

डॉ. मलिक मोहम्मद (पूर्व अध्यक्ष, स्नातकोत्तर हिन्दी विभाग, कालीकट विश्वविद्यालय, कालीकट, केरल) का मत है कि "देश को राष्ट्रीय एकता के लिए भारत की विविध भाषाओं के बीच में एक सम्पर्क लिपि, जोड़-लिपि या सहलिपि के रूप में देवनागरी बहुत हद तक एक महत्त्वपूर्ण भूमिका अदा कर सकती है।

देवनागरी को एक अतिरिक्त या जोड़लिपि के रूप में स्वीकार करने से उन भारतीय भाषाओं के बीच में बहुत निकटता का सम्बन्ध हो सकता है जिनकी लिपि देवनागरी नहीं है। देवनागरी को एक अतिरिक्त लिपि के रूप में काम में लाने से किसी एक भाषा की अपनी निजी लिपि को हानि पहुँचाने का उद्देश्य कभी भी नहीं है। विभिन्न भारतीय भाषाओं के बीच में लिपियों की विभिन्नता के कारण निकटता का अभाव है।''[66]

विगत प्राय: दो सौ वर्षों से भारत में सार्वजनीन लिपि का प्रश्न–हमें उद्वेलित करता रहा है। सार्वजनीन लिपि की अवधारणा का श्रीगणेश सर विलियम जोन्स ने 1784 ई. में किया। उन्होंने सभी एशियाई भाषाओं के रोमन लिप्यंतरण की संस्तुति की। किन्तु पंडित बालकृष्ण भट्ट सर्वप्रथम हिन्दी साहित्यकार और पत्रकार थे जिसने भारत को सार्वजनीन लिपि का बीज मंत्र दिया। देवनागरी लिपि को भारत की सार्वजनीन लिपि बनाए जाने का व्यापक एवं हार्दिक समर्थन अहिन्दी भाषी और हिन्दी भाषी चिन्तकों और विद्वानों ने सदैव किया। बाल गंगाधर तिलक और महात्मा गांधी ने भी राष्ट्रीय दृष्टि से सम्पूर्ण भारतीय भाषाओं के लिए देवनागरी लिपि का होना लाभदायक माना। सन्त विनोबा ने भाषा की एकता के लिए देवनागरी लिपि की अनिवार्यता महसूस की। सम्पर्क लिपि, जोड़लिपि, सहलिपि, अतिरिक्त लिपि, राष्ट्रलिपि–हम देवनागरी लिपि को कुछ भी कह लें, किन्तु यह एकमात्र लिपि है जो सार्वजनीन लिपि की उच्चतम मर्यादा के सर्वथा अनुकूल है। भारत की सभी भाषाओं के लिए एक सार्वजनीन लिपि का होना अनिवार्य है। भारत की एकात्मता को सुदृढ़ करने और सभी भाषाओं में पारस्परिक आदान–प्रदान एवं नैकट्य हेतु सार्वजनीन लिपि के रूप में देवनागरी का व्यापक प्रचलन अनिवार्य है।

संदर्भ

1. (क) एशियाटिक रिसर्चेज (वौल्यूम दि फर्स्ट) लन्दन पुनर्मुद्रण, संस्करण 1798 ई., पृष्ठ 13

   (ख) दि वर्क्स ऑफ सर विलियम जोन्स (प्रथम खंड)। प्रथम संस्करण 1799 ई.। पृष्ठ 186–87

2. नोट्स ऑन इंडियन अफेयर्स (खंड 1) : फ्रेडरिक जौन शोर, तीसवाँ अध्याय पृष्ठ 434–444, वर्ष 1837
3. दि जर्नल ऑफ दि एशियाटिक सोसाइटी ऑफ बंगाल 1854 ई.। भाग 23, पृष्ठ 345–359
4. आन दि ट्रान्सलिट्रेशन ऑफ इंडियन अल्फाबेट्स इन रोमन करेक्टर्स
   –दि जर्नल ऑफ दि एशियाटिक सोसाइटी ऑफ बंगाल, 1867 ई. भाग 136, पृष्ठ 36–142

5. हिन्दी प्रदीप : प्रयाग, चैत्र शुक्ल 13, विक्रम संवत् 1939 तदनुसार 1 अप्रैल 1882 ई. (जिल्द 5 संख्या 8)। 'प्रार्थना' शीर्षक सम्पादकीय अग्रलेख। पृष्ठ 4-5
6. हिन्दी प्रदीप : 1 फरवरी 1886 ई. (जिल्द 9 संख्या 6)। 'भारतवर्ष की जातीय भाषा' शीर्षक सम्पादकीय अग्रलेख
7. बालमुकुन्द गुप्त-निबन्धावली (प्रथम भाग)। हिन्दुस्तान में एक रस्मुलख़त। पृष्ठ 166
8. भारत जीवन : बनारस विक्रम सम्वत् 1952 मिति श्रावण शुक्ल 15 चन्द्रवार 25 अगस्त, 1895 ई. (भाग 12 अंक 23)। 'हिन्दी भाषा और नागरी अक्षर' शीर्षक सम्पादकीय। पृष्ठ 3 कॉलम 1-2
9. नागरीप्रचारिणी पत्रिका (तीसरा भाग) काशी नागरीप्रचारिणी सभा द्वारा सम्पादित और प्रकाशित। राष्ट्रभाषा : अनुवादक पंडित गंगाप्रसाद अग्निहोत्री, पृष्ठ 149 सन् 1899 ई.
10. उपरिवत्। पृष्ठ 149 (पाद टिप्पणी)
11. उपरिवत्। पृष्ठ 155
12. बालमुकुन्द गुप्त-निबन्धावली (प्रथम भाग) पृष्ठ 163-164
13. काशी नागरीप्रचारिणी सभा का नवाँ वार्षिक विवरण, 1902 ई.।
    -श्यामसुन्दर दास, मन्त्री, नागरीप्रचारिणी सभा, काशी। पृष्ठ 27-28
14. सरस्वती : जनवरी 1903 ई. (भाग 4 संख्या 1)।
    'विविध विषय', शीर्षक स्तम्भ। पृष्ठ 2
15. काशी नागरीप्रचारिणी सभा के गृहप्रवेशोत्सव तथा विशेष अधिवेशनों का कार्यविवरण जो ता. 18, 19 और 20 फरवरी 1904 ई. को हुए। पृष्ठ 27-29
16. दि हिन्दुस्तान रिव्यू एंड कायस्थ समाचार : जनवरी 1905 ई.
    ए यूनिफार्म अल्फावेट एंड स्क्रिप्ट फॉर इंडिया : शारदाचरण मित्र।
17. सरस्वती : फरवरी 1905 ई. (भाग 6 संख्या 2)। 'विविध विषय' शीर्षक स्तम्भ। पृष्ठ 42-43
18. उपरिवत्।
19. प्रथम हिन्दी साहित्य सम्मेलन काशी कार्य विवरण-दूसरा भाग।
    'राष्ट्रभाषा और राष्ट्रलिपि' शीर्षक लेख-शारदाचरण मित्र। पृष्ठ 69
20. उपरिवत्।
21. काशी नागरीप्रचारिणी सभा का बारहवाँ वार्षिक विवरण। 1905 ई.।
    नागरी का प्रचार। पृष्ठ 32-33
22. (क) आरा नागरीप्रचारिणी सभा का तृतीय वार्षिक विवरण (हिन्दी भाषा का वार्षिक इतिहास)। सन् 1904 ई.।
    -'पंजाब में नागरी का अनादर और उसके प्रचार के लिए उद्योग' शीर्षक प्रकरण, पृ. 9
    (ख) आरा नागरीप्रचारिणी सभा का वार्षिक विवरण, 1907 ई.।
    -हिन्दी की वर्तमान अवस्था। पृष्ठ 18
23. काशी नागरीप्रचारिणी सभा का बारहवाँ वार्षिक विवरण। 1905 ई.। नागरी का प्रचार। पृष्ठ 32-33
24. उपरिवत्। पृष्ठ 33-34

25. उपरिवत्।
26. बालमुकुन्द गुप्त–निबन्धावली (प्रथम भाग)। एक लिपि की जरूरत। पृष्ठ 161
27. एक लिपि विस्तार परिषद कलकत्ता (संस्थापित अगस्त 1905 ई.) नियमावली। 1905 ई., पृष्ठ 1
28. मासिक पत्र देवनागर : कलकत्ता, विक्रम संवत् 1964 (वत्सर। अंक 7) मेष 5009 कल्यब्द, सन् 1907 ई. 'आविर्भाव' शीर्षक सम्पादकीय, पृष्ठ 2
29. ए कॉमन करेक्टर फॉर इंडियन वर्नाक्यूलर्स। –नागरीप्रचारिणी सभा, काशी। 1906 ई.। पृष्ठ 8–9
30. मासिक पत्र देवनागर : कलकत्ता, विक्रम संवत् 1964 (वत्सर 1 अंक 1), मेष 5009 कल्यब्द, सन् 1907 ई. 'आविर्भाव' शीर्षक सम्पादकीय, पृष्ठ 3
31. देवनागर : कार्तिक 1833 शकाब्द (भाग 1 संख्या 1) न्यू सिरीज, खंड 2, पृष्ठ 2–8
32. नागरीप्रचारिणी पत्रिका : अप्रैल 1911 ई. (भाग 15 संख्या 10)।
'सूचना और सम्मति' शीर्षक स्तम्भ। पृष्ठ 113, अंक का प्रथम पृष्ठ।
33. हिन्द स्वराज्य। पृष्ठ 76
34. हिन्दी नवजीवन : सम्पादक मोहनदास करमचन्द गांधी।
भाद्रपद सुदी 8, विक्रम संवत् 1982 गुरुवार 27 अगस्त 1925 ई. (वर्ष 5 अंक 2)। अहमदाबाद। 'एक लिपि' शीर्षक लेख–मोहनदास करमचन्द गांधी। पृष्ठ 14
35. हिन्दी नवजीवन : सम्पादक मोहनदास करमचन्द गांधी।
अहमदाबाद, श्रावण बदी 7 विक्रम संवत् 1984 गुरुवार 21 जुलाई 1927 ई. (वर्ष 6 अंक 49)। 'एक लिपि' शीर्षक सम्पादकीय टिप्पणी। पृष्ठ 389
36. राजर्षि टंडन रचनावली। पृष्ठ 43–44
37. (क) दि क्वोश्चन ऑफ लैंग्वेज : जवाहरलाल नेहरू। पृष्ठ 7–25
(ख) राष्ट्रभाषा का सवाल : जवाहरलाल नेहरू। पृष्ठ 28
38. जड़मूल से क्रान्ति और अन्य लेख : कि. घ. मशरूवाला। 'लिपि का प्रश्न–उत्तरार्द्ध' शीर्षक लेख। पृष्ठ 158–159
39. साहित्य निबन्धावलि : राहुल सांकृत्यायन। 'हमारा साहित्य' शीर्षक निबन्ध, पृष्ठ 133–139
40. जय भारती मासिक पत्र : दिसम्बर 1947 ई., हिन्दी साहित्य सम्मेलनांक। (वर्ष 1, अंक 1), पुर्णे 1, पृष्ठ 1
41. हरिजन सेवक : अहमदाबाद, रविवार 11 सितम्बर 1949 ई. (भाग 13 अंक 28)। राजेन्द्र बाबू का हल–किशोरलाल घनश्याम मशरूवाला। पृष्ठ 246
42. उपरिवत्।
43. उपरिवत्।
44. हिन्दी भाषा आन्दोलन। पृष्ठ 19
45. हिन्दी भाषा आन्दोलन : संकलनकर्त्ता लक्ष्मीचन्द, पृष्ठ 80
46. उपरिवत्। पृष्ठ 84
47. उपरिवत्। पृष्ठ 85
48. उपरिवत्। पृष्ठ 83–84

49. हरिजन सेवक : अहमदाबाद, रविवार, 20 मार्च 1949 ई. (भाग 13 संख्या 3)। राष्ट्रभाषा-विचार। पृष्ठ 19
50. स्वतन्त्रता रजत-जयन्ती सप्ताह समापन स्मारिका : दिल्ली प्रादेशिक हिन्दी साहित्य सम्मेलन, नई दिल्ली, 1973 ई.। भारतीय एकता के लिए नागरी लिपि।
51. उपरिवत्। पृष्ठ 10
52. विश्व हिन्दी दर्शन। प्रथम विश्व हिन्दी सम्मेलन के अवसर पर प्रकाशित। नागपुर, 10 जनवरी 1975, 'देवनागरी विश्वनागरी बने।' विनोबा भावे, पृष्ठ 19.
53. नागरी संगम : जनवरी-अप्रैल 1978 ई. (वर्ष 1 अंक 1-2)। 'देवनागरी विश्व नागरी बने' शीर्षक लेख-विनोबा। पृष्ठ 1
54. उपरिवत्। पृष्ठ 12
55. उपरिवत्। पृष्ठ 16
56. उपरिवत्। पृष्ठ 9-16
57. अखिल भारतीय हिन्दी साहित्य सम्मेलन अठाइसवाँ अधिवेशन काशी संवत् 1996 का विवरण। 1940 ई.। पृष्ठ 35-36
58. मंगल प्रभात मासिक पत्र : सम्पादक काका कालेलकर, 1 सितम्बर 1950 ई. (वर्ष 1 अंक 8)। नागरी का क्षेत्र विस्तार-काका कालेलकर पृष्ठ 242
59. देवनागरी लिपि एक संगोष्ठी। पृष्ठ 14
60. उपरिवत्। पृष्ठ 15
61. स्मारिका नागरी लिपि सम्मेलन 27-28-29 मई, 1979 ई. बंगलोर।
'नागरी लिपि क्यों' शीर्षक लेख-डॉ. श्रीमन्नारायण, पृष्ठ 1
62. उपरिवत्। पृष्ठ 13
63. (क) दैनिक प्रदीप : सोमवार 16 अप्रैल, 1984 ई., पटना।
'देवनागरी को सभी भाषाओं की सम्पर्क लिपि बनाने पर बल' शीर्षक समाचार। पृष्ठ 1

(ख) दैनिक आर्यावर्त : पटना, सोमवार चैत्र कृष्ण पक्ष 1 शाके 1906, 16 अप्रैल, 1984 ई.। पृष्ठ 1, कॉलम 2 और 3, 'देवनागरी को सभी भाषाओं की सम्पर्क लिपि बनाएँ-जैल सिंह' शीर्षक समाचार।
64. उपरिवत्।
65. धर्मयुग : 9 से 15 अगस्त 1987 ई. (वर्ष 38 अंक 32) स्वाधीनता विशेषांक। राष्ट्रभक्त आर. वी. की कहानी राष्ट्रपति वेंकटरामन की जबानी-पुष्पा भारती द्वारा अन्तरंग भेंटवार्ता। पृष्ठ 11
66. देवनागरी लिपि की लोकप्रियता : डॉ. मलिक मोहम्मद। पृष्ठ 5

पं. बालकृष्ण भट्ट : राष्ट्रलिपि एवं राष्ट्रभाषा के मंत्रद्रष्टा

पंडित बालकृष्ण भट्ट (1844 ई.–14 सितम्बर 1914 ई.) ने 'हिन्दी प्रदीप' के माध्यम से देश के सम्पूर्ण जनमानस को दिशा दी, नेतृत्व किया, नवजागरण का शंख निनाद किया। देवनागरी लिपि को न्यायालय लिपि और कार्यालय लिपि की मान्यता प्रदान कराने की दिशा में इस मासिक पत्र के बहुमूल्य योगदान का अक्षय महत्त्व है। अपने प्रकाशन के दसवें माह से ही इस पत्र ने इस विषय में जोरदार आन्दोलन किया और सम्पूर्ण हिन्दी भाषी जनता की आत्मा को इसने इस प्रश्न पर निरन्तर झंकृत किया। सरकारी कचहरियों और कार्यालयों में फारसी से बोझिल उर्दू का प्रचार-प्रसार था। भाषा और लिपि के प्रश्न पर इसने भाषा की अपेक्षा लिपि के प्रश्न को अधिमानता और प्राथमिकता प्रदान की। यह उसकी दूर दृष्टि थी। यह भट्ट जी की दूर दृष्टि थी। इसलिए भट्ट जी ने 'हिन्दी प्रदीप' के मंच से जून 1878 ई. में कहा था–"खैर हिन्दी भाषा का प्रचार न हो सके तो नागरी अक्षरों ही का बरताव सरकारी कामों में हो तब भी हम लोग अपने को कृतार्थ मानें।"

नवम्बर 1880 ई. में 'हिन्दी प्रदीप' ने कहा–"लोग तो केवल इतनी बात चाहते हैं कि प्रजा के नाम और जो काग़ज़ सर्कार से निकले वह नागरी अक्षर में हो और जीत डिगरी का फैसला जो कुछ हो सो ऐसे अक्षरों में लिखा जाय जिसे आप घर बैठे पढ़ लिया करें मुंशी वा मौलवी ढूँढ़ने की जरूरत जाती रहे...।"

जुलाई 1882 ई. में 'हिन्दी प्रदीप' ने कहा कि यह तो भाषा और अक्षर के बदलने का विषय है इसमें सरकार का कुछ नुकसान नहीं है वरन् हजार गुना दिन प्रति दिन फायदा है।

जनवरी-अप्रैल 1896 ई. में 'हिन्दी प्रदीप' ने 'हिन्दी की पुकार' शीर्षक सम्पादकीय अग्रलेख में कहा कि प्रजा की भलाई के अनेक प्रश्नों में सबसे भारी प्रश्न देश भाषा तथा देशी अक्षरों का है जिसके द्वारा प्रजा के बीच विद्या का फैलाव बड़ी सुगमता के साथ हो सकता है।

नवम्बर दिसम्बर 1897 ई. में 'हिन्दी प्रदीप' ने देशी अक्षर अर्थात् देवनागरी लिपि और हिन्दी भाषा का संयुक्त प्रश्न खड़ा कर दिया। उसने कहा कि हमारे अक्षर

और हमारी भाषा अदालतों में पदस्थापित नहीं हैं। इसीलिए हमारा सर्वाधिक पिछड़ापन है। अतएव हिन्दी का उद्धार कर जनता को नव जीवन दान के औचित्य का प्रतिपादन उसने बार-बार किया।

1898 ई. में उसने भाषा के प्रश्न को हाशिए पर रखकर देवनागरी लिपि के प्रश्न को जाग्रत किया। तत्कालीन परिस्थितियों में उसने दूरदृष्टि का परिचय दिया। उसने कहा-"भाषा उर्दू रहे जिसे वे (मुसलमान) अपनी मानते हैं अक्षर हमारे हो जांय तो हम और वे दोनों मिलकर एक साथ अपनी तरक्की कर सक्ते हैं-और यह बात कब जब उर्दू को वे अपनी भाषा मानते हों और सच पूछो तो जिसे वे हिन्दी कहते हैं वह भी उनकी भाषा है- दिहात के मुसलमान कौन भाषा बोलते हैं वही जो सर्व साधारण में प्रचलित है-अस्तु भाषा का तो कोई जिक्र ही नहीं है उर्दू हो या हिन्दी डिप्युटेशन हिन्दी अक्षरों के लिए दिया गया न कि भाषा के लिए।" (हिन्दी प्रदीप : मार्च अप्रैल 1898 जिल्द 21 संख्या 7 'अलीगढ़ गजट की एकतान' शीर्षक सम्पादकीय, पृष्ठ 23)

कुछ लोग, बिहार के अनुकरण पर, कैथी लिपि को कचहरी लिपि का दर्जा तत्कालीन पश्चिमोत्तर प्रदेश और अवध (वर्तमान उत्तर प्रदेश) में देना चाहते थे जिसका विरोध 'हिन्दी प्रदीप' ने किया। उसने घोषणा की-

"हम लोग कैथी चाहते ही नहीं, नागरी अक्षर के लिए प्रार्थना कर रहे हैं-" (हिन्दी प्रदीप : मार्च अप्रैल 1898 ई., पृष्ठ 24)

अप्रैल 1899 ई. में उसने स्पष्ट घोषणा की-

"भाषा का तो कोई प्रश्न नहीं है हम लोग अदालतों में केवल अक्षर का बदल जाना माँगते हैं-उर्दू के अक्षर ऐसे जाली हैं कि जिससे अदालत की कार्रवाइयों में बहुधा और का और पढ़ जाने से उचित न्याय नहीं होता-इसलिए अक्षर बदले जांय...।"

काशी से रामकृष्ण वर्मा के सम्पादन में प्रकाशित साप्ताहिक पत्र 'भारत जीवन' ने भी 'हिन्दी प्रदीप' की प्रेरणा से 1899 ई. में घोषणा की-

"हम लोगों को अपनी सरकार से अक्षर बदल देने की प्रार्थना है न कि बोली...।" (भारत जीवन : विक्रम संवत् 1956 मिती आषाढ़ शुक्ल 3 चन्द्रवार 10 जुलाई 1899 ई. भाग 16 अंक 19 'कचहरी में नागरी अक्षर लिखे जायं' शीर्षक सम्पादकीय अग्रलेख, पृष्ठ 4 कॉलम 01)

सम्पूर्ण हिन्दी भाषी क्षेत्रों में देवनागरी लिपि को मान्यता प्रदान किये जाने के लिए शान्तिपूर्ण अहिंसक आन्दोलन चलाए जा रहे थे। तत्कालीन पश्चिमोत्तर प्रदेश और अवध (वर्तमान उत्तर प्रदेश) के विभिन्न नगरों से जनता की ओर से सरकार को अभ्यावेदन समर्पित किये जा रहे थे। 16 जुलाई, 1893 को काशी नागरीप्रचारिणी

सभा की स्थापना हो गई थी। सभा ने देवनागरी लिपि के प्रश्न को सक्रिय प्रमुखता दी। देवनागरी लिपि आन्दोलन में उसकी भी प्रमुख भागीदारी थी। 'हिन्दी प्रदीप', कलकत्ता से प्रकाशित हिन्दी साप्ताहिक पत्र 'सारसुधानिधि', काशी से प्रकाशित 'भारत जीवन', वृन्दावन से पंडित राधाचरण गोस्वामी के सम्पादन में प्रकाशित मासिक पत्र 'भारतेन्दु' आदि की भूमिका देवनागरी लिपि आन्दोलन में अत्यन्त महत्त्वपूर्ण सिद्ध हुई। आन्दोलन सफल हुआ। संकल्प संख्या 585–111–343 सी 68–1900 नैनीताल दिनांक 18 अप्रैल, 1900 ई. पश्चिमोत्तर प्रदेश और अवध सरकार (सामान्य प्रशासन विभाग) के निर्देशानुसार देवनागरी लिपि को सरकारी कामकाज में फारसी लिपि की एक वैकल्पिक लिपि की मान्यता प्राप्त हो गई।

एन. डब्ल्यू. पी. एंड अवध के 'गवर्नमेन्ट गजट' (इलाहाबाद) के 21 अप्रैल, 1900 ई. के अंक में सरकार का यह निर्णय प्रकाशित हो गया। जनता में खुशी की लहर दौड़ गई। 'हिन्दी प्रदीप' ने सरकार के इस निर्णय का हार्दिक स्वागत किया।

राष्ट्रलिपि के सर्वप्रथम भारतीय मंत्रद्रष्टा निःसन्देह पंडित बालकृष्ण भट्ट ही थे।

'हिन्दी प्रदीप' 1 अप्रैल, 1882 ई. में 'प्रार्थना' शीर्षक सम्पादकीय अग्रलेख में पंडित बालकृष्ण भट्ट ने यह मत व्यक्त किया कि देवनागरी लिपि अर्थात् नागराक्षर सम्पूर्ण भारत के राजकार्य में प्रचलित किये जायें, सभी न्यायालयों एवं दरबारों में फारसी लिपि के स्थान पर देवनागरी लिपि में कार्यवाही हो और इसी लिपि में हिन्दी, उर्दू, मराठी, पंजाबी आदि भाषाओं की पुस्तकों का प्रकाशन हो क्योंकि इस लिपि में प्रत्येक व्यक्ति की बोलचाल के अनुकूल उच्चारण निकलते हैं।

किन्तु भट्ट जी राष्ट्रलिपि विषयक इस मान्यता को विस्तार नहीं दे सके। उनके पूर्व किसी अन्य भारतीय चिन्तक, हिन्दी साहित्यकार अथवा राजनेता ने राष्ट्रलिपि का स्पष्ट स्वप्न नहीं देखा था। 'हिन्दी प्रदीप' के माध्यम से उन्होंने देश को राष्ट्रलिपि का मंत्र दिया। लोकमान्य बाल गंगाधर तिलक आदि ने कालान्तर में भट्टजी के राष्ट्रलिपि विषयक मंत्र को वाणी दी। किन्तु राष्ट्रलिपि के सर्वप्रथम स्वप्नद्रष्टा भट्ट जी ही थे, 'हिन्दी प्रदीप' मासिक पत्र ही था। राष्ट्रलिपि की परिकल्पना भट्ट जी ने 1882 ई. में की और 1886 ई. में उन्होंने हिन्दी को एकमात्र जातीय भाषा अर्थात् राष्ट्रभाषा घोषित किया। 'हिन्दी प्रदीप', 01 फरवरी 1886 जिल्द 9 संख्या 6 ई., में प्रकाशित भारतवर्ष की जातीय भाषा शीर्षक सम्पादकीय अग्रलेख वस्तुतः राष्ट्रभाषा हिन्दी का घोषणापत्र ही है। उक्त सम्पादकीय अग्रलेख के शब्दों में :

"यदि देश का कुछ भी अभिमान हम को है तो ऐसा उपाय शीघ्र ही करना चाहिये जिससे हमारी एक जातीय भाषा हो जाय।

...यदि भारतवर्ष की कभी कोई जातीय भाषा होगी तो वह यही हमारी प्यारी सर्वगुण आगरी नागरी ही होगी–और यथार्थ में इसी को ऐसा बनने का अधिकार भी है।

परन्तु उसका इस पद पर प्राप्त होना केवल उन्हीं पुरुष सिंहों के अधीन है जो उसे उन्नति देने का बीड़ा उठाये हुए हैं।

क्या उनके लिए हिन्दी को उक्त स्थल पर पहुँचा देना कोई बड़ी बात है कभी नहीं–शिष्ट और माननीय महापुरुषों की झुकावट इधर होनी चाहिये।''

हिन्दी हमारी राष्ट्रभाषा हो–इसकी घोषणा लोकमान्य तिलक, महात्मा गांधी आदि से बहुत पूर्व पंडित बालकृष्ण भट्ट और उनके 'हिन्दी प्रदीप' ने की थी, यह एक ऐतिहासिक सत्य है।

उन्नीसवीं शताब्दी के उत्तरार्द्ध में बिहार का लिपि आन्दोलन

बिहार में देवनागरी लिपि के लिए आन्दोलन का आरम्भ सन् 1873 ई. में हुआ। 'बिहार में हिन्दी किस तरह जारी हुई' शीर्षक सम्पादकीय लेख में[1] 'बिहार बन्धु' ने आत्मश्लाघा का परिचय दिया है। उक्त लेख के प्रारम्भ में यह घोषणा की गई है कि "शुरू-शुरू में बिहार में हिन्दी जारी होने का कारण अगर सच और वाजिब पूछो तो 'बिहार बन्धु' है। जिस वक्त से 'बिहार बन्धु' की पैदाइश हुई उस वक्त से गोया हिन्दी की नेव दी गई।"[1]

1874 ई. के 'बिहार बन्धु' के सभी अंकों को देखने पर यह ज्ञात होता है कि उस वर्ष के 'बिहार बन्धु' के किसी भी अंक में देवनागरी लिपि के आन्दोलन की आंशिक चर्चा भी नहीं है। बिहार बन्धु के 1873 ई. अर्थात् प्रथम वर्ष की फाइल अप्राप्य है।[2] यदि 1873 ई. में 'बिहार बन्धु' में देवनागरी लिपि की सरकारी मान्यता हेतु किसी प्रकार का आन्दोलन चलता तो उसकी छाया या चर्चा 'बिहार बन्धु' के 1874 ई. के कम-से-कम किसी भी एक अंक में तो अवश्य रहती। किन्तु 1874 ई. के 'बिहार बन्धु' में लिपि-आन्दोलन की चर्चा नहीं है। अतः बिहार में देवनागरी लिपि के लिए सबसे पहला आन्दोलन करने का श्रेय इस पत्रिका को नहीं दिया जा सकता क्योंकि बिहार में देवनागरी लिपि के लिए आन्दोलन 1873 ई. में ही प्रारम्भ हो गया था। बिहार में सर्वप्रथम, 2 अप्रैल, 1874 ई. को सरकारी निर्देश प्रचारित किया गया था कि पटना, भागलपुर और छोटानागपुर में सारे कार्य, इश्तिहार, इत्तिलाय आदि हिन्दी में लिखे और करे जायें और सरकारी दफ़्तर हिन्दी में कार्य सम्पादित करें। किन्तु 1874 ई. के इस ऐतिहासिक निर्देश का कोई उल्लेख 1874 ई. के 'बिहार बन्धु' के किसी भी अंक में नहीं है।

हाँ, यह सुनिश्चित है कि बिहार की कचहरियों में देवनागरी लिपि की मान्यता के लिए बाद में सर्वाधिक प्रभावकारी आन्दोलन 'बिहार बन्धु' ने ही किया और उसमें उसे सफलता मिली।

'बिहार में हिन्दी की नेव' एक भ्रामक शब्दावली है। एंट्रेंस, एफ.ए., बी.ए. तक हिन्दी विषय 1858 ई. से कलकत्ता विश्वविद्यालय के अन्तर्गत स्वीकृत था।

बंगाल, बिहार, उड़ीसा, असम, पश्चिमोत्तर प्रदेश और अवध, पंजाब, राजस्थान, वर्मा और सिलोन आदि प्रदेश और राज्य कलकत्ता विश्वविद्यालय के अन्तर्गत स्वीकृत थे। हाँ, 'बिहार बन्धु' बिहार से प्रकाशित और बिहार के समाचारों को विशेष प्रमुखता देने वाला सबसे पहला पत्र था। यह साप्ताहिक हिन्दी पत्र था। उसने बिहार में पत्रकारिता की नींव डाली। इसका प्रकाशनारम्भ 1873 ई. में हुआ था। भाषा-स्वरूप स्थिरीकरण और भाषा-प्रचार की दिशा में पत्र-पत्रिकाओं का ही विशेष महत्त्व तत्कालीन युग में रहता था। अतः कहा यह जाना चाहिए कि 'बिहार बन्धु' ने बिहार में हिन्दी की जड़ मजबूत की। बिहार की कचहरियों में नागरी लिपि की स्वीकृति ऐतिहासिक घटना थी जिसके लिए 'बिहार बन्धु' का योगदान विस्मृत नहीं किया जाना चाहिए।

'...The people have a right, as a mere measure of Justice, to demand that the business of the courts and of the country generally should be administered in the vernacular language and character.'[3]

उर्दू समर्थक कुछ लोगों ने यह भ्रम फैलाना चाहा था कि नागरी में सरकारी कार्य सम्पादित नहीं किया जा सकता। इसीलिए, फ्रेडरिक जोन शोर ने स्पष्ट शब्दों में कहा–

'To carry on the concerns of any country in its own vernacular language and character it so prima facie consonant to common sense, that those who support a different mode, ought first to be obliged to prove that the common-sense-one would not succeed. This never can be done, until the experiment shall have been fairly tried.'[4]

देवनागरी लिपि को सरकारी कचहरियों की मान्यता के लिए सुदूरव्यापी शान्तिपूर्ण आन्दोलन हुए थे।[5] मुसलमानों ने देवनागरी लिपि का सशक्त विरोध किया।[6]

हिन्दी में दीवानी अदालत के इत्तिलानामा और अर्जी नालिश की नकल आदि जारी करना अत्यावश्यक था क्योंकि फारसी हर्फों के कारण जनसाधारण को बड़ी असुविधा थी। सन् 1878 ई. के पूर्व से ही, बन्दोबस्त का इजाफ़ा लगान आदि की नालिशों के इत्तलानामे नागरी में ही सम्बन्धित व्यक्तियों के पास प्रेषित किये जाते थे।[7] किन्तु दीवानी अदालत में देवनागरी लिपि स्वीकृत नहीं थी। फारसी अक्षर जनता में प्रचलित नहीं थे। फारसी अक्षरों में लिखे गए इत्तिलानामों आदि को न पढ़ पाने के कारण लोगों के मुकदमे भी खराब हो जाते थे। देवनागरी अक्षरों में दीवानी अदालत में इत्तलानामा और अर्जी नालिश आदि की नकल जारी करने में प्रजा का हित था।[8] चुंगी घरों में व्यापारियों को फारसी अक्षरों में ही अनुमति मिलती थी।[9]

उक्त अनुमति को व्यापारी या अनुमति पत्र दिखलाने वाले चपरासी भी नहीं पढ़ सकते थे। सड़कों के नाम आदि यदि कहीं नागरी अक्षरों में होते थे, उनमें विशेषतया गलतियाँ ही रहती थीं।[10]

हिन्दी की अपेक्षा देवनागरी लिपि को तत्कालीन जनता और हिन्दी समाचार पत्रों के द्वारा प्रथम वरीयता का मत प्रदान करने के लिए अनेक कारण थे। 'हिन्दी प्रदीप' ने इसीलिए कहा था–"खैर हिन्दी भाषा का प्रचार न हो सके तो नागरी अक्षरों ही का बरताव सरकारी कामों में हो तब भी हम लोग अपने को कृतार्थ मानें।[11]

बिहार में सर्वप्रथम 2 अप्रैल, 1874 ई. और 9 जुलाई, 1876 ई. को सरकारी आज्ञा प्रसारित की गई थी कि "पटना, भागलपुर और छोटानागपुर में कुल काम, इश्तिहार और इत्तिलायें हिन्दी में लिखी जावें और कुल सरकारी दफ़्तर हिन्दी में रक्खे जावें। दरखास्तें भी साइलों की ख़्वाहिश के मुताबिक हिन्दी या उर्दू में ली जावें। कुल अमलों पर हिन्दी सीखने की ताकीद की जावे।"[12]

किन्तु इस सरकारी आदेश का पालन आंशिक रूप से ही हुआ। पटना के आयुक्त के कार्यालय और तत्कालीन मधुबनी अवर प्रमंडल में ही नागरी जारी थी।[13] बिहार के शेष कार्यालयों में उर्दू भाषा और फारसी अक्षरों का ही प्रभुत्व था।

2 अप्रैल, 1874 ई. और 9 जुलाई 1876 ई. के सरकारी निर्देश के परिणाम स्वरूप 'बिहार पुलिस गजट' का प्रकाशन नागरी लिपि में प्रारम्भ हुआ। किन्तु 1880 ई. में पुलिस के इन्सपेक्टर जेनरल ने बंगाल के लेफ्टिनेंट गवर्नर को लिखा था कि अधिकांश पुलिसकर्मियों के नागरी लिपि से परिचित नहीं रहने के कारण नागरी लिपि में 'बिहार पुलिस गजट' का प्रकाशन लाभप्रद नहीं है। (बिहार बन्धु : 29 अप्रैल 1880 ई., जिल्द 8 नंबर 16, 'नागरी! नागरी!! नागरी!!!' शीर्षक सम्पादकीय आलेख, पृष्ठ 4) इन्सपेक्टर जेनरल ऑफ पुलिस ने इस प्रकार नागरी-अक्षरों में सरकारी प्रकाशन को निरुत्साहित किया था।

लिपि सम्बन्धी सरकारी निर्देश की प्रभावशून्यता का निष्कर्ष इसी तथ्य से उद्घाटित होता है कि मात्र आयुक्त कार्यालय (पटना कमिश्नरी) और दरभंगा जिला के मधुबनी अवर प्रमंडल में ही हिन्दी और नागरी लिपि में सरकारी कार्य होते थे।[14] बिहार के शेष स्थानों में विपरीत स्थिति थी। वहाँ सरकार की सेवा में आवेदन पत्र उर्दू भाषा और फारसी लिपि में दिए जाते थे, पुलिस विभाग के सारे कार्य उर्दू भाषा और फारसी लिपि में होते थे, दीवानी और फौजदारी कचहरी के कार्य उर्दू भाषा और फारसी लिपि में किये जाते थे। 2 अप्रैल, 1874 ई. और 9 जुलाई, 1876 ई. के भाषा सम्बन्धी सरकारी आदेश के बाद सरकारी फार्म आदि नागरी लिपि में अवश्य मुद्रित-प्रकाशित किए जाते थे किन्तु उनकी भाषा उर्दू-फारसी ही होती थी। इस प्रकार, सरकार के उक्त आदेशों की अवहेलना ही हुई।

अत: 1 जनवरी, 1881 ई. से पटना प्रमंडल के सभी जिलों और भागलपुर प्रमंडल के ऐसे जिलों में जो पीछे नामज़द किये जायेंगे, नागरी लिपि सरकारी स्तर पर जारी किये जाने की घोषणा हुई।[15] कचहरियों के सारे कार्य और उनके फैसले, दस्तावेज आदि नागरी लिपि में लिखे जाने की सरकारी घोषणा हुई। किन्तु छोटानागपुर के सम्बन्ध में सरकार मौन रही।[16]

सरकारी आदेश में कहा गया था–"पुलिस के अफ़सर और अमलों को होशियार किया जाता है कि अगर वह 1 जनवरी, 1881 तक नागरी लिखना-पढ़ना न सीख लेवेंगे तो उन की जगह पर ऐसे आदमी बहाल किये जावेंगे जो नागरी जानते हों।"[17]

पुलिस के इन्सपेक्टर जेनरल ने अपने प्रतिवेदन में कहा था कि सिविलियन, डिप्टी मजिस्ट्रेट और पुलिस के पदाधिकारियों के लिए जो परीक्षाएँ नियत हैं, उनमें प्रश्न उर्दू भाषा और फारसी लिपि में आते हैं। उक्त अफसरों की नियत परीक्षाओं का कोई भी प्रश्न पत्र हिन्दी और नागरी लिपि में नहीं आता था।

बंगाल के लेफ्टिनेंट गवर्नर ने अत: यह आदेश दिया कि 1 जनवरी, 1881 ई. से सरकारी हाकिमों के लिए नियत प्रतियोगिता परीक्षाएँ होंगी, उनके प्रश्नपत्र कैथी लिपि में छापे जायेंगे।[18] लगभग अप्रैल, 1880 ई. में बंगाल के लेफ्टिनेंट गवर्नर का यह आदेश प्रचारित किया गया था। उर्दू और हिन्दी को सरकार एक ही भाषा मानती थी–केवल लिपि-भेद है। इसलिए भाषा सम्बन्धी बाधा को लिपि-समस्या के समाधान के द्वारा सरकार ने दूर करने का प्रयास किया।

बिहार में लिपि आन्दोलन कम घटनापूर्ण एवं वैविध्यपूर्ण नहीं रहा है। सन् 1873 ई. से 1882 ई. तक बिहार में लिपि आन्दोलन विशेष रूप से चलता रहा। सर्वप्रथम, सर जार्ज कैम्पबेल, बंगाल के लेफ्टिनेंट गवर्नर को बिहार की जनता की ओर से हिन्दी और नागरी लिपि को सरकारी स्तर पर जारी किये जाने के लिए प्रार्थनापत्र दिया गया था। किन्तु उस प्रार्थनापत्र पर किसी विशेष प्रकार की कार्रवाई नहीं हो सकी। मिस्टर कैम्पबेल ने नागरी लिपि के विषय में मिनिट्स (कार्यवृत) अवश्य लिखे थे। यह मिनिट्स विवादग्रस्त था। इसके उत्तर में 'बिहार बन्धु' ने नागरी के समर्थन में जनमत तैयार किया और लिपि आन्दोलन का नेतृत्व किया। इसके कुछ दिनों के बाद सर जार्ज कैम्पबेल का स्थानान्तरण हो गया। उनके बाद सर रिचर्ड टेम्पुल बंगाल के लेफ्टिनेन्ट गवर्नर हुए। उनके कार्यकाल में लिपि आन्दोलन में विशेष तीव्रता आई।

'कचहरियों में नागरी क्यों नहीं जारी होनी चाहिए' शीर्षक पुस्तिका का प्रकाशन 'बिहार बन्धु' की पूर्ति के रूप में हुआ था। बिहार की कचहरियों में नागरी लिपि जारी करने के लिए उक्त पुस्तिका में बड़े ही ठोस तथ्य दिए गए थे। 'कचहरियों में

नागरी क्यों नहीं जारी होनी चाहिए' शीर्षक पुस्तक इस पत्र के सभी ग्राहकों और प्रदेश और प्रदेश के बाहर के अन्य शिक्षित व्यक्तियों के पास भेजी गई कि उक्त पुस्तिका पर हस्तक्षर कर लोग सरकार की सेवा में प्रषित करें। परिणामस्वरूप लोगों ने 'कचहरियों में नागरी क्यों नहीं जारी होनी चाहिए' शीर्षक पुस्तिका पर हस्ताक्षर कर, प्रार्थनापत्र के रूप में भारत सरकार की सेवा में प्रेषित किया।[19] उन प्रार्थनापत्रों को भारत सरकार ने बंगाल सरकार के पास उचित कार्यवाही के लिए भेज दिया और बंगाल सरकार ने उन प्रार्थनापत्रों को पटना प्रमंडल के आयुक्त के पास उचित जाँच के लिए भेज दिया। तब पटना के कमिश्नर मिस्टर मेटकाफ़ थे। किन्तु मेटकाफ़ के पटना प्रशासन काल में जनता के उक्त आवेदन पत्र विचार नहीं हो सका। मेटकाफ़ के बाद बेली साहब पटना के कमिश्नर हुए। बेली साहब हिन्दी के हिमायती थे। उन्होंने न्याय का ही आश्रय लिया। उन्होंने बंगाल सरकार को अपना प्रतिवेदन दिया कि 'कचहरियों में नागरी क्यों नहीं जारी होनी चाहिए' शीर्षक पुस्तिका में नागरी अक्षरों के लाभ और उर्दू से हो रही हानियों का वर्णन है। अत: यह बिहार की जनता की ओर से हिन्दी जारी करने का प्रार्थनापत्र है। इसी प्रार्थनापत्र में कमिश्नर मिस्टर बेली ने यह सुझाव दिया कि हिन्दी जारी करने के पहले 'बिहार हिन्दी गजट' जारी करना उचित है।[20]

उनके सुझाव पर बिहार गजट का प्रकाशन नागरी लिपि में हुआ। गजट का हिन्दी या नागरी अक्षरों में प्रकाशन किया जाना एक ऐतिहासिक घटना थी। क्योंकि, इसके पूर्व भारत में किसी भी प्रान्त में गजट का प्रकाशन हिन्दी या नागरी लिपि में नहीं हुआ था।

'बिहार हिन्दी गजट' की प्रस्तावित योजना पर टिप्पणी करते हुए 'बिहार बन्धु' ने लिखा था–''बेली साहब ने यह सोचा कि जब बिहार गेज़ेट जारी होगा और बिल ऐक्ट और सरकारी हुक़्म वग़ैरह हिन्दी में छपने लगेंगे तो खुद–ब–खुद हिन्दी जारी हो जायेगी। इसलिए कमिश्नर साहब ने भागलपुर के कमिश्नर और छोटानागपुर के कमिश्नर से भी गेज़ेट के बारे में पूछा। मिस्टर (अब सर) बेली ने यह देखा कि हिन्दी गेज़ेट होने पीछे–आप ही आप हिन्दी हो जायेगी। गेज़ेट जारी हुआ और बीच–बीच में गवर्नमेन्ट ने चन्द तरह के हुक्म एहकाम जारी करके हिन्दी की जड़ को मजबूत की...''[21]

मुसलमानों ने हिन्दी और नागरी अक्षरों का उग्र विरोध किया किन्तु उनका विरोध सफल नहीं हो सका। (बिहार बन्धु : 27 दिसंबर, 1883 ई., जिल्द 11 नंबर 49, पृष्ठ 2 और 3)

यद्यपि बिहार गजट का मुद्रण–प्रकाशन नागरी में होने लगा तथापि उसकी बिक्री बहुत ही कम थी। बिक्री कम होने के कारण अथवा किसी अन्य कारणवश

पटना के गवर्नमेन्ट प्रेस का स्थानान्तरण 1878 ई. में कलकत्ता कर दिया गया। तत्पश्चात् 1878 ई. में ही बिहार के जिलों के मजिस्ट्रेट कमिश्नर आदि प्रशासकों से बंगाल सरकार ने एक विशेष सर्क्यूलर भेज कर यह पूछा था कि बिहार गजट का प्रकाशन नागरी में हो या उर्दू और फारसी लिपि में? बिहार के अंग्रेज हाकिमों ने सरकार को यह सूचित किया कि यदि 'बिहार गजट' का प्रकाशन उर्दू में होता तो उसकी बिक्री अधिक होगी और यह अपेक्षाकृत विशेष लोकप्रिय होगा।[22]

दोषपूर्ण भाषान्तर के कारण 'बिहार हिन्दी गजट' की बहुत कम बिक्री थी।[23] इसकी केवल पच्चीस प्रतियाँ ही किसी तरह बिक पाती थीं।[24] गजट में मूल और भाषान्तर एक ही प्वायन्ट के टाइप में रहते थे। छुट्टी, बदली और मुक़र्ररी के ऑर्डर ही गजट में विशेष रूप से छपते थे जिनकी ओर जनसाधारण का आकर्षण नहीं रहता था। अत: 'बिहार हिन्दी गजट' लोकप्रिय नहीं हो सका। लोकप्रियता के अभाव के फलस्वरूप तत्कालीन सरकार ने इसे पुन: फारसी लिपि में पूर्ववत् प्रकाशित करने का निर्णय किया। सरकार के इस निर्णय का विरोध किया गया। पुरानी पीढ़ी के मुसलमानों के विपरीत नये मुसलमान हिन्दी के विरोधी नहीं थे।

यद्यपि बिहार गजट का नागरी अक्षरों में मुद्रण-प्रकाशन बन्द नहीं हुआ तथापि उसकी स्थिति में उत्साहवर्द्धक परिवर्तन नहीं हुआ। उसकी छपाई आदि बहुत खराब रहती थी। इसमें कमी उत्साहवर्द्धक सुधार नहीं हुआ यद्यपि इसके मुद्रण सम्बन्धी दोषों के विरुद्ध तत्कालीन हिन्दी पत्रों ने अनेक बार आवाज उठाईं।[25] अक्षर-दोष एवं मुद्रण-दोष के कारण 'बिहार हिन्दी गजट' का विशेष स्वागत समर्थन नहीं हो सका।

'बिहार बन्धु' के शब्दों में,'...ऐब से भरा हुआ फिर उर्दू हर्फ़ों में गज़ेट का होना वैसा ही है जैसा कि सच्ची बात न चली इसलिए झूठ ही फिर जारी की जावे। तजरुबे से मालूम हुआ कि नये मुसलमान भी हिन्दी के चाहनेवाले हैं सिर्फ पुराने उर्दूदाँ ही उर्दू चाहते हैं।...''[26]

'बिहार हिन्दी गजट' के प्रकाशन के पूर्व 'गजट मशरकी' नामक एक उर्दू गजट इलाहाबाद से मुद्रित-प्रकाशित होता था।[27] 'गजट मशरकी' के मुद्रण-प्रकाशन बन्द कर 'बिहार हिन्दी गजट' जारी किया गया था।

अन्तत:, 1880 ई के जून माह के पूर्व ही दीवानी अदालत में नागरी जारी होने का आदेश हो गया। 1 जनवरी, 1881 ई. से कचहरियों में सारे कार्य नागरी में होने की सरकारी आज्ञा प्रचारित कर दी गई।[28] जो सरकारी मुलाज़िम 1 जनवरी, 1881 ई. तक नागरी अक्षर नहीं सीख लेंगे, उनको कार्यमुक्त कर दिया जायगा-ऐसा सरकारी आदेश था।

इस नागरी लिपि-विजय को हिन्दी के प्रमुख पत्रों ने 'हिन्दी का सौभाग्य' माना और हर्ष प्रकट किया।

'सारसुधानिधि', 10 मई 1880 ई., ने 'हिन्दी का सौभाग्य' शीर्षक सम्पादकीय अग्रलेख में निवेदन किया–"हमारी भारत गवर्नमेन्ट को चाहिये कि भारतवर्ष की बहुदूरदेशव्यापी हिन्दी भाषा को अपने राजकाज में स्थान देवें। हिन्दी भाषा और देवनागरी अक्षरों का चलन गवर्नमेन्ट के हर विभागों में होना उचित है।...हमारी भारत गवर्नमेन्ट को उचित है कि सम्पूर्ण भारतवर्ष में जहाँ–जहाँ की अदालतों में फारसी उर्दू का चलन है उसको शीघ्र ही उठा दे। इस प्रथा के रहने से दुष्ट विश्वासघाति अदल्तियों को तो अवश्य लाभ है, परन्तु और सभों की हानि होती है। यह तो हम निश्चय कहते हैं कि अदालतों में फारसी अक्षरों का चलन रहने से संसार की जितनी हानि होती है उतनी न तो चोरी से और न डकैती से और न जुए से। क्योंकि वह तो जब कहीं होती है प्रकाश हो जाती है परन्तु इस द्वारा जो हानि होती है वह प्रकाश नहीं होती, वह तो जिसकी होती है, वही जानता है अथवा जिसने किया है वही जानता है।"[29]

बिहार की कचहरियों में नागरी–प्रवेश की घोषणा को 'सारसुधानिधि' ने 'हिन्दी का सौभाग्य' माना–" ...परन्तु अब हम अत्यन्त आनन्द से प्रकाश करते हैं कि बंगाल के सद्विवेचक लेफ्टिनेन्ट गवर्नर सर आसली इडेन साहिवने...यह आज्ञा प्रचार कर दियी है कि बिहार में 1881 के प्रारम्भ ही से वहाँ की किसी अदालत में फारसी अक्षरों का व्यवहार नहीं होय। न तो अदालत से उन अक्षरों की लिपि बाहर होएगी, और न कोई बाहर से उन अक्षरों में लिखके अदालत में दे सकेगा। फारसी अक्षरों के बदले देवनागरी और कैथी और उर्दू भाषा के बदले देश भाषा, वर्तीं जायगी।"[30]

सरकार का यह प्रस्ताव मूलत: शुद्ध हिन्दी भाषा के लिए नहीं, देवनागरी लिपि के लिए था। किन्तु देवनागरी लिपि की सरकारी मान्यता कम महत्त्वपूर्ण ऐतिहासिक घटना नहीं थी।

'हिन्दी प्रदीप' के शब्दों में, "खैर हिन्दी भाषा का प्रचार न हो सके तो नागरी अक्षरों ही का बरताव सरकारी कामों में हो तब भी लोग अपने को कृतार्थ माने।"[31]

पंडित अम्बिकादत्त ब्यास के मतानुसार भाषा में एक साधन भाषा और दूसरी साध्य भाषा मानना अत्यावश्यक है जैसे योग में एक साधन योग होता है, दूसरा साध्य योग; जैसे भक्ति में एक साध्य भक्ति और दूसरी साधन भक्ति होती है। पं. अम्बिकादत्त ब्यास के शब्दों में, "साध्य भाषा वह है जो शुद्ध ( ) की पराकाष्ठा है और जिसका साधन करना हम लोगों का मुख्य उद्देश्य है। साधन भाषा वह है जिस के द्वारा ( ) साध्य भाषा की सिद्धि संभव है और जो उसी के साथ एक सोपान है।"[32]

बिहार में शिक्षितों में कायस्थों की ही संख्या विशेष थी। बिहार में कायस्थादि हिन्दुओं की शिक्षा विस्मिल्ला से ही प्रारम्भ होती थी, हुज़ूर फिदवी, दौलतख़ाना, इस्म शरीफ़ और तशरीफ आदि कहते–कहते उनकी जीभ घिस गई थी, देवनागरी के स्पष्ट अक्षरों को पढ़ने में जिन्हें जूड़ी–ताप चढ़ जाता था, किसी संयुक्ताक्षरी को

पढ़ने में जिनका सर्वशरीर काँप जाता था। अतएव, पंडित अम्बिकादत्त ब्यास का मत है कि तत्कालीन युग में सहसा साध्य भाषा अर्थात् उर्दू–फारसी आदि से सर्वथा रहित भाषा का प्रचार करना व्यावहारिक नहीं होगा। अत: बिहार प्रदेश में साधन भाषा के प्रचार के द्वारा साध्य भाषा प्राप्त करना उनके मतानुसार युक्तिसंगत होगा। अत: वे देवनागरी लिपि के स्थान पर कैथी लिपि को प्रचलित करने के पक्ष में थे। पंडित अम्बिकादत्त ब्यास के शब्दों में "इसलिए आज के समय इस प्रान्त से एका–एकी उसी साध्य भाषा अर्थात् उर्दू के सम्बन्ध में नितान्त रहित भाषा का प्रचार कर डालना अत्यन्त असंभव जान पड़ता है तब अत्यन्त औ आवश्यक है कि इस समय बिहार प्रान्त में साधन भाषा अर्थात् सीधे–सीधे हिन्दी के शब्द और जहाँ हिन्दी में (नहीं) हो वहाँ सीधे से उर्दू के शब्द इन से मिली हुई भाषा का प्रचार किया जाय जब ये लोग इस भाषा के पूरे परिचयी हो जायँ तो धीरे से उर्दू शब्दों को निकालकर उसी भाषा को कर लिया जाय।

वैसे ही जब तक देवाक्षर का पूरा प्रचार करना कठिन तब तक यहाँ की अति प्रचलित कैथी अक्षरावली ही को जा ( ) दीर्घ, और युक्ताक्षर सहित कर लोगों को अक्षरों के इन ( ) का परिचित बनाया जाय।

इन विषयों में हम श्रीयुत ग्रेयरसन साहब महोदय के परम धन्यवादी है जिन्होंने कैथी में भी ह्रस्व दीर्घ औ युक्ताक्षरों ( ), विधान कर इसे देवाक्षर की समता दी..."[33]

किन्तु लिपि का परिवर्तन भाषा में उत्साहवर्द्धक स्वस्थ परिवर्तन का कारण नहीं हो सका। नागरी लिपि में फारसी भाषा ही कचहरी–भाषा बन गई। कचहरी की भाषा क्लिष्ट उर्दू फारसी ही रही।

बिहार के पूर्व, महाराजा जयपुर और महाराजा उदयपुर ने अपने–अपने राज्यों से उर्दू–फारसी की लेखन–प्रथा का बहिष्कार किया था।[34] और तत्पश्चात, जयपुर और उदयपुर से प्रेरणा ग्रहण कर महाराज जोधपुर ने भी अपने राज्य से उर्दू–फारसी का चलन उठाकर हिन्दी और देवनागरी लिपि का शुभारम्भ किया था। यह उन्नीसवीं शताब्दी के उत्तरार्द्ध की घटना है।

बिहार में नागरी अक्षर जारी होने के सरकारी आदेश के बाद बिहार की कचहरियों के कुछ कर्मचारीगण एवं हिन्दी–विरोधियों ने इस आदेश के विरुद्ध सरकार की सेवा में प्रार्थनापत्र दिया।[35] तत्कालीन युग में हिन्दी विरोधियों का एक ऐसा वर्ग था जो हिन्दी–विरोध और उर्दू फारसी–समर्थन करने में ही अपने हितों की रक्षा मानता था। इस वर्ग में मुसलमान ही नहीं, कचहरियों के हिन्दू कर्मचारी भी थे। उर्दू भाषा और फारसी लिपि में ही कचहरी के कार्य किये जाते थे। उर्दू फारसी में विशेष अभ्यास के कारण, कचहरी के कर्मचारी नागरी लिपि में असुविधा का अनुभव करते थे। अत: कचहरियों के कर्मचारियों ने हिन्दी–विरोध को सुदृढ़ किया।

हिन्दी विरोधियों ने हिन्दी के विरुद्ध षड्यन्त्र रचना का प्रारम्भ कर दिया। हिन्दी-विरोधी जनमत-निर्माण हिन्दी-विरोधियों के द्वारा प्रारम्भ हो गया। हिन्दी-विरोधियों की दलील थी कि नागरी अक्षरों में सरकारी कार्य सम्पादन संभव नहीं है। हिन्दी-विरोधियों का गढ़ विशेष रूप से पटना ही था। बिहार के अन्य जिलों में हिन्दी-विरोध या देवनागरी लिपि विरोध का वातावरण लगभग नहीं के बराबर था।

नागरी लिपि के विषय में सरकार का उक्त आदेश 1 जनवरी 1881 ई. से प्रारम्भ हुआ। किन्तु जून 1880 ई. से ही गया की दीवानी और फौजदारी अदालतों में बड़े उत्साह के साथ देवनागरी लिपि में कार्य सम्पादन होने लगा था।[36] इस सम्बन्ध में 'बिहार बन्धु' 01 जुलाई, 1980 ई. का यह अभिलेख विशेष द्रष्टव्य है-''गया की अदालत दीवानी और फौज़दारी में अक्सर काररवाइयाँ अब नागरी में हुआ करती हैं। बावजूद इसके कि अभी तक सरकूलर का निफ़ाज़ भी नहीं हुआ है। इस से साफ़ ज़ाहिर है कि वहाँ के लोग नागरी नारी करने में बड़े मुस्तैद हैं और आम लोगों की ख़्वाहिश यह है कि जहाँ तक जल्द हो सके नागरी जारी हो जाये। लेकिन कम्बख़्त पटने के लोग मुख़्तार और अमलों के फन्दे में कुछ इस तरह फँसे हैं कि नागरी जारी करने की तरफ़ इस क़दर तवज्जुद नहीं करते जैसा कि लाज़िम है।''[37]

इसी तरह, गया की दीवानी और फौजदारी अदालतों में नागरी जारी होने के सम्बन्ध में 'बिहार बन्धु' 07 जुलाई, 1980 ई. का यह अभिलेख भी द्रष्टव्य है-''गया में अभी से लोगों ने नागरी में अर्जीदावा और बयान तहरीरी वग़ैरह लिखना शुरू कर दिया है जिससे जाहिर है कि यहाँ के लोग नागरी के ख़िलाफ़ हर्ग़िज नहीं हैं।''[38]

गया हिन्दी-रसिकों का गढ़ था। गया सम्पूर्ण बिहार में सबसे पहला क्षेत्र था जहाँ की दीवानी और फौजदारी अदालतों में हिन्दी और देवनागरी लिपि का प्रवेश हो गया। बिहार सम्पूर्ण भारत में सर्वप्रथम प्रदेश है जहाँ देवनागरी लिपि को सरकारी मान्यता एवं स्वीकृति सरकारी स्तर पर मिली और कचहरियों में देवनागरी लिपि को सरकारी स्तर पर प्रवेश मिला।

बिहार की कचहरियों में नागरी की मान्यता के प्रश्न पर बंगाल के तीन लेफ्टिनेन्ट गवर्नरों में अपने-अपने प्रशासन काल में विचार किया। तब सर एशली इडेन (बंगाल के लेफ्टिनेन्ट गवर्नर) ने नागरी जारी करने की आज्ञा दी।[39] बहुमत की विजय हुई। देवनागरी लिपि की विजय जनता की विजय थी। लेकिन बिहार के मुसलमानों ने नागरी लिपि का विरोध किया। (बिहार बन्धु : 7 जुलाई 1880 ई., 'नागरी', पृष्ठ 3)

तत्कालीन पश्चिमोत्तर प्रदेश और अवध[40] में भी कचहरियों और सरकारी कार्यालयों में हिन्दी अक्षर प्रचलित करने के प्रयास हुए थे। किन्तु वहाँ 1900 ई. में कचहरियों में हिन्दी प्रचलित करने का आदेश संभव हो सका।

1871 ई. में ही, प्राप्त सामग्री के अनुसार, सर्वप्रथम, 'कविवचनसुधा' में यह समाचार मिलता है–"ऐसा जान पड़ता है कि इलाहाबाद इंस्टीट्यूट की ओर से एक अनुरोध पत्र प्रस्तुत हो रहा है कि लोगों के हस्ताक्षर कराकर श्रीयुत नव्वाब लेफ्टिनेन्ट गवर्नर साहब के पास भेजा जाय। उसका आशय यह है कि पश्चिमोत्तर देशस्थ कार्यालयों में हिन्दी अक्षर प्रचलित किये जायँ। अब इससे आनन्ददायक बात और क्या हो सकती है?"[41]

बंगाल के लेफ्टिनेन्ट गवर्नर सर जार्ज कैम्पबेल ने देवनागरी लिपि के सम्बन्ध में एक कार्यवृत्त लिखा था। तत्पश्चात, बिहार की कचहरियों में नागरी जारी करने के समर्थन में, बिहार वासियों ने प्रार्थना पत्र सरकार की सेवा में प्रेषित किये। कहा जा चुका है कि यह प्रार्थनापत्र 'कचहरियों में नागरी क्यों नहीं जारी होनी चाहिए' शीर्षक पुस्तिका को, जो 'बिहार बन्धु' की विशेष पूर्ति के रूप में प्रकाशित हुई थी, प्रार्थनापत्र के रूप में हस्ताक्षर कर बिहार वासियों ने सरकार की सेवा में प्रेषित किया था। किन्तु बिहार का मुस्लिम समुदाय देवनागरी लिपि का विरोधी था। बिहार के मुसलमानों ने हिन्दी और देवनागरी लिपि के विरोध में सरकार की सेवा में आवेदनपत्र भेजा।[42] सरकार ने नागरी लिपि–समर्थक और नागरी लिपि–विरोधी प्रार्थनापत्रों पर विचार किया और नागरी लिपि के पक्ष में अपना निर्णय दिया।

हिन्दी और देवनागरी लिपि के प्रचारार्थ बिहार वासियों ने 'बिहार–उपकार सभा'[43] की स्थापना की। बिहार उपकार सभा के आवेदन पर 'बिहार हिन्दी गजट' का प्रकाशन हुआ।

'बिहार उपकार सभा' की तुलना भारतेन्दु हरिश्चन्द्र द्वारा वाराणसी में सन् 1870 ई. में संस्थापित डिबेटिंग क्लब से की जा सकती है।

सोमवार, 1 मई, 1871 ई., संध्या को वाराणसी स्थित हरिश्चन्द्र पाठशाला कार्यालय में भारतेन्दु हरिश्चन्द्र के सभापतित्व में आयोजित डिबेटिंग क्लब के द्वितीय वार्षिकोत्सव के अवसर पर बाबू गोकुलचन्द्र ने राजा शिवप्रसाद सितारेहिन्द आदि की उपस्थिति में डिबेटिंग क्लब के उद्देश्यों पर प्रकाश डालते हुए कहा था– "इस सभा का मुख्य अभिष्ट यही है कि इस देश की भाषा सुधारे। वस्तुतः इस सभा ने बड़ी उन्नति पाई है और यह उन्नति केवल इसके परमाश्रय और सभासद लोगों के श्रम का प्रतिफल है, यदि वे लोग निरन्तर इसी प्रकार परिश्रम करते रहेंगे तो निःसन्देह हिन्दी भाषा सुधर जायगी।"[44]

हाँ, उक्त डिबेटिंग क्लब ने इस दिशा में कितना कार्य किया, इसका विवेचन यहाँ अप्रासंगिक होगा।

बिहार में हिन्दी–समर्थन का उत्साहवर्द्धक वातावरण था। बिहार हिन्दी–रसिकों, हिन्दी–प्रेमियों और हिन्दी–सेवियों की भूमि रहा है।

'बिहार बन्धु' ने 07 जुलाई 1880 ई. के अंक में यह स्वीकार किया था– "...बिहार के लोग नागरी जारी होने की कोशिश से कोताही नहीं करते हैं। अलबत्ता सरकार ने भी इन लोगों की बहुत मदद की है। जब यह बात साबित हो गई कि नागरी यहाँ की लिखावट है, तब ही से हमारी सरकार बराबर हुक्म जारी करती गई कि ज़िले के हाकिम अपनी–अपनी कचहरियों में फ़ार्सी हर्फ़ों के बदले आहिस्ता–आहिस्ता नागरी जारी करने की कोशिश करें बल्कि अमलों पर नागरी सीखने की ताकीद भी की गई। लेकिन उन हुक्मों से कुछ भी फ़ायदा नहीं निकला।...अमलों ने कह दिया कि नागरी में काम नहीं चल सकता है और हाकिमों ने भी इसी बात को चुपचाप मान लिया। हाँ दो एक हाकिम इस तरह के हैं, कि जिन को अमलों के कहने पर एतमाद न हुआ और नतीजा यह हुआ कि इनकी कचहरियों में नागरी बखूबी जारी हो गई। ऐसे हाकिमों में सब से पहले मिस्टर गिरेयरसन साहिब मधुबनी के मजिस्ट्रेट की तारीफ़ ज़रूर है। इनकी कचहरी में अब नागरी बखूबी जारी है।"[45]

1 जनवरी 1881 ई. से कचहरियों में नागरी पूर्णतः जारी हो जायगी और जो अमले एवं कर्मचारीगण उक्त तिथि के पूर्व तक नागरी में दक्षता नहीं प्राप्त कर लेंगे, वे कार्यमुक्त कर दिए जायेंगे। सरकार के इस आदेश से हिन्दी–विरोधियों और कचहरियों के नागरी–विरोधी कर्मचारियों में सनसनी फैल गई। सरकार को ऐसा इसलिए आदेश करना पड़ा कि जनता का प्रबल बहुमत नागरी लिपि के पक्ष में था। 2 अप्रैल, 1874 ई. और 9 जुलाई 1876 ई. के देवनागरी लिपि सम्बन्धी सरकारी आदेश का उल्लंघन ही किया गया था।

इसलिए, "इस तरह के हुक्म की निहायत ज़रूरत थी क्योंकि जब तक अमलों पर सख़्त हुक्म सादिर न होता मुमकिन नहीं था कि वह सब कभी अपनी खुशी से नागरी सीखते। अब तो इन लोगों को किसी तरह छुटकारा नहीं। अगर नागरी नहीं सीखेंगे तो बरतरफ़ किये जायँगे...।"[46]

इसके बावजूद, कतिपय हिन्दी–विरोधियों का हिन्दी–विरोध कम नहीं हुआ। देवनागरी लिपि के विरोधी अनेक कुतर्क उपस्थित करते थे कि नागरी बहुत देर में लिखी जाती है, अतः कचहरी के कार्य अच्छी तरह इस लिपि के माध्यम से नहीं सम्पादित हो सकते। नागरी अक्षर लिखे जाने में अपेक्षाकृत अधिक स्थान लेना पड़ता है। और, तीसरी आपत्ति यह थी कि नागरी में लोग सभी शब्दों को एक साथ मिलाकर लिखते हैं, बीच में खुला स्थान नहीं छोड़ते जिसके फलस्वरूप पढ़ने में बड़ी असुविधा होती है।[47]

इन तीनों आपत्तियों के समीचीन उत्तर 'बिहार बन्धु' ने 15 जुलाई 1880 ई. (जिल्द 8 नवम्बर 27) के अंक में 'नागरी' शीर्षक सम्पादकीय अग्रलेख में दिए थे। नागरी–विरोधी तीसरी आपत्ति का उत्तर देते हुए 'बिहार बन्धु' ने कहा था–

''पुराने पंडितों को यह बाहियात आदत पड़ गई है कि लफ़्ज़ों को एक साथ मिलाकर लिखते हैं जिस से सतर का सतर एक लम्बा लफ्ज सा दिखाई देता है। लेकिन शुक्र है कि अब यह आदत दूर हुई जाती है। लेकिन यह नुक़्स लिखने वालों का है न कि हर्फ़ों का। सरकारी स्कूलों में जो लड़के तआलीम पाते हैं लफ़्ज़ों के दरमयान जगह छोड़कर लिखते हैं। अगर कचहरियों में नागरी जारी हो जावे तो अमलों को जगह छोड़-छोड़कर लिखने की हिदायत कर देनी कुछ मुश्किल नहीं है।''[48]

हिन्दी को अपनी स्वीकृति के लिए कम संघर्ष नहीं करना पड़ा। अपनी स्वीकृति के लिए हिन्दी ने जितने संघर्ष किए हैं, उतने संघर्ष भारत की अन्य किसी भाषा को नहीं करने पड़े। बंगाल में बंगला, असम की कचहरियों में असमिया, ओड़िशा में उड़िया, तमिलनाडु में तमिल और मुंबई में मराठी स्वीकृत हुई किन्तु बिहार या पश्चिमोत्तर प्रदेश और अवध (कालान्तर में संयुक्त प्रान्त और अब उत्तर प्रदेश) आदि अन्य हिन्दी भाषी क्षेत्रों में हिन्दी को उचित स्थान नहीं मिल सका था। बंगला, असमिया, उड़िया, तमिल, मराठी आदि के बाद ही हिन्दी को बिहार या अन्य हिन्दी भाषी क्षेत्रों की कचहरियों में स्थान मिल सका था। अर्थात्, आधुनिक अन्य भारतीय भाषाओं को अपने-अपने क्षेत्रों में स्वीकृति मिलने के बहुत बाद हिन्दी को स्वीकृति मिली।

मुसलमानों ने कचहरी-भाषा के परिवर्तन का विरोध हमेशा किया। जब फारसी को कचहरी-भाषा के पद से हटाकर उर्दू को राजसिंहासन दिया जाने लगा तब भी उन्होंने विरोध किया कि फारसी के बिना सरकारी कार्य-सम्पादन असंभव है, उर्दू असंभव है[49] और जब उर्दू को कचहरी-भाषा के पद से च्युत कर हिन्दी या देवनागरी अक्षरों को कचहरी-भाषा का राज्य सिंहासन प्रदान किया जाने लगा तो उन्होंने पुनः शोर करना शुरू किया कि उर्दू के बिना कचहरी का कार्य होना असंभव ही है।

सैयद विलायत अली खाँ, सी.आई.ई. ने नागरी-विरोधी एक विशेष समिति का गठन पटना में सन् 1880 ई. के उत्तरार्द्ध में किया था। उक्त विशेष समिति की ओर से देवनागरी लिपि के विरोध में सरकार को प्रार्थनापत्र दिए जाने की सूचना पटना से प्रकाशित अंग्रेजी साप्ताहिक 'बिहार हेरल्ड' के अगस्त 1880 ई. के प्रथम सप्ताह के अंक में प्रकाशित सैयद विलायत अली खाँ, सी.आई.ई. के पत्र से मिलती है। 'बिहार बन्धु' ने 12 अगस्त, 1880 ई.[50] के अपने अंक में उनके उक्त पत्र पर विशेष टिप्पणी करते हुए उनके आक्षेपों का समीचीन उत्तर दिया।

सैयद विलायत अली खाँ का कथन था कि नागरी हर्फ़ अच्छे नहीं और बिहारी इसकी ख़्वाहिश नहीं रखते और नागरी के विरुद्ध हैं। नागरी अक्षरों की तथाकथित त्रुटियों पर टिप्पणी करना उनकी अनधिकार चेष्टा थी क्योंकि उक्त सज्जन

भाषाशास्त्री नहीं थे और भाषा-विज्ञान की कसौटी पर नागरी हर्फ़ों का परीक्षण उन्होंने नहीं किया था। विरोधी दल के किसी एक व्यक्ति के द्वारा अनधिकृत ढंग से 'खराब' कह देने से पूरी भाषा या उसकी लिपि खराब नहीं हो जाती। 2 जुलाई, 1880 ई. के हाई कोर्ट के सर्क्यूलर से भी नागरी लिपि के विरुद्ध कुछ तथ्य नहीं प्राप्त होता।

तथाकथित नागरी-विरोध का मुँहतोड़ जवाब देते हुए 'बिहार बन्धु' ने 12 जुलाई 1880 ई. के अंक में बिहार के बहुमत की ओर से यह उद्‌घोषणा की थी-"यहाँ के लोग हरगिज़ नागरी के बरख़िलाफ़ नहीं हैं। अगर ग़ौर करके देखें तो यह बात बख़ूबी रौशन हो जावेगी कि यहाँ के कुल आदमी क्या अमले और क्या मुख़्तार जिन्हें कि कचहरियों से कुछ भी वास्ता है अपने ख़ानगी क़ारख़ानों में नागरी इस्तेमाल करते हैं। ज़मीदारी काग़ज़ बिल्कुल नागरी में लिखे जाते हैं। महाजनों के बही ख़ाते बिलकुल इसी हर्फ़ में रहते हैं। काश्तकार यहाँ के अगर कुछ जानते हैं तो नागरी ही जानते हैं। दुकानदार, बढ़ई, सुनार, लोहार, वग़ैरह अगर पढ़े तो नागरी ही पढ़ते हैं। यह सिर्फ़ ख़ाम ख़याल है कि वह लोग, जो अपने ख़ानगी कामों में नागरी इस्तेमाल करते हैं, कचहरियों में उर्दू को पसन्द करें।...यहाँ के लोग नागरी के हरग़िज़ बरख़िलाफ़ नहीं हैं। नागरी जारी होने का जब सरक्यूलर जारी हुआ तो इन लोगों ने कितनी खुशी जाहिर की। यह क्या कम सबूत है कि बिहार के लोग नागरी के बरख़िलाफ़ नहीं? और सर्क्यूलर सन् 1881 की जनवरी से शुरू होगा। लेकिन ताहम अक्सर ज़िलों में लोगों ने अभी से नागरी जारी कर दी है।..."[51]

जनवरी 1881 ई. के पूर्व ही दीवानी और फौजदारी अदालतों में नागरी अक्षरों का प्रचलन नागरी-अक्षरों के प्रति जनसाधारण के उत्साह का प्रतीक था।

19 अगस्त, 1880 ई. (जिल्द 8 नम्बर 32) के 'बिहार बन्धु' से यह ज्ञात होता है कि मुसलमानों ने नागरी के विरुद्ध आवेदनपत्र सरकार को दे दिया। उक्त आवेदनपत्र की आधारहीन दलीलों का उग्र खंडन 'बिहार बन्धु' ने अपने 19 अगस्त, 1880 ई. के अंक में प्रकाशित 'नागरी' शीर्षक लगभग ढाई कॉलम के सम्पादकीय अग्रलेख में किया। अंग्रेजी पत्र 'इंगलिशमैन' ने इस पर आश्चर्य प्रकट किया था कि नागरी-विरोधी उक्त आवेदनपत्र में कुछ हिन्दुओं के भी हस्ताक्षर थे।

उक्त आवेदनपत्र अंग्रेजी में था और अंग्रेजी ज्ञान के अभाव और विशेष दबाव डालकर कुछ सम्पन्न मुसलमानों ने अपने हिन्दू कर्मचारियों और सेवकों से हस्तराक्षर करा लिए। हिन्दुओं के वे कुछ हस्ताक्षर धोखे देकर लिए गए थे।[52] हिन्दी-विरोधी मुसलमान सरकार पर यह प्रभाव डालना चाहते थे कि हिन्दी नागरी के विरोधी मुसलमान ही नहीं, हिन्दू भी हैं। किन्तु सौभाग्यवश सरकार पर मुट्ठी भर मुसलमानों के इस षड्यन्त्र का विशेष प्रभाव नहीं पड़ सका।

बिहार में कचहरी–भाषा के रूप में नागरी को स्वीकृति प्रदान करने से बंगाल के लेफ्टिनेन्ट गवर्नर सर एशली इडेन को पर्याप्त ख्याति मिली। 15 अगस्त, 1880 ई. को बंगाल के लेफ्टिनेन्ट गवर्नर सर एशली इडेन का डुमरांव (बिहार) आगमन हुआ था। लेफ्टिनेन्ट गवर्नर के अन्य कार्यक्रमों के अतिरिक्त डुमरांव उच्चांगल विद्यालय में उनका अभिनन्दन समारोह था। डुमरांव निवासी साहित्यकार दीपनारायण सिंह वर्मा ने उक्त लेफ्टिनेन्ट गवर्नर को डुमरांव स्कूल में सुनाने के लिए एक पद्यबद्ध रचना लिखी थी, जो यहाँ द्रष्टव्य हैं। किन्तु लेफ्टिनेन्ट गवर्नर डुमरांव स्कूल नहीं जा सके। इसलिए, यह पद्यबद्ध अभिनन्दन पत्र उन्हें समर्पित नहीं किया जा सका। उनके सम्मान में डुमरांव निवासी दीपनारायण सिंह वर्मा द्वारा रचित पद्यबद्ध अभिनन्दन पत्र में नागरी जारी करने पर प्रसन्नता प्रकट की गई थी एवं एतदर्थ लेफ्टिनेन्ट गवर्नर इडेन का अभिनन्दन किया गया था। यह पद्यबद्ध अभिनन्दन पत्र हिन्दी साप्ताहिक 'सारसुधानिधि' (कोलकाता) में तत्पश्चात् प्रकाशित हुआ था।[53] यह पद्यबद्ध अभिनन्दन पत्र अविकल रूप से यहाँ उद्धृत है–

दोहा

श्री युत असली इडन जी, लाट मुल्क बंगाल।
अ, ति उदार सुविचारत, कीनी कीर्ति बिसाल॥ 1 ॥
स, कल प्रजन सुख के लिए, हिन्दी जारी कीन्ह।
ली, खि आज्ञा प्रचलित कियो, सुजस प्रजन सौ लीन्ह ॥ 2 ॥
इ, नसे पहले और हूँ, भये गवर्नर जोय।
ड, गीन उर्दूता समय दीन्यो आज्ञा सोय ॥ 3 ॥
न, हि अब चलि हैं धूर्त्तता उर्दू कीहां रंच।
सा, वधान प्रभु के निकट, अब न लगिहिं पर पंच ॥ 4 ॥
हि, न्दी जारी के भयैं, हर्ष हैं सब लोग।
ब, लिहारी तव बुद्धि की, परम प्रशंसा जोग ॥ 5 ॥
ले, ख स्वच्छ अति सै विमल नहीं प्रबंचमां लेश।
फ, र फन्दिन को मुख दलनि, हिन्दी परम सुवेश ॥ 6 ॥
टं, टे कररि कलरव करहिं, कथावथि लों जोए।
ट, ट्टी उर्दू वरण करि, ठगनचहहिं सब कोय ॥ 7 ॥
ग, यो धूर्तता को समय, ठगनो उर्दू साथ।
ब, रबस अब क्या कर मल हू, रोवहु होय अनाथ ॥ 8 ॥
र, ह्यो ठगत अबलों भले, देशिन को भरमाय।
न, हि पहिचान निहार सो, काम पड़ा था आय ॥ 9 ॥

ल, खत लखत सब लखि गये, अब तुमार यह कर्म्म।
बं, द करहु नट खट पनो, नेक करहु हिय शर्म्म ॥ 10 ॥
गा, ल बजावन से नहीं, अब सपरैगो काम।
ल, हि आज्ञा करि देशहित, करहु शुद्ध परिणाम ॥ 11 ॥
की, न्ही कृपा जु आपने, ह्वे के दीन सहाय।
जै, हो वै तिहुं काल अस भाखहिं सब हर्षाय ॥ 12 ॥

–बाबू दीपनारायण सिंह वर्मा, डुमरांव।

18 अगस्त 1880 ई.[54] को पटना स्थित पटना कॉलेज हाल में एक दरबार हुआ था[55] जिसमें बंगाल के लेफ्टिनेन्ट गवर्नर सर एशली इडेन का आगमन हुआ था। दरबार में पटना शहर के रईस और हाकिम–हुक्काम आदि उपस्थित थे। इस दरबार में बिहार उपकार सभा की ओर से बंगाल के लेफ्टिनेन्ट गवर्नर को एक प्रार्थनापत्र दिया गया था। मुसलमानों ने सरकार द्वारा कचहरियों में नागरी जारी होने के विरोध में जो आवेदनपत्र सरकार को दिया था–उसी आवेदनपत्र का उत्तर प्रार्थनापत्र के रूप में हिन्दी हितैषियों के द्वारा बिहार उपकार सभा के तत्त्वावधान में उनको 18 अगस्त 1880 ई. को पटना कॉलेज हाल में दिया गया था। नागरी जारी होने की प्रसन्नता में सर एशली इडेन को, एक धन्यवाद पत्र बिहार उपकार सभा की ओर से एक सुन्दर कारचोबी के काम किये हुए ख़लीते में रखकर नज़र किया गया था। इस सभा की ओर से कुंअर सुखराज बहादुर, बाबू रामकृष्ण पांडेय, बाबू रामकृष्ण सिंह, बाबू गोविन्द चरण, एम.ए., बी.एल. आदि उपस्थित थे। बाबू गोविन्दचरण ने उक्त दरख़ास्त और सिपासनामा को दरबार में पढ़ा।

19 अगस्त, 1880 ई. (जिल्द 8 नंबर 32) के 'बिहार बन्धु' और 'सारसुधानिधि' (30 अगस्त 1880 ई., विक्रम संवत 1937, 15 भाद्र चन्द्रवार, 2 भाग अंक 21) में इस अवसर पर दिए गए लेफ्टिनेन्ट गवर्नर के भाषण का सारांश प्रकाशित हुआ था। उन्होंने बिहार उपकार सभा के नागरी–सम्बन्धी प्रार्थनापत्र की चर्चा करते हुए अपने भाषण में उक्त तिथि को कहा–"नागरी जारी होने के बारे में आप लोगों ने जो कुछ अपनी दर्खास्त में बयान किया है वह बहुत दुरुस्त है। गवर्नमेन्ट ने कामिल तआम्मुल के बाद इसके जारी करने का हुक्म दिया है, और दर हक़ीक़त इसकी ज़रूरत भी थी। अब इस बारे में हम अपनी राय कभी नहीं बदल सकते हैं।"[56]

विदा के क्षण लेफ्टिनेन्ट गवर्नर इडेन ने कहा कि "हम उम्मीद करते हैं कि आप लोग सब नागरी से खुश हैं।"[57]

उक्त दरबार में अनेक मुसलमान रईस भी थे। खुदाबख़्श खां, वकील[58] ने उठकर कहा–"हम लोग खुश नहीं हैं। नागरी के जारी होने से बड़ी क़बाहत होगी। इसका पढ़ा जाना बहुत मुश्किल है और नागरी एक क़िसिम की नहीं है बल्कि कितने क़िसिम की है।"[59]

इसके उत्तर में लेफ्टिनेन्ट गवर्नर ने कहा–"अगर बद ख़त लिखा जायगा तो बेशक नहीं पढ़ा जायगा। लेकिन यह बात सब हर्फ़ों में है, फ़ारसी और अंग्रेजी सब में, सिर्फ नागरी ही में नहीं। और नागरी तरह–तरह की हो लेकिन एक ही ख़त जारी होने का हुक्म हुआ है।"[60]

इस प्रकार, कतिपय मुसलमानों का नागरी लिपि–विरोधी आवेदन निष्फल और अस्वीकृत हो गया। इस घटना से हिन्दुओं और मुसलमानों का पारस्परिक सद्भाव दुष्प्रभावित नहीं हुआ। यह वैचारिक मतभेद था जो मुट्ठी भर सम्पन्न और कचहरी से संबद्ध मुसलमानों द्वारा व्यक्त किया गया था।

रविवार, 22 अगस्त, 1880 ई. को बंगाल के लेफ्टिनेन्ट गवर्नर सर एशली ईडेन का गया आगमन हुआ था। उक्त तिथि को गया में उन्होंने बिहार की कचहरियों में नागरी–लिपि जारी किये जाने पर अपनी प्रसन्नता प्रकट की थी। उक्त तिथि को, अर्थात्, रविवार 22 अगस्त, 1880 ई. को, संध्या पाँच बजे, उन्होंने गया स्थित विष्णुपद मन्दिर में भी, दूसरी बार, नागरी को कचहरी भाषा की स्वीकृति पर अपनी प्रसन्नता व्यक्त की थी।[61]

बिहार की कचहरियों में नागरी लिपि जारी किये जाने का हार्दिक स्वागत जनता जनार्दन ने किया। 'बिहार बन्धु' के 'चिट्ठी पत्री' स्तम्भ के अन्तर्गत एक पत्र–प्रेरक ने लिखा था–

"कचहरी से उठी उर्दू हुई अब नागरी जारी।
बधावा अब बिठाओ भाइयो भागा है दुख भारी॥
जमाय जड़ बहुत दिन से जो सौतिन नागरी की थी।
लजा कर के चली अब आप ही इस देश से हारी॥
सौतिन के संघातिन को थी आस एक लाट साहब की।
बहाई आप ने पछया उड़ी उर्दू घटा कारी॥
लगी जब के बिदा होने कचहरी से बिचारी वह।
कुपित हो नागरी को तब लगी देने सड़ी गारी॥
बहुत सुख कर चुकी सौतिन करो सन्तोष अब कुछ दिन।
कहा तब नागरी ने आइ मेरी अब तो है पारी॥
चिरंजीव नागरी हो कर रहे ठाकुर की है इच्छा।
कचहरी में फिर आई है बहुत दिन की बिपत मारी॥"[62]

'हिन्दी प्रदीप' ने कचहरियों में नागरी जारी किये जाने पर हर्ष व्यक्त किया। सन् 1880 ई. में बरसात में बिहार में अच्छी वर्षा हुई। किन्तु पश्चिमोत्तर प्रदेश और अवध (कालान्तर में संयुक्त प्रदेश और अब उत्तर प्रदेश) में अनावृष्टि ही रही। 1880 ई. में बिहार की भरी–पूरी वर्षा को 'हिन्दी प्रदीप' के सम्पादक पंडित बालकृष्ण भट्ट

ने बिहार में नागरी जारी होने पर वर्षा को ईश्वर की अनुकम्पा के रूप में स्वीकार किया। 'हिन्दी की बेल बढ़ती जाती है' शीर्षक समाचार में 'हिन्दी प्रदीप' ने 01 अक्टूबर 1880 ई. के अंक में लिखा–"बड़े आनन्द का विषय है कि हिन्दी की बेल बढ़ती ही जाती है हाल में अपार गुणागार न्यायाधार श्रीमान् सर ऐसली ईडेन साहब बंगाल के लेफ्टिनेन्ट गवर्नर ने यवनों का मुख मर्दन कर बिहार में हिन्दी को चिरस्थायिनी कर दिया है जिसका तात्कालिक फल वहाँ के राजा प्रजा दोनों को प्राप्त हुआ कि ऐसे घोर अवर्षण के समय में जब कि हम लोग यहाँ बिन्दुमात्र जल के लिए तरस रहे हैं बिहार में सम्पूर्ण जलामयी हो रहा है...।"[63]

इसी तरह, हिन्दी पट्टी के लगभग सभी पत्रों ने बिहार में नागरी लिपि के प्रचलन पर अपनी प्रसन्नता व्यक्त की।

1 जनवरी, 1881 ई. से दीवानी और फौजदारी कचहरियों में नागरी की स्वीकृति का आदेश सन् 1880 ई. में प्रसारित हुआ और उस आदेश के कुछ महीने के बाद ही, सन् 1880 ई. में ही, सरकार का नया आदेश निकला कि यदि लोग चाहें तो रोमन हर्फ़ों में भी कचहरियों में आवेदनपत्र दिए जा सकते हैं।[64]

विक्टोरिया शासन काल तक, अंग्रेजों के शासन काल में लगभग सौ वर्षों तक भाषा और लिपि का प्रश्न विवाद का विषय बना रहा।

भारत में रोमन लिपि के प्रचार की नींव, 'बिहार बन्धु' के अनुसार सर चार्ल्स ट्रेविलियन के काल में सन् 1835 ई. में दी गई।[65] किन्तु रोमन लिपि का प्रश्न सन् 1835 ई. के पूर्व से ही बार-बार सिर उठाता रहा है। 1 जून, 1834 ई. को भारत में रोमन लिपि के प्रचार के विरुद्ध फ्रेडरिक जौन शोर का महत्त्वपूर्ण लेख 'आन दि इन्जस्टिस ऑफ कम्पेलिंग दि पिपुल ऑफ इंडिया टू एडोप्ट ए फॉरेन लैंग्वेज एंड करेक्टर' प्रकाशित होकर बहुचर्चित सिद्ध हुआ था। 1864 ई. में रोमन लिपि के पक्ष-विपक्ष में पुनः चर्चा हुई। पुनः, 1880 ई. में भूतपूर्व न्यायाधीश ब्राउन के नेतृत्व में रोमन लिपि के प्रचार के पक्ष में पुनः विवाद का जन्म हुआ।

'बिहार बन्धु' के अनुसार, 'इसकी असल वजह यह है कि हमारे मिहरबान अंग्रेज़ हाकिम यहाँ की जुबान को अच्छी तरह नहीं सीखते हैं। सरकार का तो हुक्म है कि देसी जुबान सीखें और उस में इम्तिहान दें। लेकिन हाकिम बहादुर इस बात को कब मानते हैं। इतनी मेहनत कब गवारा होती है। इम्तिहान तो किसी तरह इधर-उधर से पास कर लेते हैं कि जिस में नौकरी बरकरार रहे। लेकिन ज़बान सीखनी किस को कहते हैं?...भाषा की क़बाहत जब इन्हें मालूम होती है तो यह बेचारे समझते हैं कि अगर हर्फ़ ही को दूर कर दें तो शायद आसानी होगी। बस इसी ख़्याल से यह रह रह कर कोशिश करते हैं कि यह हर्फ़ दूर हो जायें।...हर्फ़ों को दूर करने से क्या भाषा की क़बाहत दूर होगी?[66]

सन् 1880 ई. में जस्टिस ब्राउन ने रोमन हर्फों को जारी करने के लिए कलकत्ता में एक संस्था की स्थापना की थी और राजा सुरेन्द्र मोहन ठाकुर, पंडित महेशचन्द्र न्यायरत्न, मिस्टर बीम्स, मिस्टर टौनी आदि इसके सदस्य मनोनीत किये गए थे।[67]

लिपि के सम्बन्ध में सरकार ने अपनी ढुलमुल नीति का हमेशा परिचय दिया। रोमन लिपि को भी नागराक्षर के बराबर का दर्जा सरकार ने दे दिया। फारसी हर्फों का स्थान फौजदारी अदालत में लगभग सुरक्षित ही रह गया। दंड न्यायालय में वकीलों और मुख्तारों के माध्यम से उर्दू में आवेदनपत्र वैधानिक दृष्टि से स्वीकार किये जाने की व्यवस्था 1 जनवरी, 1881 ई. से हो गई।[68]

भारत की भाषाओं पर रोमन लिपि लादने का प्रश्न नया नहीं था। लन्दन की रायल सोसाइटी की पद्धति पर 15 जनवरी, 1784 ई. को तत्कालीन कलकत्ता में एशियाटिक सोसाइटी की स्थापना की गई। गवर्नर जेनरल वारेन हेस्टिंग्स एशियाटिक सोसाइटी के प्रथम संरक्षक और सर विलियम जोन्स प्रथम अध्यक्ष मनोनीत किये गए। सर विलियम जोन्स भारतीय संस्कृति और प्राच्य भाषाओं के जाने-माने विद्वान थे। एशियाटिक सोसाइटी की स्थापना के पश्चात् अध्यक्ष की हैसियत से उन्होंने रोमन लिपि में भारतीय, फारसी और अरबी शब्दों को पूर्णतया अभिव्यक्त करने की अक्षमता को स्वीकार किया था।

भारतीय भाषाओं को रोमन लिपि में पूर्ण रूप से अभिव्यक्त करने के लिए कम निष्फल प्रयास नहीं किये गए। कोई भी सभ्य देश शताब्दियों से प्रचलित अपनी लिपि का परित्याग कभी नहीं करेगा।[69] रोमन लिपि भारतीय शब्दों को पूरी तरह अभिव्यंजित करने में अक्षम ही रही है। विभिन्न शब्दों की स्फुरित ध्वनि को अभिव्यंजित करने के लिए किसी रोमन अक्षर विशेष के ऊपर दो या तीन या चार बिन्दुएँ अंकित करना कम दुष्कर और उलझनपूर्ण कार्य नहीं है। सच तो यह है कि नागराक्षर की आत्मा रोमन लिपि में नहीं आ सकती।[70] रोमन लिपि में भारतीय भाषाएँ लिखना यूरोप के छात्रों के लिए लाभकारी हो सकता है जिनके पास उच्चारण आदि का बोध देनेवाला कोई योग्य शिक्षक नहीं हो, किन्तु भारत के लिए रोमन लिपि व्यर्थ है।[71]

अरबी भाषा और साहित्य के सुप्रसिद्ध विद्वान डॉ. स्प्रेन्गर ने 1864 ई. में दो लेख 'अग्सवर्ग गज़ट' में भारतीय भाषाओं के रोमन लिप्यन्तर के पक्ष में लिखे थे। उन लेखों का उसी वर्ष पुनर्प्रकाशन हुआ था। पश्चिम के विचारों को भारत की जनता तक पहुँचाने के लिए विशिष्ट वाहन के रूप में भारतीय और प्राच्य भाषाओं के रोमन लिप्यंतरण के लिए डॉक्टर स्प्रेन्गर ने वकालत की थी।

लिपि आन्दोलन के एक वर्ग के मतानुसार विलायती वर्णमाला और देशी भाषा होनी चाहिए अर्थात् अंगरेजी अक्षरों में देशी भाषाएँ या हिन्दी प्रचलित हो तो अक्षरों का संघर्ष नहीं रहेगा क्योंकि फारसी अक्षर और नागरी तथा कैथी अक्षरों के संघर्ष

चल रहे थे। 'विलायती वर्णमाला और देशी भाषा' शीर्षक सम्पादकीय अग्रलेख में 20 दिसम्बर 1880 ई. के अंक में 'सारसुधानिधि' ने सच ही लिखा था– ''आर्य्यावर्त के पक्ष में जैसी उपयुक्त देवनागरी वर्णमाला है ऐसी और कोई दूसरी वर्णमाला आजतक किसी सुसम्य देश में नहीं बनी और न बन सकती है।''[72]

सन् 1881 ई. में डॉक्टर ग्रियर्सन की पुस्तक 'कैथी हैन्डबुक' प्रकाश में आई। 'कैथी हैन्डबुक' की भूमिका में डॉक्टर ग्रियर्सन ने यह मत प्रकट किया कि जिस भाषा को बिहार में लोग आपस में बोलते हैं, वह बिहार की भाषा नहीं है। पुस्तकों में और कचहरियों में जो भाषा आजकल प्रचलित है, वह उठा दी जाय। इसके विपरीत, कोई देहाती ज़बान जारी की जाय। डॉक्टर ग्रियर्सन के मतानुसार बिहार की कचहरियों में मैथिली, भोजपुरी या मगही बोलियों में से कोई बोली प्रचलित होनी चाहिए। इस मत की पुष्टि डॉ. ग्रियर्सन ने अनेक ढंग से की।

डॉक्टर ग्रियर्सन के इस मत पर टिप्पणी करते हुए 'बिहार बन्धु' ने जुलाई 1881 में लिखा था–'' ...यह बात एक ऐसी है कि इस पर अगर हमारे मुल्क वाले चुप रह जायेंगे और कहीं सचमुच कोई देहाती ज़बान कचहरियों में जारी हो गई तो इस मुल्क में एक बड़ा हेरफेर हो जायेगा। आज तक हिन्दी ने जो–जो तरक़्क़ियाँ हासिल की हैं, शायरों ने जो–जो मज़मून इस ज़बान के साँचे में ढाले हैं, और अख़बार वाले जिस जां–फ़शानी और मुशक़्क़त के साथ ज़बान को ख़राद रहे हैं सब मिट्टी में मिल जायेगी। जिस ज़बान को हम गँवारी समझते हैं, जिस ज़बान के बोलने में उस गँबारी ज़बान के अह्ल–ज़बान खुद शर्माते हैं वह ज़बान हमारी कचहरियों में जारी होगी। अफ़सोस का मक़ाम है कि कहाँ तो इस मुल्क वालों की कोशिश यह है कि सारे हिन्दुस्तान की एक ज़बान हो जाये, और कहाँ ग्रीयर्सन साहिब कोशिश कर रहे हैं कि ज़िले–ज़िले की ज़बान अलग–अलग हो।''[73]

'ग्रीयर्सन साहिब और हिन्दुस्तानी ज़बान' शीर्षक लेख में 'बिहार बन्धु' ने 4 अगस्त 1881 ई. के अंक में ग्रियर्सन की भाषा–नीति पर प्रकाश डालते हुए उनके मत के विरुद्ध तथ्यात्मक प्रामाणिक बातें कही हैं।[74] 'बिहार बन्धु' प्रेमसागर की हिन्दी को कचहरियों में प्रचलित करने का विरोधी था। 'बिहार बन्धु' के मतानुसार, ''अगर प्रेमसागर वाली हिन्दी कचहरियों में जारी की गई तो बेशक यह बड़ा जुल्म होगा...।''[75] किन्तु बिहार बन्धु कचहरियों में मैथिली या भोजपुरी या मगही प्रचलित करने का घोर विरोधी था। वह कचहरियों में नागराक्षर में चलती–फिरती भाषा का हिमायती था।

बिहार की कचहरियों में मैथिली, भोजपुरी या मगही बोलियों में से कोई बोली प्रचलित की जानी चाहिए–डॉक्टर ग्रियर्सन के इस मत के विरोध में 'बिहार की ज़बान और ग्रियर्सन साहिब' शीर्षक लेख में 'बिहार बन्धु' ने 18 अगस्त 1881 ई. के अंक में लिखा था–''हर मुल्क में जो ज़बान शरीफ़ लोग बोलते हैं वह फ़सीह ख़याल की

जाती है। ज़बान के बारे में यह नहीं देखा जाता कि ज़ियादे लोग कौन सी ज़बान बोलते हैं। अक्सर सब मुल्कों में ख़ास कर हिन्दुस्तान में गँवार लोग ज़ियादा हैं, तो क्या गँवारों की बोल चाल कचहरियों में जारी होनी चाहिये? हर्गिज़ नहीं। अगर ऐसा हो तो न कोई व्याकरण बन सके, न साहित्य लिखा जा सके, न किताबें तय्यार हो सकें। क्योंकि गँवारों की बोल चाल कभी किसी नियम के पाबन्द नहीं रहती। जैसे उन के दिल के ख़याल अबतर हैं वैसे ही उन में से हर शख़्स की बोल चाल भी एक निराले ढंग की होती है।...

अब देखना चाहिये कि बिहार में किन-किन लोगों की गिनती शरीफ़ो में की जा सकती है, और वह कौन सी ज़बान बोलते हैं। ब्राह्मण, क्षत्रीय, वैश्य और शूद्र के हिसाब से शराफ़त देखी जाय तो मालूम होगा कि ब्राह्मणों में सारस्वत, गौड़, सनाढ्य, बहुतेरे शाकद्वीपी और कनौजिये खड़ी बोली ही बोलते हैं, पर इतना अलबत्ते है कि इनकी बोल चाल में संस्कृत लफ़्ज़ों की बहुतायत पाई जाती है। ब्राह्मणों में गँवारी बोली अक्सर वही बोलते हैं, जिन्होंने ने ख़ाह कोई नीच पेशा इख़्तियार किया है, या जो दिन रात नीचों की सुहबत में उठते बैठते हैं। क्षत्रीयों में खत्रियों का फ़िर्क़ा, वगैर किसी मुस्तस्ने के तमाम यही हिन्दुस्तानी बोली बोलता है। बाकी और राजपूत लोग, जो देहात में रहते हैं और खेती बारी करने की वजह से गँवारी से बहुत सरोकार रखते हैं, वह अल्बत्ते गँवारी बोली बोलते हैं। वैश्यों में अगरवाले, जो सब से प्रधान हैं, तमाम लखनऊ दिल्ली की खड़ी बोली ही बोलते हैं। इन के अलावह रस्तोगी, रहोत्री, महेसरी वग़ैरह वैश्य भी ज़ियादे यही बोली बोलते हैं। सिर्फ़ कलवार, बनवार वग़ैरह ज़ातवाले, जो अक्सर देहातों में रहते हैं, दिहाती बोली बोलते हैं। कायस्थ...जो शहर में बसते हैं, खड़ी बोली, और जो दिहात के बाशिन्दे हैं अलबत्ता दिहाती बोलते हैं। यही हाल कहार, कुर्मी, धानुक, कांदू, तेली, तम्बोली, हलवाई, हज्जाम, वग़ैरह कौमों का भी है।

बस वर्ण भेद के विचार से ज़ियादे शरीफ़ों की बोलचाल खड़ी बोली साबित होती है। बाक़ी और लोग जिन की बोलचाल दिहाती है वह भी इसे ऐब समझते हैं, और खड़ी बोली ही बोलने की कोशिश करते हैं। बस ऐसी हालत में अगर ग्रियर्सन साहिब की रायके मुवाफ़िक़ हिन्दुस्तानी ज़बान उठा कर उसके बदले में मैथिली या मगही बोली जारी की गई तो कितना बड़ा जुल्म होगा।''[76]

बस वर्ण-भेद के अनुसार भाषा का यह निर्णय सर्वथा तथ्यपूर्ण एवं उचित है। इस सन्दर्भ में 'बिहार बन्धु' ने आगे कहा-''सरकार में जो लोग शरीफ़ समझे जाते हैं वह भी हिन्दुस्तानी ही बोली बोलते हैं। इस मुल्क में मुसलमान भी बहुत हैं इनकी ज़बान तमाम, क्या देहात में और क्या शहर में, हिन्दुस्तानी ही ज़बान है। हिन्दुओं में भी चन्द राजपूत, और बाभन और ब्राह्मणों के सिवा जो हमेशा देहात में रहते हैं, सब हिन्दुस्तानी बोली बोलते हैं। ऐसी हालत में ग्रियर्सन साहिब की राय अगर गवर्नमेन्ट

ने मान ली, और सचमुच यहाँ की कचहरियों में देहाती बोली जारी हो गई तो यहाँ के शरीफ़ों के हक़ में तो जुल्म ही होगा पर गँवार लोग भी इस से खुश नहीं होंगे। क्योंकि देहाती बोली के बोलने वाले ग़ो खुद देहाती बोलते हैं मगर इस का बोलना पसन्द नहीं करते। इन की दिन रात यही कोशिश रहती है कि अच्छी हिन्दुस्तानी बोलना आ जाये। और हम यक़ीन करते हैं कि तअज्जुब नहीं कि बीस-पच्चीस बरस में सारे बिहार की ज़बान हिन्दुस्तानी हो जाये।

ग्रीयर्सन साहिब खुद लिखते हैं कि देहाती लोग भी साहिब लोगों से हिन्दुस्तानी ही ज़बान बोलते हैं। इस की क्या वजह? इस की यही वजह है कि वह अपनी ज़बान से नफ़रत करते हैं और इस काबिल नहीं समझते कि साहब लोगों के सामने यह ज़बान बोली जाये। उन लोगों का यह क़ायदा सिर्फ़ अंगरेजों ही के साथ नहीं देखा जाता बल्कि सब के साथ, जिन को वह शरीफ़ समझते हैं। अगर कोई काबुली या बंगाली इनके सामने आता है तो उनसे भी यह हिन्दुस्तानी ही बोली बोलते हैं। हालाँकि इस बात को वह खूब जानते हैं कि उन के सामने देहाती और हिन्दुस्तानी बोलना दोनों बराबर है। क्योंकि वह दोनों में से किसी को अच्छी तरह से नहीं समझते हैं।''[77]

किन्तु 'बिहार बन्धु' के भाषा सम्बन्धी तथ्यात्मक और प्रामाणिक विश्लेषण का प्रभाव सरकार पर नहीं पड़ा।

भाषा और लिपि के प्रश्न पर ब्रिटिश सरकार की ढुलमुल और अवसरवादी नीति अत्यधिक हानिकारक रही है। 1 जनवरी, 1881 ई. से बिहार की कचहरियों में नागराक्षर का प्रचलन सरकार के आदेश से किया गया। सन् 1882 ई. से, सरकार ने देवनागरी अक्षरों का परिवर्तन कैथी लिपि के रूप में कर दिया। अत: 18 सितम्बर, 1882 ई. की 'सारसुधानिधि' ने यह दुख प्रकट किया था कि प्राय: डेढ़ सौ वर्षों में भी सरकार यह निर्णय नहीं कर सकी कि बिहार से पंजाब तक किस लिपि का प्रचलन होना चाहिए। फारसी लिपि भ्रमात्मक और विदेशी है। फारसी और अरबी भाषाओं के शब्दों से बोझिल कचहरी-भाषा प्रचलित जनभाषा नहीं थी। अत: फारसी लिपि का बहिष्कार, बंगाल और दक्षिण प्रदेश की तरह, बिहार से भी किया।[78] फारसी अक्षरों के विरोध के कारणों पर प्रकाश डालते हुए 'सारसुधानिधि' ने घोषणा की-''प्रथम तो फारसी अक्षर ऐसे सरल नहीं हैं कि जो लिखो वही पढ़ लो। ऐसा तो कदाचित हो ही नहीं सकता। दूसरे प्राय: अधिकांश लोगों को फारसी अक्षर नहीं आते इसलिये यदि उनको कोई दलील वा दस्तावेज खोजना पड़ा तो बिना दूसरे की सहायता के वह मिल नहीं सकता। यदि किसी को अदालत सम्बन्धी कुछ भी काम उपस्थित हुआ तो बिना मुहर्रिर के उसका निर्वाह होना असंभव है।...अक्षरों की जब यह दशा है कि लिखो कुछ और पढ़ो कुछ, जिस पर अदालत का लिखा!!! जिस अक्षर में एक बिन्दी की भूल चूक में उलट-पुलट हो सकता है उस अक्षर में अदालत का काम होना क्या उचित है?...उस फारसी

अक्षरों के प्रभाव से कितनों का सर्वनाश हुआ है होता जाता है और होयगा इसकी कौन गिनती कर सकता है। इसके सिवाय उर्दू की अरबी, इरानी, तुरकी और फारसी मिली हुई जटिल भाषा का समझना सर्वसाधारण भारतवासियों का काम नहीं है।...विचार कर देखिये तो अदालत विभाग में विश्वासघाती दुष्टप्रकृति लोभियों की जो इतनी संख्या बढ़ी हुई दिखायी देती है उसका कारण यही उर्दू और फारसी अक्षर हैं...।''[79]

किन्तु 1 जनवरी, 1881 ई. से कचहरी लिपि के रूप में स्वीकृत नागरी लिपि को पुनः अपदस्थ कर कैथी लिपि को सरकार ने सिंहासनस्थ कर दिया।

'सारसुधानिधि' का मत है कि मुसलमानों की ईर्ष्या और ब्रिटिश सरकार की अनभिज्ञता के फलस्वरूप कैथी अक्षरों का चलन अदालतों में हुआ। 'सारसुधानिधि' के शब्दों में ''मुसलमानों की ईर्ष्या तो यह है कि उनके धर्म्मानुमोदित अक्षरों के दोष प्रत्यक्ष होने पर वह अक्षर यह कह के उठा दिये गये कि यह साधारण अक्षर इस देश के नहीं हैं। चलो बस मुसलमानों की ईर्ष्या तो स्वयं उत्पन्न हो गयी। क्योंकि उनके अक्षर बन्द किये गये। उन को जब और कुछ नहीं सूझा तब उन लोगों ने यह दिखाया कि अच्छा जब हमारे अक्षर साधारण नहीं होने के कारण रोक दिये गये तब देवनागरी भी साधारण अक्षर नहीं हैं। क्योंकि बिहार प्रदेश में क्या हिन्दू और क्या मुसलमान साधारण सब लोग प्रायः अपनी-अपनी जमींदारी का हिसाब किताब कैथी में रखते हैं अतएव कैथी ही प्रचलित होने चाहिये। ईर्ष्या इस में इतनी ही है कि चाहे जो होय देवनागरी अक्षर कदापि प्रचलित होने नहीं देंगे।...यद्यपि गवर्मेण्ट वहाँ के साधारण अक्षरों के अनुरोध से कैथी का प्रचार किया तो अदालत में ही प्रचार करने थे। क्योंकि फारसी अक्षरों में आवेदन और अदालत की आज्ञा प्रभृति लिखी रहने से बिना किसी फारसी पढ़े लिखे के उसका मर्म्म साधारण लोग कदापि नहीं समझ सकते थे। अब उसके बदले कैथी अक्षरों में वही सब लिखे रहने से हर गाँव के किंचित् पढ़े-लिखे गँवार भी आप पढ़ सकेंगे। यह अवश्य फलोपधायी हुए इसमें सन्देह नहीं। इसी अभिप्राय से बिहारवालों ने कैथी अक्षरों का प्रारम्भ स्वीकार किया है इसमें सन्देह नहीं।...

गवर्मेण्ट की अनभिज्ञता विशेष यह दिखती है कि गवर्मेण्ट ने तदनुसार शिक्षा विभाग में भी वही कैथी अक्षरों को प्रवर्तित किया। इससे विशेष अनभिज्ञता और क्या हो सकती है? यदि गवर्मेण्ट यह जानती कि कैथी अक्षर किस अक्षर के अपभ्रंश हैं और देवनागरी अक्षर जाननेवाला कितनी देरी में कैथी अक्षर सीख सकता है। इसके सिवाय कैथी अक्षरों में शिक्षा कहाँ तक प्रसारित हो सकती है? हमको पूर्ण विश्वास होता है यदि गवर्मेण्ट यह सब जानती तो कदापि वहाँ शिक्षा विभाग में कैथी अक्षर प्रवर्तित नहीं करती।...

शिक्षा विभाग में जो कैथी का चलन किया गया है इससे केवल एक गवर्मेण्ट की ही नहीं वरन् शिक्षाविभाग के सम्पूर्ण सभासदों की अज्ञता प्रकाशित होती है।...''[80]

यद्यपि कैथी लिप्यन्तर के सम्बन्ध में 'सारसुधानिधि' का विश्लेषण तर्कसंगत है तथापि सत्य तो यह है कि बिहार की कचहरियों में कैथी लिपि को सिंहासनस्थ करने में डॉक्टर ग्रियर्सन की भाषा–नीति का ही प्रभाव था। क्योंकि, डॉक्टर ग्रियर्सन एक उच्च पदस्थ अंग्रेज पदाधिकारी थे, सरकारी क्षेत्रों में भाषा शास्त्री के रूप में सर्वस्वीकृत थे। यद्यपि लिपि आन्दोलन नागरी के लिए था तथापि नागरी को अल्पकालीन सिंहासन देने के बाद नागरी लिपि के स्थान पर कैथी लिपि कचहरियों में प्रचलित की गई। कैथी अक्षर का विरोधी 'बिहार बन्धु' ने फारसी लिपि की अपेक्षा कैथी अक्षर का प्रचलन होना ज्यादा श्रेयस्कर माना।[81] क्योंकि, देहातों में परवाने, समन आदि सरकारी काग़ज़ लोग स्वयं पढ़ या पढ़वा लेते थे।[82]

कचहरियों में कैथी अक्षर के प्रचलन का विरोध करते हुए 'बिहार बन्धु' के 'चिट्ठी पत्री' स्तम्भ के अन्तर्गत पत्र–प्रेरक पूरनचन्द (नया टोला, बाँकीपुर, पटना) ने अपने 10 जनवरी, 1883 ई. के पत्र में शिकायत की थी कि कैथी अक्षर अपूर्ण हैं और उक्त अक्षरों में शब्द शुद्धतापूर्वक नहीं लिखे जा सकते।[83] उक्त पत्रप्रेरक की शिकायत सही थी। इस आरोप में भाषा विज्ञान की दृष्टि से सच्चाई है।

सन् 1882 ई. के आसपास ही कैथी अक्षरों के टाइप में संशोधन–परिवर्तन किया गया और ह्रस्व दीर्घ इत्यादि के नियम नागरी लिपि के आधार पर रखे गए थे। डॉक्टर ग्रियर्सन ने कैथी अक्षरों में ह्रस्व दीर्घ और युक्ताक्षरों का विधान किया। किन्तु, कैथी के नए अक्षरों को पढ़ने में देवनागरी या कैथी लिपि के पुराने जानकारों को बड़ी असुविधा होती थी।[84]

इसीलिए, कैथी लिपि के सम्बन्ध में उक्त पत्रप्रेरक का यह मत था–"...इसे देशी प्रचलित अक्षरों में नहीं गिनना चाहिये। शुद्ध शब्दों का लिखा जाना सिवा नागरी अक्षरों के और किसी देशीय अक्षरों में असंभव हैं।"[85] कचहरियों में नागरी लिपि की सरकारी स्वीकृति और मान्यता हिन्दी की उन्नति का सोपान थी। जन–जन की यही धारणा थी, यही विश्वास था। उक्त पत्रप्रेरक ने 'बिहार बन्धु' के सम्पादक से यह निवेदन किया था–"सम्पादक महाशय!...जहाँ कैथी को इतनी कोशिश कर कचहरियों में जारी कराया है तहाँ थोड़ी कोशिश और भी कर के इस दीन हिन्दी को राजद्वार में स्थान दिलवाइए... जब तक कचहरी में नागरी अक्षरों का चलन नहीं होता तब तक हिन्दी की दशा सुधरनी मुश्किल मालूम पड़ती है।"[86]

इस पत्र के बाद एक वाक्य में सम्पादक की टिप्पणी प्रकाशित है–"हम शुरू ही से हिन्दी के पक्ष में हैं न कि कैथी के।

स. बि. ब।"[87]

स.बि.ब. अर्थात् सम्पादक बिहार बन्धु।

'बिहार बन्धु' के लिए यह स्पष्टीकरण करना आवश्यक हो गया था क्योंकि

कचहरियों में नागरी लिपि को स्थान दिलाने के लिए यह साप्ताहिक कर्मठ, ईमानदार और वीर सिपाही की तरह लड़ रहा था। 1 जनवरी 1881 ई. को नागरी लिपि को कचहरियों में स्थान अवश्य मिला किन्तु उसके विकल्प में रोमन लिपि भी लाद दी गई थी। सन् 1882 ई. में ही नागरी लिपि सरकार द्वारा अपदस्थ कर दी गई और नागरी का रिक्त स्थान कैथी को प्रदान किया गया। 'बिहार बन्धु' ने कैथी लिपि का विरोध किया।[88] तत्कालीन युग में कैथी लिपि के पुरोहित डॉक्टर ग्रियर्सन का भी विरोध इसीलिए 'बिहार बन्धु' को करना पड़ा था।

शिक्षा विभाग में कैथी लिपि का प्रवेश हो गया और नागरी में मुद्रित-प्रकाशित होनेवाले 'बिहार हिन्दी गजट' का लिप्यंतरण कैथी में हो गया। किन्तु कैथी टाइप सुपाठ्य नहीं था।[89] यह 'भद्धा कुरूप और संदिग्ध'[90] होने के अतिरिक्त 'बड़ी-बड़ी मुश्किलों से पढ़ा नहीं जाता था।'[91] कैथी अक्षरों में प्रकाशित 'बिहार गजट' लोकप्रिय और लाभप्रद कदापि नहीं था।

बिहार में वैविध्यपूर्ण और घटनापूर्ण लिपि आन्दोलन सन् 1873 ई. से 1881 ई. तक चला। यह भाषा-परिवर्तन नहीं, लिपि परिवर्तन का आन्दोलन था। रूढ़िवादी मुसलमानों ने इसका तीव्र विरोध किया। कचहरी के कर्मचारी वर्ग ने हिन्दी-विरोध को सुदृढ़ किया। पटना मुख्यतया हिन्दी-विरोधियों का गढ़ था। 'बिहार बन्धु' ने बिहार के न्यायालयों में देवनागरी लिपि की मान्यता के लिए सफल प्रयत्न किये। 1 जनवरी, 1881 ई. से बिहार के न्यायालयों में देवनागरी और रोमन लिपियों को वैध प्रवेश प्राप्त हो गया। उक्त तिथि से सरकारी पदाधिकारियों के लिए नियत प्रतियोगिता परीक्षाओं के प्रश्नपत्र कैथी लिपि में मुद्रित करने का आदेश निर्गत हुआ। दंड न्यायालयों में आवेदन और अर्जीदावे उर्दू में भी दिए जाने की सुविधा और वैधता प्रदान की गई। पुनः डॉक्टर ग्रियर्सन की भाषा-नीति के कुप्रभाव से सन् 1882 ई. से बिहार के न्यायालयों में देवनागरी लिपि के स्थान पर कैथी लिपि को सरकार ने स्थापित कर दिया। देवनागरी लिपि अपदस्थ एवं निष्कासित कर दी गई।

सरकारी दृष्टिकोण के अनुसार हिन्दी और उर्दू में भाषा-भेद नहीं, मात्र लिपि-भेद था। भाषा और लिपि के प्रश्न पर ब्रिटिश सरकार की ढुलमुल और अवसरवादी नीति बहुत हानिप्रद सिद्ध हुई।

संदर्भ

1. बिहार बन्धु : (हिन्दी साप्ताहिक पत्र, पटना से प्रकाशित) 27 दिसम्बर 1883 ई., (जिल्द 11 नंबर 49) पृष्ठ संख्या 2
2. बिहार बन्धु : अंक उपरिवत्।
3. ''सन् 1874 ई. से पूर्व की बिहार बन्धु की फाइल नहीं मिलती है।''

–बिहार बन्धु : 16 जनवरी 1909 ई. शनिवार माघ कृष्ण 10, विक्रम संवत् 1965 (जिल्द 38, नंबर 3) पृष्ठ संख्या 2 कॉलम 3

'नये वर्ष में पदार्पण। 37 वर्ष की कुछ अपनी बात शीर्षक बिहार बन्धु का सम्पादकीय।

4. Notes on Indian Affairs : (Volume II) Honble Frederic John Shore, p. 7
5. Notes on Indian Affairs (Volume II), p. 7
6. ''बिहार से ले पंजाब तक अनक़रीब सब ही हिन्दुओं ने चाहा कि सरकारी कचहरियों में फ़ार्सी हर्फ़ों के बदले नागरी हर्फ़ों में काररवाई हुआ करे। बल्कि इस बात के लिये उन्होंने बहुत कुछ ज़ोर भी मारा। लेकिन हो क्या? इस बात के बरख़िलाफ़ तो मुसलमान अड़के खड़े हुए। देखना चाहिये कि एक तो अब मुसलमानों का राज नहीं, दूसरे इस मुल्क में मुसलमानों की गिनती हिन्दुओं की चौथाई से भी कम है, तीसरे अंग्रेजी गवर्नमेन्ट में ऊँचे-ऊँचे ओहदे ज़ियादे हिन्दुओं ही के क़ब्जे में हैं, चौथे लिखे-पढ़े लोग भी ज़ियादे हिन्दू ही हैं, पाँचवें सरकारी कचहरियों के दफ़्तर ज़ियादे हिन्दुओं ही के हाथों में हैं, छवें शिक्षा विभाग के अफ़सर भी जियादे हिन्दू ही हैं, लेकिन हाय अफ़सोस कि तब भी नागरी कचहरियों में न जारी हुई। पै न जारी हुई।''

   –बिहार बन्धु : 30 जनवरी 1878 ई. (जिल्द 6 नंबर 5) पृष्ठ 1
7. हिन्दी प्रदीप : 1 जून 1878 ई., प्रयाग ज्येष्ठ कृष्ण 14 वि. सम्वत् 1935 (जिल्द 1 संख्या 10) पृष्ठ 6
8. ''दीवानी अदालत के इत्तिलानामा और अर्जी नालिश की नकल भी हिन्दी में जारी हुआ करे तो प्रजा और सरकार दोनों का हित हो प्रजा का हित इस प्रकार हो कि जब दीहातों में फारसी अक्षरों में इत्तिला नामा पहुँचता है तो उन्हें किसी तरह नहीं मालूम होता कि इसमें क्या वला लिखी है दीहातों में दूर 2 तक फारसी नवीस मिलते नहीं और जो कहीं कोस दो कोस पर थाने पुलिस आदि में हैं भी तो उनका रोब ऐसा गालिब रहता है कि किसी की हिम्मत नहीं पड़ती कि उनसे पढ़ने को कह सके और एक यह भी डर लगा रहता है कि इसमें कोई भेद की बात लिखी हो तो सब कोई जान लेगा इत्यादि कारणों से उन बेचारों को सदर मुकाम में बकील मुख्तार के पास तुरन्त दौड़ना पड़ता है उस घबड़ाहट में न जबावदिही का सामान साथ ला सक्ते हैं न अक़बाल करने में यथार्थ हानि वा लाभ को समझ सक्ते हैं हिन्दी में होता तो खुद आप पढ़ लेते...यदि दीवानी अदालत भी तनिक दिवानापन छोड़ प्रजा की सच्ची भलाई पर दृष्टि कर नागरी अक्षरों में इत्तिलानामा और अर्जी नालिश की नकल का भेजना अंगीकार करे तो लोगों के हक्क में इन्साफ और अदालत की आमदनी बढ़ै क्योंकि लोग फारसी के इत्तिलानामे के न पढ़ सकने के कारण घबड़ाहट में सबूत आदि न ले जाने से या तो मुकदमा हार बैठते हैं या लाचार हो एकबाल कर लेना पड़ता है और बाजों से कुछ भी नहीं करते बन पड़ता जब वकीलों से इत्तिलानामा पढ़वाया तो उन्हीं ने कहा इसमें फलाना काग़ज़ चाहिए फलाने कागज़ की नकल जरूर है, तब वे बेचारे घर की ओर दौड़ते हैं दो तीन दिन इसी दौड़-धूप में बीते मुकदमे की पैरवी भी न हुई तारीख भी बीत गई गैरहाज़िरी में मुकदमा खारिज हो गया तो फिर किसी काम के न रहे अक्सर ऐसा देखा गया है कि एकही चपरासी कई गाँव का इत्तिला नामा लेके चलता है रमते रमाते जब जी में आया तब पहुँचा ऐसा भी हुआ है कि कल मुकदमा है तो आज शाम को चपरासी साहब पहुँचे इत्तिलानामा

क्या हुआ गिरफ्तारी ठहरी ठेल पेल के उसको अदालत की डेहुड़ी तक पहुँचा देते हैं और इत्तिलानामा का मतलब समझते समझाते रूवकारी का ठीक समय पहुँच जाता है तब उस्से कुछ नहीं बन पड़ता यही कारण है कि बार-बार के अन्याय होने अधिक क्लेश पाने और अपरिमित खर्च पड़ने से अदालत करने का लोगों का जी टूट गया है जिसका परिणाम यह हुआ कि दिन प्रतिदिन मुकदमा कम दायर होते हैं, जब उनको इत्तिला देने का भी कोई सुगम उपाय नहीं किया जाता जिसमें सरकार का कुछ बड़ा खर्च भी नहीं है और प्रजा की अत्यन्त भलाई है तो और बातों की कौन कहे;...''

– हिन्दी प्रदीप : 1 जून, 1878 ई. प्रयाग ज्येष्ठ कृष्ण 14 संवत् 1935 (जिल्द 1 संख्या 10) पृष्ठ 6/7

9. हिन्दी प्रदीप : अंक उपरिवत्।
10. (क) ''...कई एक सड़कों के नाम अशुद्ध लेख में अंकित हैं पर देखता कोई नहीं देखे कौन बड़े 2 ओहदेदार हिन्दी जानते नहीं न उसकी कुछ कदर करने से उन्हें मतलब है दूसरे लोगों की जानकारी कुछ गुणदायक नहीं हो सक्ती; यद्यपि इन बातों से सरकारी आमदनी में कोई हानि नहीं है पर शरिस्ते तालीम में दाग लगाने के लिए बहुत हैं...''

    –हिन्दी प्रदीप : 1 जून 1878 ई. प्रयाग ज्येष्ठ कृष्ण 14, विक्रम संवत् 1935 (जिल्द 1 संख्या 10) पृष्ठ 8

हिन्दी का उपद्रव

एक दिन दैव संयोग से हम राजघाट के स्टेशन पर जा निकले तो प्रथम तो प्रसिद्धपत्रों के बाहुल्य ने बड़ा चक्रित किया तदुपरान्त जब एक को पढ़ा तो उसकी भाषा से बड़े प्रसन्न हुए। उसकी प्रति नीचे लिखी है।

इश्ताहार

''क्षेमचांद का नौकर बलदिय जमादार नाम एक शखस गया 22 आगष्ट तारिख में 4 बॉक्स एनेलिन रंग मोकाम हावड़ा से मोकाम हाटरास में रेलगाड़ी पर भेजा था, मागर रेलवे को म्यानी को फरेब देने के वास्त बोला था, जो बाक्स के बिच में निल हैं, इस क़सुर से डिसेम्बर माहिना के 10 तारिख में मकान हाबड़ा के डिपुटी माजिस्ट्रेट साहेब के अदालत में सपर्ध हुया था, क़सूर उस का सावेद होने से सकत महनत के सात एक माहिने का जेल हुया है' वाह वाह क्या उत्तम लिखावट है! भाषा तो बैठ रहे मात्रों की कैसी उपद्रव है। क्या रेलवे कम्पनी इतना रुपया व्यय करती है परन्तु थोड़ा सा रुपया एक अच्छे हिन्दी लिखनेवाले के निमित्त नहीं देसक्ती। ऐसे ही लोग हम लोगों का पक्ष दुर्बल कर देते हैं। अब इस हिन्दी को देखकर तो उर्दूवाले अवश्य कहैंगे कि हिन्दी कोई भाषा नहीं हैं। हाय रे हिन्दी तू कैसे दुष्ट जनो के पाले पड़ी है कि वे तेरा अंग भंगही करने में प्रसन्न रहते हैं।''

–कविवचनसुधा : मार्गशीर्ष कृष्ण 30 सं. 1927 वाराणसी (जिल्द 2 नम्बर 6) पृष्ठ 42

11. हिन्दी प्रदीप : 1 जून 1878 ई. प्रयाग ज्येष्ठ कृष्ण 14 विक्रम संवत् 1935 (जिल्द 1 सं. 10) पृष्ठ 8
12. बिहार बन्धु : 29 अप्रैल 1880 ई. (जिल्द 8 नंबर 16) 'नागरी! नागरी!! नागरी!!' शीर्षक लेख।
13. बिहार बन्धु : अंक उपरिवत्।
14. बिहार बन्धु : 29 अप्रैल, 1880 ई. (जिल्द 8 नंबर 16) पृष्ठ 4

विशेष द्रष्टव्य : हिन्दी प्रदीप : 1 नवम्बर, 1880 ई., प्रयाग, कार्तिक कृष्ण 14 संवत् 1937 जिल्द 4 सं. 3 'हिन्दी हिन्दी हिन्दी! नागरी नागरी नागरी!!' शीर्षक लेख/ पृष्ठ 5

15. बिहार बन्धु : 29 अप्रैल, 1880 ई. (जिल्द 8 नंबर 16) 'नागरी! नागरी!! नागरी!!!' शीर्षक लेख, पृष्ठ 4
16. बिहार बन्धु : 29 अप्रैल 1880 ई. (जिल्द 8 नंबर 16) नागरी! नागरी!! नागरी!!!' शीर्षक लेख, पृष्ठ 4
17. बिहार बन्धु : उपरिवत्।
18. बिहार बन्धु : उपरिवत्।
19. कचहरियों में नागरी क्यों नहीं जारी होनी चाहिये' शीर्षक पुस्तिका की लगभग दो हजार प्रतियाँ एक वर्ष के अन्दर वितरित की गई थीं।

    द्रष्टव्य–बिहार बन्धु : 7 जुलाई 1880 ई. (जिल्द 8 नंबर 26) 'नागरी' शीर्षक लेख, पृष्ठ 3
20. 'बिहार हिन्दी गजट' के प्रकाशन के हेतु आवेदन मुख्यत: हिन्दी भाषा और साहित्य की उन्नति के लिए संस्थापित 'बिहार उपकार सभा' ने किया था। 'बिहार उपकार सभा' के आवेदन को सरकार ने स्वीकार कर बिहार हिन्दी गजट का प्रकाशन किया।

    द्रष्टव्य–बिहार बन्धु : 7 जुलाई, 1880 ई. (जिल्द 8 नंबर 26)। नागरी पृष्ठ 3
21. बिहार बन्धु : 27 दिसम्बर 1883 ई. (जिल्द 11 नंबर 49) 'बिहार में हिन्दी किस तरह जारी हुई', पृष्ठ 3
22. 'यदि सच पूछिये तो इसकी बिक्री न होने का मुख्य कारण यह था कि इस का भाषान्तर ऐसा होता था कि न जाने छपने पर भाषान्तर करने वाले भी समझते थे या नहीं? फिर भला औरों की कौन कहे? ठीक ही है जब उसका मतलब ही मालूम न होय तो उस को दाम देकर क्यों लोग व्यर्थ लेंगे, नहीं तो क्या और अख़बारों की कापियाँ दो दो, तीन तीन सौ बिके और ऐसे काम की चीज़ को केवल 25 ही बिके।

    अब भी हम एक बार गवर्नमेन्ट को प्रार्थना करते हैं कि और एक बरस तौ भी यह नागरी ही में चलावें और भाषान्तर का प्रबन्ध ठीक हो...कारण जैसा सरकार ने झट यह गेज़ेट हिन्दी में से उर्दू में बदलने का विचार किया ऐसा इस बात का नहीं ख़याल किया कि इतने सर्क्यूलर नागरी के विषय में जारी हुए पर क्यों अमला लोग ध्यान नहीं देते?'

    –बिहार बन्धु : 11 सितम्बर, 1878 ई. (जिल्द 6 नंबर 39) 'चिट्ठी–पत्री' स्तम्भ, एक पत्रलेखक। पृष्ठ 2
23. बिहार बन्धु : अंक उपरिवत्।
24. 'बिहार बन्धु' : 22 दिसम्बर 1881 ई. (जिल्द 9 नंबर 44) पृष्ठ
25. 'बिहार बन्धु' : अंक उपरिवत्।
26. 'बिहार बन्धु' : 11 सितम्बर 1878 ई. (जिल्द 6 नंबर 39)। पृष्ठ 2–3
27. 'हिन्दी प्रदीप' : 1 अगस्त 1880 ई., प्रयाग, श्रावण कृष्ण 11 विक्रम संवत् 1937 (जिल्द 3 संख्या 1) 'देशी भाषा और देशी अक्षर', पृष्ठ 17
28. ''अदालत दीवानी में भी नागरी जारी होने का हुक्म सादिर हो गया। पहली जनवरी सन् 1881 से यहाँ के दफ़्तर भी नागरी में लिखे जावेंगे। इस अर्से में जो अमले नागरी लिखना पढ़ना

न सीख लेवेंगे उनको काम से बरतरफ़ किया जायेगा। सच है कि सच्ची बातें कभी दबी नहीं रहती हैं।'

–'बिहार बन्धु' : 3 जून 1880 ई. (जिल्द 8 नंबर 21) पृष्ठ 2

29. सारसुधानिधि : 10 मई, 1880 ई., कलकत्ता विक्रम संवत् 1937, 29 वैशाख चन्द्रवार (भाग 2 अंक 5) 'हिन्दी का सौभाग्य', पृष्ठ 53/54
विशेष द्रष्टव्य :
30. सारसुधानिधि : अंक उपरिवत्, पृष्ठ 54।
विशेष द्रष्टव्य : हिन्दी प्रदीप : 1 अगस्त, 1880 ई., प्रयाग श्रावण कृष्ण 11 विक्रम संवत् 1937 (जिल्द 3 संख्या 12) 'देशी भाषा और देशी अक्षर'। पृष्ठ 17–19
31. हिन्दी प्रदीप : 1 जून 1878 ई. प्रयाग ज्येष्ठ कृष्ण 14 संवत् 1935 (जिल्द 1 संख्या 10) पृष्ठ 8।
32. पीयूष प्रवाह मासिक पत्र वैष्णव पत्रिका सम्मिलित (मधुबनी) : 25 फरवरी 1884 ई. (भाग 1 संख्या 1) 'बिहार की हिन्दी' पृष्ठ 5
33. उपरिवत्
34. सारसुधानिधि : 10 मई 1880 ई., कलकत्ता संवत् 1937, 29 वैशाख, चन्द्रवार, (2 भाग, अंक 5), 'हिन्दी का सौभाग्य' पृष्ठ 54
35. हिन्दी प्रदीप : 1 अगस्त 1880 ई., प्रयाग श्रावण कृष्ण 11, संवत् 1937, (जिल्द 3 संख्या 12), 'देशी भाषा और देशी अक्षर'। पृष्ठ 17–19
36. बिहार बन्धु : 1 जुलाई 1880 ई., (जिल्द 8 नंबर 25), पृष्ठ 2
37. बिहार बन्धु : 1 जुलाई 1880 ई. (जिल्द 8 नंबर 25), पृष्ठ 5
38. बिहार बन्धु : 7 जुलाई 1880 ई. (जिल्द 8 नंबर 26), पृष्ठ 4 (नागरी)।
39. "बिहार की कचहरियों में नागरी जारी करने की बहस तीन लेफ्टिनेन्ट गर्वनरों के यहाँ पेश रही। जनाब केम्बल साहिब ने इसकी नींव डाली। टेंपुल साहब ने इसे पुख़्ता किया, और एडिन साहब ने इसके जारी करने का हुक्म दिया। लेकिन इससे यह ख़्याल न किया जावे कि बिहार के लोगों ने इस अम्र में कुछ भी कोशिश नहीं की।"
–बिहार बन्धु : 7 जुलाई 1880 ई. (जिल्द 8 नंबर 26) 'नागरी' पृष्ठ 3
(ख) "...सर जार्ज केंपबेल, सर रिचर्ड टेंपुल और सर ऐशली ऐडन तीनों साहबों ने हिन्दी की नींव जमाई।"
– बिहार बन्धु : 27 दिसम्बर 1883 ई. (जिल्द 11 नंबर 49), 'बिहार में हिन्दी किस तरह जारी हुई।' पृष्ठ 3
40. कालान्तर में संयुक्त प्रान्त और अब उत्तर प्रदेश।
41. कविवचनसुधा : श्रावण शुद्ध 15 विक्रम संवत 1928 (जिल्द 2 नंबर 23), पृष्ठ 176, टिप्पणी : यह प्रकाशित समाचार की अविकल सत्य प्रतिलिपि है।
42. बिहार बन्धु 7 जुलाई, 1880 ई. (जिल्द 8 नंबर 26) 'नागरी'। पृष्ठ 3–4
43. बिहार उपकार सभा की 'ख़ास नीयत एक यही थी कि नागरी की तरक़्की हो। अगर हम भूलते नहीं हैं तो शायद इसी सभा की दर्ख़ास्त पर कमिश्नर साहिब ने बिहार में एक हिन्दी गेज़ट जारी करने की सिफ़ारिश की थी बल्कि एक वक़्त में यह मश्वरा था कि यह गेज़ट

इसी सभा की तरफ़ से छपा करे। लेकिन रुपयों की कमी की वजह से यह बात न होने पाई।'
–'बिहार बन्धु' : 7 जुलाई, 1880 ई. (जिल्द 8 नंबर 26) 'नागरी।' पृष्ठ 3

44. कविवचनसुधा : बैसाख शुद्ध 15 संवत 1928 वाराणसी (जिल्द 2 नंबर 17) पृष्ठ 133
45. बिहार बन्धु : 7 जुलाई 1880 ई. (जिल्द 8 नंबर 26) 'नागरी'।
46. बिहार बन्धु : अंक उपरिवत्।
47. बिहार बन्धु : 15 जुलाई 1880 ई. (जिल्द 8 नंबर 27) 'नागरी–' पृष्ठ 3
48. बिहार बन्धु : अंक उपरिवत्, पृष्ठ 4
49. बिहार बन्धु : 5 अगस्त 1880 ई. (जिल्द 8 नंबर 30)।
50. बिहार बन्धु : 12 अगस्त 1880 ई. (जिल्द 8 नंबर 31)।
51. बिहार बन्धु : 12 अगस्त 1880 ई. (जिल्द 8 नंबर 31) 'नागरी'। पृष्ठ 4
52. बिहार बन्धु : 19 अगस्त 1880 ई. जिल्द 8 नम्बर 32 'नागरी' शीर्षक सम्पादकीय अग्रलेख
53. सारसुधानिधि : 6 सितम्बर 1880 ई. विक्रम संवत् 1937, 22 भाद्र चन्द्रवार (भाग 2 अंक 22)।
54. सारसुधानिधि : 30 अगस्त 1880 ई., विक्रम संवत 1937, 15 भाद्र चन्द्रवार, 2 भाग अंक 21 में 'बिहार उपकार सभा और सर एशली इडेन साहिब' शीर्षक लेख बिहार बन्धु से उद्धृत है। उसमें तिथि 18 अगस्त के स्थान पर 28 अगस्त मुद्रित है, जो ग़लत है। यह छापे की भूल है।
55. बिहार बन्धु : 19 अगस्त 1880 ई. (जिल्द 8 नंबर 32) 'बिहार उपकार सभा' और सर एशली इडेन साहिब'।
56. बिहार बन्धु : 19 अगस्त 1880 ई. (जिल्द 8 नंबर 32) 'बिहार उपकार सभा और सर एशली इडेन साहिब', पृष्ठ 5
57. बिहार बन्धु : अंक उपरिवत्, पृष्ठ उपरिवत्।
58. खुदाबख़्श लाइब्रेरी, पटना के संस्थापक।
59. बिहार बन्धु : 19 अगस्त, 1880 ई. (जिल्द 8 नंबर 32) 'बिहार उपकार सभा और सर एशली इडेन साहिब', पृष्ठ 5
60. बिहार बन्धु : 19 अगस्त 1880 ई. (जिल्द 8 नंबर 32) 'बिहार उपकार सभा और सर एशली इडेन साहिब', पृष्ठ 5
61. बिहार बन्धु : 26 अगस्त, 1880 ई. (जिल्द 8 नंबर 33) पृष्ठ 5
62. बिहार बन्धु : 9 सितम्बर, 1880 ई. (जिल्द 8 नंबर 35) पृष्ठ 2
63. हिन्दी प्रदीप : 1 अक्टूबर, 1880 ई., प्रयाग, आश्विन कृष्ण 12 विक्रम संवत् 1937 (जिल्द 4 संख्या 2) पृष्ठ 23
64. "लीजिये सरकार ने फिर एक नया ढकोसला निकाला। कचहरियों में फ़ार्सी 'हर्फ़' तो उठ गये लेकिन फिर एक नया हुक्म यह सादिर हुआ है कि अगर लोग चाहें तो रोमन हर्फ़ों में भी लिख कर दर्ख़ास्त वग़ैरा दाख़िल कर सकते हैं। इससे फ़ायदा?

    फ़ायदा यही कि यह हुक्म जारी होने से मुमकिन है कि किसी ज़माने में सारे हिन्दुस्तान में यही हर्फ़ जारी हो जायें। बल्कि पीछे तमाम एक ही ज़बान हो जानी भी ग़ैर मुमकिन नहीं है।"

    –बिहार बन्धु : 16 दिसम्बर 1880 ई. (जिल्द 8 नम्बर 45) 'रोमन हर्फ़', पृष्ठ 3

65. बिहार बन्धु : 16 दिसम्बर 1880 ई. (जिल्द 8 नंबर 45) 'रोमन हर्फ़', पृष्ठ 3
66. बिहार बन्धु : अंक उपरिवत्, पृष्ठ 3/4
67. बिहार बन्धु : 30 दिसम्बर, 1880 ई. (जिल्द 8 नंबर 47) पृष्ठ 3
68. "पहली तारीख से नागरी जारी हो गई। हमारे जज साहिब के कहने से लेफ्टिनेन्ट गवर्नर साहिब ने हुक्म में इस.कदर तरमीम की है कि अगर मुख़्तार और वकील की मार्फ़त न हो तो फौजदारी में उर्दू में भी दरखास्त दाखिल हो सकती है। और अर्जीदावी को छोड़कर और और सब दरख़ास्त हिन्दी या रोमन हर्फ़ में दाखिल हो सकती है लेकिन उर्दू में नहीं।"
–बिहार बन्धु : 6 जनवरी, 1881 ई. (जिल्द 9 नंबर 1) पृष्ठ 5 कॉलम 01
69. Notes on Indian Affairs : Frederick John Shore.
'On the injustice of compelling the people of India to adopt a Foreign Language and character.'
70. 'It is acknowledged that the Roman alphabet does not contain symbols to express the pronunciation of oriental words.'
—Notes on Indian Affairs : Frederick John Shore.
'Language and character suited to the people.' p. 443.
71. Notes on Indian Affairs.
'On the injustic of compelling the people of India to adopt a Foreign Language and character.'
72. सारसुधानिधि : 20 दिसम्बर, 1880 ई., कलकत्ता, विक्रम संवत् 1937, 6 पौष चन्द्रवार (2 भाग अंक 35) पृष्ठ 412
73. बिहार बन्धु : 28 जुलाई 1881 ई. (जिल्द 9 नंबर 25) पृष्ठ 1
74. बिहार बन्धु : 4 अगस्त 1881 ई. (जिल्द 9 नंबर 26) पृष्ठ 1/2
75. बिहार बन्धु : अंक उपरिवत्।
76. बिहार बन्धु : 18 अगस्त 1881 ई. (जिल्द 9 नंबर 28) पृष्ठ 2
77. बिहार बन्धु : 25 जुलाई 1881 ई. (जिल्द 9 नंबर 29) पृष्ठ 2
78. "हमने माना कि भारतवर्ष में प्रादेशिक भाषा का अवश्य अन्तर है। किन्तु तदनुसार क्या अक्षरों का भी अन्तर गवर्नमेन्ट किया चाहती है? ऐसा होने से भारतवर्ष की उन्नति को तो कौन पूछे वरन् और भी अवनति की ही सम्भावना है। जब यह स्थिर हुआ कि फारसी अक्षर भ्रमात्मक हैं उन अक्षरों में अदालत के काम होने से विविध हेरफेर हो सकते हैं तब उन अक्षरों का चलन अवश्य रहित होना ही योग्य था। उसके रहित करने की दूसरी यह भी थी कि वह अक्षर विदेशी है और कठिन हैं। उन अक्षरों में सिवाय फारसी अरबी भाषा के दूसरी भाषा भलीभाँति लिखी पढ़ी नहीं जाती है। और फारसी अरबी पढ़ना साधारण सब लोगों के पक्ष में सहज नहीं है। अतएव उन अक्षरों का प्रचार बंगदेश और दक्षिण देश की न्यायी बिहार से भी रहित किया गया।"
–सारसुधानिधि : 18 सितम्बर 1882 ई., कलकत्ता 3 आश्विन, चन्द्रवार, विक्रम संवत् 1939, (भाग 4 अंक 23) 'बिहार के शिक्षा विभाग में गवर्नमेन्ट का भ्रम।' पृष्ठ 266
79. सारसुधानिधि : 10 मई, 1880 ई. कलकत्ता, विक्रम संवत् 1937, 29 वैशाख चन्द्रवार (भाग 2 अंक 5), 'हिन्दी का सौभाग्य' शीर्षक सम्पादकीय। पृष्ठ 53/54

80. सारसुधानिधि : 18 सितम्बर, 1882 ई., कलकत्ता 1939 वि., 3 आश्विन चन्द्रवार, (भाग 4 अंक 23) 'बिहार के शिक्षा विभाग में गवर्नमेन्ट का भ्रम।' पृष्ठ 267
81. बिहार बन्धु : 13 नवम्बर, 1884 ई. (जिल्द 12, नम्बर 37), पृष्ठ 2/3
82. बिहार बन्धु : अंक उपरिवत्।
83. बिहार बन्धु : 18 जनवरी 1883 ई. (जिल्द 11 नंबर 3) 'हिन्दी की बुरी दशा'। पृष्ठ 3
84. बिहार बन्धु : अंक उपरिवत्। पृष्ठ 3/4
85. बिहार बन्धु : अंक उपरिवत्। पृष्ठ 4
86. बिहार बन्धु : अंक उपरिवत्। पृष्ठ 4
87. बिहार बन्धु : अंक उपरिवत्। पृष्ठ 4
88. विस्तार के लिए देखें–
    बिहार बन्धु : 21 जुलाई 1881 ई. (जिल्द 9 नंबर 24)।
    बिहार बन्धु : 28 जुलाई 1881 ई. (जिल्द 9 नंबर 25)।
    बिहार बन्धु : 4 अगस्त 1881 ई. (जिल्द 9 नंबर 26)।
    बिहार बन्धु : 18 अगस्त 1881 ई. (जिल्द 9 नंबर 28)।
    बिहार बन्धु : 25 अगस्त 1881 ई. (जिल्द 9 नंबर 29) आदि।
89. बिहार बन्धु : उपरिवत्।
90. बिहार बन्धु : उपरिवत्।
    ''इसकी इबारत निहायत खराब है, न तो कोई इसे पढ़ता है और न कोई इससे किसी तरह का फ़ाइदा उठाता है।
    गवर्नमेन्ट का कैथी टाइप जिसमें यह गेज़ेट छापा जाता है, ऐसा भद्दा कुरूप और संदिग्ध बना है कि बड़ी बड़ी मुश्किलों से भी नहीं पढ़ा जाता। ग्रियर्सन साहिब ने इस हर्फ़ में जो उन्नतियाँ की हैं वह तो बहुत ठीक हैं, पर टाइप के तराश ख़राश और कम्पोज होने की क़बाहत ग्रियर्सन साहिब की सारी मेहनत मिट्टी में मिलाये हुए हैं।''
    –बिहार बन्धु : 27 सितम्बर, 1883 ई. (जिल्द 11 नम्बर 36) 'बिहार गजट और कैथी टाइप', पृष्ठ 2
91. उपरिवत्।

विस्तार के लिए देखें–

1. ASIATIC RESEARCHES
   Or
   Transactions of the Society instituted in Bengal for enquiring into the History and Antiquities, The Arts, Sciences, and Literature of Asia.
   VOLUME THE FIRST.
   Calcutta Printed. London Reprinted For Vernor and Hood, No.31, Poultry, London. 1798.
   'A Dissertation on the Orthography of Asiatick words in Roman Letters'.—Sir William Jones.
2. NOTES ON INDIAN AFFAIRS (VOLUME 1) : HON'BLE FREDERICK JOHN SHORE.

(A) CHAPTER V. 'On the use of the Hindustanee Language.' 20 May, 1832.

(B) CHAPTER XIX. 'On the introduction of the English Language into the Courts of Justice.' 20 June, 1833.

(C) CHAPTER XXX. 'On the Language and Character best suited to the Education of the People.' March, 1834.

3. NOTES ON INDIAN AFFAIRS (VOLUME II) : HON'BLE FREDERICK JOHN SHORE
CHAPTER XXXV. 'On the Injustice of compelling the People of India to adopt a Foreign Language and Character. 1 June, 1834.

4. **TOURS IN UPPER INDIA AND IN PARTS OF THE HIMALAYA MOUNTAINS (VOLUME II) : Major Archer. London. 1833. pp. 320/322.**

5. हरिश्चन्द्र मैगज़ीन : 15 अक्टूबर, 1873 ई. (वर्ष 1 संख्या 1)।
HINDEE BHASHA शीर्षक अंग्रेजी लेख।

6. BENGAL MAGAZINE : JANUARY, 1874.

7. हरिश्चन्द्र मैगज़ीन : 15 फरवरी, 1874 ई. (वर्ष 1 संख्या 5)।
'COMMON HINDUSTANI' शीर्षक अंग्रेजी लेख।
'The substitution of Devanagree Characters in place of Persian in Law-Courts'—Kashee Nath (Khatri), Sirsa (Allahabad).

8. श्रीहरिश्चन्द्र चन्द्रिका : नवम्बर, 1874 ई. (खंड 2 संख्या 2)।
F.S. GROWSE Esquire, Joint Collector & Magistrate of Mathura, On Hindee, as Vernacular of these Provinces : ..... Kashee Nath Ḳhatri, Sirsa (Allahabad).
Growse : Some objections to the modern style of official Hindustanee.' पृष्ठ 33-44.

9. क्षत्रीय पत्रिका : ज्येष्ठ, आषाढ़ विक्रम संवत् 1939, सन् 1882 ई. (खंड 2 संख्या 1,2)।
'हिन्दी पर हिन्दू धर्म और उर्दू पर मुसलमानी' शीर्षक लेख। लेखक-लाल खंग बहादुर मल्ल, मझौली (देवरिया)।

10. भारतेन्दु (वृन्दावन) : 20 जून, 1883 ई., ज्येष्ठ शुक्ला 15, विक्रम संवत् 1940 (पुस्तक 1 अंक 3)। सम्पादक पंडित राधाचरण गोस्वामी।
'म्युनिसिपल डिपार्टमेन्ट' में हिन्दी क्यों नहीं जारी की जाती?'

11. भारतेन्दु : 20 जुलाई, 1883 ई., आषाढ़ शुक्ला 15, विक्रम संवत् 1940 (पुस्तक 1 अंक 4)।
'म्युनिसिपल डिपार्टमेन्ट में हिन्दी क्यों नहीं जारी की जाती'?

12. 'पुकारो
हिन्दी ! हिन्दी ! हिन्दी
बोलो प्रेम से
हिन्दी ! हिन्दी ! हिन्दी !
फिर ज़ोर से
हिन्दी ! हिन्दी ! हिन्दी !

हिन्दी हिन्दी करते रहो जब लगि घट में प्रान।
कबहूँ तो दीन दयाल के भनक करेगी कान॥'
–भारतेन्दु (वृन्दावन) : 18 अगस्त, 1883 ई., श्रावण शुक्ल, 15, विक्रम संवत् 1940 (पुस्तक 1 अंक 5)। पृष्ठ 74

13. भारतेन्दु : 16 सितम्बर, 1883 ई. भाद्रपद शुक्ल, 15, विक्रम संवत् 1940 (पुस्तक 1 अंक 6)।
'हिन्दी भूल जाओ' शीर्षक लेख। पृष्ठ 85/86
14. भारतेन्दु : 12 जनवरी, 1884 ई., पौष शुक्ल 15, विक्रम संवत् 1940 (पुस्तक 1 अंक 10)। 'शिक्षा कमीशन को शिक्षा'।
टिप्पणी :
'भारतेन्दु' के उपर्युक्त अंक लीथो–मुद्रित हैं।
15. भारतेन्दु : 11 फरवरी, 1884 ई., माघ शुक्ल 15, विक्रम संवत् 1940 (पुस्तक 1 अंक 11) 'हिन्दी' शीर्षक लेख।
16. भारतेन्दु : 10 मई, 1884 ई, वैशाख शुक्ल 15, विक्रम संवत् 1941 (पुस्तक 2 अंक 2) 'हिन्दी'।
17. भारतेन्दु : 8 जून, 1884 ई., ज्येष्ठ शुक्ल पूर्णमासी, विक्रम संवत् 1941 (पुस्तक 2 अंक 3)। 'हिन्दी' शीर्षक लेख। 'उर्दू' शीर्षक लेख।
18. 'गोजर के टंगरी समान उर्दू है ताऊ इज्जत लहत
इज़लाश मांहि मारी री।
जाके नुख्त पढ़ने में मूक बनि जात केते धोखेबस लब्ज
मुख बाँचत विचारी री।
नागरी हरूफ़ सीधे लिखे पढ़े जात भले हिन्द में केदार
सब जानैं नर नारी री।
ताहि को प्रचारन अभागी हिन्दी से अब भारत मझार
कौन अधिक दुखारी री॥'
–हिन्दी प्रदीप : 1 अगस्त, 1884 ई., श्रावण शुक्ल 9, विक्रम संवत् 1941 (जिल्द 7 संख्या 12)।
केदार नाथ शर्मा, लाइट प्रेस, बनारस। पृष्ठ 11
19. भारतेन्दु : 8 अगस्त, 1884 ई., श्रावण शुक्ल पूर्णमासी, विक्रम संवत् 1941 (पुस्तक 2 अंक 5)। 'हिन्दी दस्तावेजों की रजिस्ट्री।'
टिप्पणी :
मूल अंक में श्रावण के स्थान पर आषाढ़ मुद्रित है, जो मुद्रणगत अशुद्धि है।
20. भारतेन्दु : सितम्बर 5, अक्टूबर 4, नवम्बर 3, 1884 ई., भाद्र, आश्विन, कार्तिक, शुक्ल पूर्णमासी, विक्रम संवत् 1941 (पुस्तक 2 अंक 6, 7, 8)। 'हिन्दी की हालत'।
21. हिन्दी प्रदीप : 1 अक्टूबर, 1884 ई., आश्विन शुक्ल 11, विक्रम संवत् 1941 (जिल्द 8 संख्या 2)। ग़ज़ल अव्वल। पृष्ठ 7 पंडित श्रीधर पाठक। ग़ज़ल दोयम। पृष्ठ 7/8। हिन्दुस्तान की चन्द भाषाओं की समालोचना। पंडित श्रीधर पाठक। पृष्ठ 21 सम्पादक बालकृष्ण भट्ट

22. हिन्दी प्रदीप : 1 दिसम्बर, 1884 ई, मार्गशीर्ष शुक्ल 13, विक्रम संवत् 1941 (जिल्द 8 संख्या 4)। ग़ज़ल। पृष्ठ 3
'लावनी चेतावनी'। पृष्ठ 10/11
23. उर्दू अक्षरों की दुर्गति पर पंडित रविदत्त शुक्ल द्वारा लिखित और सन् 1884 ई. में आर्य देशोपकारिणी सभा, बलिया द्वारा प्रकाशित हास्य रस प्रधान रूपक 'देवाक्षर चरित्र' महत्त्वपूर्ण है।
24. पीयूष प्रवाह मासिक पत्र वैष्णव पत्रिका सम्मिलित (मधुबनी) : 25 मार्च, 1885 ई. (भाग 3 संख्या 2)। 'बस देखी गई' शीर्षक सम्पादकीय अग्रलेख। सम्पादक अम्बिकादत्त व्यास
25. रसिक पंच (लखनऊ) मासिक पत्र : 17 अप्रैल, 1885 ई., वैशाख शुक्ल 2, विक्रम संवत् 1942 (भाग 1 अंक 1)।
'हिन्दी प्रचलित क्यों नहीं होती' शीर्षक लेख।
26. भारतेन्दु : 20 जनवरी, 1886 ई., पौष शुक्ल पूर्णमासी, विक्रम संवत् 1942 (पुस्तक 3 अंक 10)।
'हिन्दी के विषय में सरकार की उदासीनता'।
27. भारतेन्दु : 18 फरवरी, 1886 ई., माघ शुक्ल पूर्णमासी, विक्रम संवत् 1942 (पुस्तक 3 अंक 10)।
'बी उर्दू और हज़रत इश्क़।' सम्पादक राधाचरण गोस्वामी, वृन्दावन
28. 'हिन्दी और उर्दू का मुक़दमा' शीर्षक नाटक।
रचयिता–रतनचन्द, वकील। प्रकाशन वर्ष सन् 1890 ई.।
29. हिन्दी प्रदीप : अगस्त, 1891 ई. (जिल्द 14 संख्या 12)।
'कमज़ोर हिन्दी की कमर तोड़ देने की एक नई ततबीर'। बालकृष्ण भट्ट।
30. नागरी नीरद : 10 नवम्बर, 1893 ई. (वर्षा 1 बिन्दु 10)। सम्पादक उपाध्याय पंडित बदरीनारायण चौधरी प्रेमघन, मिर्जापुर। 'बिहार में अक्षर परिवर्तन'। पृष्ठ 2
31. नागरी नीरद : 20 अप्रैल, 1893 ई. (वर्षा 1 बिन्दु 32)।
'बिहार में नागरी का सत्कार'। पृष्ठ 2/3
32. नागरी नीरद : 15 अगस्त, 1895 ई. (वर्षा 3 बिन्दु 38)।
'हतभागिनी हिन्दी की हीनावस्था और उसी पर सब की अकृपा'। पृष्ठ 2
33. नागरी नीरद : 29 अगस्त, 1895 ई. (वर्षा 3 बिन्दु 40)।
'हमारा गवर्नमेन्ट स्कूल और उसमें हिन्दी भाषा की शिक्षा'।
34. नागरी नीरद : 19 सितम्बर, 1895 ई. (वर्षा 4 बिन्दु 3)।
'हमारे प्रादेशिक राज कार्यालयों में अक्षरों का परिवर्तन'। पृष्ठ 2
35. नागरी नीरद : 30 जनवरी, 1896 ई. (वर्षा 4 बिन्दु 16/18/20)।
'हमारे देश की भाषा और अक्षर'। पृष्ठ 2
36. प्रेमधन-सर्वस्व (द्वितीय भाग)।
उपाध्याय पंडित बदरीनारायण चौधरी प्रेमधन
'हमारे देश की भाषा और अक्षर'। पृष्ठ 51/61
'भारतीय नागरी भाषा'। पृष्ठ 370/421

37. हिन्दी प्रदीप : नवम्बर-दिसम्बर, 1897 ई. (जिल्द 21 संख्या 3/4)।
'हिन्दी के दिन भी कभी बहुरेंगे' शीर्षक लेख।
38. हिन्दी प्रदीप : मार्च-अप्रैल, 1898 ई. (जिल्द 21 संख्या 7/8)।
'अलीगढ़ गजट की एक तान'।
39. हिन्दी प्रदीप : मई-जून, 1898 ई. (जिल्द 21 संख्या 9/10)।
लेख-'हिन्दी अक्षरों की दरखास्त पर क्या किया गया'
40. हिन्दोस्थान दैनिक पत्र : श्रावण वदी 5, शुक्रवार, विक्रम संवत् 1955, 8 जुलाई, 1898 ई. (भाग 13 अंक 3743)। 'प्रेरित' स्तम्भ। उर्दू लिपि।
41. नागरीप्रचारिणी पत्रिका (द्वितीय भाग) : नागरीप्रचारिणी सभा, काशी। सन् 1898 ई.।
'मुसलमानी दफ़्तरों में हिन्दी' – बाबू राधाकृष्ण दास। पृष्ठ 115/124
'पश्चिमोत्तर प्रदेश तथा अवध में अदालती अक्षर और प्रायमरी शिक्षा' – बाबू श्यामसुन्दर दास। पृष्ठ 125/170
42. सरस्वती : अप्रैल, 1900 ई. (भाग 1 संख्या 4)
'पश्चिमोत्तर प्रदेश और अवध में नागरी अक्षर का प्रचार'– पंडित किशोरी लाल गोस्वामी।
43. सुदर्शन : अप्रैल, 1900 ई. (वर्ष 1 संख्या 4)।
'अदालत में नागरी'।
44. आनन्द कादम्बिनी : विक्रम संवत् 1959 (माला 4 मेघ 3/4)। मिर्जापुर।
'हिन्दी भाषा और हिन्दी भाषी'। 'देशभाषा की उन्नति आशा'।
45. राधाकृष्ण ग्रन्थावली (पहला खंड) : संकलनकर्त्ता और सम्पादक-श्यामसुन्दर दास। प्रथम संस्करण 1930 ई.।
'मुसलमानी दफ़्तरों में हिन्दी'।
46. प्रथम हिन्दी साहित्य सम्मेलन (काशी) कार्य विवरण (दूसरा भाग)। सन् 1910 ई.।
'राष्ट्रभाषा और राष्ट्रलिपि' –शारदाचरण मित्र।
'नागरी-प्रचार देश-उन्नति का द्वार है'–गोपाल लाल खत्री।
47. JOURNAL OF THE ASIATIC SOCIETY : (NO. IV) 1864 A.D.
'On the application of the Characters of the Roman Alphabet to Oriental Languages' —Capt. W. NASSAU LEES.

बालमुकुन्द गुप्त और राष्ट्रलिपि देवनागरी

बालमुकुन्द गुप्त (कार्तिक शुक्ल 4 विक्रम संवत् 1922, सन् 1865 ई.-भाद्र शुक्ल एकादशी विक्रम संवत् 1964 तदनुसार 18 सितम्बर 1907 ई.) का हिन्दी रचना-काल 1889 ई. से 1907 ई. तक है। वे सुकवि एवं तेजस्वी लेखक थे। प्रचलित हिन्दी गद्य के स्वरूप निर्माण में उनका विशिष्ट योगदान रहा है। हिन्दी भाषा के मानकीकरण हेतु वे चिरस्मरणीय साहित्यकार हैं। उनके मात्र तीन स्वतंत्र निबन्ध देवनागरी लिपि के सम्बन्ध में मिलते हैं। देवनागरी अक्षर (1902 ई.), एक लिपि की जरूरत (1905 ई.) और हिन्दुस्तान में एक रस्मुलख़त (1907 ई.) इन निबन्धों का लेखन प्रकाशन काल 1902-1907 ई. है। उक्त तीन में से एक निबन्ध उर्दू में है।

यह ध्यातव्य है कि बंगाल के छोटे लाट उडवर्न ने, गुप्त जी के पूर्व, बंगालियों की साहित्य सभा में कहा था कि संस्कृत की महान उन्नति के लिए बंगाक्षरों के स्थान पर देवनागरी अक्षरों को कार्यान्वित किया जाना चाहिए। गुप्त जी ने उडवर्न के इस मत को 1902 में प्रकाशित अपने 'देवनागरी अक्षर' शीर्षक लेख में उद्धृत कर इसकी सम्पुष्टि की थी।

यूरोप में सोलह देश हैं जिनमें भाषाओं के पार्थक्य के बावजूद लिपि की एकता है। रूसी भाषा को छोड़कर समस्त वृहत्तर यूरोप की भाषाएँ रोमन लिपि में ही लिखी जाती है। किन्तु भारतवर्ष में, गुप्त जी के अनुसार, अक्षरों की विचित्र गति है जहाँ भाषा-ऐक्य के बावजूद लिपि-भिन्नता है, अक्षरों की गति निराली है।

देवनागरी लिपि सर्वोत्कृष्ट एवं सर्वश्रेष्ठ है। इसका ज्ञानार्जन अति सरल एवं सुगम है। भारत की अति प्राचीन भाषा संस्कृत इसी लिपि में लिखी जाती है। किन्तु देवनागरी लिपि के प्रति जनता का आवश्यक एवं अपेक्षित प्रेम नहीं था। तत्कालीन पश्चिमोत्तर प्रदेश 'खास हिन्दुस्तान' था। किन्तु फारसी लिपि में वहाँ की भाषा हिन्दी लिखी जाती थी। बिहार में भ्रष्ट कैथी लिपि का प्रचलन था।

पंजाब में सदा से देवनागरी लिपि का प्रचार था। किन्तु सिख समुदाय गुरुमुखी अक्षरों का पक्षधर हो गया था। उसने इन अक्षरों को अपना जातीय अक्षर मान लिया था। गुरुमुखी लिपि देवनागरी लिपि का भद्दा रूप है। उसे सिख पसन्द करते थे और

देवनागरी लिपि को प्रश्रय नहीं देते थे। यदि ग्रन्थ साहब का प्रकाशन गुरुमुखी लिपि के स्थान पर देवनागरी लिपि में किया जाता तो ग्रन्थीगण एक-एक अक्षर टटोल-टटोल कर नहीं पढ़ते और विद्याशून्य नहीं हो जाते।

गुजराती अक्षर नागरी लिपि का ही एक रूप है।

महाराष्ट्र ने अपनी भाषा मराठी में देवनागरी अक्षरों को ही प्रधानता दी है। यहाँ यह उल्लेख करना अप्रासंगिक नहीं होगा कि मराठी भाषा की सर्वप्रथम मुद्रित पुस्तक व्याकरण की थी जिसका प्रकाशन 1805 ई. में देवनागरी लिपि में हुआ था। विलियम कैरे। (1761-1834 ई.) द्वारा लिखित 'एक ग्रामर ऑफ दी मरहट्टा लैंग्वेज टू ह्विच आर ऐडेड डायलॉग ऑन फेमिलियर सब्जेक्टस' का प्रथम प्रकाशन 1805 ई. में मिशन प्रेस, श्रीरामपुर से हुआ था जिसमें प्रयुक्त मराठी भाषा देवनागरी लिपि में थी। विलियम कैरे फोर्ट विलियम कॉलेज में संस्कृत, बंगला और मराठी भाषा के शिक्षक थे। बाइबिल का सर्वप्रथम हिन्दी अनुवाद उन्होंने किया था। सन् 1809 ई. में उन्होंने नए धर्म नियम का हिन्दी अनुवाद प्रकाशित किया और सन् 1818 में सम्पूर्ण ईसाई ग्रन्थ का अनुवाद हिन्दी में हो गया था। वे देवनागरी लिपि और हिन्दी भाषा के समर्थक थे।

गुरुमुखी, गुजराती और कैथी लिपियों के स्थान पर देवनागरी लिपि का प्रचार होने से, गुप्त जी के मतानुसार, भाषाओं का मेल-मिलाप हो सकता है।

बंगला भाषा के अक्षर एवं मात्राएँ देवनागरी के समान हैं। किन्तु बंगाल में देवनागरी के विकृत स्वरूप वक्राकार बंगाक्षर ही प्रचलित थे। वहाँ संस्कृत पुस्तकों का मुद्रण-प्रकाशन बंगाक्षरों में किया जाता था।

ओड़िया भाषा की लिपि विचित्र है। किन्तु देवनागरी लिपि की ओर ओड़िया भाषियों का ध्यान नहीं था। ओड़िशा में संस्कृत भी मेढ़क की शक्ल की ओड़िया लिपि में लिखी जाती थीं।

गुप्त जी के शब्दों में "सबके गुरु हैं, मारवाड़ी और मुड़िया हरफवाले। इनके हरफों का कोई ठिकाना ही नहीं। एक ही कोठी में दस गुमाश्ते दस प्रकार के हरफ लिखते है। एक के हरफ दूसरा नहीं समझ सकता। अपने इस हरफों के पीछे वे लोग विद्या ही खो बैठे।"

इसलिए उन्होंने 1902 ई. में मार्मिक स्वर में कहा-"यदि यह सब अक्षर एक होकर देवनागरी बन जावें तो कितना अच्छा हों ?"

मुख्यतः लिपि-भेद के कारण ही हिन्दी और उर्दू भाषाओं में भिन्नता है। बालमुकुन्द गुप्त का विचार था कि यदि आदि से ही उर्दू भाषा की लिपि देवनागरी होती तो यह भाषा भेद नहीं हो पाता। उन्होंने यह आशा व्यक्त की कि लिपि एक होने से यह भाषा-भेद दूर किया जा सकता है। किन्तु इस प्रस्तावित लिपि-ऐक्य के शीघ्र कार्यान्वयन के प्रति वे अधिक आशान्वित नहीं थे।

'हिन्दी भाषा' नामक अपनी पुस्तक की भूमिका में बालमुकुन्द गुप्त ने कहा था–

''इस समय हिन्दी के दो रूप हैं। एक उर्दू दूसरा हिन्दी। दोनों में केवल शब्दों ही का भेद नहीं, लिपि भेद बड़ा भारी पड़ा हुआ है। यदि यह भेद न होता तो दोनों रूप मिलकर एक हो जाता। यदि आदि से फारसी लिपि के स्थान में देवनागरी लिपि रहती तो यह भेद ही न होता। अब भी लिपि एक होने से भेद मिट सकता है, पर जल्द ऐसा होने की आशा कम है।''

गुप्त जी के अनुसार, उर्दू–हिन्दी में कुछ भेद नहीं है, इतना होने पर भी देवनागरी अक्षर न जानने के कारण हिन्दी से वह उतने ही दूर हैं जितने बंगाली और मद्रासी। यदि उर्दू देवनागरी अक्षरों में लिखी जाती तो आज उसमें और हिन्दी में कुछ भेद न होता। अब भी यदि उर्दू वाले देवनागरी अक्षर जानने की चेष्टा करें तो उन्हें एक नई दुनिया का पता लगे जिससे वह आज तक बेखबर हैं।

उन्होंने 1907 ई. में कहा था कि ''देवनागरी हरूफ़ ही सबसे आला हैं, और यही कुल हिन्द में बतौर एक रस्मुलख़त के जारी होने चाहिये।''

आज भारत में बालमुकुन्द गुप्त के राष्ट्रलिपि देवनागरी विषयक दूरदर्शितापूर्ण स्वप्न को कार्यान्वित करने की आवश्यकता है। उनका यह स्वप्न कब पूरा होगा? यह प्रश्न अब तक अनुत्तरित ही है।

राष्ट्रलिपि देवनागरी और लोकमान्य तिलक

राष्ट्रलिपि देवनागरी का मंत्र–साक्षात्कार सर्वप्रथम भारतेन्दुयुगीन साहित्यकार पंडित बालकृष्ण भट्ट (आषाढ़ कृष्ण द्वितीया, रविवार, प्रयाग, विक्रम संवत् 1901, सन् 1844 ई.–श्रावण कृष्ण त्रयोदशी सोमवार विक्रम संवत् 1971 तदनुसार 14 सितम्बर 1914 ई.) ने 1882 ई. में किया था। भट्टजी के पूर्व सर विलियम जोन्स (1746 ई.–27 अप्रैल, 1794 ई.) ने 1784 ई. में भारत ही नहीं, सम्पूर्ण एशियाई भाषाओं के लिए अनिवार्य स्वरलिपियों से युक्त संशोधित रोमन लिपि को ही एकमात्र लिपि के रूप में स्वीकार किये जाने की संस्तुति की थी। यह संस्तुति देवनागरी लिपि के लिए नहीं थी। किन्तु इतना सत्य है कि वे भारत में सार्वजनीन लिपि की अवधारणा के सर्वप्रथम सूत्रधार थे। पंडित बालकृष्ण भट्ट 1877 ई. से 1910 ई. तक इलाहाबाद से प्रकाशित दीर्घजीवी मासिक पत्र 'हिन्दी प्रदीप' के एकमात्र सम्पादक थे। उन्होंने 'हिन्दी प्रदीप', अप्रैल 1882 ई. में 'प्रार्थना' शीर्षक सम्पादकीय अग्रलेख में यह मत व्यक्त किया था कि देवनागरी लिपि अर्थात् नागराक्षर सम्पूर्ण भारत के राजकार्य में प्रचलित किये जायें, सभी न्यायालयों एवं दरबारों में फारसी लिपि के स्थान पर देवनागरी लिपि में कार्यवाही हो और इसी लिपि में हिन्दी, उर्दू, मराठी, पंजाबी आदि भाषाओं की पुस्तकों का प्रकाशन हो क्योंकि इस लिपि में प्रत्येक व्यक्ति की बोलचाल के अनुकूल उच्चारण निकलते हैं।

पंडित बालकृष्ण भट्ट के मूल शब्दों में, " ...यदि...नागराक्षर सम्पूर्ण भारतवर्ष के राजकार्य में प्रचलित किये जायँ तो कैसी अच्छी बात हो...(इसमें) हर एक की बोलचाल के अनुकूल उच्चारण निकलते हैं...लाखों–करोड़ों हम हिन्दुस्तानी प्रजा दिलोजान से चाहती है कि सब कचहरी दरबार फारसी अक्षरों की जगह नागरी में लिखा–पढ़ी हो इसी में सब हिन्दी, उर्दू मराठी, पंजाबी आदि की पुस्तकें छपा करैं..." (हिन्दी प्रदीप, अप्रैल 1882 ई., 'प्रार्थना' शीर्षक सम्पादकीय अग्रलेख)।

भट्ट जी भारत की राष्ट्रलिपि विषयक अपनी अवधारणा को विस्तार और व्यापकता नहीं दे सके। किन्तु वे राष्ट्रलिपि देवनागरी के सर्वप्रथम मंत्रद्रष्टा थे। उन्होंने 'हिन्दी प्रदीप', 1 फरवरी, 1886 ई. (जिल्द 9 संख्या 6), में 'भारत वर्ष की

जातीय भाषा' शीर्षक सम्पादकीय अग्रलेख लिखा था जिसका मूल निहितार्थ यह था कि हिन्दी ही भारत की एक मात्र जातीय भाषा अर्थात् राष्ट्रभाषा होगी। वे राष्ट्रलिपि देवनागरी के प्रथम मंत्रद्रष्टा ही नहीं, राष्ट्रभाषा हिन्दी के भी अत्यन्त आरम्भिक मंत्रद्रष्टाओं में से एक थे।

भट्ट जी के पश्चात् सर गुरुदास बनर्जी (26 जनवरी, 1844 ई.–2 दिसम्बर सोमवार 1918 ई.), बनारस से प्रकाशित हिन्दी साप्ताहिक पत्र 'भारत जीवन' के सम्पादक रामकृष्ण वर्मा (1859 ई.–1906 ई.) बालमुकुन्द गुप्त (कार्तिक शुक्ल 4 विक्रम संवत् 1922, सन् 1865 ई.–भाद्र शुक्ल 11, विक्रम संवत् 1964 तदनुसार 18 सितम्बर, 1907 ई.) महाराष्ट्र के विचारक पंडित केशववामन पेठे, नागरीप्रचारिणी सभा, काशी के प्रमुख संस्थापक और हिन्दी भाषा के उन्नायक श्याम सुन्दर दास (14 जुलाई, 1875 ई.–08 अगस्त 1945 ई.) आचार्य महावीर प्रसाद द्विवेदी (वैशाख शुक्ल 4 विक्रम संवत् 1921, सन् 1864 ई.–पौष कृष्ण 30 विक्रम संवत् 1995 तदनुसार 21 दिसम्बर 1938 ई.), न्यायमूर्ति शारदाचरण मित्र (17 दिसम्बर, 1848 ई.–1917 ई.) आदि ने भारत की राष्ट्रलिपि के रूप में देवनागरी लिपि को अपनाए जाने के लिए जोरदार वकालत की थी, इसके पक्ष में अनेक अकाट्य तर्क दिए थे, एतदर्थ प्रयत्न भी किये थे। ईसा की 19वीं शताब्दी के अंतिम दशक में पंडित केशववामन पेठे ने भारत की सभी भाषाओं के लिए एक लिपि की अनिवार्यता का सार्थक सकारात्मक प्रतिपादन किया था और कहा था कि भारत की समस्त भाषाओं की लिपि एक करनी चाहिए। नागरी लिपि में ही प्रत्येक भाषा के शब्द लिखे जाने से बहुत कुछ काठिन्य दूर हो जायगा। लिपिभेद के कारण हमारी ही भाषा के शब्दों को हम समझ नहीं सकते। हमारी राष्ट्रभाषा की एक लिपि का स्थान प्राप्त करने योग्य अधिकारिणी एकमात्र देवनागरी ही है। उनके मतानुसार भारत के हित साधन करने के लिए एक राष्ट्रभाषा की आवश्यकता है। हिन्दी ही हमारी राष्ट्रभाषा हो सकती है। एक भाषा और एक लिपि के द्वारा ही भारत का हितसाधन और विभिन्न प्रान्तों में ऐक्य–संस्थापन संभव है। पेठे के उक्त विचारों का व्यापक समर्थन तत्कालीन महाराष्ट्र के सभी प्रमुख पत्रों और लोकमान्य बालगंगाधर तिलक ने भी किया था।

बीसवीं शताब्दी के प्रथम अर्द्ध दशाब्द तक भारत की सब भाषाओं की एक लिपि के सिद्धान्त का सफल प्रचार हो गया था। काशी नागरीप्रचारिणी सभा के त्रयोदश वार्षिक विवरण (1906 ई.) के 22वें पृष्ठ में यह स्वीकार किया गया था कि "भारतवर्ष में एकाक्षर प्रचार में सफलता के चिह्न देख पड़ते हैं।" काशी नागरीप्रचारिणी सभा के चौदहवें वार्षिक विवरण (1907 ई.) के 32वें पृष्ठ पर भी यह अधिघोषणा की गई थी–"लोगों का विचार इस ओर झुका है कि देश की

भिन्न-भिन्न भाषाएँ एक लिपि में लिखी जांय जिससे देश की भिन्न-भिन्न भाषाओं के पढ़ने और समझने में सुगमता हो।...। (इसमें) सुगमता और राष्ट्रीयता के लाभ को प्रायः सभी लोग मानेंगे।''

29 दिसम्बर, शुक्रवार, 1905 ई. को काशी नागरीप्रचारिणी सभा की ओर से वाराणसी में भारत की सम्पूर्ण भाषाओं के लिए एक लिपि के निर्धारण हेतु एक विशेष अधिवेशन का आयोजन किया गया था। इस अधिवेशन का सभापतित्व बंगला भाषा के यशस्वी उपन्यासकार रमेशचन्द्र दत्त, आई.सी.एस., सी.आई.ई (13 अगस्त, 1848 ई.-30 नवम्बर, मंगलवार, 1909 ई.) ने किया था। इस अधिवेशन में लोकमान्य बालगंगाधर तिलक (23 जुलाई, 1856 ई.-1 अगस्त, 1920 ई.) प्रमुख वक्ता थे।

काशी नागरीप्रचारिणी सभा के त्रयोदश वार्षिक विवरण (1906 ई.) के 23वें और 24वें पृष्ठों में इस अधिवेशन की महत्ता को अभिलेखबद्ध किया गया था, जो इस प्रकार है-''एकाक्षर प्रचार के उद्योग में सहायता पहुँचाने के उद्देश्य से तारीख 29 दिसम्बर, 1905 को काशी में एक महती सभा की गई थी जिसमें बहुत दूर-दूर से आए हुए तथा नगरस्थ सज्जनों की अच्छी भीड़ थी। कई हजार सज्जन इस सभा में उपस्थित थे। इस सभा में बाबू रमेशचन्द्र दत्त, सी.आई.ई. ने सभापति का आसन ग्रहण किया था और निम्नलिखित महाशयों ने एकाक्षर प्रचार के सम्बन्ध में वक्तृताएँ दी थीं। पंडित बाल गंगाधर तिलक, दीवान बहादुर अंबालाल शंकरलाल देसाई, डॉक्टर सर भालचन्द्र कृष्ण, प्रोफेसर एन.बी. रानाडे, प्रोफेसर क्षीरोद प्रसाद विद्याभूषण, मिस्टर विजय राघवाचार्य।...इस सभा का विश्वास है कि इस अधिवेशन से एकाक्षर प्रचार में विशेष सहायता पहुँची है जिसका साक्षात फल यह है कि मद्रास तक में नागरी अक्षरों की चर्चा होने लगी है। यदि देशवासियों का उत्साह ऐसा ही बना रहा तो इस कार्य में थोड़े ही दिनों में बहुत कुछ सफलता प्राप्त होगी।''

लोकमान्य तिलक के अभिभाषण का निहितार्थ यह था कि भारत की सभी भाषाओं के लिए एकमात्र लिपि देवनागरी ही हो सकती है। भारत के लिए यही मानक लिपि है।

लोकमान्य तिलक के अभिभाषण के पूर्व रमेशचन्द्र दत्त ने अपने अध्यक्षीय अभिभाषण में देवनागरी लिपि को सारे उत्तरी भारतवर्ष की एक ही लिपि के रूप में प्रचलित किये जाने की भविष्यवाणी की और एतदर्थ देवनागरी लिपि की ही संस्तुति की। उनके अध्यक्षीय अभिभाषण के पश्चात् लोकमान्य बालगंगाधर तिलक ने कहा कि उद्योग उत्तरी भारतवर्ष में केवल एक लिपि करने के लिए ही नहीं है अपितु वह समस्त भारतवर्ष में एक भाषा करने के बृहद् उद्योग का केवल एक अंश है जो राष्ट्रीय उद्योग कहा जा सकता है। एक भाषा का होना राष्ट्रीयता का प्रमुख अंग है। एक भाषा के माध्यम से ही अपने विचारों को दूसरों पर प्रकट कर सकते

हैं। किसी जाति को एक में रखने के लिए उन सबकी एक भाषा होने से बढ़कर और कोई शक्ति नहीं है।

उक्त अवसर पर लोकमान्य तिलक ने कहा था–"हमारा उद्देश्य केवल उत्तरी भारतवर्ष के लिये नहीं वरन् मैं तो कहूँगा कि समय पाकर दक्षिणी भारतवर्ष और मद्रास को लेकर सारे भारतवर्ष के लिये एक भाषा करने का है।...प्राचीन समय में आर्यों और अनार्यों और इधर के समय में हिन्दू और मुसलमानों की लड़ाइयों ने इस देश में हिन्दुओं की भाषा की एकता को नष्ट कर दिया है। उत्तरी भारतवर्ष के हिन्दू लोग जो भाषाएँ बोलते हैं वे प्रायः आर्य भाषाएँ हैं और उनकी उत्पत्ति संस्कृत से हुई है और दक्षिण में जो भाषाएँ बोली जाती हैं उनकी उत्पत्ति द्रविड़ भाषा से हुई है। इन भाषाओं में भेद केवल उनके शब्दों में ही नहीं वरन् उनके लिखने में भी है। इसके उपरान्त फिर हिन्दी और उर्दू का भेद है...हमारे देश की ओर लिखने के मोड़ी अक्षर भी हैं और वे उस बालबोध अर्थात् देवनागरी अक्षरों से भिन्न हैं जिनमें कि मराठी पुस्तकें साधारणतः छपती हैं।

अतः फारसी अक्षरों के विषय में कुछ उद्योग करने के पहिले हमें दो बड़ी आवश्यक बातों को एक में लाना है। हम कह चुके हैं कि यद्यपि भारतवर्ष में एक भाषा का करना हमारा अन्तिम उद्देश्य है परन्तु इसके लिये भी हमें उपरोक्त दोनों बातों को अर्थात् आर्य वा देवनागरी अक्षरों और द्रविड़ या तमिल अक्षरों को एक करना चाहिए। ध्यान रहे कि इसमें केवल अक्षरों का ही भेद नहीं है वरन् द्रविड़ भाषा में कुछ ऐसे उच्चारण भी हैं जो कि दूसरी किसी भाषा में नहीं है। (नागरीप्रचारिणी पत्रिका, दसवाँ भाग, 1906, 'भारतवर्ष की सब भाषाओं के लिये एक लिपि' शीर्षक निबन्ध, बाबू गोपाल दास द्वारा अनूदित पृष्ठ 172–173)

लोकमान्य तिलक के अनुसार, सर्वप्रथम, आर्यभाषा समूह अथवा संस्कृत से उत्पन्न भाषाओं का कार्य करना होगा। हिन्दी, बंगला, गुजराती, मराठी और पंजाबी आदि ऐसी भाषाएँ हैं। ये भाषाएँ जिन अक्षरों में लिखी जाती हैं वे भी भारत के प्राचीन अक्षरों के रूपान्तर हैं। समय के प्रवाह में इन भाषाओं के पृथक व्याकरण, उच्चारण और अक्षर हो गए परन्तु इनकी वर्णमाला में प्रायः समानता है।

काशी नागरीप्रचारिणी सभा का उद्देश्य उपर्युक्त आर्य भाषाओं के लिए सार्वजनीन लिपि की सर्वमान्य निर्विरोध स्वीकृति में निहित था। इससे भाषागत ऐक्य का संचार होगा।

लोकमान्य तिलक ने इस तथ्य की पुष्टि की थी कि "नागरीप्रचारिणी सभा का उद्देश्य यह है कि सब आर्य भाषाएँ एक ही लिपि में लिखी जांय और जिसमें जब कोई पुस्तक उस लिपि में छपे तो उसे सब आर्य भाषाओं के बोलने वाले लोग अधिक सुगमता से समझ सकें। मैं समझता हूँ कि इस विषय में सब ही लोग सहमत

होंगे और इसके लाभ को स्वीकार करेंगे...।" (नागरीप्रचारिणी पत्रिका, दसवाँ भाग, 1906 ई., 'भारतवर्ष की सब भाषाओं के लिए एक लिपि' शीर्षक निबन्ध, बाबू गोपाल दास द्वारा अनूदित पृष्ठ 174)

यह ज्ञातव्य है कि जुलाई 1902 ई. में काशी नागरीप्रचारिणी सभा के नवम् वार्षिक प्रतिवेदन में हिन्दी भाषा के परम श्रेष्ठ उन्नायक और सभा के तत्कालीन प्रधानमंत्री बाबू श्यामसुन्दर दास ने भी इसके पूर्व कहा था कि–

"भारतवर्ष की समस्त आर्य भाषाओं का लिखना पढ़ना यदि सब जगह नागरी अक्षरों में ही चल जाय तो इससे देश का बहुत कुछ भला हो सकता है और विद्या को भी बहुत लाभ पहुँच सकता है। बंगला और गुजराती भाषाओं के अक्षर नागरी से बहुत मिलते हैं। इसलिये इन भाषाओं की पुस्तकें यदि नागरी अक्षरों में छपने लग जाय तो बहुत कुछ लाभ हो सकता है और उनके पढ़ने वालों की संख्या भी बढ़ सकती है तथा साथ ही भिन्न-भिन्न प्रान्तों की भाषाओं के जानने से परस्पर सहानुभूति और एकता का बीज बोया जा सकता है।" (काशी नागरीप्रचारिणी सभा का नवाँ वार्षिक विवरण, 1902 ई. पृष्ठ 27–28)

तत्पश्चात् महामना पंडित मदनमोहन मालवीय (25 दिसम्बर, 1861 ई.– 12 नवम्बर, 1946 ई.) के सभापतित्व में 18,19 और 20 फरवरी, 1904 ई. को आयोजित काशी नागरीप्रचारिणी सभा के गृह प्रवेशोत्सव के अवसर पर नागरीप्रचारिणी सभा के प्राण बाबू श्यामसुन्दर दास ने भारत की भविष्य भाषा पर अपने विचारोत्तेजक अभिभाषण में कहा था कि "भारत की जितनी भाषाएँ हैं उन सब की लिपि देवनागरी हो।" (काशी नागरीप्रचारिणी सभा के गृह प्रवेशोत्सव तथा विशेष अधिवेशनों का कार्य विवरण जो तारीख 18,19 और 20 फरवरी, 1904 ई. को हुए। पृष्ठ 27–29)

भारत की सभी भाषाओं की एक लिपि के निर्धारण के मार्ग के अवरोधों की चर्चा करते हुए लोकमान्य तिलक ने कहा था कि विशुद्ध ऐतिहासिक कारणों के आधार पर इस प्रश्न पर निर्णय नहीं लिया जा सकता। अशोक काल से भारत में विभिन्न समयों में कम-से-कम दस विभिन्न लिपियाँ प्रचलित थीं जिनमें खरोष्ठी अथवा ब्राह्मी लिपि प्राचीनतम थीं। कालान्तर में सभी लिपियों में अत्यधिक परिवर्तन हुए और आज की हमारी लिपियाँ उक्त प्राचीन लिपियों के परिवर्तित रूप हैं। अतएव मात्र प्राचीनता के सिद्धान्त पर एक लिपि के सिद्धान्त का क्रियान्वयन नहीं किया जा सकता।

इस कठिनाई को दूर करने के लिए कभी यह सुझाव दिया गया था कि हम लोग रोमन लिपि का व्यवहार करें और ऐसा करने से एशिया और यूरोप दोनों की एक लिपि हो जायगी। लोकमान्य तिलक ने रोमन लिपि का विरोध किया और कहा कि यह प्रस्ताव बड़ा ही हास्यजनक है। रोमन वर्णमाला और रोमन लिपि में बहुत त्रुटियाँ हैं और हम लोगों की भाषा के उच्चारण प्रकट करने के लिए बड़ी ही अनुपयुक्त है।

अंग्रेजी भाषा के व्याकरण भी उसे त्रुटियों से भरा हुआ बतलाते हैं। उसमें कहीं तो एक ही अक्षर के तीन-तीन या चार-चार उच्चारण हैं और कहीं एक ही उच्चारण को प्रकट करने के लिए दो अथवा तीन अक्षरों का व्यवहार करना पड़ता है। रोमन लिपि में हमारी भाषा के उच्चारण भिन्न-भिन्न चिह्नों के बिना नहीं प्रकट किये जा सकते। उन्होंने विभिन्न भाषाओं के रोमन लिप्यंतरण का तीव्र विरोध प्रामाणिक आधारों और सन्तुलित विवेचनपूर्ण तर्कों से किया और उक्त प्रस्ताव के पागलपन को प्रदर्शित कर दिया और घोषणा की कि रोमन लिपि अतिशय त्रटिपूर्ण है और आर्य भाषाओं की ध्वनियों की अभिव्यक्ति करने के लिए सर्वथा अनुपयुक्त है। अतः यदि हम सबके लिए एक लिपि की आवश्यकता है तो वह रोमन लिपि से उत्तम होना चाहिए। संस्कृत जानने वाले यूरोप के विद्वानों ने भी कहा है कि देवनागरी यूरोप की सब लिपियों की उपेक्षा बहुत पूर्ण है। अतएव भारतवर्ष की सब आर्य भाषाओं की एक लिपि के लिए किसी दूसरी वर्णमाला का आश्रय लेना मानों अपने ही हाथों अपने पैर में कुल्हाड़ी मारना है।

लोकमान्य तिलक के शब्दों में "हमारे यहाँ एक उच्चारण के लिये केवल एक ही अक्षर और प्रत्येक अक्षर के लिये केवल एक ही उच्चारण है। अतः हम लोगों को कौन सी लिपि काम में लानी चाहिए। इस विषय में मैं समझता हूँ कि कोई मतभेद नहीं हो सकता। देवनागरी ही ऐसी लिपि है।" (नागरीप्रचारिणी पत्रिका, दसवाँ भाग, 1906 ई., भारतवर्ष की सब भाषाओं के लिये एक लिपि शीर्षक निबन्ध, बाबू गोपाल दास द्वारा अनूदित, पृष्ठ 175)

तात्पर्य यह कि लोकमान्य तिलक के मतानुसार भारत की सम्पूर्ण आर्य भाषाओं के लिए एक सार्वजनीन लिपि (कॉमन करेक्टर) देवनागरी ही हो सकती है। इसके विपरीत दिशा में किया गया प्रत्येक प्रयत्न आत्मघाती ही होगा।

लार्ड कर्जन ने देश को मानकीकृत समय (स्टैंडर्ड टाइम) दिया। लोकमान्य तिलक ने भारत के लिए एक मानकीकृत लिपि (स्टैंडर्ड करेक्टर) की माँग की। यदि लार्ड कर्जन ने मानकीकृत समय की अपेक्षा राष्ट्रीय सिद्धान्तों पर हमारे लिए मानकीकृत लिपि अर्थात निर्धारित लिपि प्रदान करने का उद्योग किया होता तो वे हमारे सम्मान के विशेष अधिकारी होते। परन्तु ऐसा नहीं हुआ। अतः हमें स्वयं एतदर्थ प्रयत्न करने होंगे और सभी प्रान्तीय पूर्वाग्रहों से मुक्त होना आवश्यक है।

लोकमान्य तिलक ने पूर्ण लिपि का मंत्र दिया। ऐसी लिपि में लेखन-सुगमता, सुन्दरता और लेखन-तीव्रता का होना अनिवार्य है। विभिन्न आर्य भाषाओं की सम्पूर्ण ध्वनियों को व्यक्त करने की क्षमता ही नहीं, अपितु निर्दिष्ट बिन्दु चिह्नों के बिना द्रविड़ ध्वनियों को व्यक्त करने की शक्ति भी उसके अक्षरों में होनी चाहिए। पूर्ण लिपि का यही तात्पर्य है। अपेक्षाकृत विशेषातिविशेष सुविस्तृत क्षेत्रों में प्रयुक्त

लिपि के महत्त्व को अस्वीकार नहीं किया जा सकता। ऐसी लिपि ही कॉमन करेक्टर अर्थात् राष्ट्रलिपि अर्थात् सार्वजनीन लिपि का गौरवपूर्ण पद प्राप्त कर सकती है। लोकमान्य तिलक के शब्दों में, "हम चाहे जिस लिपि को काम में लावें परन्तु वह लिखने में सुगम, देखने में सुन्दर और ऐसी होनी चाहिए जो शीघ्रता से लिखी जा सके। फिर उसके अक्षर ऐसे होने चाहिए कि वे भिन्न-भिन्न आर्य भाषाओं के सब उच्चारणों को प्रकट कर सकें। केवल इतना ही नहीं वरन् उन्हें ऐसा बनाना चाहिए कि वे द्रविड़ भाषा के उच्चारणों को भी बिना चिह्नों के प्रकट कर सकें। प्रत्येक उच्चारण के लिए केवल एक ही अक्षर और प्रत्येक अक्षर का केवल एक उच्चारण होना चाहिए। पूर्ण लिपि से मेरा यही अभिप्राय है। और यदि हम सब मिलकर विचार करें तो आजकल की प्रचलित लिपियों के आधार पर एक ऐसी लिपि का निकालना कोई कठिन बात नहीं है। ऐसी लिपि को निश्चय करने में हमें इस बात का ध्यान रखना चाहिए कि आजकल सबसे अधिक प्रचार किस लिपि का है क्योंकि एक लिपि बनाए जाने के लिये ऐसी ही लिपि का अधिक स्वत्व है, यदि वह अन्य सब बातों में ठीक हों।" (नागरीप्रचारिणी पत्रिका, दसवाँ भाग, 1906 ई., 'भारतवर्ष की सब भाषाओं के लिये एक लिपि', पृष्ठ 176 और 'ए कॉमन करेक्टर फॉर इंडियन वर्नाक्यूर्लस', प्रकाशक नागरीप्रचारिणी सभा, बनारस, 1906 ई. पृष्ठ 7-8)

लोकमान्य तिलक ने कॉमन करेक्टर अर्थात राष्ट्रलिपि के राष्ट्रीय निर्णय हेतु एक समिति के गठन की संस्तुति की थी जिसके द्वारा किसी एक लिपि का निश्चय किया जा सके। तत्पश्चात् प्रत्येक प्रान्त की पाठ्यपुस्तकों के कुछ पाठ इसी लिपि में मुद्रण कराना चाहिए जिससे विद्यालयों के छात्रगण बाल्यावस्था से ही इन अक्षरों से परिचित हो जांय। यह राजनीतिक प्रश्न नहीं था। सम्पूर्ण आर्य भाषाओं की एक मानक लिपि (स्टैंडर्ड करेक्टर) की निर्माण-प्रक्रिया में, तिलक के अनुसार, सरकार को आपत्ति नहीं होगी। (ए कॉमन करेक्टर फॉर इंडियन वर्नाक्यूलर्स, 1906 ई. पृष्ठ 8) राष्ट्रलिपि के निर्धारण और क्रियान्वयन होने पर एक ही लिपि के माध्यम से विभिन्न आर्य भाषाओं की पुस्तकों का अध्ययन अत्यन्त सुगम हो जायगा। इस कार्य में हमें सारे भारतवर्ष के लिए एक भाषा प्राप्त करने में बहुत कुछ सहायता मिल सकती है। (ए कॉमन करेक्टर फॉर इंडियन वर्नाक्यूलर्स, 1906 ई. पृष्ठ 8-9)

पुणे से प्रकाशित हिन्दी मासिक पत्र 'जय भारती', दिसम्बर 1947 में प्रकाशित 'राष्ट्रभाषा प्रचार के पच्चीस वर्ष' शीर्षक लेख के अनुसार, काशीनागरीप्रचारिणी सभा के मंत्री श्यामसुन्दर दास को लोकमान्य तिलक ने एक लिपि और एक भाषा के प्रचार में प्रोत्साहित किया था। 1905 ई. में काशी में आयोजित एक लिपि विस्तार परिषद के अधिवेशन में लोकमान्य तिलक उपस्थित थे और उन्होंने परिषद् के उद्‌देश्यों को दुहराया था। 1908 ई. में उन्होंने हिन्दी भाषा और देवनागरी लिपि में

'हिन्दी केशरी' के प्रकाशनार्थ माधवराव सप्रे की सहायता की थी और मराठी केशरी का मंगलवार का लेख 'हिन्दी केशरी' में प्रति सप्ताह प्रकाशित किया जाता था। किन्तु सत्य यह है कि 1905 ई. में काशी में एक लिपि विस्तार परिषद् के अधिवेशन का आयोजन नहीं किया गया था। भारतवर्ष की सब भाषाओं की एक लिपि के विचार विमर्श के लिए काशी नागरीप्रचारिणी सभा के तत्वावधान में काशी में सभा भवन के पश्चिम खंड में 29 दिसम्बर, शुक्रवार, 1905 ई. को अधिवेशन का आयोजन किया गया था जिसमें लोकमान्य तिलक का विचारपूर्ण अभिभाषण राष्ट्रलिपि के सम्बन्ध में हुआ था। उक्त अधिवेशन में देवनागरी लिपि के पक्ष में पूर्णरूप से मतैक्य था। इस लिपि को भारत की सभी भाषाओं की एक सर्वमान्य लिपि के रूप में स्वीकार किये जाने के सम्बन्ध में किसी प्रकार का मत विभाजन नहीं हुआ और माननीय वक्ताओं ने देवनागरी लिपि को राष्ट्रलिपि बनाए जाने के लिए सम्मानजनक समाधान प्रस्तुत करने के प्रयत्न किये।

उक्त अधिवेशन के अध्यक्ष रमेशचन्द्र दत्त ने अपने समापन भाषा में कहा कि तिलक महोदय ने देवनागरी लिपि के सम्बन्ध में जो कुछ कहा, वह ऐतिहासिक रीति पर ठीक है। देवनागरी भारतवर्ष की प्राचीनतम लिपि नहीं है। यहाँ की सबसे प्राचीन लिपि सम्राट अशोक द्वारा उत्कीर्ण लेखों में सुरक्षित है। आज की देवनागरी लिपि अशोक की लिपि का ही रूपान्तर है। रमेशचन्द्र दत्त ने लोकमान्य तिलक के इस प्रस्ताव का हार्दिक समर्थन किया कि नागरी लिपि को धीरे-धीरे विद्यालयों की पाठ्य-पुस्तकों में प्रचलित करना चाहिए और यथासंभव अन्य प्रकार से भी हम उसके प्रचार के उद्योग करें। किन्तु उन्होंने एक सर्वमान्य लिपि स्थिर करने के लिए किसी समिति के गठन के प्रस्ताव पर अपनी असहमति व्यक्त कर दी। उन्होंने विश्वास व्यक्त किया कि "सर्वमान्य लिपि आपसे आप हो जायगी। यदि हम लोग हिन्दी अक्षरों के व्यवहार करने का संकल्प कर लें तो लिखते-लिखते एक ऐसी लिपि स्वयं ही बन जायगी जो कि लिखने में सुगम होगी। अनुभवी मनुष्यों की कमिटी यदि बैठकर इस लिपि को सुधारे तो उसको लिखने में सुगम बनाने में उसकी आधी भी सफलता न होगी जितना कि लोगों के लिखते-लिखते आप ही एक लिपि बन जाने से होगी। जब समस्त भारतवासी देवनागरी लिपि को लिखने लग जायंगे तो समय पाकर उसका एक ऐसा रूप बन जायगा जो कि आज कल की छापे की देवनागरी की अपेक्षा लिखने में कहीं सुगम होगा।" (नागरीप्रचारिणी पत्रिका, दसवाँ भाग, 1906 ई. 'भारतवर्ष की सब भाषाओं के लिए एक लिपि', पृष्ठ 195 एवं 'ए कॉमन करेक्टर इंडियन वर्नाक्यूलर्स', 1906 ई., पृष्ठ 24-25)

गांधी-पूर्व भारत के राजनेताओं में सर्वप्रथम लोकमान्य बालगंगाधर तिलक ही थे जिन्होंने देवनागरी लिपि एवं हिन्दी भाषा को व्यापक सक्रिय समर्थन प्रदान किया।

यह ज्ञातव्य है कि महात्मा गांधी (2 अक्तूबर, 1869 ई.–30 जनवरी, 1948 ई.) ने 1909 ई. में मूलतः गुजराती भाषा में लिखित अपनी सर्वप्रथम सिद्धान्त–पुस्तक 'हिन्द स्वराज्य' में कहा था।–"सारे हिन्दुस्तान के लिए जो भाषा चाहिए वह तो हिन्दी ही होनी चाहिए। उसे उर्दू या नागरी लिपि में लिखने की छूट रहनी चाहिए। हिन्दू-मुसलमानों के सम्बन्ध ठीक रहे, इसलिए बहुत से हिन्दुस्तानियों का इन दोनों लिपियों को जान लेना जरूरी है। ऐसा होने से हम आप के व्यवहार में अंग्रेजी को निकाल सकेंगे।" (हिन्द स्वराज्य : महात्मा गांधी, अनुवादक अमृतलाल ठाकोरदास नाणावटी, पृष्ठ 76) दो लिपियों की हिन्दी–हिन्दुस्तानी के सिद्धान्त के प्रति महात्मा गांधी आजीवन दृढ़ प्रतिज्ञ रहे।

सच तो यह है कि 'हिन्द स्वराज्य' के प्रकाशन से ही गांधी–विचार का उद्‌भव हुआ। लोकमान्य तिलक ने गांधी–विचार और गांधी युग के पूर्व ही देवनागरी लिपि को राष्ट्रीय परिप्रेक्ष्य दिया जिसका दूरवर्ती आदर्श सम्पूर्ण भारत को एक सर्वमान्य राष्ट्रभाषा की गरिमा से महिमामंडित करना था। यह देवनागरीव्रतियों के लिए हर्ष का विषय है।

देवनागरी लिपि का एक सफल सिद्ध आन्दोलन

16 जुलाई 1893 ई. को वाराणसी में नागरीप्रचारिणी सभा की स्थापना हुई। हिन्दी भाषा और देवनागरी लिपि के इतिहास में काशी नागरीप्रचारिणी सभा की स्थापना एक बहुत बड़ी घटना थी। काशी नागरीप्रचारिणी सभा के प्रथम वार्षिक विवरण (1894 ई.) में उल्लिखित सभा के छः नियमों अथवा उद्देश्यों में से प्रथम दो इस प्रकार थे–

''1. यह सभा नागरी प्रचारार्थ स्थापित हुई है अतएव इसका नाम नागरीप्रचारिणी सभा रखा गया।

2. इस सभा के मुख्य कर्तव्य–

(क) हिन्दी भाषा की त्रुटियों को दूर करना,

(ख) हिन्दी को उत्तम और आवश्यक विषयों के ग्रन्थों से अलंकृत करना (नवीन ग्रन्थ अथवा दूसरी भाषाओं के अनुवाद द्वारा) और

(ग) हिन्दी भाषा के प्रचार तथा उचित अधिकार पाने के लिए सर्कार तथा एतद्धेशीय और परदेशीय सज्जनों में उद्योग करना।''[1]

'पश्चिमोत्तर प्रदेश तथा अवध के न्यायालयों और सर्कारी दफ़्तरों में नागरी अक्षरों का प्रचार' (1898 ई.) शीर्षक पुस्तक की 'निवेदन' शीर्षक भूमिका में घोषणा की गई थी कि भारत में हिन्दी भाषा और देवनागरी लिपि की यथोचित उन्नति एवं उनका पूर्ण प्रचार और शिक्षा–प्राप्ति में उन्नत्यर्थ काशी नागरीप्रचारिणी सभा की स्थापना की गई।

''कोई देश जब तक उसमें विद्या का प्रचार न हो उन्नति नहीं कर सकता और उसका इस प्रान्त में बड़ा अभाव है। कारण इसका यही है कि जब तक यहाँ की मातृभाषा हिन्दी का प्रचार न होगा, विद्या की उन्नति न होगी, इसलिए सन् 1893 ई. में इस उद्देश्य से कि हिन्दी भाषा और नागरी अक्षरों की यथोचित उन्नति और उनका पूर्ण प्रचार इस देश में हो और यह देश भी शिक्षा प्राप्ति में उन्नति करे, नागरीप्रचारिणी सभा काशी में स्थापित की गई...।''[2]

1903 ई. में प्रकाशित पश्चिमोत्तर प्रदेश सरकार के वार्षिक प्रतिवेदन (1901–02 ई.) में तत्कालीन सरकार ने स्वीकार किया था कि ''नागरीप्रचारिणी सभा जो

केवल नागरी प्रचार के लिए स्थापित हुई थी, हिन्दी साहित्य की सेवा करती रही।''[3]

देवनागरी लिपि के राष्ट्रव्यापी प्रचार–प्रसार के हेतु काशी नागरीप्रचारिणी सभा निरन्तर समर्पित रही है। 30 सितम्बर, रविवार, 1894 ई. को इस सभा का प्रथम वार्षिकोत्सव कारमाइकेल पुस्तकालय भवन, ज्ञानवापी, वाराणसी में वाराणसी मंडल के विद्यालय निरीक्षक राय बहादुर पंडित लक्ष्मीशंकर मिश्र, एम.ए. के सभापतित्व में आयोजित किया गया था जिसमें सभापति ने अपने अध्यक्षीय अभिभाषण में सभा की उपयोगिता एवं सार्थकता की उद्घोषणा करते हुए देवनागरी लिपि के श्रेष्ठ एवं सर्वोत्कृष्ट गुणों का उल्लेख किया था।[4] काशी नागरीप्रचारिणी सभा के तत्त्वावधान में, देवनागरी लिपि की उत्कृष्टता एवं श्रेष्ठता पर यह सर्वप्रथम सार्वजनिक अभिव्यक्ति थी।

हिन्दुओं में कायस्थगण कार्यालयों और न्यायालयों में विशेषतया सेवारत थे। किन्तु उनमें हिन्दी भाषा की विधिवत् शिक्षा का अभाव था। काशी स्थित राजघाट (रेलवे स्टेशन के ठीक सामने) में 28 दिसम्बर से 30 दिसम्बर 1894 ई. को कायस्थ अधिवेशन आयोजित किया गया था।[5] पूर्व निर्धारित कार्यक्रम के अनुसार उक्त अधिवेशन में सम्मेलन के प्रथम दिन 28 दिसम्बर 1894 ई. (दिन के 12 बजे से 1 बजे तक) को नागरीप्रचारिणी सभा का एक शिष्टमंडल कायस्थों में हिन्दी भाषा और देवनागरी लिपि के प्रचार हेतु गया था। शिष्टमंडल में बाबू राधाकृष्ण दास, डॉ. छन्नू लाल, मुरलीधर नागर, एम,ए., माताप्रसाद एम.ए. संकठा प्रसाद, कार्तिक प्रसाद के अतिरिक्त सभा के तत्कालीन प्रधानमंत्री बाबू श्यामसुन्दर दास भी थे।[6] सभा के तत्कालीन सभापति बाबू राधाकृष्णदास ने सुनहरे अक्षरों में मुद्रित देवनागरी लिपि और हिन्दी भाषा–प्रचार विषयक ज्ञापन सह अभिनन्दन पत्र का वाचन किया और प्रस्ताव किया कि हिन्दी में उत्तम योग्यता और कायस्थ कॉन्फ्रेंस के सचिव द्वारा अनुशंसा प्राप्त कायस्थ सन्तान को प्रतिवर्ष सभा की ओर से एक भारतजीवन घड़ी पुरस्कारस्वरूप प्रदान की जाय।[7]

सभा के प्रतिनिधि मंडल की प्रार्थना स्वीकृत हुई।[8] किन्तु इस विषय में कायस्थ कॉन्फ्रेंस ने सन्तोषजनक सक्रियता प्रदर्शित नहीं की। इस सम्बन्ध में सभा के तत्कालीन प्रधान मंत्री श्यामसुन्दर दास ने सभा के तृतीय वार्षिक विवरण में यह खेदपूर्वक स्वीकार किया था कि '' ...सन् 1894 की कायस्थ कॉन्फ्रेंस ने सभा के निवेदन करने पर यह प्रस्ताव स्वीकार किया था कि प्रत्येक कायस्थ बालक की प्रारम्भिक शिक्षा हिन्दी भाषा ही में हो। सभा ने एक भारत जीवन वाच प्रति वर्ष हिन्दी परीक्षा में सबसे प्रथम बालक को देने की प्रतिज्ञा की थी। परन्तु खेद के साथ प्रकाशित करना पड़ता है कि कई एक पत्र लिखने पर भी कुछ सुध न ली गयी और

आज तक यह ज्ञात न हुआ कि हुआ कि कायस्थ कान्फरेस ने निज प्रस्ताव के परिपालन करने के विषय में क्या प्रबन्ध किया।[9]

20 दिसम्बर, 1894 ई. को कायस्थ कॉन्फ्रेंस के खुले मंच से गाजीपुर निवासी लेखक और वकील मुंशी उदितनारायण लाल वर्मा ने काशी नागरीप्रचारिणी सभा की प्रेरणा से, यह प्रस्ताव किया कि संस्कृत के समान हिन्दी भाषा का अध्ययन कायस्थों के लिए अनिवार्य किया जाय और हिन्दी में प्रवीणता प्राप्त करने पर ही उन्हें दूसरी शिक्षा दी जाय। यह प्रस्ताव सर्वानुमति से स्वीकृत हुआ।[10] अर्थात कायस्थ बालकों को प्रारम्भ में हिन्दी और संस्कृत का अध्ययन करने का प्रस्ताव इस अधिवेशन में पारित हुआ।''[11]

इसके पूर्व 20 अक्टूबर, 1894 ई. को साप्ताहिक 'भारत जीवन' में एक पत्र प्रेरक ने 'प्रेरित पत्र' स्तम्भ में 'कायस्थों से निवेदन' किया था–

''यह प्रायः देखने में आता है कि हिन्दी को सभी हिन्दु मात्र अनुमोदन करते हैं पर कतिपय कायस्थ भ्राता इससे रूठे हैं। यह क्यों, जब हिन्दी हिन्दुओं की हिन्दुस्तानियों की, हिन्दुस्तान वासियों की भाषा है, तब कायस्थ क्यों विरक्त होते हैं।...यह जाति एक हिन्दुओं में प्रधान, सभ्य, विद्यावान गिनी जाती है इनके निकल जाने से अलवतः हिन्दुओं का पल्ला हल्का पड़ा जाता है अर्थात् कार्य अविकल सांगोपांग नहीं उतरता, तो क्या ये हिन्दू नहीं है, कभी नहीं ये हिन्दू आर्य सन्तान हैं।...अब तो प्रथम प्रश्न हिन्दी से कायस्थ क्यों विमुख हैं। इसी का निर्धारण करना चाहिये।...इतना कह देना बाहुल्य नहीं है कि हिन्दी कचहरियों में प्रचलित होने से सब हिन्दुस्तान वासियों का उपकार है और इस का फल मीठा फलेगा।''[12]

काशी नागरीप्रचारिणी सभा के द्वितीय वार्षिक विवरण (1895 ई.) के चतुर्थ पृष्ठ पर भी हिन्दुओं में सर्वाधिक शिक्षित कायस्थ जाति में हिन्दी भाषा के प्रति उदासीनता पर खेद प्रकट किया गया था।

सरकारी कार्यालयों और न्यायालयों में देवनागरी लिपि के प्रवेशार्थ काशी नागरीप्रचारिणी सभा ने विशेष उद्योग किये।

6 नवम्बर, 1895 ई. को ग्यारह बजे पूर्वाह्न में सर एंटनी पेटरिक मैकडॉनल ने चार करोड़ अड़सठ लाख की जनसंख्या वाले प्रान्त पश्चिमोत्तर प्रदेश और अवध के लेफ्टिनेंट गवर्नर और चीफ कमीश्नर का पद भार ग्रहण किया।[13] लेफ्टिनेंट गवर्नर मैकडॉनल 18 नवम्बर, 1895 ई. को काशी आये, तब सभा ने न्यायालयों में नागरी लिपि प्रवेशार्थ एक अभिनन्दन पत्र समर्पित करते हेतु बनारस के आयुक्त से लिखित प्रार्थना की। किन्तु प्रबन्धकर्ताओं की असावधानी और अव्यवस्था से उन्हें काशी में अभिनन्दन पत्र समर्पित करने का अवसर सभा को प्राप्त नहीं हो सका। डाक द्वारा वह अभिनन्दन पत्र राज्यपाल की सेवा में सभा द्वारा प्रेषित किया गया।

उक्त अभिनन्दन पत्र में हिन्दी भाषा पर न्याय करने हेतु अर्थात् न्यायालयों में देवनागरी लिपि प्रवेशार्थ सभा की ओर से प्रार्थना की गई थी।[14] उनके निजी सचिव ने यह उत्तर सभा को दिया–

His Honour has read the address with interest. The substaintial question referred to i.e., the substitution of Hindi for Urdu as the official language of the court is one on which His Honour can not now express an opinion. He admits, however, that your representation deserves careful attention and this he will be prepared to give to it at some future suitable time."[15]

इस सम्बन्ध में आचार्य रामचन्द्र शुक्ल (आश्विन पूर्णिमा विक्रम संवत् 1941, सन् 1884 ई.–02 फरवरी 1941 ई.) ने अपूर्ण, खंडित और भ्रामक सूचना दी है। आचार्य रामचन्द्र शुक्ल का कथन है–

''संवत् 1952 में जब इस प्रदेश के छोटे लाट सर ऐंथनी (पीछे लार्ड) मैकडॉनल काशी में आए तब सभा ने एक आवेदनपत्र उनको दिया और सरकारी दफ़्तरों से नागरी को दूर रखने से जनता को जो कठिनाइयाँ हो रही थीं और शिक्षा के सम्यक् प्रचार में जो बाधाएँ पड़ रही थीं उन्हें सामने रखा। जब उन्होंने इस विषय पर पूरा विचार करने का वचन दिया तबसे बराबर सभा व्याख्यानों और परचों द्वारा जनता के उत्साह को जाग्रत करती रही...।''[16]

सच तो यह है कि सभा ने आवेदन पत्र नहीं, मैकडॉनल की सेवा में डाक द्वारा अभिनन्दन पत्र प्रेषित किया था जिसमें न्यायालयों में नागरी प्रवेशार्थ प्रार्थना की गई थी। मैकडॉनल 18 नवम्बर 1895 ई. के पूर्वाह्न 10 बजकर 17 मिनट से 21 नवम्बर 1895 ई. के अपराह्न 1 बजकर 30 मिनट तक काशी में थे। काशी में सभा की ओर से तथाकथित आवेदन पत्र उन्हें नहीं दिया जा सका था।[17] उनके वाराणसी कार्यक्रम और वाराणसी ठहराव का जो समाचार वाराणसी से प्रकाशित तत्कालीन प्रमुख साप्ताहिक पत्र 'भारत जीवन' और अन्य पत्रों में विस्तृत एवं प्रामाणिक रूप से प्रकाशित हुआ था, उनमें काशी नागरीप्रचारिणी सभा द्वारा उन्हें ज्ञापन प्रदान किये जाने का उल्लेख नहीं है। काशी नागरीप्रचारिणी सभा के तृतीय वार्षिक विवरण (1896 ई.) से शुक्ल जी के उपर्युक्त कथन की पुष्टि नहीं होती। राज्यपाल के निजी सचिव के उपर्युक्त वाक्यों के माध्यम से ही सभा के आवेदन पर विचार करने का आश्वासन दिया गया था।

राज्यपाल मैकडॉनल के नागरी विषयक प्रथम आश्वासन के पूर्व ही सभा ने न्यायालयों और सरकारी कार्यालयों में नागरी प्रवेशार्थ अनेक महत्त्वपूर्ण प्रयत्न किये थे।

फारसी लिपि के विकल्प में रोमन लिपि को अदालती लिपि की मान्यता प्रदान करने का आन्दोलन अनेक महत्त्वपूर्ण व्यक्तियों द्वारा संचालित किया जा रहा था।

1896 ई. में सभा ने यह निश्चय किया कि नागरी और रोमन अक्षरों के गुण-दोष विवेचनार्थ एक छोटी पुस्तक प्रकाशित की जाय। श्यामसुन्दर दास द्वारा अंग्रेजी में लिखित 'दि नागरी करेक्टर' नामक पुस्तिका का प्रकाशन काशी नागरीप्रचारिणी सभा के स्वत्वाधिकार में सरकार, सरकारी पदाधिकारीगण और जनता के विचारार्थ 1896 ई. में प्रकाशित की गई। यह तेरह पृष्ठों की पुस्तिका थी। इसका प्रचारार्थ निःशुल्क वितरण सभासदों और प्रदेश के विभिन्न स्थानों में किया गया था।[18]

'दि नागरी करेक्टर' में फारसी, रोमन और नागरी लिपियों के दोष और गुणों पर विचार करने के पश्चात् नागरी लिपि को एकमात्र अदालती लिपि की मान्यता प्रदान करने के लिए सरकार से प्रार्थना की गई थी। फारसी लिपि के विषय में लेखक का कथन मात्र यह है कि यह सर्वस्वीकृत है कि इसकी त्रुटिपूर्ण तथा भ्रमपूर्ण प्रकृति न्यायालय के उद्देश्य की पूर्ति नहीं कर सकती।[19]

अदालती लिपि के लिए तीन अनिवार्य गुणों की आवश्यकता होती है–

(क) शीघ्र और शुद्ध लेखन,

(ख) उसके लेखन का शुद्ध वाचन,

(ग) अन्य भाषाओं के शब्दों का पठन की दृष्टि से शुद्ध लेखन।

फारसी लिपि की अपेक्षा रोमन लिपि में सरलता एवं अपेक्षाकृत विशेष लेखन-शुद्धता है और अन्य भाषाओं के शब्द फारसी लिपि की अपेक्षा रोमन लिपि में विशेष शुद्धता से लिखे-पढ़े जाते हैं, किन्तु रोमन लिपि में अनेक त्रुटियाँ हैं।

'दि नागरी करेक्टर' में श्यामसुन्दर दास ने रोमन लिपि की एकादश सूत्री त्रुटियों का अधिकारपूर्ण विवेचन किया है। तत्पश्चात् लेखक ने नागरी लिपि की सुन्दरता, परिशुद्धता, सहजता और पूर्णता के प्रामाणिक उल्लेख किये थे।

नागरीप्रचारिणी सभा के निर्देशानुसार लिखित-प्रकाशित 'दि नागरी करेक्टर' का सार्थक प्रभाव सरकार पर पड़ा। 27 जुलाई 1896 ई. की अधिसूचना के द्वारा सरकार ने फारसी लिपि के स्थान पर न्यायालयों में रोमन लिपि के प्रस्तावित प्रचलन को अस्वीकार कर दिया। यह नागरीप्रचारिणी सभा की एक विशिष्ट उपलब्धि है। इस सम्बन्ध में भारतेन्दुकालीन प्रमुख साहित्यकार और सभा के तत्कालीन मंत्री राधाकृष्ण दास ने सभा के चतुर्थ वार्षिक विवरण में लिखा है–

"...गत वर्ष सभा की ओर से अंगेरजी में एक पैम्फलेट हिन्दी और रोमन अक्षरों के विषय में प्रकाशित किया था, हर्ष का विषय है कि गवर्नमेंट ने 27 जुलाई सन् 1896 ई. के आज्ञापत्र नम्बर 495/3-117 सी. के द्वारा उर्दू के स्थान में अदालतों में रोमन को प्रचलित करना अस्वीकार किया...।"[20]

यह ध्यातव्य है कि 1875 ई. की अधिनियम संख्या 19 और 1881 ई. की अधिनियम संख्या 12 के अनुसर राजस्व पर्षद् के समन आदि की पूर्ति देवनागरी और

फारसी लिपियों में समग्र रूप से करने का प्रावधान था। किन्तु उपर्युक्त अधिनियमों के विपरीत समन आदि मात्र उर्दू भाषा और फारसी लिपि में ही लिखे जाते थे। सर्वप्रथम 1894 ई. में सभा ने पश्चिमोत्तर प्रदेश और अवध की राजस्व पर्षद से समन आदि की पूर्ति नागरी लिपि में भी किये जाने के लिए निवेदन किया था।[21] इस निवेदन की पुनरावृत्ति सभा के तृतीय वार्षिक विवरण में भी की गई।[22] सभा ने अपने पत्रांक 3/202 दिनांक 27 जून, 1896 ई. में भी सरकार से पुन: यह निवेदन किया जिसके फलस्वरूप संयुक्त सचिव राजस्व पर्षद, पश्चिमोत्तर प्रदेश और अवध के पत्रांक 1802 एन/द्वितीय 363, वर्ष 1896 ई. नैनीताल दिनांक 20 अगस्त, 1896 ई. के अनुसार उर्दू और हिन्दी की लिपियों में समन आदि की खानापूरी किये जाने का आदेश हुआ।[23]

पश्चिमोत्तर प्रदेश और अवध में शिक्षा विभाग की ओर से प्रतिवर्ष बालकों के उत्तम फारसी और अंग्रेजी अक्षर लिखने के लिए पारितोषिक प्रदान किये जाते थे और नागरी अक्षरों की सुधि भी नहीं ली जाती थी। इसलिए काशी नागरीप्रचारिणी सभा ने निश्चय किया कि प्रति वर्ष दस रुपये, आठ रुपये, पाँच रुपये के तीन पारितोषिक देवनागरी लिपि लिखनेवाले बालकों में से सर्वोत्कृष्ट प्रथम तीन बालकों को उसकी ओर से प्रदान किये जायें। इसके प्रबन्ध हेतु प्रान्तिक शिक्षा विभाग को सभा ने निवेदन किया और यह परीक्षा प्रारम्भ में सन् 1894 ई. में बनारस और गोरखपुर प्रमंडलों में प्रचलित की गई। निदेशक, शिक्षा विभाग, पश्चिमोत्तर प्रदेश और अवध ने जुलाई 1897 ई. में यह निर्देश दिया कि भविष्य में नागरी अक्षरों की परीक्षा प्रान्त के सभी ग्रामीण विद्यालयों में आयोजित की जायगी। इस प्रकार नागरी लेखन परीक्षा का क्षेत्र विस्तार सम्पूर्ण पश्चिमोत्तर प्रदेश और अवध के विद्यालयों में 1898 ई. से हुआ।[24]

सभा की प्रबन्ध समिति ने 3 अगस्त, 1896 ई. तदनुसार 18 श्रावण 1953 विक्रम संवत् को यह संकल्प लिया कि पश्चिमोत्तर प्रदेश और अवध के राज्यपाल की सेवा में प्रतिनिधिमंडल भेजकर निवेदन पत्र दिया जाय, जिसमें प्रार्थना की जाय कि प्रान्त के राजकीय कार्यालयों और न्यायालयों में देवनागरी लिपि को स्थान प्रदान किया जाय।[25] उपसमिति के सदस्यों ने एतदर्थ प्रान्तव्यापी दौरा किया और बाबू श्यामसुन्दर दास ने पंडित मदनमोहन मालवीय से प्रयाग में सम्पर्क स्थापित किया।

हिन्दी भाषा और न्यायालयों में देवनागरी लिपि के प्रचारार्थ पंडित जगन्नाथ मेहता के प्रस्ताव पर 3 अगस्त 1896 ई. को सभा के आठ सदस्यों की एक समिति का गठन किया गया।[26] जगन्नाथ मेहता इस समिति के मंत्री थे। उक्त समिति को सहायतार्थ सभा ने पचास रुपए प्रदान किये। समिति को बनारस और बनारस के बाहर के अनेक सज्जनों ने आर्थिक सहयोग दिया।[27] समिति ने अपने प्रतिनिधियों को हिन्दी भाषा के विशेष प्रचारार्थ अनेक नगरों में भेजा और उन्होंने यथासाध्य सभा

के उद्देश्य पूर्ण करने के उद्योग किये।[28] जनवरी 1897 ई. में प्रख्यात साहित्यकार और सभा के तत्कालीन प्रधान मंत्री राधाकृष्णदास ने एतदर्थ मेरठ और मुजफ्फरनगर की यात्रा की।[29] मेरठ की देवनागरीप्रचारिणी सभा ने इस कार्य में समुचित सहयोग दिया।[30] महामना पंडित मदनमोहन मालवीय ने देवनागरी लिपि को अदालती अक्षर की श्रेणी में उत्क्रमण हेतु यथेष्ठ परिश्रम किया।[31]

नागरी प्रचारार्थ सभा की आठ सदस्यीय उपसमिति ने यथासाध्य उद्योग किये।[32]

इस समिति ने अपने प्रतिनिधियों को मिर्जापुर, गाजीपुर, बलिया, गोरखपुर, गोंडा, बहराइच, बस्ती, फैजाबाद, लखनऊ, कानपुर, बिजनौर, इटावा, मेरठ, सहारनपुर, मुजफ्फरपुर, झाँसी, ललितपुर, जालौन आदि नगरों में भेजकर अदालतों में नागरी लिपि को सिंहासनस्थ करने के आवेदन–समर्थन में विभिन्न वर्गों के लोगों से लगभग साठ हजार हस्ताक्षर कराकर और उन्हें सोलह जिल्दों में बँधवाकर अर्पण किया। इस कार्य में व्यय के लिए 75 रुपये सभा ने समिति को प्रदान किये। शेष राशि चन्दे से पूरी की गई।

श्यामसुन्दर दास ने समिति के सहायतार्थ अर्थात् देवनागरी अक्षरों को अदालती अक्षरों के रूप में परिवर्तित किये जाने के लिए इलाहाबाद और लखनऊ की यात्रा की। पंडित मदनमोहन मालवीय ने अंग्रेजी में 'कोर्ट करेक्टर एंड प्राइमरी एडुकेशन इन एन. डब्लू पी. एंड अवध' नामक पुस्तक लिखी। इसका प्रकाशन 1897 ई. में हुआ। इसका हिन्दी अनुवाद श्यामसुन्दर दास ने किया जो 'पश्चिमोत्तर प्रदेश तथा अवध में अदालती अक्षर और प्रायमरी शिक्षा' के नाम से सन् 1898 ई. में काशी नागरीप्रचारिणी सभा के द्वारा पुस्तकाकार प्रकाशित हुआ। इसका प्रकाशन नागरीप्रचारिणी पत्रिका (दूसरा) भाग 1898 ई. में पृष्ठ संख्या 125–170 में भी किया गया।

राधाकृष्ण दास ने देवनागरी लिपि में कचहरी के कार्य निष्पादन हेतु निर्देशिका 'व्यवहार पत्र दर्पण' नामक पुस्तक लिखी जिसका प्रकाशन सभा ने किया। यह पुस्तक लोकप्रिय हुई।

2 मार्च, बृहस्पतिवार 1898 ई. तदनुसार 18 फाल्गुन, विक्रम संवत् 1954 को एक प्रभावशाली प्रतिनिधि मंडल, राजभवन, इलाहाबाद में पश्चिमोत्तर प्रदेश के लेफ्टिनेंट गवर्नर और अवध के मुख्य आयुक्त सर अन्टोनी मैकडॉनेल (Sir Antony Patrick MacDonnel) से मिला[33] और विभिन्न नगरों और वर्गों की जनता के साठ हजार[34] हस्ताक्षरों की सोलह जिल्दें मालवीय जी की अंग्रेजी पुस्तक 'कोर्ट करेक्टर एंड प्रायमरी एजुकेशन इन एन. डब्लू.पी.एंड अवध' और अंग्रेजी में लिखित 'दि नागरी मेमोरियल' उन्हें सादर समर्पित की।

सभा द्वारा वि. सं. 1997 में प्रकाशित 'नागरीप्रचारिणी सभा काशी 47 वर्ष के मुख्य–मुख्य कार्यों का संक्षिप्त विवरण' पुस्तिका में इस महत्त्वपूर्ण घटना का संक्षिप्त वर्णन, उसके पृष्ठ एक और दो पर इस प्रकार किया गया है–

"युक्त प्रान्त की अदालतों में नागरी/वि.सं. 1954, 60000 हस्ताक्षर कराके उनकी 16 जिल्दों के साथ गवर्नर को नागरी मेमोरियल दिया गया। 2 मार्च, 1898 ई. को सर ऐंटनी मेक्डॉनल से प्रतिनिधिमंडल मिला। फलस्वरूप 21 अप्रैल, 1900 ई. को सरकारी आज्ञा निकली जिससे अदालतों में नागरी को स्थान मिला।"[35]

उक्त प्रतिनिधिमंडल में 17 महानुभावों ने सम्मिलित होना स्वीकार किया था, जिनकी नामावली इस प्रकार है[36]–

1. महाराजा सर प्रतापनारायण सिंह बहादुर के.सी. आई. ई (अयोध्या)।
2. राजा रामप्रताप सिंह बहादुर, माँड़ा (इलाहाबाद)।
3. राजा बलवंत सिंह बहादुर सी.आई.ई. (आवागढ़, एटा)।
4. राजा घनश्याम सिंह (मुरसान, अलीगढ़)।
5. राजा रामपाल सिंह, सदस्य, विधान परिषद (रामपुर, प्रतापगढ़)।
6. राजा सेठ लक्ष्मण दास सी.आई.ई. (मथुरा)।
7. राय सिद्धेश्वरी प्रसाद नारायण सिंह बहादुर (सलेमगढ़, गोरखपुर)।
8. राय कुंवर हरचरण मिश्र बहादुर (बरेली)।
9. राय कृष्ण सहाय बहादुर (सभापति देवनागरीप्रचारिणी सभा, मेरठ)।
10. राय निहालचन्द बहादुर (मुजफ्फरनगर)।
11. राय श्रीराम बहादुर, एम.ए, बीएल., अधिवक्ता, अवध, सदस्य प्रान्तीय विधान परिषद और फेलो, इलाहाबाद विश्वविद्यालय (लखनऊ)।
12. राय प्रमदा दास मित्र बहादुर, फेलो, इलाहाबाद विश्वविद्यालय (काशी)।
13. सेठ रघुवर दयाल, सदस्य प्रान्तीय विधान परिषद (सीतापुर)।
14. मुंशी माधोलाल, रईस (काशी)।
15. मुंशी रामप्रसाद अधिवक्ता, उच्च न्यायालय और अध्यक्ष, कायस्थ पाठशाला समिति (इलाहाबाद)
16. पंडित सुन्दरलाल, बी.ए. एडवोकेट हाईकोर्ट तथा फेलो इलाहाबाद विश्वविद्यालय, इलाहाबाद।
17. पंडित मदनमोहन मालवीय, बी.ए., एल.एल.बी., वकील, उच्च न्यायालय और प्रतिनिधि, काशी नागरीप्रचारिणी सभा (इलाहाबाद)।

किन्तु इसमें से संख्या 1, 5, 6, 8 और 10 के पाँच सज्जन प्रतिनिधि मंडल में स्वयं उपस्थित नहीं हो सके थे किन्तु पत्रों और तारों के द्वारा अपना हार्दिक समर्थन व्यक्त किया था।[37] अर्थात् 17 घोषित प्रतिनिधियों में से पाँच अनुपस्थित थे।

इस सम्बन्ध में तत्कालीन युग में इलाहाबाद से प्रकाशित अंग्रेजी दैनिक समाचार पत्र 'पायनियर' 3 मार्च, 1898 ई. में एक समाचार प्रकाशित हुआ था–

"A deputation headed by the Maharaja of Ajudhia waited upon Sir

Antony MacDonnell at Allahabad yesterdy in order to present a memorial urging the substitution of the Nagri for the Persain character in the courts and Public offices of these provinces."

किन्तु राज्यपाल से नागरीविषयक शिष्टमंडल के मिलने के दूसरे दिन 'पायनियर' में प्रकाशित यह समाचार, भ्रमपूर्ण है। अयोध्या के महाराज प्रतापनारायण सिंह शिष्टमंडल में स्वयं सम्मिलित नहीं थे। उन्होंने शिष्टमंडल को मात्र समर्थन दिया था, उसका नेतृत्व नहीं किया था।

नागरी विषयक शिष्टमंडल के विषय में आचार्य रामचन्द्र शुक्ल का कथन है– "संवत् 1955 में एक बड़ा प्रभावशाली डेपुटेशन जिसमें अयोध्या नरेश महाराज प्रतापनारायण सिंह, मांडा के राजा रामप्रसाद सिंह, आवागढ़ के राजा बलवंत सिंह, डॉक्टर सुन्दरलाल और पंडित मदनमोहन मालवीय ऐसे मान्य और प्रतिष्ठित लोग थे–लाट साहब से मिला और नागरी मेमोरियल अर्पित किया।"[38]

नागरी शिष्टमंडल लाट साहब से संवत् 1955 में नहीं, 18 फाल्गुन, बृहस्पतिवार, विक्रम संवत् 1954 तदनुसार 2 मार्च 1898 ई. को दिन में बारह बजे मिला था। आचार्य शुक्ल ने राज्यपाल से नागरी शिष्टमंडल के मिलने की निश्चित प्रामाणिक तिथि नहीं दी है, मात्र संवत् का भ्रमोत्पादक उल्लेख किया है। नागरी शिष्टमंडल में शुक्ल जी द्वारा उल्लिखित नामावली में वरीयता और प्रतिष्ठा की दृष्टि से सर्वप्रथम महानुभाव महाराजा प्रतापनारायण सिंह (अयोध्या नरेश) उक्त शिष्टमंडल में उपस्थित नहीं थे। शुक्ल जी ने गलत सूचना दी है। तथाकथित डॉक्टर सुन्दरलाल उच्च न्यायालय के अधिवक्ता थे, डॉक्टर नहीं। नागरी शिष्टमंडल के सभी उपस्थित और अनुपस्थित सदस्यों की सूची शुक्ल जी ने नहीं दी है। लाट साहब का नामोल्लेख भी शुक्ल जी ने नहीं किया है। इस प्रकार उन्होंने पश्चिमोत्तर प्रदेश और अवध (वर्तमान उत्तर प्रदेश) के लेफ्टिनेंट गवर्नर सर एंटनी मैकडॉनेल से नागरी शिष्टमंडल के मिलने का भ्रमपूर्ण और खंडित विवरण दिया है।

उक्त नागरी मेमोरियल का मूल रूप या सारांश या मूल कथ्य शुक्ल जी ने नहीं दिया।

यह एकादश सूत्री नागरी अभ्यावेदन था। इस अभ्यावेदन के अनुसार, न्यायालयों और सरकारी कार्यालयों में फारसी लिपि का प्रचलन न्यायपूर्ण शासन और प्राथमिक शिक्षा की प्रगति पर आघात ही था।

नागरी अभ्यावेदन के बहुत पूर्व 1834 ई. में भारत सरकार ने यह आदेश प्रदान किया था कि न्यायिक और राजस्व सम्बन्धी कार्य–व्यवहारों की भाषा, फारसी भाषा के स्थान पर, वादी और प्रतिवादी की भाषा अर्थात् देशीय भाषा होनी चाहिए। अतएव 1834 ई. में बँगला भाषा को बंगाल और ओड़िया भाषा को ओड़िसा में

समुचित स्थान प्रदान किया गया। किन्तु वृहत्तर हिन्दी भाषी क्षेत्रों में नागरी अक्षरों की हिन्दी के स्थान पर फारसी लिपि में लिखी जाने वाली उर्दू को स्थान प्रदान कर दिया गया। सन् 1881 ई. में बिहार में इस त्रुटि का सुधार किया गया जब यह सरकारी आदेश हुआ कि न्यायालयों की कार्यवाही मात्र नागरी अथवा कैथी लिपि में लिखी जाय। मध्य प्रदेश में भी 1881 ई. में सरकारी आदेश के द्वारा न्यायालयों की कार्यवाही की भाषा हिन्दी और लिपि देवनागरी को स्थान मिला।

पश्चिमोत्तर प्रदेश की सदर दीवानी अदालत ने फारसी के स्थान पर बहस और कार्रवाई को सरल सहज उर्दू अथवा हिन्दी में लिपिबद्ध करने का निर्देश दिया था। किन्तु हिन्दी विषयक इस आदेश की अवहेलना की गई। न्यायालयों की देशीय भाषा में लिखित कार्रवाई में फारसी और अरबी के कठिन शब्दों के अनावश्यक सम्मिश्रण के विरुद्ध बार-बार आदेश निर्गत किये गए और स्पष्ट निर्देश दिया गया कि इसमें सरल सहज शैली का व्यवहार किया जाय। किन्तु इन आदेशों के बावजूद जनसाधारण के लिए सर्वथा दुर्बोध शैली का निर्माण अदालतों की कार्रवाई की भाषा के रूप में किया गया। देशीय भाषा के लेखन की लिपि फारसी ही इसकी एकमात्र वजह रही है।

न्यायालय की कार्रवाई जनसाधारण पढ़ और समझ सकें, एतदर्थ, देशीय भाषा का लेखन फारसी लिपि के स्थान पर देवनागरी में होना अनिवार्य है। यद्यपि प्रान्तों में शताब्दियों से फारसी लिपि को अदालती लिपि का स्थान मिलता रहा तथापि अत्यन्त छोटी जनसंख्या में ही यह ज्ञान सीमित था।

फारसी लिपि हिन्दी भाषी जनता के लिए विदेशी और अपरिचित लिपि है। यह लिपि अपनी त्रुटियों के कारण जनता के कार्य व्यापार के अनुकूल नहीं है। नागरी लिपि इस संसार की सर्वश्रेष्ठ लिपि है। देश की अधिकतर जनता इससे परिचित है।

नागरी लिपि के विरुद्ध यह अभियोग था कि यह शिकस्त की अपेक्षा कम द्रुत गति से लिखी जाती है। किन्तु यदि यह सत्य है तो फारसी लिपि से होने वाली त्रुटियों की तुलना में यह अभियोग विशेष महत्त्व नहीं रखता। कुमाऊँ और मध्य प्रदेश के न्यायालयों में देवनागरी कार्य-व्यवहार की लिपि थी। वहाँ इस लिपि के द्वारा कार्य-व्यापार के लिए अनिवार्य गति और सुविधा से इसमें लेखन होता था।

न्यायालयों और कार्यालयों में फारसी लिपि के स्थान पर देवनागरी लिपि की प्रतिष्ठा प्राथमिक शिक्षा के लिए आवश्यक है। सार्वजनिक कार्य व्यापार में अपनी उचित लिपि में लिखित देशीय भाषा ज्ञान और शिक्षा के प्रचार के लिए अनिवार्य है। मुंबई , तमिलनाडु, बंगाल, बिहार और मध्य प्रदेश में सार्वजनिक कार्य व्यवहार अपनी उचित लिपि में लिखित देशीय भाषा के कारण प्राथमिक शिक्षा में अभूतपूर्व प्रगति हुई। किन्तु अदालतों में प्रचलित विदेशी भाषा अथवा विदेशी लिपि में लिखित

स्वदेशी भाषा के कारण प्राथमिक शिक्षा का विकास अवरुद्ध हो जाता था। पश्चिमोत्तर प्रदेश और पंजाब इसके उदाहरण हैं।

लोकप्रिय शिक्षा के लिए फारसी लिपि अनुकूल नहीं है।

यह दीवानी, राजस्व सम्बन्धी, फौजदारी अदालतों, नगरपालिकाओं, जिला पर्षदों और अन्य सार्वजनिक कार्यालयों में कार्य-व्यवहार की लिपि के रूप में देवनागरी लिपि की प्रतिष्ठा की जाय और उनके समन, डिक्री, नोटिस आदि उसी लिपि में निर्गत किये जायें तो शिक्षा की प्रगति में विशेष सहायता मिलेगी और जनता स्वयं आलेख को पढ़-समझ कर राज्य द्वारा निर्धारित निर्देशों का समुचित पालन कर सकेगी।

अदालत की कार्रवाई की भाषा के लिए किसी प्रकार के आदेश-निर्देश की आवश्यकता नहीं थी क्योंकि एतदर्थ पूर्व निर्गत सरकारी आदेश यथेष्ठ थे। सरकारी अदालतों में बहुसंख्यक जनता की लिपि का ही व्यवहार होना चाहिए। समन, निर्णय और डिक्री आदि इसी लिपि अर्थात् देवनागरी में ही निर्गत होने चाहिएँ। आवश्यकता के अनुसार एतदर्थ फारसी-उर्दू लेखन अथवा अंग्रेजी का बहिष्कार और सरकारी स्तर पर प्राविधिक वैध पारिभाषिक शब्दों के विकल्प की आवश्यकता नहीं है। न्यायालयों में कार्यव्यापार विदेशी लिपि में नहीं, जन लिपि में होना चाहिए। इसकी भाषा मुख्यत: किसी एक वर्गविशेष की भाषा नहीं होनी चाहिए। बहुसंख्यक जनता के लिए सर्वथा सुबोध और पारिभाषिक शब्दावलियों और सर्वाधिक लोकप्रिय लिपि का व्यवहार होना चाहिए।

यह प्राय: सर्वस्वीकृत सत्य है कि सामाजिक, नैतिक, आर्थिक विकास और सामान्य जनता की दशा के मूल में प्राथमिक शिक्षा का महत्त्व निहित है। देवनागरी लिपि को सार्वजनिक व्यवहार और लोकप्रिय शिक्षा के माध्यम की लिपि के रूप में मान्यता से ही विभिन्न प्रान्तों में लोकशिक्षा की सफलता संभव है। फारसी लिपि के विकल्प में देवनागरी लिपि की सार्थकता, उपादेयता एवं सर्वाधिक प्रासंगिकता के सम्बन्ध में नागरी अभ्यावेदन में 'कोर्ट करेक्टर एंड प्राइमरी एजुकेशन इन एन. डब्ल्यू.पी. एंड अवध' की एक प्रति भी संलग्न कर दी गई थी।

न्यायालयों और कार्यालयों के कार्य-व्यवहार की लिपि देवनागरी होनी चाहिए। यह अनिवार्यता है।[39]

पश्चिमोत्तर प्रदेश के लेफ्टिनेंट गवर्नर ने उक्त शिष्टमंडल से कुछ प्रश्न करने के उपरान्त नागरी अभ्यावेदन के मूल कथ्य की गुरुता स्वीकार करते हुए कहा-

"आप लोग जिस परिवर्तन के लिए प्रार्थना करते हैं वह वास्तव में उस भाषा का परिवर्तन नहीं है जो हमारी अदालतों और सर्कारी काग़ज़ों में बरती जाती है। आप लोग उन अक्षरों के परिवर्तन के लिए प्रार्थना करते हैं जिनमें वह भाषा लिखी जाती है। वह भाषा जो हमारी अदालतों और सर्कारी काग़ज़ों में लिखी जाती है

कठिन और फारसी शब्दों से पूर्ण हो सकती है और उसके सरल करने का उद्योग आवश्यक हो सकता है पर वास्तव में वह भाषा अब तक हिन्दी है जिसे इन प्रान्तों की प्रजा का बहुत बड़ा अंश बोलता है परन्तु यदि हमारी अदालतों की भाषा हिन्दी है तो जिन अक्षरों में वह लिखी जाती है वे फारसी हैं और आप लोगों का यह प्रस्ताव है कि फारसी के बदले नागरी अक्षरों का (आप लोग कैथी अक्षरों को पसन्द नहीं करते) जिसमें हिन्दी साधारणतः लिखी जानी चाहिये, प्रचार किया जाय। इसमें कोई सन्देह नहीं है कि इस प्रस्ताव के पक्ष में बहुत कुछ कहा जा सकता है। इन प्रांतों में चार करोड़ सत्तर लाख मनुष्य बसते हैं...इन चार करोड़ सत्तर लाख मनुष्यों में से चार करोड़ पचास लाख मनुष्य हिन्दी या उसकी कोई बोली बोलते हैं। अब यदि चार करोड़ पचास लाख मनुष्य उस भाषा को लिख भी सकते जिसे वे बोलते हैं तो निस्सन्देह फारसी के बदले नागरी अक्षरों का जारी किया जाना अत्यन्त ही आवश्यक होता परन्तु इन चार करोड़ पचास लाख मनुष्यों में से तीस लाख से कुछ कम लोग लिख और पढ़ सकते हैं और इन शिक्षित लोगों में से, यदि मैं उन्हें ऐसा कह सकूँ तो, एक अच्छा अंश मुसलमानों का है जो उर्दू बोलते हैं और फारसी अक्षरों का बरतना पसंद करते हैं।''[40]

तत्पश्चात् प्राथमिक शिक्षा, नागरी अथवा कैथी लिपि के ज्ञाताओं की वृद्धि और सरकारी कर्मचारियों के लिए नागरी लिपि ज्ञान की आवश्यकता का उल्लेख करते हुए लेफ्टिनेंट गवर्नर ने कहा–

''मेरे इस कहने से आप लोग समझ सकते हैं कि यद्यपि मैं ख्यापना में नागरी अक्षरों के विशेष प्रचार के पक्ष में हूँ पर मैं इस बात को कह देना उचित समझता हूँ कि जितनी आप लोग समझते हैं उससे अधिक आपत्तियाँ इसके पूर्ण प्रचार की अवरोधक हैं।''[41]

विहार में कैथी अक्षरों के प्रचार की कठिनाइयों का उल्लेख करते हुए उन्होंने कहा–

''मेरा सिद्धान्त यह है कि यद्यपि मैं समझता हूँ कि हमारे सर्कारी काग़ज़ों में नागरी अक्षरों के विशेष प्रचार से लाभ होगा और समय भी इस परिवर्तन के पक्ष में है पर मैं ऐसा कोई आवश्यक वा उचित कारण नहीं देखता कि क्यों हम लोग शीघ्रता करें अथवा क्यों न हम लोग विचारपूर्वक और उन लोगों के हित और भावों पर जो इस परिवर्तन के विरोधी हैं उचित ध्यान देकर इस कार्य को करें। मुसलमान लोग ... इस परिवर्तन का विरोध करेंगे और अभी तक आप लोगों ने उन लोगों का विरोध दूर करने और उन्हें अपने पक्ष में लाने के लिए कोई कार्य ऐसा नहीं किया है जिससे यदि आपके विचारों से सहमत नहीं तो कम से कम वे परस्पर निबटेरा तो कर लें। इसमें और उन सब बातों में जिनमें परस्पर विरोध है हम लोगों को दूरदर्शिता पर

ध्यान देकर देखना चाहिये कि कोई ऐसा मध्यस्थ उपाय हो सकता है या नहीं जिससे दोनों ओर का विरोध दूर हो जाय।

इस अवसर पर इस विषय में बिना अपनी नीति की परिपाटी को प्रकाशित किये अथवा किसी विशेष शैली के अनुसार कार्य करने की प्रतिज्ञा किये मैं यह कहा चाहता हूँ कि हम लोगों का सम्बन्ध तीन प्रकार के काग़ज़ों से है। एक तो वे जो प्रजा गवर्नमेंट की सेवा में उपस्थित करती है, दूसरे वे जो गवर्नमेंट प्रजा के लिए निकालती है तीसरे वे जिनमें सर्कारी कार्रवाइयाँ लिखी जाती हैं और जो सरकारी दफ़्तरों में रक्षित रहते हैं।

तीसरे प्रकार के काग़ज़ अर्थात् वे कार्रवाइयाँ जो सर्कारी दफ़्तर में रक्षित हैं और दो प्रकार के काग़ज़ों से कुछ भिन्न हैं। निःसन्देह प्रजा का सम्बन्ध उन अक्षरों से है जिनमें ये कार्रवाइयाँ लिखी जाती हैं क्योंकि उनको ऐसी कार्रवाइयों की नकल लेनी पड़ती है जो बहुधा स्वत्व और दावों के प्रमाण होते हैं परन्तु इनका काम वकीलों की सम्मति के साथ विशेष अवसरों पर पड़ता है। प्रतिदिन के कार्य्यों के अन्तर्गत वे नहीं आते इसलिये इन काग़ज़ों के विषय में निश्चय करना उतना आवश्यक नहीं है जितने और दो प्रकार के काग़ज़ों के विषय में है। इस अवसर पर मैं अपनी सम्मति इस बात पर नहीं प्रकाशित करूँगा कि किन अक्षरों में इन काग़ज़ों को लिखा जाना चाहिये परन्तु यह मैं कह देता हूँ कि मुझे इन काग़ज़ों के लिखने के लिये रोमन अक्षरों के व्यवहार की विरुद्धता को कम करने के लिये कोई उचित कारण नहीं देख पड़ता।

दूसरे दो प्रकार के काग़ज़ों के विषय में मेरा यह विचार है कि यह उचित नहीं है कि एक ऐसा पुरुष जो नागरी लिख सकता हो गवर्नमेंट के पास भेजने के लिये आवेदन पत्र वा मेमोरियल को फारसी अक्षरों में लिखवाने का कष्ट सहन करे। यह भी अनुचित जान पड़ता है कि एक ऐसी सर्कारी आज्ञा जो ऐसे गाँव के लिए निकाली जाय जहाँ के रहने वाले हिन्दी बालेते हों, फारसी अक्षरों में लिखी हो जिसे गाँव में कोई भी न पढ़ सकै। ऐसे प्रबन्ध का करना असंभव न होना चाहिये जिससे हिन्दी तथा उर्दू बोलने वालों में से सबको अपने आवेदन पत्रों को गवर्नमेंट तक पहुँचाने में तथा गवर्नमेंट की इच्छाओं को जानने में सुभीता हो और किसी प्रकार कष्ट वा व्यय न सहन करना पड़े। इस प्रकार के प्रबन्ध से (यदि हो सके तो) यद्यपि वे सब बातें प्राप्त न होंगी जिन पर आपलोगों का तथा इस मेमोरियल के दूसरे सहायकों का लक्ष है, परन्तु उनसे कुछ बातें प्राप्त होंगी और गवर्नमेंट को उस बात को पूर्णतया निश्चय करने का उपाय सोचने के लिए समय मिलेगा। इस बात को समझ लेना चाहिये कि 300 वर्षों से जो कार्य होता आ रहा है वह एक दिन में हट नहीं सकता। मैं समझता हूँ कि बादशाह अकबर के पहिले भारतवर्ष के इस भाग में राजकीय और घरेऊ सब कामों में हिन्दी भाषा और नागरी अक्षरों का व्यवहार था।''[42]

यद्यपि अधिकांश जनता की भाषागत सुविधा के प्रति नकारात्मक दृष्टिकोण ग्रहण किया गया था तथापि अकबर के समय से यहाँ फारसी का प्रचार था। इसका उल्लेख करते हुए उन्होंने कहा–

"हम लोगों को...जो कुछ करना हो वह पूरी जाँच और विचार करके तब करना चाहिये।"[43]

पश्चिमोत्तर प्रदेश के लेफ्टिनेंट गवर्नर ने नागरी अभ्यावेदकों को जो आश्वासन दिया था, उसकी पूर्ति के लिए भारतवासियों में अतिशय उत्सुकता थी।[44]

अदालतों में अक्षरों के परिवर्तन को पश्चिमोत्तर प्रदेश के लेफ्टिनेंट गवर्नर सर एंटनी मैकडॉनेल द्वारा उचित और समयोपयुक्त स्वीकार कर लिए जाने के बावजूद इसमें शीघ्रता करना आवश्यक नहीं समझा गया। काशी नागरीप्रचारिणी सभा के तत्कालीन मंत्री और भारतेन्दुकालीन प्रख्यात साहित्यकार राधाकृष्ण दास ने सभा के पंचम वार्षिक विवरण (1898 ई.) में भाषा हितैषियों का आह्वान किया कि "सर्वसाधारण में प्रायमरी शिक्षा का अधिकता से प्रचार और विरोधियों को इस परिवर्तन के लाभ समझा कर उनकी हठधर्मी को दूर करना।"[45] इस सन्दर्भ में उन्होंने कहा कि अक्षरों के "इस परिवर्तन से इस देश के हिन्दू, मुसलमान और अंग्रेज मात्र को लाभ पहुँचेगा और शिक्षा का प्रचार, न्याय का विस्तार, जालसाजी का प्रहार और राजा का प्रजा से तथा प्रजा का राजा से परस्पर के भावों को समझ कर सुख उठाने का आधार, इसी पर निर्भर है।"[46]

लेफ्टिनेंट गवर्नर मैकडॉनेल छह मास के अवकाश पर इंग्लैंड चले गए।[47] उनके स्थान पर सर जेम्स लाटूश वहाँ के स्थानापन्न उपराज्यपाल नियुक्त हुए। उनके काशी आगमन पर वहाँ नदेसर कोठी में 27 आषाढ़ वि. सं. 1955 तदनुसार 11 जुलाई 1898 ई. में अपराह्न एक बजकर तीस मिनट पर काशी नागरीप्रचारिणी सभा के तत्त्वावधान में उसके छः सभ्यों में सर्वश्री राधाकृष्ण दास, (तत्कालीन मंत्री, काशी नागरीप्रचारिणी सभा), राय बहादुर प्रमदादास मित्र, रामकाली चौधरी (सेवानिवृत्त सदर आला), महामहोपाध्याय पंडित सुधाकर द्विवेदी, इंद्रनारायण सिंह, एम.ए और मुंशी माधवलाल ने उनसे भेंट की और हिन्दी उर्दू विषयक वार्तालाप किया। सभा के इस शिष्टमंडल ने न्यायालयों और कार्यालयों में देवनागरी लिपि के प्रचलन हेतु उन्हें ज्ञापन दिया।[48]

लेफ्टिनेंट गवर्नर लाटूश ने अपने हिन्दी प्रेम का प्रासंगिक उल्लेख किया और कहा कि फारसी के शब्द देवनागरी के अक्षरों में शुद्ध नहीं लिखे जा सकते। जैसे 'सुबह', 'शुभ' लिखा जाता है। रायबहादुर प्रमदादास मित्र ने उनके भ्रम का प्रामाणिक और व्यावहारिक निवारण किया।[49]

लाटूश ने पूछा कि–"आप लोग केवल उर्दू अक्षर ही बदलना चाहते हैं अथवा भाषा भी?"

इसके उत्तर में प्रतिनिधिमंडल ने कहा–हम केवल अक्षर परिवर्तन ही चाहते हैं।[50]

उन्होंने सन्देह किया–नागरी अक्षर उर्दू अक्षरों की अपेक्षा शीघ्र नहीं लिखे जा सकते।

पं. सुधाकर द्विवेदी ने सुन्दर देवनागरी लिपि में शीघ्र लेखन का तत्क्षण प्रदर्शन कर उन्हें प्रभावित किया और हिन्दी के तथाकथित विलम्बलेखन के भ्रम का प्रामाणिक और व्यावहारिक निराकरण तत्क्षण कर दिया।[51]

यह डेढ़ घंटे की भेंट थी।[52] शिष्टमंडल के इस अभियान ने न्यायपालिका में नागरी प्रवेश का मार्ग प्रशस्त किया।

अनेक सुयोग्य मुसलमानों ने देवनागरी लिपि के प्रति पूर्ण सहानुभूति व्यक्त की। हैदराबाद राज्य के अमात्य प्रसिद्ध विद्वान शमशुल उलमा मौलवी सैय्यद अली विलग्रामी ने यह स्पष्ट रूप से स्वीकार किया कि मुसलमानों में शिक्षा के न्यून प्रचार के मुख्य कारणों में से एक फारसी के अव्यवस्थित अक्षर ही हैं।[53]

किन्तु सभा द्वारा लेफ्टिनेंट गवर्नर को नागरी अभ्यावेदन प्रदान किये जाने के पश्चात् नागरी विरोधियों में कमी नहीं हुई। नागरी विरोध में अनेक प्रकार के निराधार कुतर्क उपस्थापित किये जाते रहे। जैसे हिन्दी में 'सुबह' और 'शुभ' एक ही चाल से लिखा जाता है और 'ख्याल' लिखा ही नहीं जा सकता। हिन्दी के अक्षर सुन्दर नहीं होते। सभी नागरी विरोधियों ने एक स्वर से यह प्रचार किया कि उर्दू के विपरीत नागरी शीघ्र नहीं लिखी जा सकती और अक्षरों का परिवर्तन हिन्दुओं और मुसलमानों के विरोध का कारण होगा।[54]

इनमें से कतिपय कुतर्कों का उत्तर देना व्यर्थ है। बिहार के न्यायालयों और कार्यालयों में नागरी प्रचलन से हिन्दुओं और मुसलमानों में संघर्ष या विरोध नहीं हुआ। मध्य प्रदेश, कुमाऊँ, रीवा, जोधपुर, ग्वालियर आदि देशी रजवाड़ों में देवनागरी लिपि के प्रचलन से हिन्दुओं और मुसलमानों में संघर्ष नहीं हुआ।[55] देवनागरी लिपि आन्दोलन के कारण पश्चिमोत्तर प्रदेश और अवध में हिन्दुओं और मुसलमानों के परस्पर प्रीति–व्यवहार में कभी व्यवधान नहीं हुआ।[56] जब पश्चिमोत्तर प्रदेश के लेफ्टिनेंट गवर्नर मैकडॉनेल अपनी इंग्लैंड यात्रा से भारत वापस आए, सभा ने न्यायालयों और कार्यालयों में देवनागरी लिपि के प्रचलन हेतु पुनः प्रार्थना की।[57] पश्चिमोत्तर प्रान्त और अवध में अक्षरों के परिवर्तन की व्याकुलता बढ़ती जा रही थी।[58] 2 मार्च, बृहस्पतिवार, 1898 ई. के नागरी अभ्यावेदन के उपरान्त पश्चिमोत्तर प्रदेश के प्रायः सभी नगरों से एतदर्थ सहस्रशः हस्ताक्षरयुक्त प्रार्थनापत्र उनकी सेवा में प्रेषित किये गए।[59] सभा नागरी अभ्यावेदन के पश्चात् अपनी इस उद्देश्यपूर्ति के हेतु सतत प्रयत्नशील रही। सभा द्वारा प्रकाशित 'शुड नागरी वी इन्ट्रोड्यूश्ड इन कोर्ट्स' नामक अंग्रेजी पुस्तिका की हजारों

प्रतियाँ नि:शुल्क वितरित की गईं[60] और सभा द्वारा संचालित देवनागरी लिपि आन्दोलन को मुंबई से प्रकाशित 'श्रीवेंकटेश्वर समाचार' (साप्ताहिक), काशी से प्रकाशित 'भारत जीवन' (साप्ताहिक), प्रयाग से प्रकाशित 'हिन्दी प्रदीप' (मासिक) और कालाकांकर से प्रकाशित 'हिन्दोस्थान' (दैनिक) आदि अनेक पत्रों ने विशेष प्रश्रय दिया और आन्दोलन को तीव्रतर किया। सभा की नागरी विषयक प्रार्थना से प्रेरित होकर वैश्य कांफ्रेंस और कायस्थ कांफ्रेंस ने भी देवनागरी लिपि के पक्ष में मुक्तहृदय से प्रस्ताव पारित किये और पश्चिमोत्तर प्रदेश के लेफ्टिनेंट गवर्नर की सेवा में उर्दू के विपरीत न्यायालयों और कार्यालयों में देवनागरी लिपि के प्रचलन हेतु निवेदन किये।[61]

नागरी अभ्यावेदन के बाद लखनऊ, इलाहाबाद, शाहजहाँपुर, बरेली, मुरादाबाद, सहारनपुर, मुजफ्फरनगर, अलीगढ़, मथुरा, आगरा, श्रीनगर (जिला पूर्णिया), मैनपुरी और बाराबंकी में काशी नागरीप्रचारिणी सभा की शाखाएँ और सहायक सभाएँ स्थापित हुईं।[62] उक्त शाखाओं और सहायक सभाओं से न्यायालयों और कार्यालयों में नागरी प्रचलन हेतु समुचित वातावरण का निर्माण हुआ। इन सभाओं के संस्थापनार्थ बाबू श्यामसुन्दर दास और लखनऊ निवासी कृष्णबलदेव वर्मा ने अनेक नगरों का परिभ्रमण किया।[63] उक्त सभाओं के अतिरिक्त मेरठ में भी सभा की शाखा स्थापित कर दी गई थी।

उर्दू भाषा और फारसी लिपि के समर्थकों ने मालवीय जी द्वारा लिखित नागरी अभ्यावेदन (*कोर्ट करेक्टर ऐण्ड प्राइमरी एडुकेशन इन एन. डब्ल्यू. पी. ऐण्ड अवध*) के विरोध में अपने तर्क उपस्थित किये।[64] किन्तु उनके प्रयत्न निष्फल सिद्ध हुए।

पश्चिमोत्तर प्रदेश के लेफ्टिनेंट गवर्नर सर ए.पी. मैकडॉनले ने न्यायालयों और कार्यालयों में देवनागरी लिपि प्रचलन हेतु राजस्व पर्षद, उच्च न्यायालय, इलाहाबाद और अवध के न्यायिक आयुक्त से परामर्श लिया और उनकी स्वीकृति के पश्चात् 18 अप्रैल 1900 को एतदर्थ आदेश पत्र (शासनादेश) निर्गत किया,[65] जिसका मूल आशय यह था–

1. सभी मनुष्य अपनी इच्छा के अनुसार प्रार्थनापत्र देवनागरी अथवा फारसी लिपि में दे सकते हैं।
2. सरकारी न्यायालयों और प्रधान कर्मचारियों की देशभाषा में प्रकाशित होने वाले सम्मन, सूचनापत्र और अन्य प्रकार के पत्रादि फारसी और देवनागरी लिपियों में जारी किये जायेंगे और उन पत्रों की पूर्ति फारसी लिपि के समानांतर में समान रूप से नागरी लिपि में भी की जायगी।
3. मात्र अंग्रेजी भाषा में कार्य सम्पादन करने वाले कार्यालयों को अपवाद स्वरूप सुरक्षित कर, इस आज्ञा के एक वर्ष के पश्चात् हिन्दी और उर्दू भाषाओं से अपरिचित किसी व्यक्ति की नियुक्ति नहीं की जायगी और इस आज्ञा की निर्गत तिथि से एक वर्ष के अन्दर उर्दू अथवा हिन्दी में से किसी

एक भाषा के जानकारों की नियुक्ति की जायगी। किन्तु ऐसे नियुक्त व्यक्तियों की एक वर्ष के अन्दर हिन्दी और उर्दू में से उस एक भाषा का भलीभाँति ज्ञान प्राप्त कर लेना अनिवार्य होगा जिसे वे नहीं जानते हों।[66]

इन आज्ञाओं का अनुमोदन भारत सरकार ने भी किया।

उपर्युक्त शासनादेश अर्थात् शासनादेश संख्या 585/3-343 सी-68 सन् 1900 (निश्चय) सामान्य प्रशासन विभाग, नैनीताल, दिनांक 18 अप्रैल 1900 ई., पश्चिमोत्तर प्रदेश और अवध सरकार, इलाहाबाद के राजपत्र में 21 अप्रैल शनिवार 1900 ई. को प्रकाशित हुआ था।

18 अप्रैल, 1900 ई. की देवनागरी लिपि विषयक अधिसूचना की प्रसन्नता में अष्टपदों में 'मैकडॉनल पुष्पांजलि' समर्पित की गई जिसका प्रकाशन पुस्तिका के रूप में मनोहर अक्षरों में 1900 ई. में काशी नागरीप्रचारिणी सभा की ओर से किया गया। इसकी रचना बाबू राधाकृष्ण दास ने की थी।

उक्त शासनादेश का विरोध मुख्यतः कचहरी के पेशेवर कुछ मुसलमानों ने किया। प्रान्त के लेफ्टिनेंट गवर्नर सर अन्टोनी मैकडॉनेल ने यह स्वीकार किया था कि यह विरोध मुख्यतः कानून के पेशे के मुसलमान सदस्यों के द्वारा किया गया था, किसी अन्य के द्वारा नहीं।[67] किन्तु काशी नागरीप्रचारिणी सभा के तत्कालीन मंत्री और प्रख्यात साहित्यकार बाबू श्यामसुन्दर दास ने इस सरकारी आज्ञा को 'केवल उचित ही नहीं वरन समयानुकूल, न्यायसंगत और पक्षपातशून्य'[68] घोषित किया। मुसलमानों को नागरी विरोध से विमुख होने का परामर्श प्रदान करते हुए सभा ने सप्तम वार्षिक प्रतिवेदन में प्रार्थना की–

"...हमारी प्रार्थना मुसलमान भाइयों से यही है कि स्वार्थान्ध होकर उदारगुण से ऐसे वंचित न हो जांय कि अपने पड़ोसियों के लाभ और सुख की ओर भी उस अवस्था में जबकि अपनी कोई हानि नहीं है, सह न सकें।"[69]

सभा और उसके तत्कालीन मंत्री बाबू श्यामसुन्दर दास ने लिपिविषयक इस राज्यादेश से वस्तुतः लाभान्वित होने की प्रार्थना हिन्दी रसिकों से की।[70]

काशी नागरीप्रचारिणी सभा पश्चिमोत्तर प्रदेश और अवध सरकार की 18 अप्रैल, 1900 ई. की राजाज्ञा मात्र से सन्तुष्ट नहीं हुई वरन् उसकी सर्वव्यापी उद्देश्य पूर्ति के हेतु हिन्दी रसिकों से प्रार्थना करती रही, सतत् प्रयत्नशील रही। सभा ने नागरी-प्रचार विषयक सम्पूर्ण निर्णय एवं प्रबन्ध हेतु 21 ज्येष्ठ, वि.सं. 1957 तदनुसार 4 जून 1900 ई. को सात सभासदों की एक उपसमिति का गठन किया जिसके मंत्री बाबू राधाकृष्ण दास मनोनीत किये गए। उक्त उपसमिति में निम्नलिखित सदस्यगण थे–राधाकृष्ण दास, (मंत्री), राय शिवप्रसाद (सहायक मंत्री), श्यामसुन्दर दास, सुधाकर द्विवेदी, माधोलाल, कालीप्रसाद सिंह और गोविन्ददास।[71]

देवनागरी लिपि विषयक राजाज्ञा से प्रेरित होकर विभिन्न स्थानों में सभाओं का आयोजन हुआ जिनमें देवनागरी लिपि के सरकारी प्रवेश पर प्रसन्नता व्यक्त की गई।[72] नए-नए विद्यालयों का शुभारम्भ हुआ। किन्तु एक वर्ष की अवधि में ही जनता का उत्साह शिथिल पड़ गया था।[73] इसलिए देवनागरी लिपि हेतु जनता को उत्साहित-दृढ़प्रतिज्ञ और कर्तव्यनिष्ठ करने हेतु सभा ने प्रतिश्रुत अभिकर्ताओं की आश्वयकता का अनुभव किया। अनेक स्थानों पर लोगों ने नागरीप्रचार में बहुत उत्साह दिखाया।[74]

सभा ने जनता और अदालती कार्यकर्ताओं में नागरी प्रचार हेतु प्रयत्न करने आरम्भ किये। सभा की ओर से प्रचारक की नियुक्ति हुई। 1 जुलाई 1900 ई. से 30 जून, 1901 ई. तक की अवधि में उसने दो बार विभिन्न प्रमुख स्थानों की यात्राएँ कीं। सभा का नागरी-प्रचारक नागरी प्रचारार्थ पहली बार मिर्जापुर, फतेहपुर, कानपुर, प्रयाग, इटावा, मैनपुरी, एटा, आगरा, मथुरा, फर्रुखाबाद, अलीगढ़, मेरठ बुलन्दशहर, सहारनपुर, मुजफ्फरनगर, देहरादून, मुरादाबाद और रायबरेली की यात्रा की। दूसरी बार उसने लखनऊ, बरेली, बदाऊँ, चन्दौसी, बिजनौर और गाजियाबाद आदि स्थानों की यात्रा की।[75] उपर्युक्त नगरों में वहाँ के वकीलों, रईसों और उत्साही व्यक्तियों को नागरी प्रचार के लिए प्रेरित किया। गाजीपुर निवासी मुंशी उदितनारायण लाल के सक्रिय सहयोग से गाजीपुर जिले में नागरी को बहुत कुछ सफलता प्राप्त हुई।[76]

सभा ने काशी और फैजाबाद की अदालतों में लोगों के प्रार्थनापत्र देवनागरी लिपि में निःशुल्क लिखने के लिए 1900 ई. में मुहर्रिर नियुक्त किये। सभा को भिनगा के राजा ने इसके लिए बाद में 700/- रुपये और रीवां नरेश ने 99/- रुपये की आर्थिक सहायता दी।[77] यह नागरी की सरकारी स्वीकृति के पश्चात् नागरी प्रचार हेतु सर्वप्रथम आर्थिक सहायता थी।

आलोच्यकाल में सभा अपने कर्तव्य से पराङ्मुख नहीं थी।

सभा ने 1900 ई. की नागरी लिपि विषयक सरकारी आज्ञा के हिन्दी अनुवाद का मुद्रण करा कर निःशुल्क वितरण किया[78] तथा नागरी प्रचार हेतु अनेक उद्योग (रात्रि पाठशालाएँ भी) किये। अप्रैल,1900 ई. के बाद सरकारी काग़ज़ अधिकांश स्थानों से हिन्दी में भी निकलने लगे। जहाँ इसका अभाव था, सभा ने वहाँ सार्थक प्रयास किये। नागरीलिपि विषयक प्रयत्नों में 1 जुलाई 1900 से 30 जून 1901 ई. तक सभा के 408 रुपये 8 आने तीन पैसे व्यय हुए।[79]

महामहोपाध्याय रायबहादुर गौरीशंकर हीराचन्द ओझा ने 'कोशात्सव स्मारक संग्रह' की भूमिका में नागरीप्रचारिणी सभा के सम्बन्ध में 1928 ई. में कहा था कि "जब इसकी स्थापना हुई, दो साल में ही इसने बहुत उन्नति कर ली। उस समय संयुक्त प्रान्त के न्यायालयों में नागरी लिपि का प्रचलन नहीं था। इस विषय को

लेकर नागरीप्रचारिणी सभा ने बहुत आन्दोलन किया। महामना पंडित मदनमोहन मालवीय, बाबू श्यामसुन्दर दास और बाबू राधाकृष्ण दास ने जिस लगन से इसके लिए प्रयत्न किया, वह प्रशंसनीय है। बाबू कृष्ण बलदेव वर्मा और पंडित केदारनाथ पाठक ने भी भिन्न-भिन्न स्थानों में घूमकर इसका प्रचार किया। अन्त में पाँच वर्ष तक निरंतर आन्दोलन करने के बाद 21 अप्रैल 1900 को संयुक्त प्रान्त की सरकार ने देवनागरी को भी न्यायालय की लिपि स्वीकार कर लिया। इतने ही से सभा सन्तुष्ट नहीं हुई, परन्तु इसने हिन्दी में अर्जियाँ देने और अन्य कार्य करने का प्रचार प्रारम्भ किया, जो अब तक चल रहा है।''[80]

1901 ई. में मैकडॉनेल अपने पद से मुक्त हो गए।

मैकडॉनेल एक न्यायप्रिय और अनुभवी शासक थे। न्यायालयों और कार्यालयों में देवनागरी लिपि के आंशिक प्रचलन से मैकडॉनेल ने हिन्दी भाषी जनता की श्रद्धा प्राप्त कर ली। राधाकृष्ण दास विरचित 'मैकडॉनेल पुष्पांजलि' उनकी पद्यात्मक प्रशस्ति ही है।

कैथी अक्षरों में सन्निहित अभावों, न्यूनता एवं त्रुटियों को दूर करने का प्रस्ताव सभा के एक सभासद ने 1902 ई. के पूर्वार्द्ध में उपस्थापित किया। सभा ने इस पर बहुत विचार-विमर्श किया। वह निश्चय किया गया कि ''सभा की सम्मति में नागरी अक्षरों से बढ़कर उत्तम दूसरे अक्षर नहीं हैं और उसकी सम्मति में भारतवर्ष की आर्यभाषाओं का नागरी अक्षरों ही में लिखा जाना उचित और उपयुक्त है। इसलिये सभा कैथी अक्षरों की उन्नति वा प्रचार में किसी प्रकार की सहायता नहीं कर सकती और न इसमें उत्साह दिखा सकती है।''[81]

मैकडॉनल के बाद सर जेम्स लाटूश संयुक्त प्रान्त (पूर्व नाम पश्चिमोत्तर प्रदेश और अवध) के लेफ्टिनेंट गवर्नर हुए। जनवरी 1902 ई. में पहली बार बनारस में उनका शुभागमन हुआ। सभा ने उन्हें मान-पत्र अर्पित किया। अपने मान-पत्र के उत्तर में उन्होंने नागरी के प्रश्न पर मैकडॉनेल की नीति का पालन करने का आश्वासन दिया।[82]

किन्तु नागरी विषयक 1900 ई. की अधिसूचना के बाद भी न्यायालयों और कार्यालयों में नागरी लिपि को प्रतिष्ठित किये जाने के मार्ग में अनेक व्यावहारिक बाधाएँ थीं। वकीलों और मुहर्रिरों के कारण न्यायालयों में देवनागरी लिपि को उचित स्थान नहीं मिल पाता था।

वकीलों और उनके मुहर्रिरों की क्षुद्र हिन्दी विरोधी स्वार्थपरता के कारण नागरी का समुचित प्रचार नहीं हो रहा था। वे अपने मुवक्किलों को देवनागरी लिपि में आवेदन पत्र देने के विरुद्ध प्रेरित करते थे। नागरी में अर्जी देने पर हाकिम के तथाकथित क्रोध और मुकदमा बिगड़ जाने का मिथ्या भय प्रदान कर फारसी लिपि में कार्य सम्पादन

हेतु वे मुवक्किलों को विवश कर देते थे।[83] तत्कालीन वकील यह सोचते थे कि नागरी प्रचार से उनके व्यापार में बाधा पड़ेगी। छोटे-छोटे कार्य लोग स्वयं कर लेंगे। अनेक कार्यों में उनकी पूछ नहीं रह जायगी। वे नागरी प्रचार को अपनी आय के विरुद्ध आघात मानते थे। देश-हितकारी कार्य नागरी प्रचार में वे नाना प्रचार की बाधाएँ उपस्थित करते थे। इस सम्बन्ध में सभा के दशम वार्षिक विवरण (1903 ई.) में यह स्वीकार किया गया था-

"सभा को विश्वस्त मार्ग से ज्ञात हुआ है कि किसी किसी नगर में तो कुछ वकीलों ने यह निश्चय किया है कि नागरी का प्रचार किसी प्रकार से न होने पावे। हमारे इस कथन की पुष्टि कि नागरी का प्रचार केवल वकीलों के हाथ में है केवल एक दृष्टांत से हो जायगी कि गाजीपुर में मुंशी उदितनारायण लाल ने नागरी के प्रचार पर कमर कस ली है और उनकी देखा देखी वहाँ की फौजदारी कचहरी में नागरी का पूरा-पूरा प्रचार हो गया है।[84]

इसीलिए 1903 ई. में सभा ने यह निश्चय किया कि अदालतों में नागरी-प्रचार के लिए प्रत्येक जिला में दो मुहर्रिर, एक दीवानी और एक फौजदारी कचहरी में नियुक्त किये जायें जो जरूरतमंद लोगों की अर्जियाँ नागरी में नियमित रूप से निःशुल्क लिखा करें।[85]

आर्थिक अभाव के कारण सर्वप्रथम सभा ने मुख्यालय बनारस की अदालतों में देवनागरी लिपि के मुहर्रिर, प्रयोग के रूप में, नियत करने का निश्चय अपनी स्थापना के दशम वर्ष में किया, इस निश्चय के अनुसार 20 अगस्त 1903 ई. से काशी की फौजदारी अदालत में निःशुल्क नागरी लेखन का कार्य सभा की ओर से प्रारम्भ किया गया। एतदर्थ, एक मुहर्रिर की नियुक्ति सभा ने की।[86] 20 अगस्त 1903 ई. से दिसम्बर 1903 ई. तक 894 अर्जियाँ देवनागरी लिपि में लिखी गईं।[87] इस उपाय को उपयुक्त समझ कर भिनगा के राजा ने अवध के सभी जिलों में नागरी लिपि के मुहर्रिर नियत करने के लिए 700 (सात सौ रुपये) का अनुदान दिया।[88] देवनागरी लिपि में अर्जियों के लेखन की परम्परा के अभाव के कारण उपयुक्त, योग्य और विश्वासपात्र मुहर्रिर का अभाव था। सभा और मुख्यतया सभासद माधवप्रसाद के अनेक प्रयत्नों से फैजाबाद में एक मुहर्रिर नियत किया गया।[89] यह संयुक्त प्रान्त की अदालतों में नियुक्त दूसरा नागरी मुहर्रिर था। सन् 1903-04 ई. के सत्र में सभा के गृहप्रवेशोत्सव के अवसर पर आयोजित विशेष अधिवेशन में 20 फरवरी, 1904 ई. को सभा ने अनेक प्रस्ताव पारित किये। इस तिथि को पारित नागरी-विषयक प्रस्ताव इस प्रकार हैं-

"क-संयुक्त प्रदेश की अदालतों में नागरी-प्रचार के लिये निम्नलिखित उपायों का अवलंबन किया जाय-

1. प्रत्येक जिले में मुहर्रिर को उचित रीति पर नियत करना।

2. फारसी और अरबी के कठिन कानूनी शब्दों के लिये बहुत सरल शब्द चुने जाने का प्रबन्ध करके एक कोश बनवाना अथवा बनाना और तब गवर्नमेंट से प्रार्थना करना कि अदालत की भाषा सरल करने की जो आशा दी गई है उसका पालन होना चाहिए।
3. नए मुहर्रिरों के तैयार करने का उपयुक्त प्रबन्ध करना।
4. गवर्नमेंट का ध्यान इस बात पर दिलाना कि संयुक्त प्रदेश की अदालतों में रजिस्ट्री के दस्तावेजों की नकल लेने में उर्दू के 1200 शब्दों के लिए 1/ रुपया और हिन्दी के केवल 750 शब्दों के लिए 1/रुपया लिया जाता है। इसलिये गवर्नमेंट को उचित है कि दोनों के लिए एक सा नियम बनावे।
5. यह भी सर्वसम्मति से निश्चय हुआ कि सभी देशी रियासतों में नागरी के प्रचार के लिये वहाँ के लोगों को उत्साहित करे और समयानुकूल इसका उद्योग करे।

ख–पोस्टल गाइड, टाइम टेबुल, गुड्स टेरिफ और टेलिग्राफ गाइड हिन्दी में भी छपा करें।''[90]

सभा ने संयुक्त प्रान्त की अदालतों में नागरी प्रचार के लिए निरंतर उद्योग किये। संयुक्त प्रान्त के अनेक नगरों में सभा के नागरी लेख्य लिपिक नागरी में आवेदनपत्रों का नि:शुल्क लेखन कार्य करते थे।[91]

काशी नागरीप्रचारिणी सभा ने न्यायालय अक्षर परिवर्तन का आन्दोलन किया था।[92] उसका यह आन्दोलन सफल हुआ। इस आन्दोलन का ऐतिहासिक महत्त्व है। सन् 1900 ई. में, साहित्यकार पंडित किशोरी लाल गोस्वामी ने पश्चिमोत्तर प्रदेश और अवध में नागरी प्रचार की सफलता का सम्पूर्ण श्रेय काशी नागरीप्रचारिणी सभा को ही प्रदान किया था।[93]

आचार्य महावीर प्रसाद द्विवेदी के शब्दों में ''सभा ने देवनागरी लिपि के प्रचार और हिन्दी भाषा के साहित्य की उन्नति के लिए यथाशक्य अनेक काम किये हैं।[94]

प्रारम्भ में सभा ने हिन्दी भाषा शुद्धि आन्दोलन का सूत्रपात किया और यह आन्दोलन देवनागरी लिपि आन्दोलन में परिवर्तित हो गया।

नि:सन्देह, देवनागरी लिपि आन्दोलन में काशी नागरीप्रचारिणी सभा ने अति महत्त्वपूर्ण सार्थक भूमिका का सफल निर्वाह किया। नागरी लिपि के प्रचार में सभा का अविस्मरणीय अवदान रहा है, जिसका ऐतिहासिक महत्त्व है।

संदर्भ

1. (क) काशी नागरीप्रचारिणी सभा का प्रथम वार्षिक विवरण, 1894 ई.।
   'काशी नागरीप्रचारिणी सभा के नियम।' पृष्ठ 16

   (ख) काशी नागरीप्रचारिणी सभा की नई नियमावली, 1894 ई. पृष्ठ 1

2. पश्चिमोत्तर प्रदेश तथा अवध के न्यायालयों और सरकारी दफ़्तरों में नागरी अक्षरों का प्रचार।

–काशी नागरीप्रचारिणी सभा। 1898 ई.

जगन्नाथ मेहता, सेक्रेटरी, नागरी मेमोरियल सब कमिटी, नागरीप्रचारिणी सभा, काशी द्वारा 14 मार्च 1898 ई. को लिखित 'निवेदन' शीर्षक भूमिका, पृष्ठ 1

3. काशी नागरीप्रचारिणी सभा का दसवाँ वार्षिक विवरण, 1903 ई., पृष्ठ 1–2

4. (क) साप्ताहिक पत्र भारत जीवन : विक्रम संवत् 1951 मिती कार्तिक कृष्ण 1, चन्द्रवार, 15 अक्टूबर, 1894 ई. (भाग 11 अंक 31)

 'काशी नागरीप्रचारिणी सभा का प्रथम वार्षिकोत्सव' शीर्षक समाचार। पृष्ठ 8 कॉलम 3

 (ख) साप्ताहिक पत्र भारत जीवन : विक्रम संवत् 1951 मिती कार्तिक शुक्ल 1, चन्द्रवार, 29 अक्टूबर 1894 ई. (भाग 11 अंक 33)

 'नागरीप्रचारिणी सभा का प्रथम वार्षिकोत्सव' शीर्षक समाचार। पृष्ठ 8 कॉलम 1–3

 (ग) साप्ताहिक पत्र भारत जीवन : विक्रम संवत् 1951 कार्तिक शुक्ल 8, चन्द्रवार, 5 नवम्बर 1894 ई. (भाग 11 अंक 34)।

 (क) निवेदन। पृष्ठ 6

 (ख) नागरीप्रचारिणी सभा का प्रथम वार्षिकोत्सव। पृष्ठ 7 कॉलम 3 और पृष्ठ 8 कॉलम 9

 (ग) काशी नागरीप्रचारिणी सभा का प्रथम वार्षिक विवरण, 1894 ई.। पृष्ठ 37–38

5. भारत जीवन : विक्रम संवत् 1951 मिती पौष कृष्ण 5 चन्द्रवार 17 सितम्बर, 1894 ई. (भाग 11 अंक 40), पृष्ठ 8

विशेष द्रष्टव्य :

भारत जीवन : विक्रम संवत् 1951 मिती पौष कृष्ण 12, चन्द्रवार, 24 दिसम्बर 1894 ई. (भाग 11 अंक 41)।

'प्रोग्राम कायस्थ कॉन्फ्रेंस बनारस'। पृष्ठ 6–7

भारत जीवन : विक्रम संवत् 1951 मिती पौष शुक्ल 5,चन्द्रवार, 31 दिसम्बर 1894 ई. (भाग 11 अंक 42)।

''काशी स्तम्भ। काशी नागरीप्रचारिणी सभा और कायस्थ कॉन्फ्रेंस।'' पृष्ठ 5 कॉलम 3 और पृष्ठ 6 कॉलम 1–2

6. भारत जीवन : विक्रम संवत् 1951 पौष शुक्ल 5, चन्द्रवार, 31 दिसम्बर, 1894 ई. (भाग 11 अंक 42)।

 ''काशी नागरीप्रचारिणी सभा और कायस्थ कॉन्फ्रेंस'', पृष्ठ 6

7. (क) उपरिवत्।

 (ख) काशी नागरीप्रचारिणी सभा का द्वितीय वार्षिक विवरण, 1895 ई.–श्यामसुन्दर दास, प्रधानमंत्री, नागरीप्रचारिणी सभा, काशी। पृष्ठ 4

विशेष द्रष्टव्य :

भारत जीवन : विक्रम संवत् 1951। मिती फाल्गुन शुक्ल 8, चन्द्रवार, 4 मार्च 1895 ई. (भाग 12 अंक 1)।
'सूचना।'
काशी नागरीप्रचारिणी सभा–श्यामसुन्दर दास, सेक्रेटरी, नागरीप्रचारिणी सभा, बनारस सिटी। पृष्ठ 8 कॉलम 1–3

8. काशी नागरीप्रचारिणी सभा का द्वितीय वार्षिक विवरण। 1895 ई.। पृष्ठ 8
9. काशी नागरीप्रचारिणी सभा का तृतीय वार्षिक विवरण। 1896 ई.। पृष्ठ 2
10. भारत जीवन : विक्रम संवत् 1951 मिती पौष शुक्ल 5, चन्द्रवार, 31 दिसम्बर 1894 ई. (भाग 11 अंक 42)।
    'काशी' स्तम्भ काशी नागरीप्रचारिणी सभा और कायस्थ कॉन्फ्रेंस'। पृष्ठ 6
11. उपरिवत्। पृष्ठ 6 कॉलम 3
12. भारत जीवन : बनारस, विक्रम संवत् 1941 कार्तिक शुक्ल 2, चन्द्रवार, 20 अक्टूबर, 1884 ई. (भाग 1 अंक 33)।
    'प्रेरित पत्र' स्तम्भ। कायस्थों से निवेदन। पृष्ठ 4–5

विशेष द्रष्टव्य :

भारत जीवन : बनारस, विक्रम संवत् 1956 मिती पौष शुक्ल 7, चन्द्रवार, 8 जनवरी 1900 ई. (भाग 16 अंक 43)।
'कायस्थ भाई और हिन्दी' शीर्षक सम्पादकीय। पृष्ठ 3–4

13. (क) भारत जीवन : विक्रम संवत् 1952 मिती मार्गशीर्ष कृष्ण 9, चन्द्रवार, 11 नवम्बर 1895 ई. (भाग 12 अंक 35)। 'नवीन छोटे लाट' शीर्षक समाचार। पृष्ठ 4 कॉलम 1/2
    (ख) सरस्वती, अप्रैल 1900 ई. (भाग 1 संख्या 4) पश्चिमोत्तर प्रदेश और अवध में नागरी अक्षर का प्रचार–पंडित किशोरी लाल गोस्वामी।
14. काशी नागरीप्रचारिणी सभा का तृतीय वार्षिक विवरण। 1896 ई., पृष्ठ 4
15. उपरिवत्। पृष्ठ 4–5
16. हिन्दी साहित्य का इतिहास–आचार्य रामचन्द्र शुक्ल। पृष्ठ 330
    –नागरीप्रचारिणी सभा, काशी
17. काशी नागरीप्रचारिणी सभा का तृतीय वार्षिक विवरण। 1896 ई.। पृष्ठ 4/5
18. काशी नागरीप्रचारिणी सभा का तृतीय वार्षिक विवरण। 1896 ई. पृष्ठ 5
19. दि नागरी करेक्टर–श्यामसुन्दर दास। पृष्ठ 2
20. (क) काशी नागरीप्रचारिणी सभा का चतुर्थ वार्षिक विवरण, 1897 ई. पृष्ठ 5
    (ख) ए शौर्ट हिस्ट्री ऑफ दि नागरीप्रचारिणी सभा बनारस सिटी (जुलाई 1893 टू जून 1915), पृष्ठ 8
21. काशी नागरीप्रचारिणी सभा का द्वितीय वार्षिक विवरण 1895 ई.। पृष्ठ 5
22. काशी नागरीप्रचारिणी सभा का तृतीय वार्षिक विवरण, 1896 ई.। पृष्ठ 3

23. (क) काशी नागरीप्रचारिणी सभा का चतुर्थ वार्षिक विवरण 1897 ई.। पृष्ठ 3-4

(ख) साप्ताहिक पत्र भारत जीवन : विक्रम संवत् 1953 मिती पौष शुक्ल 8, चन्द्रवार, 11 जनवरी 1897 ई. (भाग 13 अंक 44)।
'हिन्दी के प्रेमी चेतो' शीर्षक सम्पादकीय अग्रलेख। पृष्ठ 3

(ग) ''सभा की प्रार्थना पर संयुक्त प्रान्त के माल विभाग ने हिन्दी में ही समन आदि भराना स्वीकार किया।''
-काशी नागरीप्रचारिणी सभा का अर्द्धशताब्दी इतिहास। परिशिष्ट 4, पृष्ठ 254

(घ) नागरीप्रचारिणी सभा, काशी 47 वर्ष के मुख्य-मुख्य कार्यों का संक्षिप्त विवरण। वि.सं. 1997, पृष्ठ 1

24. नागरीप्रचारिणी पत्रिका (तीसरा भाग) 1899 ई.। काशी नागरीप्रचारिणी सभा द्वारा सम्पादित और प्रकाशित। 'उत्तम नागरी लिपि के लिए पारितोषिक' शीर्षक सम्पादकीय। पृष्ठ 1

25. (क) हीरक जयन्ती ग्रन्थ। पृष्ठ 6

(ख) पंडित सुधाकर पांडेय के अनुसार, यह तिथि 13 अगस्त 1896 ई. है, जो भ्रमपूर्ण है, सत्य नहीं है।

- नागरीप्रचारिणी पत्रिका मालवीय शती विशेषांक। वर्ष 66 (संवत् 2018 अंक 2/4)। 'महामना और नागरीप्रचारिणी सभा-पंडित सुधाकर पांडेय।'

26. काशी नागरीप्रचारिणी सभा का चतुर्थ वार्षिक विवरण। 1897 ई. पृष्ठ 5-6

27. उपरिवत्।

28. उपरिवत्।

29. उपरिवत्।

30. उपरिवत्।

31. उपरिवत्।

विशेष द्रष्टव्य :

भारत जीवन : विक्रम संवत् 1954 मिती श्रावण शुक्ल 4, चन्द्रवार, 2 अगस्त 1897 ई. (भाग 14 अंक 23)। 'काशी' शीर्षक स्तम्भ। पृष्ठ 7, कॉलम 3 और पृष्ठ 8 कॉलम 1

32. काशी नागरीप्रचारिणी सभा का पंचम वार्षिक विवरण, 1898 ई. पृष्ठ 10-11

33. **टिप्पणी :**

(क) आचार्य रामचन्द्र शुक्ल ने पश्चिमोत्तर प्रदेश के लेफ्टिनेंट गवर्नर से उक्त प्रतिनिधिमंडल के मिलने की तिथि मात्र संवत् 1955 दी है, जो गलत है।
हिन्दी साहित्य का इतिहास : रामचन्द्र शुक्ल। नागरीप्रचारिणीसभा काशी। पृष्ठ 330

(ख) भारत जीवन विक्रम संवत् 1954 फाल्गुन शुक्ल 15 चन्द्रवार, 7 मार्च 1898 ई. (भाग 15 अंक 1) ने 'उत्तर पश्चिम और अवध की कचेहरियों में नागरी अक्षर के लिए प्रार्थना' शीर्षक सम्पादकीय में 2 मार्च, 1898 ई. के नागरी प्रतिनिधिमंडल का विवरण दिया है जिसमें राज्यपाल से भेंटकर ज्ञापन देने का समय दो बजे दिन बताया गया है। किन्तु काशी नागरीप्रचारिणी सभा का पंचम वार्षिक विवरण में पृष्ठ 12 पर, यह समय दिन के बारह बजे बताया गया है।

द्रष्टव्य :

(क) काशी नागरीप्रचारिणी सभा का पंचम वार्षिक विवरण, 1898 ई., पृष्ठ 12

(ख) भारत जीवन : विक्रम संवत् 1954 मिती फाल्गुन शुक्ल 15, चन्द्रवार, 7 मार्च 1898 ई. (भाग 15 अंक 1) "उत्तर पश्चिम और अवध की कचेहरिओं में नागरी अक्षर के लिए प्रार्थना।" पृष्ठ 4 कॉलम 1 और पृष्ठ 5 कॉलम 1-2

(ग) नागरीप्रचारिणी सभा का अर्धशताब्दी इतिहास, पृष्ठ 121

(घ) हीरक जयन्ती ग्रन्थ। पृष्ठ 9

34. **टिप्पणी :** अंबिका प्रसाद वाजपेयी ने यह संख्या 50 हजार बतायी है जो अशुद्ध है। 'सभा' के पंचम वार्षिक विवरण में प्रदत्त साठ हजार हस्ताक्षरों की संख्या ही शुद्ध और प्रामाणिक है।

"...उन्होंने (मालवीय जी ने) लाट साहब को एक स्मरणपत्र दिया, जिस पर कोई 50 हजार लोगों के हस्ताक्षर थे। इस लेखक का भी हस्ताक्षर था। इसमें प्रार्थना की गई थी कि सम्मन आदि पर उर्दू और हिन्दी दोनों लिपियों के फार्म रहते हैं। उर्दू लिपि के फार्म तो भरे जाते हैं, हिन्दी या नागरी फार्म खाली पड़े रहते हैं। प्रार्थना है कि वे भी भर दिये जाया करें जिससे उर्दू न पढ़ सकने वालों की कठिनाइयाँ दूर हो जांय। यह उपाय फलप्रद हुआ।"

–नागरीप्रचारिणी पत्रिका। मालवीय शती विशेषांक। वर्ष 66 संवत् 2018 अंक 2/4
पं. मदनमोहन मालवीय का पुण्य स्मरण–अंबिका प्रसाद वाजपेयी। पृष्ठ 546

35. **विशेष द्रष्टव्य :**

काशी नागरीप्रचारिणी सभा का अर्द्धशताब्दी इतिहास।
संयुक्त प्रान्तों की अदालतों में नागरी (वि. सं. 1954)। परिशिष्ट 4 पृष्ठ 254

36. (क) काशी नागरीप्रचारिणी सभा का पंचम वार्षिक विवरण, 1898 ई.। पृष्ठ 12/13

(ख) पायोनीयर : मार्च 3, बृहस्पतिवार, 1898 ई.।

(ग) नागरीप्रचारिणी सभा का अर्द्धशताब्दी इतिहास। पृष्ठ 120

(घ) दि रिपोर्ट ऑफ दि नागरीप्रचारिणी सभा बनारस सिटी फ्राम 1893-1902, पृष्ठ 11

(ङ) ये शार्ट हिस्ट्री ऑफ दि नागरीप्रचारिणी सभा, बनारस सिटी (जुलाई 1893 टू जून 1915)। पृष्ठ 12-14

37. (क) काशी नागरीप्रचारिणी सभा का पंचम वार्षिक विवरण। 1898 ई. पृष्ठ 12

(ख) नागरीप्रचारिणी सभा का अर्द्ध-शताब्दी इतिहास। पृष्ठ 120

38. हिन्दी साहित्य का इतिहास : आचार्य रामचन्द्र शुक्ल। पृष्ठ 330

39. (क) दि पायोनीयर (The Pioneer) : 3 मार्च, बृहस्पतिवार, 1898 ई., दि उर्दू एंड नागरी करेक्टर्स इन दि एन. डब्ल्यू.पी.।

(ख) हीरक जयन्ती ग्रन्थ। पृष्ठ 86-94

(ग) भारत जीवन : वि. सं 1955 मिति चैत्र कृष्ण 7, चन्द्रवार, 14 मार्च 1898 ई. (भाग 15 अंक 2)

'उत्तर पश्चिमोत्तर प्रदेश की कचेहरिओं में नागरी अक्षर के लिए जो निवेदन पत्र श्रीयुत् श्रीमान् को सुनाया गया उसका भावार्थ यह है।' शीर्षक सम्पादकीय। पृष्ठ 4 कॉलम 1/3 और पृष्ठ 5 कॉलम 1

(घ) भारत जीवन : वि. सं. 1955 मिति चैत्र कृष्ण 14, चन्द्रवार, 21 मार्च 1898 ई. (भाग 15 अंक 4)।

'उत्तर पश्चिमोत्तर प्रदेश की कचेहरीओं में नागरी अक्षर के लिए जो निवेदन पत्र श्रीयुत् श्रीमान् को सुनाया गया उसका भावार्थ यह है।' शीर्षक सम्पादकीय। पृष्ठ 4 कॉलम 1/3 और पृष्ठ 5 कॉलम 1

(ङ) भारत जीवन : वि. सं. 1955 मिति चैत्र शुक्ल 6, चन्द्रवार, 28 मार्च 1898 ई. (भाग 15 अंक 5)

–उपरिवत्। पृष्ठ 4, कॉलम 1–2 और पृष्ठ 6 कॉलम 1–3

(च) भारत जीवन : वि.सं. 1955 चैत्र शुक्ल 13, चन्द्रवार, 4 अप्रैल 1898 ई., (भाग 15 अंक 5)।

–उपरिवत्। पृष्ठ 4 कॉलम 1–2 और पृष्ठ 5 कॉलम 1/2

(छ) हिन्दी प्रदीप : मई 1899 ई. (जिल्द 22 संख्या 5)

"श्रीमान् छोटे लाट साहब नागरी जारी होने की आज्ञा देने में क्यों देर कर रहे हैं।" शीर्षक सम्पादकीय अग्रलेख। पृष्ठ 14–16

(ज) काशी नागरीप्रचारिणी सभा गत 22 वर्षों का संक्षिप्त वर्णन (जुलाई 1893 से जून 1915 तक)। पृष्ठ 9–11

40. काशी नागरीप्रचारिणी सभा का पंचम वार्षिक विवरण। 1898 ई. पृष्ठ 13–14
41. उपरिवत्। पृष्ठ 15
42. उपरिवत्। पृष्ठ 15–17
43. (क) उपरिवत् । पृष्ठ 17–18

    (ख) दि रिपोर्ट ऑफ दि नागरीप्रचारिणी सभा, बनारस, फ्राम 1893–1902। 'नागरी ऐज दि कोर्ट करेक्टर' पृष्ठ 12–13
44. काशी नागरीप्रचारिणी सभा का छठवाँ वार्षिक विवरण। 1899 ई. । पृष्ठ 14–15
45. काशी नागरीप्रचारिणी सभा का पंचम वार्षिक विवरण। 1898 ई.। पृष्ठ 18
46. उपरिवत्। पृष्ठ 18
47. भारत जीवन : वि.सं. 1954 मिति फाल्गुन शुक्ल 15, चन्द्रवार, 7 मार्च 1898 ई. (भाग 15 अंक 1)। 'श्रीमान् लाट बहादुर का स्वदेशगमन'। पृष्ठ 4 कॉलम 2/3।
48. उपरिवत्। पृष्ठ 3 कॉलम 1
49. (क) भारत जीवन : वि. सं. 1955 मिति श्रावण शुक्ल 15, चन्द्रवार, 18 जुलाई 1898 ई. (भाग 15 अंक 20)

    "पश्चिमोत्तर प्रदेश के श्रीमान् लेफ्टिनेंट गवर्नर का काशी में शुभागमन और काशी नागरीप्रचारिणी सभा का डेप्यूटेशन।" सम्पूर्ण पृष्ठ 3/4 और पृष्ठ 5 कॉलम 1

    (ख) काशी नागरीप्रचारिणी सभा का पंचम वार्षिक विवरण। 1898 ई.। पृष्ठ 27–28

    (ग) काशी नागरीप्रचारिणी सभा का अर्द्ध शताब्दी–इतिहास, पृष्ठ 129

    विशेष द्रष्टव्य :

    भारत जीवन : वि.सं. 1955 मिति आश्विन कृष्ण 5, चन्द्रवार, 5 सितम्बर 1898 ई. (भाग 15 अंक 27)।

'काशी नागरीप्रचारिणी सभा।' पृष्ठ 4 कॉलम 1-3

50. भारत जीवन : वि.सं. 1955 मिति श्रावण कृष्ण 15, चन्द्रवार, 18 जुलाई 1898 ई. (भाग 15 अंक 20)।
"पश्चिमोत्तर प्रदेश के श्रीमान् लेफ्टिनेंट गवर्नर का काशी में शुभागमन और काशी नागरीप्रचारिणी सभा का डेप्यूटेशन।" पृष्ठ 3 कॉलम 2
51. उपरिवत्।
52. उपरिवत्।
53. (क) काशी नागरीप्रचारिणी सभा का छठवाँ वार्षिक विवरण। 1899 ई.। पृष्ठ 15
(ख) हिन्दी प्रदीप : जनवरी 1899 ई.
"अब विलंब केहि काज"। पृष्ठ 3-7
54. काशी नागरीप्रचारिणी सभा का छठवाँ वार्षिक विवरण, 1899 ई. पृष्ठ 16-17
55. उपरिवत्। पृष्ठ 17
56. उपरिवत्।
57. उपरिवत्।
58. उपरिवत्। पृष्ठ 14/15
59. उपरिवत्। पृष्ठ 17
60. उपरिवत्। पृष्ठ 17/18
61. उपरिवत्। पृष्ठ 18
62. उपरिवत्।
63. उपरिवत्। पृष्ठ 18/19
64. मोहम्मद रहमुतुल्लाह : एक डिफेंस ऑफ दि उर्दू लैंग्वेंज एंड करेक्टर (बिइंग ए रिप्लाई टू दि पैम्फलेट कॉल्ड "कोर्ट करेक्टर एंड प्राइमरी एजुकेशन इन एन. डब्ल्यू. पी. एंड अवध)।
-लिड्डेल्स एन. डब्ल्यू. पी. प्रिंटिंग वर्क्स प्रेस, इलाहाबाद, 1900 ई.।
प्राप्ति स्थान-ब्रिटिश म्यूजियम, लन्दन।
65. दि रिपोर्ट ऑफ दि नागरीप्रचारिणी सभा, फ्राम 1893-1902, पृष्ठ 13
66. (क) काशी नागरीप्रचारिणी सभा का सातवाँ वार्षिक विवरण। 1900 ई.। पृष्ठ 17
(ख) दि रिपोर्ट ऑफ दि नागरीप्रचारिणी सभा, बनारस फ्राम 1893-1902।
'नागरी एज दि कोर्ट कैरेक्टर।' पृष्ठ 13-14
(ग) काशी नागरीप्रचारिणी सभा का अर्द्ध शताब्दी-इतिहास। पृष्ठ 130
(घ) भारत जीवन : वि. सं. 1957 मिति वैशाख कृष्ण 9, चन्द्रवार, 23 अप्रैल 1900 ई. (भाग 17 अंक 8) का क्रोड़ पत्र। पृष्ठ 3 कॉलम 3 और पृष्ठ 4 कॉलम 1
(ङ) भारत जीवन : वि.सं. 1957 मिति ज्येष्ठ कृष्ण 7, चन्द्रवार, 21 मई 1900 ई. (भाग 11 अंक 12)। 'मुसलमानों का अन्याय हठ' शीर्षक सम्पादकीय। पृष्ठ 3
67. दि रिपोर्ट ऑफ दि नागरीप्रचारिणी सभा, बनारस, फ्राम 1893-1902, पृष्ठ 14
68. काशी नागरीप्रचारिणी सभा का सातवाँ वार्षिक विवरण। 1900 ई.। पृष्ठ 17
69. उपरिवत्। पृष्ठ 17
70. उपरिवत्। पृष्ठ 18

71. उपरिवत्।
72. काशी नागरीप्रचारिणी सभा का अर्द्ध शताब्दी–इतिहास। लेखक वेदव्रत शास्त्री सम्पादक विश्वनाथ प्रसाद मिश्र –काशी नागरीप्रचारिणी सभा, वाराणसी प्रथम संस्करण विक्रम संवत् 2000, पृष्ठ 135–136
73. काशी नागरीप्रचारिणी सभा का आठवाँ वार्षिक विवरण। 1901 ई.। पृष्ठ 14–15
74. उपरिवत्। पृष्ठ 15
75. उपरिवत्। पृष्ठ 15
76. उपरिवत्।
77. (क) उपरिवत्।
    (ख) काशी नागरीप्रचारिणी सभा का अर्द्ध शताब्दी–इतिहास। लेखक वेदव्रत शास्त्री, सम्पादक विश्वनाथ प्रसाद मिश्र, –काशी नागरीप्रचारणी सभा, वाराणसी, प्रथम संस्करण, विक्रम संवत् 2000, पृष्ठ 136
78. उपरिवत्। पृष्ठ 15–16
79. काशी नागरीप्रचारिणी सभा का आठवाँ वार्षिक विवरण। 1901 ई.। पृष्ठ 15–16
80. कोशोत्सव-स्मारक-संग्रह। सम्पादक महामहोपाध्याय राय बहादुर गौरीशंकर हीराचन्द ओझा। प्रकाशक काशी नागरीप्रचारिणी सभा। वि. सं. 1985 भूमिका। पृष्ठ 3
    विशेष द्रष्टव्य :
    काशी नागरीप्रचारिणी सभा का विनीत निवेदन। संवत् 1950–1980।
    –श्यामसुन्दर दास, मंत्री, नागरीप्रचारिणी सभा। प्रकाशन वर्ष विक्रम संवत् 1980, पृष्ठ 1–2
81. काशी नागरीप्रचारिणी सभा का नवाँ वार्षिक विवरण। 1902 ई.। पृष्ठ 14–15
82. दि रिपोर्ट ऑफ दि नागरीप्रचारिणी सभा, बनारस, फ्राम 1893–1902
    'नागरी एज दि कोर्ट कैरेक्टर', पृष्ठ 14
83. (क) काशी नागरीप्रचारिणी सभा का दसवाँ वार्षिक विवरण। 1903 ई. 'अदालतों में नागरी', पृष्ठ 24
    (ख) **विशेष द्रष्टव्य :**
    The Tenth Annual Report of the Nagri Pracharini Sabha, Benares, for the year ending 30th June 1903. Published in 1904 'Court Character', p. 9
84. काशी नागरीप्रचारिणी सभा का दसवाँ वार्षिक विवरण। 1903 ई.। 'अदालतों में नागरी' शीर्षक प्रकरण, पृष्ठ 24–25
85. उपरिवत्।
86. काशी नागरीप्रचारिणी सभा का ग्यारहवाँ वार्षिक विवरण। 1903–04 ई.। 'अदालतों में नागरी' पृष्ठ 29
87. (क) उपरिवत्।
    (ख) दि एलेवेन्थ एनुअल रिपोर्ट ऑफ दि नागरीप्रचारिणी सभा, बनारस, फोर दि इअर इंडिंग 30 जून 1904, 'नागरी' इन कोर्ट, पृष्ठ 11/12

88. उपरिवत्।

89. उपरिवत्। पृष्ठ 29–30

90. काशी नागरीप्रचारिणी सभा का ग्यारहवां वार्षिक विवरण, 1903–04 ई.। पृष्ठ 2–3

91. (क) काशी नागरीप्रचारिणी सभा का बारहवाँ वार्षिक विवरण। 1905 ई.। नागरी का प्रचार। पृष्ठ 31–32

विशेष द्रष्टव्य :

दि ट्वेल्थ एनुअल रिपोर्ट ऑफ दि नागरीप्रचारिणी सभा बनारस फोर दि इयर एन्डिंग 30 जून, 1905, नागरी इन कोर्ट, पृष्ठ 12–15

(ख) काशी नागरीप्रचारिणी सभा का तेरहवाँ वार्षिक विवरण। 1906 ई.। नागरी का प्रचार। पृष्ठ 22

(ग) काशी नागरीप्रचारिणी सभा का चौदहवाँ वार्षिक विवरण। 1906 ई., पृष्ठ 31–32

(घ) काशी नागरीप्रचारिणी सभा का पन्द्रहवाँ वार्षिक विवरण। 1908 ई., पृष्ठ 30, 35–36

(ङ) काशी नागरीप्रचारिणी सभा का अठारहवाँ वार्षिक विवरण 1910–11 ई. नागरी प्रचार। पृष्ठ 19–20।

(च) काशी नागरीप्रचारिणी सभा का बीसवाँ वार्षिक विवरण 1912–13 ई. नागरी प्रचार। पृष्ठ 32–34 आदि।

92. मासिक पत्र सुदर्शन : अप्रैल 1900 ई. (वर्ष 1 संख्या 4) 'अदालत में नागरी' शीर्षक सम्पादकीय अग्रलेख।

93. मासिक पत्र सरस्वती : अप्रैल 1900 ई. (भाग 1 संख्या 4) 'पश्चिमोत्तर प्रदेश और अवध में नागरी अक्षर का प्रचार।'। –पंडित किशोरीलाल गोस्वामी, पृष्ठ 133

94. कोशोत्सव–स्मारक–संग्रह : सम्पादक महामहोपाध्याय राय बहादुर गौरीशंकर हीराचन्द ओझा। वि.सं. 1985 तदनुसार 1928 ई.। भूमिका। पृष्ठ 8

राष्ट्रलिपि की अवधारणा में हिन्दीतर भाषियों का योगदान

भारत ही नहीं, सम्पूर्ण एशिया में राष्ट्रलिपि की अवधारणा के सर्वप्रथम उद्भावक- सर विलियम जोन्स (1740 ई., 27 अप्रैल 1794) ही थे। लन्दन की रॉयल सोसाइटी से प्रेरित-प्रभावित होकर उन्होने 15 जनवरी, 1784 ई. को कलकत्ता में एशियाटिक सोसाइटी की स्थापना की थी।[1] वे एशियाटिक सोसाइटी के संस्थापक और प्रथम अध्यक्ष थे। इसके तत्वावधान में 1784 ई. में प्रस्तुत अपने 'ए डिसर्टेशन ऑन दि आर्थोग्राफी ऑफ एशियाटिक वर्ड्स इन रोमन लेटर्स' शीर्षक सिद्धान्त-पत्र में उन्होंने कहा था कि भारतीय, फारसी अथवा अरबी शब्दों का रोमन लिप्यंतरण असंभव है। उन्होंने रोमन वर्णमाला और उसकी ध्वन्यात्मकता को दुखद एवं प्रायः हास्यास्पद रूप से अनुपयुक्त घोषित करते हुए देवनागरी लिपि की संक्षिप्तता और स्पष्टता अर्थात श्रेष्ठता स्वीकार की थी। परन्तु सम्पूर्ण एशियाई भाषाओं के लिए अनिवार्य स्वरलिपियों से युक्त संशोधित रोमन लिपि को ही एकमात्र लिपि के रूप में संस्तुति की थी।[2] एशिया की सभी भाषाओं को एक लिपि ही नहीं, संशोधित परिवर्द्धित रोमन लिपि प्रदान करने का यह सर्वप्रथम प्रयत्न था।

डॉ. जॉन वार्थविक गिलक्रिस्त फोर्ट विलियम कॉलेज, कलकत्ता (स्थापना वर्ष 1803 ई.) के हिन्दी-उर्दू अध्यापक थे। उन्होंने भारतीय भाषाओं के रोमन लिप्यंतरण के पक्ष में अनेक प्रयत्न किये थे।

फ्रेडरिक जॉन शोर (31 मई, 1799 ई.- 29 मई, 1837 ई.) फर्रुखाबाद (उत्तर प्रदेश) में व्यवहार न्यायालय और दांडिक सत्र के न्यायाधीश थे। वे प्रथम अंग्रेज पदाधिकारी थे जिन्होंने गम्भीरतापूर्वक एवं न्यायिक विचार करते हुए अपने सुस्पष्ट, निर्भीक, निष्पक्ष और न्यायपूर्ण निर्णय देवनागरी लिपि और हिन्दी भाषा के पक्ष में दिए। उन्होंने अंग्रेजी पुस्तकों का प्रकाशन पौर्वात्य लिपि अर्थात देवनागरी लिपि में करने का परामर्श विद्वत समाज को प्रदान किया था। भाषा और लिपि विषयक उनका रचना-काल 20 मई, 1832 ई. से जून, 1834 ई. तक है।

सर चार्ल्स एडवर्ड ट्रेविलिअन (1807 ई.-1886 ई.) आदि ने सभी पौर्वात्य भाषाओं के रोमन लिप्यंतरण हेतु 1834 ई. में कलकत्ता की अंग्रेजी पत्र-पत्रिकाओं

में अनेक लेख लिखे थे। 1867 ई. में जर्नल ऑफ दि एशियाटिक सोसाइटी ऑफ बंगाल, 1 नवम्बर, 1867 ई. (खंड 1 संख्या 2, कलकत्ता) में एफ.एस. ग्राउस कृत आलेख 'ऑन दि ट्रान्सलिटरेशन ऑफ इंडियन अल्फावेट्स इन दि रोमन करेक्टर' (पृष्ठ संख्या 136-142) प्रकाशित हुआ।

अठारहवीं शताब्दी के अंतिम चरण से उन्नीसवीं शताब्दी तक भाषा और लिपि के प्रश्न पर दो धाराएँ चल रही थीं। एक धारा अंग्रेज़ी भाषा की अनिवार्यता और भारतीय भाषाओं के रोमन लिप्यंतरण की थी और दूसरी धारा इसके विपरीत स्वदेशी भाषा और नागरी लिपि की थी।

यह ध्यातव्य है कि शब्दकोशकार राधालाल माथुर (1843 ई.-13 मार्च, 1913 ई.) ने 1873 ई. में प्रकाशित 'शब्दकोश' की भूमिका में हिन्दी को सम्पूर्ण भारत व्यापिनी राष्ट्रभाषा का गौरवपूर्ण पद प्रदान किये जाने का प्रथम भव्य स्वप्न देखा था। यह एकमात्र हिन्दी भाषा और देवनागरी लिपि में लिखित सर्वप्रथम शब्दकोश है। राधालाल-पूर्व शब्दकोश द्विभाषी, त्रिभाषी और चतुर्भाषी थे। इस शब्दकोश में शब्दों की अर्थ सहित धातु और उनके लक्षण, वर्णन अर्थ और अर्थों के प्रमाण आदि हिन्दी भाषा में लिखे गए थे। राधालाल गया के नार्मल ट्रेनिंग स्कूल के प्रधानाध्यापक थे। इस शब्दकोश की भूमिका 1 मार्च, 1873 ई. (फाल्गुन सुदी 2, विक्रम संवत् 1929) को लिखी गई थी। इस शब्दकोष की भूमिका में राधालाल ने कहा था-

"हिन्दुस्तान की पुरानी और असली बोली हिन्दी है। यह बोली पश्चिम उत्तर प्रदेश, पंजाब, राजपूताना, बीच के हिन्दुस्तान और बिहार में बोली जाती है। और सिख, गुजराती, मरहठे और जाति के लोग जिनकी बोलियाँ जुदी-जुदी हैं, इस्को झट समझ लेते हैं। क्या अचम्भा है कि अब फिर सजसजा कर शहरों में आवे और अपना फिर असली रंग-ढंग दिखलावे। जब कुछ अधिक जोर पावे कचहरियों और अदालतों में भी अपना जोर जमावे। इसलिए यह करना चाहिए कि हिन्दी बोली सज-सजाकर ऐसी निखरे कि जो सुने लोट-पोट हो जावे। और एक ही बोली अमीर-गरीब बोलें। हिन्दू, मुसलमान, ईसाई एक ही तरह बातचीत करें। बल्कि सारे हिन्दुस्तान में एक ही बोली बोली जावे। और धीरे-धीरे सारी विद्या और कानून के शब्द भी इसी तरह बन जावें तो हमारे देशवासी अपनी बोली से काम निकालें।"[3]

राष्ट्रभाषा हिन्दी की व्यापक परिकल्पना में राष्ट्रलिपि देवनागरी का सत्य भी अन्तर्लीन है क्योंकि राष्ट्रभाषा हिन्दी की एकमात्र लिपि देवनागरी ही है। वस्तुत: राष्ट्रलिपि देवनागरी के सर्वप्रथम मंत्रद्रष्टा, भारतेन्दु युग के प्रमुख साहित्यकार भारतेन्दु काल के मासिक पत्र 'हिन्दी प्रदीप' के एकमात्र सम्पादक बालकृष्ण भट्ट (आषाढ़ कृष्ण द्वितीया रविवार, विक्रम संवत् 1901, सन् 1844 ई.-श्रावण कृष्ण त्रयोदशी सोमवार विक्रम संवत् 1971 तदनुसार 14 सितम्बर, 1914 ई.) थे। उन्होंने मासिक

पत्र, 'हिन्दी प्रदीप' 1 अप्रैल, 1882 ई. में अपने 'प्रार्थना' शीर्षक सम्पादकीय में कहा– ''यदि...नागराक्षर सम्पूर्ण भारतवर्ष के राजकार्य में प्रचलित किये जायें तो कैसी अच्छी बात हो...(इसमें) हर एक की बोलचाल के अनुकूल उच्चारण निकलते हैं...लाखों-करोड़ों हम हिन्दुस्तानी प्रजा दिलोजान से चाहती हैं कि सब कचहरी दरबार में फ़ारसी अक्षरों की जगह नागरी में लिखा-पढ़ी हो और इसी में सब हिन्दी, उर्दू, मराठी, पंजाबी आदि की पुस्तके छपा करैं...।''[4]

निःसन्देह नागराक्षर अर्थात् देवनागरी लिपि को भारत की राष्ट्रलिपि का स्पष्ट प्रारूप देनेवाले सर्वप्रथम साहित्यकार एवं चिन्तक भट्ट जी ही थे। उन्होंने यह घोषणा 1886 ई. में की थी कि यदि भारतवर्ष की कभी कोई जातीय भाषा अर्थात राष्ट्रभाषा होगी तो हमारी प्यारी सर्वगुण आगरी नागरी अर्थात हिन्दी ही होगी।[5]

सर गुरुदास बनर्जी (26 जनवरी, 1844 ई. नारीकेलडांगे, कलकत्ता- 2 दिसम्बर, सोमवार, 1918 ई.) कलकत्ता उच्च न्यायालय के न्यायाधीश और 1890–92 ई. में कलकत्ता विश्वविद्यालय के प्रथम भारतीय कुलपति थे। वे किसी भी विश्वविद्यालय के सर्वप्रथम भारतीय कुलपति थे। उन्होंने अंग्रेज़ी में 'ए नोट ऑन दि देवनागरी अल्फाबेट फॉर बंगाली स्टूडेन्ड्स' नामक चौदह पृष्ठों की लघु पुस्तिका लिखी थी जिसका प्रकाशन कलकत्ता से 1893 ई. में हुआ था। उक्त पुस्तिका में उन्होंने यह निर्णय दिया था कि एकमात्र देवनागरी लिपि ही पूर्ण एवं उपयुक्त है जिसकी सफल विस्तृति सम्पूर्ण भारत में सहजता के साथ की जा सकती है और यह लिपि भारत की राष्ट्रलिपि के सर्वथा योग्य एवं सक्षम है।

प्रख्यात निबन्धकार और पत्रकार बालमुकुन्द गुप्त (1865 ई.-18 सितम्बर, 1907 ई.) ने उर्दू मासिक पत्र 'ज़माना' अप्रैल-मई 1907 ई., में प्रकाशित 'हिन्दुस्तान में एक रस्मुलख़त' शीर्षक अपने आलेख में कहा था कि ''सर गुरुदास बनर्जी साविक़ जज हाईकोर्ट कलकत्ता ने अंग्रेज़ी में (इस बारे में) एक छोटा-सा रिसाला लिखा था, जो-जो रस्मुलख़त हिन्दुस्तान में जारी हैं, सबका जिक्र करके और सबका तौर-तर्ज़ बखूबी समझाकर उन्होंने फैसला किया कि सिर्फ देवनागरी हरूफ़ ही ऐसे मुकम्मिल और मौजू हैं जो आसानी से हिन्द के हर हिस्से में फैल सकते हैं। इससे कुल हिन्द में रस्मुलख़त होने का हक़ इन्हीं हरूफ़ को हासिल है।''[6]

जेम्स बर्गेस ने 'दि ट्रान्सलिट्रेशन ऑफ ओरिएंटल अल्फाबेट्स' (लीडेन 1895 ई.) नामक पुस्तक में इस समस्या पर व्यापक विचार किया था।

उन्नीसवीं शताब्दी के अंतिम दशक में महाराष्ट्र के केशववामन पेठे ने सभी भारतीय भाषाओं के लिए एक लिपि की अनिवार्यता की ओर हमारा ध्यान आकृष्ट किया। उन्होंने मराठी भाषा में 'राष्ट्रभाषा' शीर्षक एक निबन्ध लिखा था जिसमें उन्होंने कहा था कि '' ...हिन्दुस्तान की समस्त भाषाओं की लिपि एक

करनी चाहिए।...इस नागरी लिपि में ही प्रत्येक भाषा के शब्द लिखे जाने से बहुत कुछ कठिनाई दूर हो जायगी।"[7] उन्होंने भारत की सभी भाषाओं के लिए एक लिपि की तर्कपूर्ण अनुशंसा की।[8] उनके अनुसार, हिन्दुस्तान का हित साधन करने के लिए एक राष्ट्रभाषा की आवश्यकता है। हिन्दी ही राष्ट्रभाषा हो सकती है और जब एक भाषा होगी, विभिन्न प्रान्तों में एकता हो जायगी।[9] सारांश, हमारी राष्ट्रभाषा के लिए एक लिपि का स्थान पाने की योग्य अधिकारिणी केवल देवनागरी ही है।[10]

लोकमान्य बालगंगाधर तिलक ने केशववामन पेठे के राष्ट्रभाषा और राष्ट्रलिपि विषयक विचारों का पूर्ण समर्थन किया था, प्रशंसा की थी। सम्पूर्ण महाराष्ट्र के तत्कालीन पत्रों ने उनके उक्त विचारों की प्रशंसा की थी और उन्हें व्यापक जन-समर्थन प्राप्त हुआ था।

27 अगस्त, 1901 ई. को कलकत्ता की साहित्य सभा का वार्षिक अधिवेशन हुआ था जिसका सभापतित्व बंगाल प्रान्त के लेफ्टिनेंट गवर्नर सर जॉन वुडवर्न ने किया था। उन्होंने बंगला भाषा की उन्नति पर प्रसन्नता व्यक्त करते हुए यह सम्मति दी थी कि जिस प्रकार अब बंगाल में संस्कृत के ग्रन्थ देवनागरी अक्षरों में छपने लग गए हैं, उसी प्रकार यदि बंगला भाषा के लिए वे देवनागरी अक्षरों को ग्रहण कर लें और उसी में अपने ग्रन्थ लिखने और छपवाने लग जायें, तो वे अपनी भाषा की विस्तार सीमा को बहुत दूर तक शीघ्र ही फैलाने में समर्थ हो जायेंगे। "सर जॉन वुडवर्न की सम्मति पर टिप्पणी करते हुए 'सरस्वती' के तत्कालीन सम्पादक श्यामसुन्दर दास ने कहा था कि "भारतवर्ष में भिन्न-भिन्न जातियों के अतिरिक्त भिन्न-भिन्न भाषाओं का होना भी जातीय उन्नति का मूल बाधक है। यदि कोई उपाय ऐसा है कि जिसमें सब भाषाएँ मिलकर एक हो जायें, तो वास्तव में समस्त देश एक हो सकता है। इस कार्यसिद्धि का सबसे सुगम उपाय यही है कि पहले भिन्न-भिन्न भाषाएँ एक ही प्रकार के अक्षरों में लिखी जायें। यह सब लोग मुक्तकंठ से स्वीकार करेंगे कि नागरी अक्षरों से बढ़कर सर्वांग सुन्दर और पूर्ण अक्षर दूसरे नहीं हैं। अतएव इन्हीं का ग्रहण करना उचित और युक्तिसंगत जान पड़ता है। हिन्दी भाषा नागरी अक्षरों में लिखी ही जाती है, मराठी और उर्दू भी लिखी जाने लगी है। अब यदि गुजराती और बंगला भाषाओं में नागरी अक्षरों का प्रयोग होने लग जाय तो वास्तव में एक बड़ा भारी काम हो जाय। क्या बंगदेशीय और गुजरातस्थ विद्वान् महानुभाव इन बातों पर विचार कर कुछ देशहित करने की ओर दत्तचित्त होंगे?"[12] यह टिप्पणी राष्ट्रीय एकता के लिए विभिन्न भारतीय भाषाओं के एकत्व और देवनागरी को राष्ट्रलिपि के रूप में परिवर्तित करने के सम्बन्ध में श्यामसुन्दर दास का सर्वप्रथम उद्‌बोधन है।

'कलकत्ता यूनिवर्सिटी मैगज़ीन', जुलाई 1903 ई. में सतीशचन्द्र विद्याभूषण, एम. ए. ने एक लेख लिखा था जिसमें विभिन्न सार्थक तर्कों के पश्चात् यह निष्कर्ष दिया गया कि सम्पूर्ण हिन्दू जाति के लिए कालान्तर में देवनागरी ही एकमात्र लिपि हो सकती है। सतीशचन्द्र विद्याभूषण के लेख से प्रेरित होकर न्यायामूर्ति शारदाचरण मित्र (17 दिसम्बर, 1848 ई.-1917 ई.) ने 22 दिसम्बर, 1904 ई. को कलकत्ता विश्वविद्यालय इंस्टीच्यूट में सर गुरुदास बनर्जी के सभापतित्व में आयोजित संगोष्ठी में *ए यूनिफार्म अल्फाबेट एंड स्क्रिप्ट फॉर इंडिया* शीर्षक अंग्रेजी निबन्ध का वाचन किया था। यह विनिबन्ध सच्चिदानन्द सिन्हा, बार-ऐट-लॉ द्वारा सम्पादित और इलाहाबाद से प्रकाशित अंग्रेज़ी मासिक पत्र 'दि हिन्दुस्तान रिव्यू एंड कायस्थ समाचार' में 1905 ई. में दो अंकों (जनवरी और अप्रैल-जून संयुक्तांक 1905 ई.) में प्रकाशित हुआ था। न्यायमूर्ति शारदाचरण मित्र के कथन का सारसंक्षेप यह था कि भारत की सभी भाषाएँ एक ही प्रकार की लिपि में लिखी जायें। यह एक ही लिपि देवनागरी है। देवनागरी लिपि में सभी प्रान्तीय भाषाएँ लिखी जानी चाहिए।[13]

आचार्य महावीरप्रसाद द्विवेदी (15 मई 1864 ई.-21 दिसम्बर 1938 ई.) ने 'सरस्वती' में सितम्बर, अक्टूबर, नवम्बर 1903 ई. के अंकों में 'देशव्यापक भाषा' शीर्षक एक निबन्ध लिखा था। अपने लिपि विषयक प्रस्तावों के समर्थन में न्यायमूर्ति शारदाचरण मित्र ने प्रायः वही बातें कहीं, जो द्विवेदी जी 'देशव्यापक भाषा' शीर्षक निबन्ध में कह चुके थे। मित्र महोदय के इस वक्तव्य पर पादरी एडविन ग्रीब्स ने अपनी तीखी प्रतिक्रिया व्यक्त की और हिन्दी लेखन में परिशुद्ध कैथी लिपि और मुद्रण में देवनागरी लिपि का सुझाव दिया।[14]

आचार्य महावीरप्रसाद द्विवेदी ने ग्रीब्स के कैथी लिपि के प्रस्ताव का विरोध किया और उसे अमान्य कर दिया।[15] एडविन ग्रीब्स के अनुसार "कैथी सीखने में न अधिक समय न अधिक परिश्रम पड़ता है। लिखना और पढ़ना दोनों बहुत सहज है।...किसी भाषा की दो लिपियों का होना बुरी बात नहीं है। पुस्तकों के लिए ऐसे अक्षर चाहिए जिनका पढ़ना सहज है। लिखने के लिए उनकी आवश्यकता है जो लिखने में सहज है। दो लिपियों के होने से थोड़ी कठिनता पड़ती है सही, पर लाभ बहुत होता है।"[16] एडविन ग्रीब्स ने कहा कि "यदि हिन्दुस्तान में सब भाषाओं के लिए नागरी प्रचलित हो जाय तो लाभदायक बात होगी और मैं प्रसन्न हो जाऊँगा। और मेरी समझ में कैथी के द्वारा नागरी के प्रचलित होने में किसी प्रकार की बाधा नहीं होगी पर अत्यन्त सहायता...।"[17]

ग्रीब्स के लिपि विषयक विचारों का खंडन करते हुए आचार्य महावीरप्रसाद द्विवेदी ने 'सरस्वती' में कहा-"जब बंगाली, महाराष्ट्र और गुजराती लोगों से हिन्दी के पक्षपाती कह रहे हैं कि आप देवनागरी लिखना सीखिए, तब आपको, लिखने के

लिए कैथी और छापने के लिए नागरी का प्रस्ताव करना मानो उन लोगों के रास्ते में काँटे बिछाना है।...यदि एक प्रकार की लिपि से अच्छी तरह काम हो जाय तो दो प्रकार की लिपि के होने की कोई जरूरत नहीं।...नई कैथी का प्रस्ताव, इस समय और प्रान्तों में, नागरी के प्रचार का थोड़ा-बहुत बाधक ज़रूर हो सकता है।''[18]

वस्तुतः एडविन ग्रीब्स का दो लिपियों का प्रस्ताव विवेकपूर्ण नहीं है, तार्किकता सार्थकता की किसी भी कसौटी पर खरा सिद्ध नहीं हो सकता। उन्होंने शारदाचरण मित्र की राष्ट्रलिपि विषयक व्यापक अवधारणा को गलत दिशा की ओर प्रेरित करने की कुचेष्टा की। न्यायमूर्ति शारदाचरण मित्र के उद्योग से अगस्त, 1905 ई. में कलकत्ता में स्थापित एक लिपि विस्तार परिषद् राष्ट्रलिपि की अवधारणा के इतिहास में एक उल्लेखनीय घटना है। ''सर्वत्र, विशेषकर भारतवर्ष में सब भाषाओं के लिए संस्कृताक्षर (देवनागरी) का व्यवहार चलाना तथा बढ़ाना ही इस परिषद् का मुख्य उद्देश्य'' था।[19] इसका उद्देश्य था कि ''भारत की भिन्न-भिन्न प्रान्तीय भाषाओं को यथा-साध्य यत्नों द्वारा देवनागराक्षर लिखने और छापने का प्रचार बढ़ाना जिससे कुछ समय के अनंतर भारतीय भाषाओं के लिए एक सामान्य लिपि प्रचलित हो जाय...।''[20] एकलिपि विस्तार परिषद् के प्रथम संस्थापक प्रधान मंत्री शारदाचरण मित्र थे। कालान्तर में वे उसके सभापति भी हुए। एकलिपि विस्तार परिषद् के चतुर्थ वर्ष में प्रवेश करने पर मासिक पत्र 'देवनागर' ने 1908 ई. में कहा था-'' ...किसी-न-किसी समय सम्पूर्ण भारतवर्ष में एकलिपि प्रचलित होगी ही। धीरे-धीरे प्रादेशिक लिपि के भक्त क्षुद्रहृदय लोगों की संख्या घटती जायगी, भारतमाता के देशप्रिय सपूत लोगों की संख्या क्रमशः बढ़ती जायगी एवं थोड़ी ही देर में भिन्न-भिन्न प्रदेशों में एक लिपि व्यवहृत होकर भाषा और साहित्य को एक कर देगी।''[21]

'देवनागर' के सम्पादक यशोदानन्दन अखौरी ने इसी क्रम में कहा था-''इधर राजनीतिक विषय लेकर समस्त भारतवर्ष को आलोड़ित करने की कामना तो हम लोग करते हैं; किन्तु आपस की भाषाओं को समझने के लिए कोई प्रधान उपाय ग्रहण करने के विषय में हम लोग कुछ भी चेष्टा नहीं करते। यही उपाय 'एकलिपि' है।''[22]

एक लिपि विस्तार परिषद् की कार्यकारिणी सभा ने यह मत स्थिर किया था कि ''परिषद् का उद्देश्य केवल भारतीय भाषाओं के लेखों को अक्षरान्तरित करना है, इसलिए विदेशी भाषाओं को अक्षरान्तरित करने का काम परिषद् हाथ में नहीं ले सकती।''[23] परिषद् के इस निश्चय पर टिप्पणी करते हुए अपने सम्पादकीय निवेदन में 'देवनागर' ने कहा था कि ''पहले स्वदेशी भाषाओं को ही एक लिपि-देवनागरी में लिखने का प्रचार पूर्ण रूप से कर डालिए, पीछे विदेशी भाषाओं को अक्षरान्तरित करने की कामना कीजिए तो यह शोभा देगा।''[24] अपने अल्पकालीन जीवन में एक लिपि विस्तार परिषद् ने अनेक उल्लेखनीय एवं ऐतिहासिक महत्त्व के सार्थक कार्य किये।

भारतवर्ष की सब भाषाओं के लिए एकलिपि के निर्धारण प्रतिपादन हेतु वाराणसी में नागरीप्रचारिणी सभा की ओर से 29 दिसम्बर, शुक्रवार 1905 ई. को एक विशेष सभा का आयोजन किया गया था। यह सभा काशी नागरीप्रचारिणी सभा के परिसर में सभा भवन के पश्चिम खंड में आयोजित की गई थी। इसका सभापतित्व बंगला भाषा के प्रख्यात उपन्यासकार रमेशचन्द्र दत्त, आई.सी.एस. (सेवानिवृत्त), सी. आई. ई. (13 अगस्त, 1848 ई. कलकत्ता–30 नवम्बर, मंगलवार, दो बजे रात्रि, 1909 ई.) ने किया था। इस अवसर पर लोकमान्य बालगंगाधर तिलक प्रमुख वक्ता थे। रमेशचन्द्र दत्त ने अपने अध्यक्षीय अभिभाषण में आनेवाले भविष्य को तार्किक तथा रचनात्मक वाणी दी और विश्वास व्यक्त किया कि "एक समय ऐसा अवश्य आवेगा जबकि सारे उत्तरी भारतवर्ष में एक ही लिपि हो जायगी। इसमें शीघ्रता करने का एक मार्ग यह है कि भिन्न-भिन्न भाषाओं के जो बहुत ही प्रचलित ग्रन्थ हैं वे नागरी अक्षरों में छापे जायें।"[25] इस अवसर पर प्रधान वक्ता लोकमान्य बालगंगाधर तिलक (23 जुलाई, 1856 ई.–1 अगस्त, 1920 ई.) ने कहा था कि "यह आन्दोलन उत्तरी भारत में केवल एकलिपि करने के लिए ही नहीं है, वरन् वह समस्त भारतवर्ष में एक भाषा करने के वृहद् आन्दोलन का केवल एक अंश है जो राष्ट्रीय आन्दोलन कहा जा सकता है क्योंकि एक भाषा का होना राष्ट्रीयता का एक मुख्य अंग है।"[26] उन्होंने घोषणा की कि "हमारा उद्‌देश्य उत्तरी भारतवर्ष के लिए नहीं वरन् मैं तो कहूँगा कि समय पाकर दक्षिणी भारतवर्ष और मद्रास को लेकर सारे भारतवर्ष के लिए एक भाषा करने का है।"[27] उन्होंने स्पष्ट रूप से कहा कि "लार्ड कर्जन के निर्धारित समय की अपेक्षा हमें एक निर्धारित लिपि की आवश्यकता है। लार्ड कर्जन ने यदि निर्धारित समय की अपेक्षा जातीय सिद्धान्तों पर हमारे लिए निर्धारित लिपि देने का उद्योग किया होता तो वे हमारे सम्मान के अधिक योग्य होते। परन्तु ऐसा नहीं हुआ। अतः हम लोगों को सभी प्रान्तीय पक्षपात से रहित होकर इसे स्वयं करना चाहिए।"[28] लोकमान्य तिलक के मूल शब्द इस प्रकार हैं–'लाइक लार्ड कर्जन्स स्टैंडर्ड टाइम वी वांट ए स्टैंडर्ड करेक्टर।'[29] इस अवसर पर प्रो. एन. बी. रानाडे (मुंबई), दीवान बहादुर अम्बालाल सकरलाल देसाई, एम.ए., एल.एल.बी. (अहमदाबाद), भालचन्द्र कृष्ण (मुंबई), प्रो. क्षीरोद प्रसाद विद्याविनोद, एम.ए, (कोलकाता), विजय राघवाचार्य, बी.ए. (सलेम) आदि ने सभी भारतीय भाषाओं के लिए एकलिपि की आवश्यकता पर बल दिया और कहा कि वह एकलिपि देवनागरी ही है।[30] अपने समापन भाषण में रमेशचन्द्र दत्त ने कहा था कि "जब समस्त भारतवासी देवनागरी लिपि को लिखने लग जायेंगे तो समय पाकर उसका एक ऐसा रूप बन जायगा जो कि आजकल की छापे की देवनागरी की अपेक्षा लिखने में कहीं अधिक सुगम होगा।"[31]

एल.ए. वेंकटचलैयार (कालीकट) ने भारत की भाषाओं के लिए स्वस्थी लिपि का आविष्कार किया। 'स्वस्थी लिपि ए साइंटिफिक स्क्रिप्ट फॉर दि लैंग्वेजेज़ ऑफ इंडिया' शीर्षक उनकी पुस्तिका का प्रथम संस्करण 1906 ई. में प्रकाशित हुआ। वह स्वस्थी लिपि निष्प्रभावी सिद्ध हो गई।

एकलिपि विस्तार परिषद्, 85 ग्रे स्ट्रीट, कलकत्ता के तत्वावधान में मई, 1907 ई. से न्यायमूर्ति शारदाचरण के उद्योग एवं मार्गदर्शन में 'देवनागर' नामक अभूतपूर्व सचित्र मासिकपत्र का प्रकाशनारम्भ किया गया। इसमें विभिन्न भारतीय भाषाओं के लेखादि एकमात्र देवनागरी लिपि में प्रकाशित किये जाते थे। भारतीय पत्रकारिता के इतिहास में यह अभिनव प्रयोग था। यह पत्र बहुभाषी (पॉलिग्लोट मैगज़ीन) होने के बावजूद एकलिपि देवनागरी में ही प्रकाशित किया जाता था।

'देवनागर' के प्रथमांक (मेष 5009 कल्यब्द, वत्सर 1 अंक 1) में प्रकाशित सर्वप्रथम सम्पादकीय अग्रलेख 'आविर्भाव' (पृष्ठ संख्या 3) में इसके प्रकाशन के मुख्य उद्देश्य का उद्घाटन किया गया था कि "इस पत्र का मुख्य उद्देश्य है भारत में एक लिपि का प्रचार बढ़ाना और वह एकलिपि देवनागराक्षर है।" 'देवनागर' मार्गशीर्ष 1833 शकाब्द (भाग 1 संख्या 2 नवपर्याय) की सम्पादकीय टिप्पणी में (पृष्ठ संख्या 32) यह घोषणा की गई थी कि "देवनागर का उद्देश्य केवल भारतीय भाषाओं के लिए, न कि पृथ्वी भर की सभी भाषाओं के लिए, एकलिपि का प्रचार करना है।" 'देवनागर' की समालोचना में आचार्य महावीर प्रसाद द्विवेदी ने 'सरस्वती' में कहा था–"कलकत्ते की एकलिपि विस्तार परिषद् 'देवनागर' नाम का जो बहुभाषा–भाषी मासिक पत्र निकालने वाली थी, सो निकल गया। पत्र बहुत अच्छा निकला।...हिन्दी, उर्दू, बंगला, मराठी, पंजाबी, नेपाली, कनाडी और तमिल भाषाओं के लेख इस अंक में है। पर सब देवनागरी अक्षरों में हैं।...इस तरह के पत्र का निकालना बहुत कठिन काम है। पर भारत में एकलिपि प्रचार के लिए इससे बढ़कर और उपाय भी नहीं है।"[32]

'दि वेस्ट कोस्ट स्पेकटेटर' (कालीकट) ने 9 नवम्बर, 1907 ई., 'दि हिन्दुस्तान रिव्यू एंड कायस्थ समाचार' ने अक्टूबर–नवम्बर, 1907 ई. (इलाहाबाद), 'अमृत बाज़ार पत्रिका' ने 20 नवम्बर 1907 ई. के अंकों में 'देवनागर' की भूरि–भूरि प्रशंसा की थी। तत्कालीन युग के अंग्रेज़ी सहित प्राय: सभी भारतीय पत्रों ने इसके प्रकाशन की प्रशंसा की थी।

'देवनागर' की शैली में चेन्नई की एक धर्म सम्बन्धी सभा से एक मासिक पत्रिका बीसवीं शताब्दी के प्रथम दशाब्द में प्रकाशित होती थी जिसकी भाषा कन्नड़ और लिपि नागरी थी। बम्बई टाइप में छपने के कारण यह पत्रिका 'देवनागर' की अपेक्षा विशेष शुद्ध निकलती थी।[33] यह धर्म विषयक पत्रिका थी।

23, 24 और 25 अक्टूबर, 1909 ई. को बड़ौदा में महाराष्ट्र साहित्य सम्मेलन हुआ था। इस साहित्य सम्मेलन में बड़ौदा राज्य के महाराजा गायकवाड़, इनके प्रधान अमात्य और बंगला साहित्यकार रमेशचन्द्र दत्त, सी.आई.ई., मराठी के प्रसिद्ध ग्रन्थकार सर्जन कर्नल कीर्तिकर, डॉ. रामकृष्णगोपाल भांडारकर आदि भी सक्रिय रूप से उपस्थित थे। 25 अक्टूबर, 1909, ई. को एक लिपि और एक भाषा के विषय में यहाँ विचार-विमर्श हुआ था। इस अवसर पर रमेशचन्द्र दत्त ने कहा था–"हमें देशभर में एक ही लिपि और एक ही भाषा का प्रचार करना चाहिए। इस काम के योग्य सिर्फ नागरी लिपि और हिन्दी भाषा ही कही जा सकती है। बिना एक लिपि और एक-भाषा के देश में जात्येकभाव की उन्नति नहीं हो सकती।...गुजराती बंगाली और पंजाबी लिपि, नागरी लिपि से बहुत मिलती हैं। मद्रास में संस्कृत पुस्तकें अब तक बहुधा इसी लिपि में लिखी जाती हैं। अतएव यह लिपि सारे देश में प्रचार के योग्य है। रही भाषा, सो हिन्दी वह भाषा है जिसे सब प्रांतों के लोग समझ सकते हैं।"[34]

उक्त महाराष्ट्र साहित्य सम्मेलन में एक-लिपि के विषय में यह प्रस्ताव पारित किया गया कि गुजरात, दक्षिण और बंगाल आदि प्रान्तों में देवनागरी लिपि सर्वमान्य लिपि बनाई जाय और उसके प्रचार के लिए महाराष्ट्र साहित्य परिषद्, गुजराती साहित्य परिषद्, बंगीय साहित्य परिषद् तथा नागरीप्रचारिणी सभा मिलकर प्रयत्न करें। इस लिपि की सर्वोपयोगिता सबने स्वीकार की। यह कहा गया कि इस विषय में भिन्न-भिन्न प्रान्तों को अपना अहं भाव छोड़ देना चाहिए। अपनी प्रान्तीय लिपि का व्यवहार अपने निज के काम में लोग भले ही करें, पर सार्वजनिक कामों और सर्वजनोपयोगी पुस्तकों में देवनागरी लिपि ही काम में लाई जाय।"[35]

बड़ौदा के साहित्य सम्मेलन में माधव राजाराम बोडस ने अपनी वक्तृता में कहा था कि "सचमुच संसार में देवनागरी ही सबसे पूर्ण और त्रुटिरहित वर्णमाला कही जा सकती है।...मैं प्रस्ताव करता हूँ कि कृष्णानदी के उत्तर तो उत्तरी नागरी और दक्षिण में 'दक्षिणी नागरी' लिखी जाय। अच्छे-अच्छे विद्वान पंडितों की सभा करके दोनों नागरियों के रूप ठीक कर लिए जाँय।"[36] किन्तु तथा कथित 'उत्तरी नागरी' और 'दक्षिणी नागरी' का प्रस्ताव राष्ट्रीय समग्रता और व्यावहारिकता की दृष्टि से सर्वथा अमान्य कर दिए जाने योग्य है।

1910 ई. में रवेरेंड जे. नोल्स की पुस्तक *आवर ड्यूटी टु इंडिया एंड इलीट्रेट्स, रोमनिक लेटर्स फॉर इंडियन लैंग्वेजेज* लन्दन से प्रकाशित हुई जिसमें भारतीय भाषाओं के रोमन लिप्यंतरण का प्रस्ताव था। इसका व्यापक विरोध हुआ। 30 मार्च, 1911 ई. को पादरी जे. नोल्स ने लन्दन में ईस्ट इंडिया एसोसिएशन की सभा में सम्पूर्ण भारत के लिए एक लिपि ढूँढ़ लेने की अनावश्यक वीरता का प्रदर्शन किया। वह लिपि रोमन थी। वहाँ उपस्थित समस्त भारतवासियों ने एक स्वर से इसका विरोध किया।[37]

29 दिसम्बर, 1910 ई. को कांग्रेस की एक लिपि विस्तार कांफ्रेंस की बैठक तमिलनाडु के जस्टिस कृष्णास्वामी अय्यर के सभापतित्व में हुई थी। इस अधिवेशन का कार्यारम्भ शारदाचरण मित्र ने किया था। जस्टिर अय्यर ने कहा था कि "देश में एक नई जागृति और एकता का जातीय भाव फैल रहा है, पर जातीय एकता के भाव का तब तक कुछ फल नहीं हो सकता जब तक कि हम एक भाषा और एक लिपि स्थापित करने का प्रयत्न न करें।"[38] इस अधिवेशन में "यह निश्चय हुआ कि भारत की राष्ट्रलिपि होने के लिए देवनागरी लिपि ही सबसे उत्तम लिपि है।"[39]

बीसवीं शताब्दी के प्रथम दशक के पश्चात् एक लिपि का प्रश्न भारतव्यापी हो गया था। भारतवर्ष के प्रत्येक प्रदेश में एक लिपि की आवश्यकता अनुभूत होने लगी थी।[40] इस अवधि में अनेक हिन्दीतरभाषी प्रसिद्ध कृतियों के देवनागरी लिप्यंतरण का प्रकाशन भी हुआ।

दिसम्बर, 1916 ई. में लखनऊ में कांग्रेस का वार्षिक अधिवेशन आयोजित हुआ था। उक्त अधिवेशन में वहाँ आर्य समाज मंडप में 29 दिसम्बर, 1916 ई. को प्रातः 9 बजे महात्मा गांधी के सभापतित्व में एक भाषा और एक लिपि विषय पर एक सभा का आयोजन किया गया था। इस सभा में यह प्रस्ताव पारित हुआ कि देवनागरी लिपि और हिन्दी भाषा का सार्वदेशिक प्रचार होना चाहिए। देश-हित और ऐक्य-स्थापना के लिए इसकी बड़ी ज़रूरत है। मदनमोहन मालवीय, ऐनी बेसेंट, तमिलनाडु के अनेक लब्धप्रतिष्ठ विद्वानों ने उक्त प्रस्ताव का हार्दिक समर्थन किया और देवनागरी लिपि की उत्कृष्टता पर उनके प्रभावशाली व्याख्यान हुए। उक्त सभा में प्रायः दस हज़ार लोगों की उपस्थिति थी। सबने एक स्वर से एक-लिपि के प्रस्ताव का समर्थन किया। इस सभा में महात्मा गांधी ने अपने अध्यक्षीय अभिभाषण में कहा कि एक भाषा और एक लिपि के प्रचार के लिए क्रिश्चियन लिटरेचर डिपो और बाइबिल सोसाइटी का अनुसरण करने की आवश्यकता है। वे प्रकृत कार्य कर दिखाते हैं। जिन प्रान्तों में नागरी अक्षर और हिन्दी भाषा का कम प्रचार है, वहाँ जाकर प्रचार करने की आवश्यकता है। आपको सब काम हिन्दी में करना चाहिए। घर-बाहर और अदालत में हर जगह, आपको हिन्दी का व्यवहार करना चाहिए। मुझे तो हिन्दी छोड़कर अंग्रेज़ी बोलना पाप मालूम होता है।[41]

यद्यपि 'हिन्द स्वराज्य' के लेखन काल (1909 ई.) से ही महात्मा गांधी (2 अक्टूबर, 1869 ई.-30 जनवरी, 1948 ई.) दो लिपियों की हिन्दी-हिन्दुस्तानी की वकालत करते रहे तथापि सर्वप्रथम अगस्त, 1925 ई. में सम्पूर्ण भारत के लिए एक लिपि-राष्ट्रलिपि की अवधारणा को उन्होंने राष्ट्रव्यापिनी अभिव्यक्ति प्रदान की। उन्होंने कहा कि "यदि हम एक लिपि को अपना सकें तो हम एक-भाषा सम्बन्धी वर्तमान स्वप्न को सच बनाने के रास्ते की एक भारी रुकावट दूर कर देंगे।"[42]

महात्मा गांधी के अनुसार, ''सारे हिन्दुस्तान के लिए एक लिपि का होना एक दूरवर्ती आदर्श है। परन्तु उन सब लोगों के लिए जो कि संस्कृत से उत्पन्न होने वाली भाषाएँ जिनमें दक्षिण की भाषाएँ भी शामिल हैं, बोलते हैं, एक लिपि का होना व्यावहारिक आदर्श है, यदि हम सिर्फ अपनी प्रान्तीयता को दूर कर दें।''[43]

नि:सन्देह यह एक लिपि सर्वसामान्य सर्वमान्य लिपि देवनागरी ही है, सार्वजनीन लिपि देवनागरी है। महात्मा गांधी के शब्दों में, ''और इस बात के लिए कि देवनागरी ही सर्व-सामान्य लिपि हो, मैं समझता हूँ, किसी प्रत्यक्ष प्रमाण की आवश्यकता न होगी क्योंकि यही तो एक ऐसी लिपि है जिसे भारत के अधिकांश भाग के लोग जानते हैं। उसका प्रचार ही उसके पक्ष में वह फैसला देता है।''[44]

1939 ई. में 'हरिजन सेवक' (भाग 7, संख्या 25) में महात्मा गांधी ने एक लिपि की आवश्यकता पर एक आलेख लिखा था जिसका पुनर्मुद्रण 'नागरीप्रचारिणी पत्रिका' ने किया था। 'एक लिपि की आवश्यकता' शीर्षक आलेख में उन्होंने कहा था-''यह सवाल अनेक वर्षों से लोगों के सामने है कि संस्कृत से निकलने वाली या जिन्हें उसने ग्रहण कर लिया है उन सब भारतीय भाषाओं की लिपि एक होनी चाहिए। इतने पर भी तीव्र प्रान्तीयता के इन दिनों में एक लिपि के पक्ष में कुछ भी कहना शायद अप्रासंगिक समझा जाय। लेकिन सारे देश में साक्षरता का जो आन्दोलन हो रहा है उसके कारण एक लिपि का प्रतिपादन करने वालों की बात सुननी ही चाहिए। मैं भी वर्षों से एक लिपि का ही प्रतिपादन कर रहा हूँ। मुझे याद है कि दक्षिण अफ्रीका में गुजरातियों के साथ भारत-सम्बन्धी पत्र-व्यवहार में एक हद तक मैंने देवनागरी लिपि का व्यवहार भी शुरू कर दिया था। इसमें शक नहीं कि ऐसा करने से विभिन्न प्रान्तों के पारस्परिक सम्बन्धों में बहुत सुविधा हो जायगी और विविध भाषाओं के सीखने में आज की बनिस्बत कहीं ज़्यादा आसानी होगी। देश के शिक्षित लोग अगर आपस में मिलकर विचार करें और एक लिपि का निश्चय कर लें तो सबके द्वारा उसका ग्रहण किया जाना आसान बात हो जायगी।...अगर एक ही स्रोत से निकली हुई भाषाएँ एक ही लिपि में लिखी जायें तो बहुत थोड़े समय में विविध प्रान्तों की खास-खास भाषाओं का कामचलाऊ ज्ञान मैं प्राप्त कर लूँगा।''[45] इसीलिए महात्मा गांधी ने साक्षरता आन्दोलन के लोगों का आह्वान किया था कि यदि वे देवनागरी लिपि को ग्रहण कर लें तो निश्चय ही भावी सन्तति के परिश्रम और समय की बचत कर उनकी दुआएँ वे प्राप्त कर लेंगे।[46]

भारत में राष्ट्रलिपि का प्रश्न बीसवीं शताब्दी में अति महत्त्वपूर्ण रहा है। विभिन्न हिन्दीभाषी और हिन्दीतरभाषी लेखकों, चिन्तकों और राजनेताओं ने इस प्रश्न को आंदोलित किया है। 1947 ई. के पूर्व लाहौर से प्रकाशित 'पंजाब में हिन्दी भाषा की स्थिति' नामक पुस्तक में लाहौर के हिन्दी लेखक भीमसेन विद्यालंकार ने कहा था

कि समस्त भारतीय भाषाओं का देवनागरी लिप्यंतरण किया जाय। (अविभाजित) पंजाब में अपनी सारी शक्तियाँ इस प्रश्न कर केंद्रित कर देनी चाहिये।[47] उक्त लेखक ने देवनागरी और फ़ारसी लिपियों की समानांतर स्वीकृति का विरोध किया था।[48] यह ध्यातव्य है कि 10, 11 और 12 अगस्त, 1961 ई. को दिल्ली में आयोजित मुख्यमंत्रियों के सम्मलेन में यह प्रस्ताव सर्वानुमति से पारित किया गया था कि विभिन्न भाषाओं में पारस्परिक आदान-प्रदान और देश की एकात्मकता को सुदृढ़ करने के लिए भारत की सभी भाषाओं के लिए एक लिपि का होना वांछनीय है। एतदर्थ, एकमात्र देवनागरी लिपि ही यह स्थान ग्रहण कर सकती है। इस दिशा में कार्य-योजना का निर्माण करने का संकल्प व्यक्त किया गया था। किन्तु खेद है कि इस ओर भारत सरकार ने अपने ही सर्वसम्मत प्रस्ताव की अद्यावधि आत्माघाती अवहेलना की।

प्रमुख विचारक और सर्वोदय आन्दोलन के प्रणेता सन्त विनोबा भावे (11 सितम्बर, 1895 ई.-12 नवम्बर, 1982 ई.) ने राष्ट्रलिपि के आन्दोलन को नई दिशा दी, विस्तार दिया, व्यापकता दी। उन्होंने भारतीय एकता के लिए नागरी लिपि की अनिवार्यता महसूस की। उनका कथन है कि यदि नागरी लिपि भारत की सभी भाषाओं के लिए स्वीकार कर ली जाय तो हम लोगों में पारस्परिक निकटता में अभिवृद्धि होगी। दक्षिण भारत की भाषाओं को नागरी लिपि का लाभ मिलेगा।[49] इसलिए, उनका कथन है कि ''दूसरी लिपियाँ चलें, उनका मैं विरोध नहीं करता। मैं तो चाहता हूँ वे भी चलें और नागरी भी चले। 'नागरी' ही चले, यह मैं नहीं चाहता। मैं 'भी' वादी हूँ। वह 'भी' चले और नागरी लिपि 'भी' चले।''[50] नागरी लिपि सबकी लिपि है।[51] उन्होंने देश को 'देवनागरी विश्वनागरी बने' का मंत्र दिया।[52] उन्होंने नागरी को सबकी लिपि के तौर पर मान्यता प्रदान किये जाने की संस्तुति की।[53] उनके अनुसार, यदि सम्पूर्ण भारत में देवनागरी मान्य हो जाय तो वह सर्वनागरी बनेगी।[54] ध्यातव्य है कि सन्त विनोबा की सद्प्रेरणा से 17 अगस्त, 1975 ई. को राजघाट, नई दिल्ली में स्थापित नागरी लिपि परिषद् उनकी लिपि विषयक अवधारणों को कार्यान्वित करने की दिशा में सचेष्ट है।

गांधीवाद के सर्वस्वीकृत व्याख्याता काका साहेब कालेलकर (01 दिसम्बर 1885 ई.-21 अगस्त 1981 ई.) यद्यपि दो लिपियों की हिन्दुस्तानी के समर्थक के रूप में प्रख्यात रहे, तथापि उन्होंने विनोबा जी के लिपि विषयक सिद्धान्तों को समर्थन दिया।[55]

15 अप्रैल, 1984 ई. को भारत के तत्कालीन राष्ट्रपति ज्ञानी जैल सिंह ने देवनागरी को सभी भारतीय भाषाओं की सम्पर्क लिपि के रूप में स्वीकार किये जाने हेतु आह्वान किया। इससे सभी भारतीय भाषाओं को समृद्ध बनाने एवं देश के लोगों को एक-दूसरे के निकट लाने में सहायता प्राप्त होगी।[56]

आधुनिक हिन्दीतरभाषी हिन्दी सेवी लेखकों में सर्वाधिक विख्यात और नागरी लिपि परिषद् नई दिल्ली के पूर्व अध्यक्ष डॉ. मलिक मोहम्मद के अनुसार, ''देश की राष्ट्रीय एकता के लिए भारत की विविध भाषाओं के बीच में एक सम्पर्क लिपि, जोड़लिपि या सहलिपि के रूप में देवनागरी बहुत हद तक महत्त्वपूर्ण भूमिका अदा कर सकती है। देवनागरी को एक अतिरिक्त लिपि या जोड़लिपि के रूप में स्वीकार करने से उन भारतीय भाषाओं के बीच बहुत निकटता का सम्बन्ध हो सकता है जिनकी लिपि देवनागरी नहीं है। देवनागरी को एक अतिरिक्त लिपि के रूप में काम में लाने से किसी एक भाषा की अपनी निजी लिपि को हानि पहुँचाने का उद्देश्य कभी भी नहीं है।''[57] इसीलिए, उनका यह अभिमत सर्वथा उचित ही है कि ''देवनागरी भारत की भाषाओं के बीच में एक अतिरिक्त जोड़लिपि के रूप में बहुत ही उपयोगी सिद्ध हो सकती है।''[58]

निष्कर्ष यह कि भारत में राष्ट्रलिपि की अवधारणा का इतिहास बहुत प्राचीन है। राष्ट्रलिपि की अवधारणा का श्रीगणेश भारत में सर्वप्रथम 1784 ई. में सर विलियम जोंस ने किया। देवनागरी लिपि की सर्वोत्कृष्टता की स्वीकृति के बावजूद निर्णय उसके पक्ष में नहीं दिया गया। यह देवनागरी लिपि की सर्वप्रथम पराजय थी। भारत ही नहीं, सम्पूर्ण एशियाई भाषाओं के लिए अनिवार्य स्वरलिपियों से युक्त संशोधित रोमन लिपि के पक्ष में पूर्वाग्रहयुक्त निर्णय दे दिया गया। रोमन वर्णमाला और उसकी ध्वन्यात्मकता को दुखद एवं संशोधित रोमन लिपि के परिवर्तित नाम पर रोमन लिपि को एशिया की सभी भाषाओं की एकमात्र लिपि के रूप में प्रतिष्ठित करने के विफल प्रयास किये गए।

फ्रेडरिक जॉन शोर सर्वप्रथम अंग्रेज़ पदाधिकारी थे जिन्होंने देवनागरी लिपि और हिन्दी भाषा के पक्ष में अत्यन्त निष्पक्षतापूर्वक निर्णय दिया। भाषा और लिपि विषयक उनका रचनाकाल 20 मई, 1832 ई.–1 जून, 1834 ई. तक ही है। उन्होंने अंग्रेज़ी पुस्तकों का प्रकाशन देवनागरी लिपि में करने का सुझाव दिया था। देवनागरी लिपि का भूमंडलीकरण करने की दिशा में यह पहला कदम था।

भारतीय भाषाओं के रोमन लिप्यंतरण के निष्फल प्रयत्न अंग्रेजों द्वारा यदा-कदा होते रहे। पहली बार 1873 ई. में हिन्दी की राष्ट्रव्यापिनी राष्ट्रभाषा-परिकल्पना की गई थी। 'शब्दकोष' (1873 ई.) की भूमिका में शब्दकोशकार राधालाल ने राष्ट्रभाषा हिन्दी का सर्वप्रथम आकल्प तैयार किया था। भारतेन्दु हरिश्चन्द्र ने कहा था– ''हरिश्चन्द्री हिन्दी ढली 1873 ई.।'' किन्तु 1873 ई. में राष्ट्रभाषा हिन्दी का आकल्प भी तैयार हुआ, इस ओर किसी का ध्यान नहीं जा सका।

सर्वप्रथम 1882 ई. में बालकृष्ण भट्ट ने राष्ट्रलिपि देवनागरी का बीज मंत्र दिया। वे राष्ट्रलिपि देवनागरी के सर्वप्रथम मंत्रद्रष्टा थे। सर्वप्रथम, मासिकपत्र 'हिन्दी प्रदीप', 1 अप्रैल, 1882 ई. में 'प्रार्थना' शीर्षक सम्पादकीय में ही राष्ट्रलिपि देवनागरी के बीज मंत्र निहित हैं, इसमें सन्देह नहीं।

उन्नीसवीं शताब्दी के अंतिम दशक में सर गुरुदास बनर्जी, केशववामन पेठे आदि नें राष्ट्रलिपि देवनागरी की अवधारणा में योगदान किया। मराठी भाषा में लिखित 'राष्ट्रभाषा' शीर्षक निबन्ध में केशववामन पेठे ने जब कहा कि भारत की समस्त भाषाओं की लिपि एक करनी चाहिए और वह एक लिपि देवनागरी ही है तो सम्पूर्ण महाराष्ट्र की राष्ट्रवादी मानसिकता को एक नई दिशा मिल गई। पेठे के विचारों को व्यापक और प्रबल समर्थन मिला।

27 अगस्त, 1901 ई. को बंगाल के लेफ्टिनेंट गवर्नर सर जॉन वुडवर्न ने बंगला भाषा के देवनागरी लिप्यंतरण का परामर्श दिया। बाबू श्यामसुन्दर दास, आचार्य महावीरप्रसाद द्विवेदी और सतीशचन्द्र विद्याभूषण ने, न्यायमूर्ति शारदाचरण मित्र के पूर्व, 1900 ई.-1903 ई. में राष्ट्रलिपि अर्थात् देशव्यापक लिपि की अवधारणा प्रस्तुत की थी। इनके पूर्व, बालकृष्ण भट्ट और केशववामन पेठे इस दिशा में अपना झंडा फहरा चुके थे। न्यायमूर्ति शारदाचरण मित्र का 'ए यूनिफार्म अल्फाबेट एंड स्क्रिप्ट फॉर इंडिया' शीर्षक लेख मूलत: 22 दिसम्बर, 1904 ई. को पठित और 1905 ई. में प्रकाशित है। अतएव उन्हें नागरी प्रचार आन्दोलन का जनक नहीं कहा जा सकता। किन्तु भारत की राष्ट्रलिपि की अवधारणा के इतिहास में उनके ऐतिहासिक महत्त्व को नकारा नहीं जा सकता।

अगस्त, 1905 ई. में न्यायमूर्ति शारदाचरण मित्र के उद्योग से कलकत्ता में स्थापित एक लिपि विस्तार परिषद् अपने अल्पकालीन अस्तित्व के बावजूद नागरी प्रचार के क्षेत्र में अविस्मरणीय ही है।

29 दिसम्बर, 1905 ई. को लोकमान्य तिलक ने भारतीय भाषाओं के लिए प्रामाणिक लिपि का राष्ट्रव्यापी आह्वान किया। विभिन्न हिन्दीतर भाषी प्रान्तों के साहित्यकारों, विचारकों, राजनेताओं आदि ने देवनागरी लिपि को राष्ट्रलिपि बनाए जाने की संस्तुति की और एतदर्थ अनेक सार्थक प्रयत्न किये।

29 दिसम्बर, 1916 ई. को लखनऊ में महात्मा गांधी ने एक भाषा और एक लिपि सम्बन्धी सभा की अध्यक्षता की थी। उनकी अध्यक्षता में देवनागरी लिपि और हिन्दी भाषा के सार्वदेशिक प्रचार का प्रस्ताव सर्वानुमति से पारित किया गया था। एक भाषा और एक लिपि के समर्थन में उन्होंने उस तिथि को वहाँ अपनी प्रथम वक्तृता दी थी। तत्पश्चात् सर्वप्रथम 1925 ई. में महात्मा गांधी ने एक लिपि अर्थात राष्ट्रलिपि की अवधारणा को व्यक्त किया और देवनागरी को सर्वसामान्य लिपि अर्थात राष्ट्रलिपि की मान्यता प्रदान की। उन्होंने एक लिपि की आवश्यकता तहेदिल से महसूस की। सन्त विनोबा ने राष्ट्रलिपि की अवधारणा को नया आयाम दिया। उन्होंने देवनागरी लिपि के लिए सर्वनागरी और विश्वनागरी की कार्य-योजना प्रदान की।

1784 ई. से सन् 1947 ई. तक भारतीय भाषाओं के रोमन लिप्यंतरण के

छिटपुट प्रयास यदा-कदा हुए जिनका व्यापक विरोध भी हुआ और अन्ततः वे निष्फल, निष्प्रभावी और निरर्थक सिद्ध हो गए।

भारत में राष्ट्रलिपि की अवधारणा में हिन्दीतर भाषियों का ऐतिहासिक योगदान राष्ट्रीय समग्रता की दृष्टि से अत्यधिक महत्त्वपूर्ण रहा है। भारत की समस्त भाषाओं का देवनागरी लिप्यंतरण कब संभव हो सकेगा? देवनागरी सर्वनागरी और विश्वनागरी कब बनेगी? प्रश्न अब तक अनुत्तरित ही है।

संदर्भ

1. एशियाटिक रिसर्चेज (वॉल्यूम दि फर्स्ट), 1798 ई. इन्ट्रोडक्शन, पृष्ठ 4
2. (क) एशियाटिक रिसर्चेज और ट्रांजैक्शंस ऑफ दि सोसाइटी इंस्टीच्यूटेड इन बंगाल फॉर इंक्वायरिंग इन्टू दि हिस्ट्री एंड एन्टीक्वीटीज, दि आर्ट्स, साइन्सेज़ एंड लिटरेचर ऑफ एशिया (वॉल्यूम दि फर्स्ट) 1798 ई., पृष्ठ 13, निबन्ध की सम्पूर्ण पृष्ठ संख्या 1-56

   (ख) दि वर्क्स ऑफ सर विलियम जोन्स (प्रथम खंड) प्रथम संस्करण 1799 ई., पृष्ठ 186-187, निबन्ध की सम्पूर्ण पृष्ठ संख्या 175-228
3. शब्दकोश : राधालाल। प्रथम संस्करण 1873 ई., भूमिका, पृष्ठ 2
4. हिन्दी प्रदीप : प्रयाग चैत्र शुक्ल 13 विक्रम संवत् 1939 तदनुसार अप्रैल 1882 ई. (जिल्द 5 संख्या 8)। 'प्रार्थना' शीर्षक सम्पादकीय अग्रलेख, पृष्ठ 4-5
5. हिन्दी प्रदीप : 1 फरवरी 1886 ई. (जिल्द 9 संख्या 6), 'भारतवर्ष की जातीय भाषा' शीर्षक सम्पादकीय अग्रलेख।
6. बालमुकुन्द गुप्त निबन्धावली (प्रथम भाग) सम्पादक झाबरमल्ल शर्मा, बनारसीदास चतुर्वेदी, प्रथम संस्करण संवत् 2007 विक्रमाब्द, 1949 ई. पृष्ठ 167
7. नागरीप्रचारिणी पत्रिका (तीसरा भाग), 1899 ई., राष्ट्रभाषा शीर्षक आलेख, गंगाप्रसाद अग्निहोत्री द्वारा अनूदित, पृष्ठ 149
8. उपरिवत्। पृष्ठ 148-151
9. उपरिवत्। पृष्ठ 155
10. उपरिवत्। पृष्ठ149
11. सरस्वती : अक्टूबर 1901 ई. (भाग 2 संख्या 10), 'विविध वार्ता' शीर्षक स्तम्भ। पृष्ठ 319
12. उपरिवत्।
13. विशेष द्रष्टव्य :

    (क) सरस्वती : मई, 1910 ई. (भाग 11 संख्या 5), 'विविध विषय' शीर्षक स्तम्भ, देवनागरी लिपि और श्रीयुत् शारदाचरण मित्र।

    (ख) सरस्वती : जून, 1910 ई. (भाग 11 संख्या 6), 'विविध विषय' शीर्षक स्तम्भ, भारतवर्ष की भावी लिपि।
14. दि हिन्दुस्तान रिव्यू एंड कायस्थ समाचार : (अंग्रेज़ी मासिक पत्र) : अप्रैल-जून, 1905 ई. इलाहाबाद। 'देवनागरी एंड कैथी' शीर्षक आलेख-एडविन ग्रीब्स, पृष्ठ 303-306

15. सरस्वती : अगस्त, 1905 ई. (भाग 6, संख्या 8) 'देशव्यापक लिपि' शीर्षक लेख–आचार्य महावीरप्रसाद द्विवेदी।
16. सरस्वती : नवम्बर 1905 (भाग 6 संख्या 11), कैथी (प्रतिवाद), पृष्ठ 438
17. उपरिवत्। पृष्ठ 439
18. उपरिवत्। उत्तर, पृष्ठ 441
19. एक लिपि विस्तार परिषद् कलकत्ता (संस्थापित अगस्त, 1905 ई.) नियमावली, पृष्ठ 1
20. मासिक पत्र देवनागर : विक्रम संवत् 1964, मेष 5009 कल्यब्द सन् 1907 ई. (वत्सर 1 अंक 1) 'आविर्भाव' शीर्षक सम्पादकीय, पृष्ठ 3
21. देवनागर : मेष, 5010 कल्यब्द् (वत्सर 2 अंक 1) एक लिपि विस्तार परिषद्, पृष्ठ 5
22. उपरिवत्।
23. देवनागर : मीन 5010 कल्यब्द (वत्सर 2 अंक 12,) चित्रविचित्र (सम्पादकीय निवेदन), पृष्ठ 246
24. उपरिवत्।
25. (क) नागरीप्रचारिणी पत्रिका : दसवाँ भाग, 1906 ई. 'भारतवर्ष की सब भाषाओं के लिए एक लिपि' बाबू गोपाल दास द्वारा अनूदित। पृष्ठ 171
    (ख) 'ए कॉमन करेक्टर फॉर इंडियन वर्नाक्यूलर्स', प्रकाशक नागरीप्रचारिणी सभा, काशी। 1906 ई., पृष्ठ 3
26. 'ए कॉमन करेक्टर फॉर इंडियन वर्नाक्यूलर्स', पृष्ठ 4
27. नागरीप्रचारिणी पत्रिका : दसवाँ भाग, 1906 ई, 'भारतवर्ष की सब भाषाओं के लिए एक लिपि'–बाबू गोपाल दास (अनुवादक) पृष्ठ 172
28. उपरिवत। पृष्ठ 176
29. (क) 'ए कामन करेक्टर फॉर इंडियन वर्नाक्यूलर्स', पृष्ठ 7
    (ख) नागरीप्रचारिणी पत्रिका : संवत् 2013 (वर्ष 61 अंक 1), 'चयन' शीर्षक स्तम्भ। 'भारतीय भाषाओं के लिए प्रामाणिक लिपि'–लोकमान्य तिलक, पृष्ठ 81–86
30. उपरिवत् पृष्ठ 1–28
31. नागरीप्रचारिणी पत्रिका : दसवाँ भाग, 1906 ई., पृष्ठ 195
32. सरस्वती : जुलाई 1907 ई. (भाग 8 संख्या 7), 'विविध विषय' स्तम्भ 1, पृष्ठ 262
33. देवनागर : मेष्, 5011 कल्यब्द (वत्सर 3 और अंक 1) 'सिंहावलोकन' शीर्षक सम्पादकीय, पृष्ठ 4
34. सरस्वती : 1 दिसम्बर, 1909 ई. (भाग 10 संख्या 12), महाराष्ट्र साहित्य सम्मेलन, पृष्ठ 534
35. उपरिवत्। पृष्ठ 535, कॉलम 2

    विस्तार के लिए देखे :

    (क) देवनागर : सिंह, कन्या, तुला, वृश्चिक 5011 कल्यब्द विक्रम संवत् 1966 (वत्सर 3 अंक 5–8)
    (ख) देवनागर : मकर 5011 कल्यब्द (वत्सर 3 अंक 10), नागरी वर्णमाला–महादेव राजाराम बोडस की वक्तृता, पृष्ठ 195–197

36. देवनागर : कुंभ, मीन 5011 कल्यब्द (वत्सर 3 अंक 11-12), एक लिपि प्रचार, पृष्ठ 208
37. नागरीप्रचारिणी पत्रिका : अप्रैल, 1911 ई. (भाग 15 संख्या 10), 'सूचना और सम्मति' शीर्षक स्तम्भ, पृष्ठ 113 अंक का प्रथम पृष्ठ
38. नागरीप्रचारिणी पत्रिका : जनवरी 1911 ई. (भाग 15 संख्या 7) सम्पादक रामचन्द्र शुक्ल। एक लिपि विस्तार कॉन्फ्रेंस पृष्ठ 81
39. उपरिवत्।
40. देवनागर : कार्तिक 1833 शकाब्द (भाग 1 संख्या 1) (नवपर्याय) 'नवीन व्यवस्था' शीर्षक सम्पादकीय, पृष्ठ 2
41. सरस्वती : फरवरी, 1917 ई. (भाग 18 संख्या 2), 'एक-भाषा और एक-लिपि पर गांधी जी के विचार।' पृष्ठ 104-05, कांग्रेस में हिन्दी, पृष्ठ 105-06
42. हिन्दी नवजीवन : सम्पादक, मोहनदास कमरचन्द गाधी, अहमदाबाद, भाद्रपद सुदी 8, विक्रम संवत्, 1982 तदनुसार 27 अगस्त, गुरुवार 1925 ई. (वर्ष 5 अंक 2)। 'एक लिपि' शीर्षक आलेख-मोहनदास करमचन्द गांधी, पृष्ठ 14
43. उपरिवत्
44. उपरिवत्
45. नागरीप्रचारिणी पत्रिका : वर्ष 44 विक्रम संवत् 1996, (भाग 20 अंक 2), नवीन संस्करण, एक लिपि की आवश्यकता, पृष्ठ 226-227
46. उपरिवत्। पृष्ठ 227
47. पंजाब में हिन्दी भाषा की स्थिति : भीमसेन विद्यालंकार, प्रकाशक पंजाब प्रान्तीय हिन्दी साहित्य सम्मेलन, लाहौर, पृष्ठ 30
48. उपरिवत्
49. स्वतंत्रता रजत जयन्ती सप्ताह समापन स्मारिका-दिल्ली प्रादेशिक हिन्दी साहित्य सम्मेलन, नई दिल्ली, 1973 ई. 'भारतीय एकता के लिए नागरी लिपि' शीर्षक लेख-आचार्य विनोबा भावे, पृष्ठ 9
50. उपरिवत्, पृष्ठ 10
51. नागरी पत्रिका : जनवरी-अप्रैल, 1976 ई. (वर्ष 9 अंक 4-7), नागरी लिपि-सबकी लिपि-विनोबा, पृष्ठ 21-23, काशी नागरीप्रचारिणी सभा, वाराणसी
52. नागरी संगम : जनवरी-अप्रैल, 1978 ई. वर्ष (1 अंक 1-2) नई दिल्ली, देवनागरी विश्वनागरी बने शीर्षक लेख-विनोबा
53. उपरिवत्
54. देवनागरी लिपि : एक संगोष्ठी, प्रकाशक गांधी स्मारक निधि, राजघाट, नई दिल्ली, पृष्ठ 64
55. उपरिवत्। पृष्ठ 14
56. आर्यावत दैनिक : पटना, 16 अप्रैल, सोमवार, 1984 ई. पृष्ठ 1, कॉलम 2 और 3
57. नागरी संगम : विनोबा जन्म शताब्दी विशेषांक, 1995 ई. 'देवनागरी लिपि की लोकप्रियता' शीर्षक लेख-पद्मश्री डॉ. मलिक मोहम्मद, पृष्ठ 143-144
58. उपरिवत्। पृष्ठ 145

भारतीय डाक टिकट और देवनागरी लिपि

भारत में डाक व्यवस्था का प्रचलन सर्वप्रथम लार्ड क्लाइव ने 1766 ई. में किया। किन्तु वह डाक टिकटों का प्रचलन नहीं कर सका था।

6 मई, 1840 ई. को इंग्लैंड में संसार की सर्वप्रथम डाक टिकट और लिफाफे का प्रचलन प्रारम्भ हुआ।

6 मई, वस्तुतः संसार में डाक टिकट का जन्म दिवस है। डाक टिकट व्यवस्था और डाक टिकटों की प्रचुर सफलता से यूरोप के अन्य देश प्रभावित हुए। 1843 ई. में जनेवा (स्वीट्रजरलैंड), ब्राजील और केन्टेन्स ऑफ जूरिस में 1847 ई., अमेरिका, ट्रिनडाड, मॉरिशस आदि में 1849 ई. और इसी प्रकार अन्य देशों में डाक टिकटों की प्रथा का प्रारम्भ हुआ।

1 जुलाई, 1852 ई. को तत्कालीन भारत के सिंध प्रदेश में सर्वप्रथम डाक टिकट का प्रचलन हुआ। इसके पूर्व भारत में डाक टिकट का प्रचलन नहीं हो सका था। सिंध के आयुक्त सर बार्टले फ्रेरे के प्राधिकार से सिंध प्रदेश में डाक टिकटों का प्रचलन हुआ था। उपर्युक्त डाक टिकटें 30 सितम्बर, 1854 ई. तक व्यवहार और प्रचलन में रही। इन डाक टिकटों पर बड़े रोमन अक्षरों में 'सिंध डिस्ट्रिक्ट डाक' शब्द अंकित थे और ई.आई.सी भी। ई. आई. सी. अर्थात् ईस्ट इंडिया कम्पनी। इन डाक टिकटों पर मूल्य भी अंकित थे।

1 जुलाई, 1852 ई. से प्रचलित सिंध प्रदेश की डाक टिकट सम्पूर्ण एशिया की सबसे पहली डाक टिकट थी।

ईस्ट इंडिया कम्पनी एवं विक्टोरिया शासन काल में भारत की राजधानी का गौरव कलकत्ता को प्राप्त था। किन्तु तत्कालीन भारत ही नहीं, सम्पूर्ण एशिया की सर्वप्रथम डाक टिकट का प्रारम्भ वहाँ से नहीं हो सका। यह गौरव तत्कालीन सिंध प्रदेश को प्राप्त हुआ।

भारत में ईस्ट इंडिया कम्पनी शासन के अन्तर्गत डाक टिकटों का प्रचलन अप्रैल 1854 ई. में प्रारम्भ हुआ। इनका लीथो-मुद्रण कलकत्ता में हुआ था। इनमें मात्र रोमन लिपि में 'इंडिया' और मूल्य-वर्ग अंकित रहते थे। किन्तु इनका प्रचलन प्रारम्भ में

सरकारी स्तर पर ही था। जनसाधारण के लिए डाक टिकटों के विक्रय की व्यवस्था, प्रचलन के साढ़े पाँच माह पश्चात् की गई। 5 सितम्बर, 1854 से तत्कालीन बम्बई से डाक टिकटों के विक्रय का प्रारम्भ हुआ। 1 अक्टूबर, 1854 ई. से भारत में प्रत्येक स्थान के लिए डाक टिकटों का व्यवहार शुरू हुआ।

1 नवम्बर, 1858 ई. को भारत में ईस्ट इंडिया शासन का अन्त हुआ और उसी तिथि से महारानी विक्टोरिया (24 मई, 1819 ई.–22 जनवरी 1901 ई.) का प्रत्यक्ष शासनारम्भ हुआ। भारत में विक्टोरिया शासन काल में, 9 मई, 1860 ई. को डाक टिकटों का नवीकरण हुआ। इस तिथि से मुद्रित डाक टिकटों पर रोमन लिपि में 'इंडिया' के स्थान पर 'ईस्ट इंडिया पोस्टेज' और मूल्य (शब्दों में) अंकित किये गए। 28 जून, 1866 ई. से मुद्रित डाक टिकटों पर यह प्रवृत्ति विशेष रूप में देखी जाती है। डाक टिकटों पर देवनागरी लिपि नहीं थी।

इंग्लैंड की राज्य प्राप्ति विक्टोरिया को 28 जून, 1838 ई. को हुई थी और 1 जनवरी, 1877 ई. को वह 'भारत की साम्राज्ञी' की उपाधि से अलंकृत की गई। उक्त उपाधि के पाँच वर्षों के पश्चात् भारतीय डाक टिकटों पर 'इम्प्रेस ऑफ इंडिया' शब्दावली का प्रवेश हुआ। अर्थात् 'इंडिया पोस्टेज' शब्दावली डाक टिकटों पर रोमन लिपि में अंकित हो गई। विक्टोरिया कालीन सभी डाक टिकटों पर महारानी विक्टोरिया का चित्र अंकित रहता था।

1901 ई. में सप्तम एडवर्ड और 1911 ई. से पंचम जार्ज का शासन प्रारम्भ हुआ।

रेवेन्यु टिकट

1906 ई. में भारत में रेवेन्यु टिकटों का प्रचलन हुआ। रेवेन्यु टिकटों पर रोमन लिपि में 'इंडिया पोस्टेज एंड रेवेन्यु' तथा अंकों और शब्दों में मूल्य मुद्रित किये जाते थे। रोमन अंकों अथवा रोमन अंकों और शब्दों, दोनों में डाक टिकटों का मूल्य-निर्देश मुख्यतः 1900 ई. से प्रारम्भ हुआ। इसके पूर्व, मात्र अंग्रेजी शब्दों में ही उन पर मूल्य-निर्देश रहता था। सप्तम एडवर्ड (शासन काल 1901 ई. से 1911 ई.) और पंचम जार्ज (शासनकाल 1911 ई. 1935 ई.) के शासनकाल की भारतीय डाक टिकटों पर रोमन लिपि की प्रविष्टि थी। पंचम जार्ज शासन काल की डाक टिकटों पर रोमन लिपि में 'इंडिया पोस्टेज एंड रेवेन्यु' और टिकट का मूल्य-निर्देश शब्दों में अंकित रहते थे। जैसे 'टू आनाज', 'फोर आनाज', 'नाइन पाइस' आदि। स्वाधीनता के पूर्व तक भारतीय डाक टिकटों की एकमात्र लिपि रोमन ही थी, देवनागरी अथवा फारसी लिपियाँ नहीं।

हवाई डाक टिकट

22 अक्टूबर, 1929 ई. से भारत में एयर स्टाम्प अर्थात् हवाई डाक टिकटों का प्रचलन हुआ। ब्रिटिश साम्राज्य में सर्वप्रथम भारत में ही हवाई डाक टिकटों का प्रचलन हुआ। 'डाक टिकट जन्मकथा' के लेखक शशिनिवास राय चौधरी के अनुसार हवाई डाक टिकटों की सर्वप्रथम प्रचलन तिथि 1 नवम्बर, 1929 ई. है। भारत में 1929 ई. में हवाई डाक टिकटों का प्रारम्भ हुआ, यह निश्चित है। हवाई डाक टिकटों पर रोमन लिपि में 'एयर मेल' और 'इंडिया पोस्टेज' शब्द मुद्रित रहते थे।

नई दिल्ली उद्घाटनोत्सव की स्मारक डाक टिकट

9 फरवरी, 1931 ई. को नई दिल्ली का उद्घाटन हुआ। उक्त अवसर पर 9 फरवरी, 1931 ई. को छह प्रकार की स्मारक डाक टिकटें निर्गत की गईं। नई दिल्ली के उद्घाटनोत्सव पर निर्गत चौथाई आना की डाक टिकटों पर रोमन लिपि में 'इंडिया पोस्टेज पुराना किला', 'इनैगुरेशन ऑफ न्यू दिल्ली 1931' अधन्नी की डाक टिकटों पर 'इंडिया पोस्टेज, वार मेमोरियल आर्क, इनैगुरेशन ऑफ न्यू दिल्ली 1931' एक आना की 'डाक टिकटों पर 'इंडिया पोस्टेज कौंसिल हाऊस', 'इनैगुरेशन ऑफ न्यू दिल्ली 1931' तीन आने की डाक टिकट पर 'इंडिया पोस्टेज, गवर्नमेंट ऑफ इंडिया सेक्रेटरियेट इनैगुरेशन ऑफ न्यू दिल्ली 1931' और एक रुपया की डाक टिकट पर 'इंडिया पोस्टेज डोमिनियन कालम्स एंड दि सेक्रेटेरिएट, इनैगुरेशन ऑफ न्यू दिल्ली 1931' शब्दावलियाँ अंकित थीं। उक्त सभी डाक टिकटों पर उल्लिखित शीर्षकों के चित्र थे। सम्राट पंचम जार्ज का चित्र भी था।

डाक और तार-टिकट

जनसाधारण के लिए तार का प्रचलन भारत में ईस्ट इंडिया शासन काल से प्रारम्भ हुआ। 1806 ई. से विशेष प्रकार की तार टिकटें शुरू की गईं जो 1913 ई. में बन्द कर दी गईं। तार टिकटों की एकमात्र लिपि रोमन लिपि ही थी। इनके स्थान पर साधारण डाक टिकटों का व्यवहार किया जाने लगा जिनकी लिपि रोमन ही थी। 1951 ई. में टेलिग्राफ शताब्दी के अवसर पर दो आने की डाक टिकट जारी की गई थी जिस पर देवनागरी लिपि में 'टेलिग्राफ शताब्दी' और 'आना' शब्द अंकित थे। भारतीय तार विभाग में देवनागरी लिपि का यह प्रथम प्रवेश था। 14 जुलाई 2013 की रात 10 बजे के बाद भारत में 163 साल से चली आ रही टेलीग्राम सेवा सदा के लिए बंद कर दी गई।

शासकीय टिकट

1 अगस्त, 1866 ई. में भारत में आफिसियल स्टाम्प्स अर्थात शासकीय टिकटों का प्रचलन हुआ। किन्तु ब्रिटिश भारत में शासकीय टिकटों में देवनागरी लिपि का प्रवेश संभव नहीं हो सका।

मुद्रादेश

1880 ई. के पूर्व भारतीय डाक विभाग में हुंडी की प्रथा थी। भारत में 1880 ई. से मनीआर्डर और 1884 ई. से टेलिग्राफिक मनीआर्डर का प्रचलन हुआ। ब्रिटिश भारत में मनीआर्डर के मुद्रित प्रपत्र रोमन लिपि और अंग्रेजी भाषा में ही थे।

पोस्टकार्ड

01 जुलाई, मंगलवार 1879 ई. से भारत में पोस्टकार्ड प्रारम्भ हुआ। पोस्टकार्ड में रोमन के बड़े अक्षरों में 'ईस्ट इंडिया पोस्टकार्ड दि ऐड्रेस ओनली टू बि रिट्टेन ऑन दिस साइड' (East India Postcard. The address only to be written on this side.) और मूल्य-निर्देश 'क्वार्टर आना' शब्दावलियाँ अंकित रहती थी। जवाबी पोस्टकार्ड में रोमन के बड़े अक्षरों में 'रिप्लाई' शब्द मुद्रित रहता था। शेष शब्दावलियाँ रोमन लिपि में पूर्ववत् रहती थी। उन दिनों इसका मूल्य मात्र एक पैसा था और आकार आजकल के पोस्टकार्ड से बहुत छोटा था। यह आरम्भ में पोस्टल कार्ड भी कहा जाता था।

स्वतंत्र भारत की डाक टिकटें

15 अगस्त, 1947 ई. को भारत स्वतंत्र हुआ। स्वतंत्रता प्राप्ति के शुभ अवसर पर तीन डाक टिकटें–डेढ़ आने, साढ़े तीन आने और बारह आने की जारी की गईं। उक्त सुअवसर पर निर्गत तीन डाक टिकटों के शीर्ष भाग पर देवनागरी लिपि में 'जय हिन्द' शब्द मुद्रित थे। इंडिया पोस्टेज शब्द उक्त टिकटों में रोमन लिपि में मुद्रित थे। प्रत्येक डाक टिकट पर 15 अगस्त, 1947 तिथि उल्लिखित थी। पहली बार देवनागरी लिपि में 'जय हिन्द' शब्दों की प्रविष्टि डाक टिकटों पर 15 अगस्त, 1947 ई. को हुई।

15 अगस्त, 1948 ई. को महात्मा गांधी डाक टिकट जारी की गई जिसका मूल्य बारह आने था। किसी महापुरुष की पावन स्मृति में निर्गत उक्त डाक टिकट

पर देवनागरी और उर्दू की लिपियों में 'बापू' शब्द अंकित था। रोमन लिपि में 'महात्मा गांधी, 15 अगस्त, 1948 और इंडिया पोस्टेज' शब्द भी मुद्रित थे। 'इंडिया पोस्टेज' शब्द बड़े रोमन अक्षरों में थे। यह भारत सरकार की सबसे पहली डाक टिकट है जिस पर देवनागरी, फारसी और रोमन लिपियों का संयुक्त व्यवहार हुआ। यह स्वतंत्र भारत की तीन लिपियों की पहली डाक टिकट है।

भारत के प्रथम गणतंत्र दिवस के शुभ अवसर पर 26 जनवरी, 1950 ई. को चार प्रकार की विशेष डाक टिकटें जारी की गईं। उक्त डाक टिकटों पर देवनागरी लिपि में 'भारत' शब्द और मूल्य मुद्रित थे। भारत की किसी भी डाक टिकट पर 'भारत' शब्द सबसे पहली बार देवनागरी लिपि में उल्लिखित हुआ। इसके पूर्व किसी भी डाक टिकट पर 'भारत' का नामोल्लेख भी नहीं हुआ था। रोमन लिपि का स्थान इन डाक टिकटों पर भी सुरक्षित रहा।

भारत के स्वातंत्र्योत्तर काल की डाक टिकटों पर बहुत धीरे-धीरे देवनागरी लिपि की प्रविष्टि हुई। आज भी भारतीय डाक टिकटों की एकमात्र लिपि देवनागरी नहीं, यह सहलिपि है, रोमन लिपि की एक समानान्तर लिपि है, मित्र लिपि है। भारतीय डाक टिकटों की एकमात्र लिपि के रूप में देवनागरी लिपि को मान्यता कब मिलेगी?

भारत के देशीय रजवाड़ों की डाक टिकटों में देवनागरी लिपि

प्रस्तुत लेख में स्वतंत्रता–पूर्व भारत के तीस देशीय रजवाड़ों में प्रचलित डाक टिकटों के लिपि–वैविध्य का अध्ययन किया गया है। इन रजवाड़ों की नामानुक्रमणिका को स्वर और व्यंजन के अनुसार क्रमबद्धता प्रदान की गई है।

अलवर

अलवर (राजस्थान) राज्य की ओर से 1877 ई. से लीथो मुद्रण की डाक टिकटों का प्रचलन हुआ। इन डाक टिकटों पर 'राज अलवर' शब्द और डाक टिकट का मूल्य देवनागरी लिपि में थे। सन् 1899–1901 ई. में इनके नागरी मुद्रण में परिपक्वता आई। 1902 ई. के उत्तरार्द्ध में अलवर राज्य की डाक टिकटों का प्रचलन समाप्त हो गया।

ओरछा

वस्तुतः ओरछा राज्य (मध्य प्रदेश) में डाक टिकटों का प्रचलन 1913 ई. में हुआ। इस राज्य की डाक टिकटों पर रोमन और देवनागरी लिपियों की प्रविष्टि थी।

इन्दौर

इन्दौर राज्य (मध्य प्रदेश) में 1886 ई. में होल्कर टीकाजी राव के शासन काल में डाक टिकटों का प्रचलन हुआ। उस काल की होल्कर सरकार की डाक टिकटों पर देवनागरी और रोमन लिपियाँ थीं। होल्कर सरकार द्वारा 1889 ई. में निर्गत आधा आना की डाक टिकट पर मात्र देवनागरी लिपि ही थी, रोमन अथवा अन्य लिपि नहीं। 1886 ई. की आधा आना की होल्कर डाक टिकटों, 1889–92 ई. में होल्कर शिवाजी राव, 1904–09 ई. में तुकाजी राव और 1928–30 ई. में होल्कर यशंवत राव द्वितीय की

डाक टिकटों पर प्रथम स्थान देवनागरी लिपि और द्वितीय रोमन लिपि को प्राप्त हुआ। इन्दौर स्टेट पोस्टेज में देवनागरी लिपि को गौरवपूर्ण उचित स्थान दिया गया।

कोचीन

कोचीन राज्य (केरल) ने 1 अप्रैल, 1892 ई. से डाक टिकटों का प्रचलन किया। यहाँ की डाक टिकटों पर रोमन लिपि के अतिरिक्त कन्नड़ भाषा और उसकी लिपि को भी स्थान मिला। 'आना' के स्थान पर रोमन लिपि में ही 'पुट्टन' मुद्रित किया गया। 1928 ई. से इस राज्य ने शासकीय टिकटों का प्रचलन किया जिनमें लिपियों की स्थिति पूर्ववत् रही। 1949 ई. से इस राज्य की डाक टिकटों का उन्मूलन कर दिया गया। कोचीन राज्य की डाक टिकटों में देवनागरी लिपि को कभी स्थान नहीं मिल सका।

किशनगढ़

किशनगढ़ राज्य (राजस्थान) में डाक टिकटों का प्रचलन 1899 ई. से किया गया। यहाँ की डाक टिकटों में रोमन और देवनागरी लिपियाँ प्रविष्ट थीं किन्तु प्रमुखता रोमन लिपि की थी। मूल्य-निर्देश रोमन और देवनागरी लिपियों में मुद्रित रहते थे। 1904 ई. और 1913 ई. में मुद्रित क्रमशः पाव आना और दो आने की डाक टिकटों का राज्य-नाम किशनगढ़ और मूल्य-निर्देश रोमन लिपि के अतिरिक्त देवनागरी लिपि में भी रहते थे। 1947 ई. तक किशनगढ़ डाक टिकटों का प्रचलन था।

चरखारी

चरखारी राज्य (बुन्देलखंड) ने सन् 1894 ई. से डाक टिकटों का प्रचलन किया। 1905 ई. के पूर्व इस राज्य की डाक टिकटों की एकमात्र लिपि रोमन थी। सन् 1905-07 ई. से इस राज्य की डाक टिकटों पर रोमन लिपि के अतिरिक्त देवनागरी लिपि को भी स्थान मिला। उक्त अवधि से, डाक टिकटों पर 'चरखारी राज्य' शब्द देवनागरी लिपि में भी मुद्रित किये गए। कालान्तर में मूल्य-निर्देश भी इस लिपि में किया गया।

1919 ई. से चरखारी राज्य की ओर से रेवेन्यू टिकट का प्रचलन हुआ जिसमें मूल्य-निर्देश रोमन, फारसी और देवनागरी लिपियों में दिए गए।

23 जून, 1931 ई. को यहाँ से निर्गत इमलिया भवन की चित्रांकित एक आना

की टिकट पर 'चरखारी राज्य' और मूल्य-निर्देश देवनागरी लिपि में मुद्रित किये गए और फारसी लिपि का बहिष्कार किया गया।

जयपुर

जयपुर राज्य की डाक टिकटों का प्रचलन 1904 ई. में प्रारम्भ हुआ। सूर्य रथ के चित्र की डाक टिकटें सवाई जयपुर की विशेषता थी। सवाई जयपुर की डाक टिकटों पर लिपि विषयक समग्र नीति का अभाव रहा है। 1904 ई. में निर्गत डाक टिकटों पर प्रथम स्थान रोमन लिपि और द्वितीय स्थान देवनागरी लिपि को प्रदान किये गए। कुछ डाक टिकटों पर मूल्य-निर्देश फारसी लिपि में भी किया गया। किन्तु पुनः उसी वर्ष और 1911 ई. की डाक टिकटों पर प्रथम स्थान देवनागरी लिपि और द्वितीय स्थान रोमन लिपि को दिए गए और फारसी लिपि बहिष्कृत कर दी गई। आवश्यकता के अनुसार 1926 ई. में तीन आने की डाक टिकट पर आठ आने और एक रुपया की डाक टिकट पर तीन आने की मुहर हिन्दी की लिपि में अंकित की गई और ऐसी डाक टिकटों का व्यवहार भी किया गया।

14 मार्च, 1931 ई. को निर्गत पाव आना, आध आना, दो आने की डाक टिकटों और पाँच रुपये की पोस्टेज रेवेन्यू में मात्र मूल्य निर्देश देवनागरी और फारसी के किये गए और उनमें प्रमुखता रोमन लिपि की थी।

1931 ई. से जयपुर राज्य की सर्विस स्टॉम्प अर्थात् शासकीय टिकटों का प्रचलन हुआ।

1938 ई. में निर्गत सवाई जयपुर की दो आने की डाक टिकटों पर देवनागरी और रोमन लिपियाँ और पौन आना तथा पाव आना की डाक टिकटों पर रोमन, देवनागरी और फारसी लिपियाँ थीं। उक्त अवधि की दो आने की डाक टिकट की लिपि विषयक प्रतिलिपि इस प्रकार है-सवाई जयपुर, जयपुर स्टेट दो आना 'टु आनाज'। उपर्युक्त 'जयपुर स्टेट' और 'टु आनाज' शब्द रोमन लिपि में मुद्रित थे। पाव आना और पौन आना की डाक टिकटों पर 'जयपुर स्टेट पोस्टेज' रोमन लिपि और मूल्य-निर्देश प्रथम, देवनागरी लिपि तथा द्वितीय फारसी लिपि में था।

जयपुर राज्य की डाक टिकटों पर देवनागरी लिपि सहलिपि थी, एकमात्र लिपि नहीं। 1949 ई. तक इस राज्य की डाक टिकटें व्यवहृत-प्रचलित रहीं।

जम्मू कश्मीर

जम्मू और कश्मीर में 1866 ई. से डाक टिकटों का प्रचलन हुआ। 1866 ई. के पूर्व पत्रों पर देवनागरी लिपि में मुहर लगाई जाती थी। कालान्तर में यहाँ की डाक टिकटों में एकमात्र प्रधानता फारसी लिपि की हो गई।

जम्मू और कश्मीर राज्य की डाक टिकटों को हम तीन श्रेणियों में विभक्त कर सकते हैं–(क) जम्मू के लिए डाक टिकटें, (ख) कश्मीर के लिए डाक टिकटें और (ग) जम्मू और कश्मीर के लिए डाक टिकटें।

उपर्युक्त 'क' श्रेणी की डाक टिकटों का मुद्रण 1867 से 1877 ई. तक, 'ख' श्रेणी की डाक टिकटों का मुद्रण 1866–67 ई. और 'ग' श्रेणी की डाक टिकटों का मुद्रण 1878–79 ई., 1883–94 ई. में किया गया।

1 नवम्बर, 1894 ई. से इस रियासत की डाक टिकटों का उन्मूलन कर दिया गया। उपर्युक्त सभी गोलाकर और त्रिभुजाकार अथवा अन्य सभी प्रकार की डाक टिकटों पर फारसी लिपि की ही प्रधानता थी।

झालावाड़

झालावाड़ राज्य (राजस्थान) में डाक टिकटों का प्रचलन 1887 ई. से हुआ। अप्सरा रम्भा के चित्र की डाक टिकट इसकी विशेषता थी। इस राज्य की डाक टिकटों पर प्रथम और द्वितीय स्थान क्रमशः देवनागरी लिपि और फारसी लिपि को दिए गए। रोमन लिपि का प्रवेश निषेध था।

1 नवम्बर 1900 ई. को यहाँ की डाक टिकट प्रथा का अन्तर्लीनीकरण इम्पीरियल पोस्टेज में कर दिया गया।

झींद

हरियाणा के झींद राज्य की डाक टिकटों का प्रचलन 1874 ई. से हुआ। यहाँ की डाक टिकटों पर रोमन 'आर' अक्षर प्रमुख है, जो वहाँ के एक शासक रघुवीर सिंह के हस्ताक्षर का संकेत है। इस राज्य की डाक टिकटों पर रोमन का यह एकमात्र अक्षर है। इन डाक टिकटों पर फारसी लिपि का भी प्राधान्य था और देवनागरी लिपि नहीं थी। जुलाई 1885 ई. से डाक विभाग द्वारा इनका उपयोग नहीं किया गया।

ट्रावनकोर

ट्रावनकोर राज्य की डाक टिकटों की काल–सीमा 1888–1959 ई. है। ट्रावनकोर की शंख उत्कीर्ण डाक टिकटों की लिपि रोमन थी। 1899–1901 ई. में निर्गत वहाँ की डाक टिकटों की शब्दावली रोमन लिपि में इस प्रकार थी–'श्री क्वार्टर चुकरम ट्रावनकोर अंचल स्टॉम्प'।

16 अगस्त, 1911 ई. से जारी ट्रावनकोर सर्विस स्टॉम्प की लिपि, प्रारम्भ से अपने प्रचलन के अन्त तक, रोमन ही थी।

राजा रवि वर्मा के राज्यारोहरण के अवसर पर 6 नवम्बर, 1631 ई. को जारी तीन राज्यारोहण स्मारक डाक टिकटों की एक मात्र लिपि रोमन थी।

दतिया

1893 ई. से दतिया राज्य (बुन्देलखंड) ने डाक टिकटों का प्रचलन किया। 1893 ई. से प्रचलित चार आने की डाक टिकटों पर देवनागरी लिपि में मात्र 'चार आना' शब्द मुद्रित थे, जो व्याकरण की दृष्टि से अशुद्ध है। उस पर गणेशजी का चित्र अंकित था। राज्य का नामोल्लेख उस पर किसी भी लिपि में नहीं था। उस पर किसी अन्य लिपि अथवा किसी अन्य शब्दावली का अभाव था। प्राय: 1897 ई. में दतिया राज्य के तत्वावधान में निर्गत अधन्नी, दुअन्नी आदि की डाक टिकटों पर रोमन के बड़े अक्षरों में 'दतिया स्टेट पोस्टेज' शब्द अंकित किये गए। मूल्य-निर्देश देवनागरी लिपि में, शब्दों में, 'आध आना', 'दो आना' आदि मुद्रित रहता था। गणेशजी का चित्र वहाँ की प्रत्येक डाक टिकट पर अंकित रहता था।

दतिया की सभी डाक टिकटों पर, निर्गत करने के पूर्व, नीले रंग की वृत्ताकार मुहर अंकित कर दी जाती थी। यह दतिया राजा सर भवानी सिंह की मुहर थी जिसके मध्य में गणेशजी का चित्र था और जिसकी चारों ओर देवनागरी लिपि-अभिलेख था।

1920 तक दतिया राज्य की डाक टिकटों का प्रचलन रहा।

धार

धार (मध्य प्रदेश) राज्य की ओर से डाक टिकटों का प्रचलन 1897 ई. से हुआ। धार राज्य की डाक टिकटों में लिपि विषयक दो प्रवृत्तियाँ द्रष्टव्य हैं। एक ओर देवनागरी लिपि डाक टिकटों की एकमात्र लिपि के रूप में प्रतिष्ठित की गई, दूसरी ओर देवनागरी लिपि के अतिरिक्त कुछ टिकटों पर रोमन लिपि को भी स्थान दिया गया। एक पैसा की डाक टिकट का मुद्रित अभिलेख देवनागरी लिपि में इस प्रकार था-'दरबार डाक धार पाव आणा।'।

डाक टिकटों पर प्रामाणिकता के लिए गोलाकार रबर-स्टॉम्प अरबी में अंकित किया जाता था।

31 मार्च, 1901 ई. से धार राज्य की डाक टिकटों का उन्मूलन कर दिया गया।

नवानगर

1877 ई. से नवानगर राज्य ने डाक टिकटों का श्रीगणेश किया। इस राज्य की डाक टिकटों पर एकमात्र लिपि देवनागरी थी। 1880 ई. की डाक टिकटों पर शिरोरेखारहित देवनागरी लिपि में 'सरकार नवानगर पोस्ट स्टॉम्प' और संक्षिप्त मूल्य-निर्देश मुद्रित थे। 1893 ई. में निर्गत यहाँ की नई डाक टिकटों में भी देवनागरी लिपि को समुचित स्थान मिला। 1895 ई. के अन्त में नवानगर राज्य की डाक टिकटों का प्रचलन बन्द हो गया।

पुन्छ

पुन्छ राज्य (जम्मू और कश्मीर) की डाक टिकटों की अवधि 1876-1894 ई. है। 1888 ई. से यहाँ शासकीय टिकटों का प्रचलन हुआ। यहाँ की डाक टिकटों में दो लिपियाँ थीं-देवनागरी और फारसी। इसमें प्रथम गौरवपूर्ण स्थान देवनागरी लिपि को मिला।

फरीदकोट

फरीदकोट (पंजाब) एक सिख राज्य था। इस रियासत की अनेक डाक टिकटों पर फारसी लिपि की ही प्रविष्टि थी। इनका प्रचलन 1879-1889 ई. तक था। अन्य डाक टिकटों पर रोमन लिपि में-'इंडियन पोस्टेज फरीदकोट स्टेट' मुद्रित थे।

फरीदकोट रियासत की डाक टिकटों पर रोमन और फारसी लिपियों को स्थान मिला। इस रियासत की डाक टिकटों पर देवनागरी लिपि का प्रवेश कभी नहीं हो सका। 1 जनवरी, 1887 ई. से फरीदकोट रियासत की डाक टिकटों का उन्मूलन कर दिया गया।

वर्दवान (पश्चिम बंगाल)

वर्दवान राज्य की डाक टिकटों की अवधि 1888-1892 ई. है। राज्य नाम एवं शब्दों में मूल्य-निर्देश रोमन लिपि में थे। सहलिपि के रूप में बंगलिपि को स्थान मिला था। यह भारत का सर्वप्रथम एवं एकमात्र राज्य था जिसकी डाक टिकटों पर बंगलिपि को स्थान मिला।

यह ध्यातव्य है कि नेपाल की डाक टिकटों की एकमात्र लिपि प्रारम्भ से

देवनागरी रही है। किन्तु भारत के अधिसंख्य देशीय रजवाड़ों को यह सौभाग्य अथवा गौरव नहीं प्राप्त हो सका।

बरवानी (मध्य प्रदेश)

बरवानी राज्य की डाक टिकटों का प्रचलन 1921 ई. से शुरू हुआ। इन डाक टिकटों पर देवनागरी और रोमन लिपियों को समुचित स्थान दिया गया। 1948 ई. से इनका प्रचलन बन्द कर दिया गया।

बामोरा (मध्य प्रदेश)

बामोरा रियासत की डाक टिकटों का प्रचलन काल 1888–1894 ई. है। बामोरा की डाक टिकटों पर रोमन लिपि में 'फ्यूडेटरी पोस्टेज बामोरा स्टेट' और मूल्य मुद्रित रहते थे। उड़ीया लिपि में 'बामोरा पोस्टेज' शब्द अंकित रहते थे। बामोरा की डाक टिकटों पर देवनागरी लिपि का प्रवेश नहीं हो सका।

बिजावर (मध्य प्रदेश)

बिजावर राज्य की डाक टिकटों का प्रचलन 1935 ई. से प्रारम्भ हुआ। इसकी डाक टिकटों पर रोमन के बड़े अक्षरों में 'बिजावर स्टेट' मुद्रित रहते थे। मूल्य-निर्देश देवनागरी और फारसी लिपियों में किया जाता था। बिजावर राज्य ने अपनी डाक टिकटों पर रोमन, देवनागरी और फारसी को संयुक्त स्थान प्रदान किया।

बूँदी

बूँदी (राजस्थान) राज्य की ओर से मई, 1894 ई. से डाक टिकटों का प्रचलन हुआ। इस राज्य की डाक टिकटों पर राज्य-नाम (राज बूँदी) और मूल्य (शब्दों में) देवनागरी लिपि में अंकित थे। बूँदी राज्य की आध आना, एक आना, चार आने की डाक टिकटों की एकमात्र लिपि देवनागरी ही थी।

1918 ई. से बूँदी राज्य की सर्विस अर्थात् शासकीय टिकटों का श्रीगणेश हुआ। प्रारम्भ में इस राज्य की शासकीय टिकटों पर 'बूँदी सरविस' शब्द देवनागरी लिपि में ही मुद्रित थे। कालान्तर में यहाँ की शासकीय टिकटों पर रोमन लिपि को देवनागरी लिपि की सहलिपि के रूप में स्थान मिला।

1947 ई. में देवनागरी और रोमन लिपि में 'बूँदी स्टेट' का नाम और मूल्य अंकित हुए। आठ आने की डाक टिकटों पर रोमन लिपि में 'बूँदी स्टेट पोस्टेज' और टिकट की दोनों ओर नागरी में मूल्य 'आठ आना' मुद्रित थे।

डाक टिकटों पर एकमात्र देवनागरी लिपि को सुप्रतिष्ठत करने का श्रेय बूँदी राज्य के राजा सर रघुवीर सिंह को है जिन्होंने मई 1894 ई. से बूंदी की डाक टिकटों का प्रचलन किया।

प्रारम्भ में बूंदी की डाक टिकटों पर एकमात्र देवनागरी लिपि को ही स्थान मिला था, रोमन अथवा किसी अन्य लिपि को नहीं। देवनागरी लिपि बूँदी राज्य की एकमात्र राजलिपि थी।

बुशाहिर

बुशाहिर राज्य ने 20 जून, 1895 ई. से डाक टिकटों का प्रचलन किया। इस राज्य की डाक टिकटों में प्रमुख स्थान रोमन लिपि को मिला। डाक टिकटों का मूल्य-निर्देश फारसी और देवनागरी लिपियों में किया जाता था। इस प्रकार, इस राज्य ने तीन लिपियों की डाक टिकटों का प्रचलन किया। बुशाहिर राज्य की डाक टिकटों में लिपि विषयक नीति का अनुकरण बिजावर राज्य ने 1938 ई. से प्रारम्भ किया।

31 मार्च, 1901 ई. से बुशाहिर की डाक टिकटों का प्रचलन समाप्त कर दिया गया।

भोपाल

मुस्लिम राज्य भोपाल में बेगम शाहजहाँ के शासनकाल (1868 से 1901 ई. तक) में 1879 ई. से डाक टिकटों का प्रचलन हुआ। उक्त डाक टिकटों पर शासिका का नाम 'एच.एच. नवाब शाहजहाँ बेगम' रोमन लिपि में मुद्रित था और फारसी लिपि को द्वितीय राजलिपि के रूप में वहाँ स्थान मिला था। एच.एच. का अर्थ है 'हर हाइनेस'। सन् 1876-77 ई. की भोपाल की डाक टिकटों पर फारसी लिपि का आंशिक प्रवेश था। 1878-79 ई. से अधन्नी की डाक टिकटों पर फारसी लिपि को विशेष स्थान मिला। 1881, 1886, 1889, 1894, 1895 ई. आदि में भोपाल से जारी क्रमशः अधन्नी, चार आने, अधन्नी, अठन्नी और अधन्नी, एक आना और अधन्नी की डाक टिकटों पर रोमन लिपि के पश्चात् फारसी लिपि का प्रवेश सुरक्षित रहा।

1901 ई. से भोपाल में बेगम सुलतान जहाँ ने शासन-भार ग्रहण किया। उनके भोपाल शासन काल की डाक टिकटों पर भी रोमन और फारसी लिपियाँ सुरक्षित रहीं।

1 जुलाई, 1908 ई. से भोपाल रियासत की डाक टिकटों का उन्मूलन कर दिया गया। 1908 ई. से भोपाल रियासत की शासकीय टिकटों का प्रचलन हुआ जिनमें 'रेवन्यू एंड पोस्टेज' अथवा 'पोस्टेज एंड रेवेन्यू, भोपाल स्टेट, भोपाल' शब्दावली रोमन लिपि में मुद्रित रहती थी। इनका मूल्य (अधन्नी या इकन्नी), रोमन और फारसी लिपियों में निर्दिष्ट था। भोपाल रियासत की शासकीय टिकटों का मात्र मूल्य-निर्देश ही फारसी लिपि में था। प्रमुखता रोमन लिपि की थी।

भोपाल रियासत की डाक टिकटों पर देवनागरी लिपि का प्रवेश कभी संभव नहीं हो सका।

भोर

मुंबई के दक्षिण-पूर्व में अवस्थित भोर राज्य में 1879 ई. से डाक टिकटों का प्रचलन हुआ। 1901 ई. के बाद इस राज्य की डाक टिकटें नहीं मिलतीं। भोर राज्य ने अपनी डाक टिकटों पर देवनागरी लिपि को प्रमुख रूप से स्थान प्रदान किया था।

मोरवी

भारत के पश्चिम सीमांत में स्थित मोरवी राज्य ने 01 अप्रैल, 1931 ई. से डाक टिकटों का प्रचलन किया। इस राज्य की डाक टिकटों पर रोमन और शिरोरेखा रहित देवनागरी लिपियाँ थीं। ये टिकटे 1948 ई. तक प्रचलन में थीं।

राजनदगाँव

राजनदगाँव (मध्य प्रदेश) की रियासती डाक टिकटों की अवधि फरवरी 1892-1895 ई. है। मात्र तीन वर्ष चार माह तक ही उपर्युक्त डाक टिकटों का प्रचलन रहा। इस अवधि के पूर्वार्द्ध में, यहाँ की डाक टिकटों में देवनागरी और रोमन लिपियों समानांतर रूप से थीं और उतरार्द्ध में एकमात्र लिपि देवनागरी थी।

राजपीपला

मुंबई के निकट स्थित राजपीपला राज्य की डाक टिकटों का प्रचलन 1880 ई. से हुआ और 1886 ई. से इनका व्यवहार समाप्त कर दिया गया। राजपीपला की डाक टिकटों का जीवन मात्र छह वर्षों का है। वहाँ की डाक टिकटों की एकमात्र लिपि देवनागरी थी।

सौराष्ट्र

सौराष्ट्र राज्य (गुजरात) की डाक टिकटों की काल–सीमा 1864–1949 ई. है। 1877 ई. के पूर्व, सौराष्ट्र की डाक टिकटों की एकमात्र लिपि देवनागरी थी। 1868 ई. में निर्गत एक आना और चार आने की डाक टिकटों पर देवनागरी लिपि में निम्नलिखित शब्द क्रमशः मुद्रित थे–'सौराष्ट्र पोस्ट की. एक आनो' और 'सौराष्ट्र पोस्ट की. चार आना।'

1877 ई. से सौराष्ट्र की डाक टिकटों में देवनागरी लिपि के अतिरिक्त रोमन और फारसी लिपियों को भी प्रवेश प्राप्त हो गया। 1923 ई. से यहाँ की डाक टिकटों में रोमन लिपि को सर्वप्रमुख स्थान प्राप्त हुआ और देवनागरी लिपि की प्रमुखता समाप्त कर दी गई। नासिक में मुद्रित और 1 अक्टूबर, 1929 ई. को निर्गत तीन पैसे, आधा आना, एक आना और दो आने की सौराष्ट्र पोस्टेज की एकमात्र लिपि रोमन थी, देवनागरी नहीं।

सिरमुर

हिमाचल प्रदेश के सिरमूर स्टेट पोस्टेज स्टॉम्प की अवधि 1879 ई.–31 मार्च, 1902 ई. है। प्रारम्भ में इस राज्य की डाक टिकटों पर रोमन और देवनागरी लिपियों की प्रविष्टि हुई। किन्तु डाक टिकटों पर रोमन लिपि को एकमात्र लिपि के रूप में स्थान दिए जाने की परम्परा सिरमूर में 1885 ई. से शुरू हुई जो अपने प्रचलन के अन्त तक अर्थात् 31 मार्च, 1902 ई. तक जीवित रही।

हैदराबाद

हैदराबाद (आन्ध्र प्रदेश) रियासत की ओर से 1869 ई. से डाक टिकटों का प्रचलन हुआ। इस रियासत की डाक टिकटों पर रोमन, देवनागरी और फारसी लिपियों को प्रविष्टि मिली। देवनागरी लिपि में मात्र मूल्य निर्देश मुद्रित था। कालान्तर में इनमें कन्नड़ लिपि को भी प्रवेश मिला। प्रारम्भ में यहाँ की डाक टिकटों में फारसी लिपि का प्राधान्य था। 1927 ई. से रोमन लिपि को प्रमुखता मिली। 1949 ई. के बाद इस रियासत की डाक टिकटों का प्रचलन समाप्त हुआ।

स्वतंत्रता–पूर्व भारत के सभी देशीय रजवाड़ों ने अपनी–अपनी रियासतों में स्वतंत्र डाक टिकटों का प्रचलन नहीं किया था। उदाहरणार्थ बिहार प्रान्त में अनेक बड़े–बड़े रजवाड़े थे। किन्तु वहाँ के किसी रजवाड़े ने डाक टिकटों का प्रचलन नहीं किया।

उल्लिखित तीस रजवाड़ों में पाँच रजवाड़ों की डाक टिकटों की एकमात्र लिपि देवनागरी थी। उक्त रजवाड़े थे–अलवर, इन्दौर, बूँदी, भोर और राजपीपला। जम्मू=कश्मीर और ट्रावनकोर रियासतों की डाक टिकटों की एकमात्र लिपि क्रमशः फारसी और रोमन थी। कुछ रियासतों में देवनागरी लिपि की समानांतर लिपि रोमन थी। कुछ रियासतों की डाक टिकटों पर रोमन, देवनागरी और फारसी लिपियाँ अर्थात् तीन समानांतर लिपियाँ थीं। झालावाड़ में नागरी और फारसी लिपियाँ थीं, किशनगढ़ में रोमन और फारसी लिपियाँ थीं। कोचीन की डाक टिकटों की लिपियाँ रोमन और कन्नड़ थीं। कोचीन भारत का एकमात्र रजवाड़ा था जहाँ दक्षिण भारत की किसी लिपि को डाक टिकटों की लिपि का गौरव मिल सका।

विभिन्न रजवाड़ों की डाक टिकटों की लिपि विषयक कार्य–नीति में अन्तर्विरोध रहा है। उसमें एकरूपता का अभाव रहा है।

यह रेखांकित करने योग्य सत्य है कि नेपाल एक स्वाधीन देश है। वहाँ 1889 ई. से डाक टिकटों का प्रचलन हुआ। वहाँ की डाक टिकटों की एकमात्र लिपि प्रारम्भ से ही देवनागरी रही है। यह भारत के लिए प्रेरणा का विषय है। आज तक स्वतंत्र भारत की डाक टिकटों की एकमात्र लिपि देवनागरी नहीं हो सकी है। यह दुर्भाग्य एवं लज्जा का विषय है। भारत की डाक टिकटों की एकमात्र लिपि देवनागरी कब होगी ? यह राष्ट्रीय स्वाभिमान का प्रश्न है। अब तक यह प्रश्न अनुत्तरित ही है।

हिन्दी और महात्मा गांधी

महात्मा गांधी (2 अक्टूबर, 1869 ई.–30 जनवरी, 1948 ई.) ने सर्वप्रथम 1909 ई. में लिखित अपनी सर्वप्रथम पुस्तक 'हिन्द स्वराज्य' में कहा था–

''सारे हिन्दुस्तान के लिए जो भाषा चाहिए वह तो हिन्दी ही होनी चाहिए। उसे उर्दू या नागरी लिपि में लिखने की छूट रहनी चाहिए। हिन्दु–मुसलमानों के सम्बन्ध ठीक रहें, इसलिए बहुत से हिन्दुस्तानियों का इन दोनों लिपियों को जान लेना जरूरी है। ऐसा होने से हम आपस के व्यवहार में अंग्रेजी को निकाल सकेंगे।''[1]

'हिन्द स्वराज्य' महात्मा गांधी के विचारों की कुंजी है। यह गांधी युग की गीता है। यह गांधी–गीता है। इसमें व्यक्त अपने विचारों का वे आजीवन पल्लवित–पुष्पित करते रहे। इसका मूल लेखन 22 नवम्बर 1909 ई. को पूरा हुआ था।

1917 ई. में आयोजित द्वितीय गुजराती शिक्षा परिषद् के सभापति पद से उन्होंने राष्ट्रीय भाषा के पंचसूत्री लक्षणों का निरूपण करते हुए कहा था कि उत्तर भारत में हिन्दुओं और मुसलमानों द्वारा व्यवहत और देवनागरी अथवा उर्दू लिपि में लिखित भाषा हिन्दी है।[2]

इन्दौर में 1918 ई. में आयोजित अष्टम हिन्दी साहित्य सम्मेलन के सभापति पद से 29 मार्च, 1918 ई. को उन्होंने पुनः हिन्दी को परिभाषित किया–

''हिन्दी भाषा वह भाषा है जिसको उत्तर में हिन्दू व मुसलमान बोलते हैं और जो नागरी अथवा फारसी लिपि में लिखी जाती है। यह हिन्दी एकदम संस्कृतमयी नहीं है न वह एकदम फारसी शब्दों से लदी हुई है।...भाषा वही श्रेष्ठ है जिसको जन–समूह सहज में समझ ले।''[3]

हिन्दी की इस परिभाषा की पुनरावृत्ति वे बार–बार करते रहे। उनके अनुसार, हिन्दी और उर्दू में भाषा का अन्तर नहीं, मात्र लिपि का अन्तर है। हिन्दी और उर्दू दो पृथक् भाषाएँ नहीं, दो लिपियाँ हैं। हिन्दी और उर्दू में भाषा–भेद नहीं, मात्र लिपि–भेद है।

हिन्दी साहित्य सम्मेलन के 24वें अधिवेशन (1935 ई.) में उन्होंने कहा कि, ''मैं आपसे प्रार्थना करता हूँ कि आप हिन्दी को भारत की राष्ट्रभाषा बनाने का गौरव प्रदान करें।''[4]

उन्होंने हिन्दी भाषा के प्रति अपने असीम प्रेम का उल्लेख सम्मेलन के 24वें अधिवेशन के लिखित अध्यक्षीय अभिभाषण के प्रारम्भ में ही किया था। हिन्दी–उर्दू के संघर्ष को उन्होंने कभी प्रश्रय नहीं दिया और 'लिपि की तकरार' से हमें बचने का परामर्श भी बार–बार दिया–"...हम हिन्दी–उर्दू का झगड़ा न उठावें। लिपि की तकरार भी हमको नहीं करनी चाहिए।"[5]

29 मार्च, 1918 ई. को अष्टम हिन्दी साहित्य सम्मेलन के अध्यक्ष पद से उन्होंने घोषणा की थी–

"मेरा नम्र लेकिन दृढ़ अभिप्राय है कि जब तक हम हिन्दी भाषा को राष्ट्रीय और अपनी–अपनी प्रान्तीय भाषाओं को उनका योग्य स्थान नहीं देते, तब तक स्वराज्य की सब बातें निरर्थक हैं।"[6]

1918 ई. में उन्होंने दक्षिण भारतीय जनता से अपील की–"मुझे पूरा विश्वास है कि मद्रासी भाई देश–उन्नति के लिए हिन्दी सीखने को तैयार हो जायेंगे।"[7] इसी वर्ष उन्होंने दक्षिण भारत में हिन्दी प्रचार के लिए अपने सुपुत्र देवदास गांधी को मद्रास भेजा था।

महात्मा गांधी दक्षिण भारत हिन्दी प्रचार सभा के आजीवन अध्यक्ष रहे। वस्तुतः वे इसके संस्थापक ही थे। इस सभा का संचालन 1927 ई. के पूर्व हिन्दी साहित्य सम्मेलन प्रयाग द्वारा किया जाता था। दक्षिण भारत हिन्दी प्रचार सभा की संशोधित नियमावली (1935 ई.) के अनुसार, "भारत की राष्ट्रभाषा हिन्दी का देवनागरी लिपि के द्वारा दक्षिण भारत भर में, प्रधानतः आंध्र, तमिल, केरल तथा कर्नाटक प्रान्तों और वहाँ की रियासतों में प्रचार करना ही सभा का उद्देश्य होगा।"[8]

महात्मा गांधी की दो लिपियों की हिन्दुस्तानी के सिद्धान्त का प्रभाव इस सभा पर नहीं पड़ा।

उन्होंने हिन्दी भाषा को राष्ट्रीय स्थान और अन्य प्रान्तीय भाषाओं को उनका सुयोग्य पदस्थापन के प्रश्न को स्वराज्य की अपेक्षा विशेष श्रेयस्कर एवं महत्त्वपूर्ण घोषित किया। उनके पूर्व किसी भी राष्ट्रीय नेता ने भाषा के प्रश्न को स्वराज्य की अपेक्षा सर्वोच्च प्राथमिकता प्रदान नहीं की थी।

अदालतों में राष्ट्रीय भाषा और प्रान्तीय भाषा के प्रचार की अनिवार्यता भी उन्होंने अधिघोषित की।

21 जनवरी, 1920 ई. के 'यंग इंडिया' में महात्मा गांधी ने कहा कि राष्ट्र का कारबार चलाने के लिए या विचार–विनिमय के लिए हिन्दुस्तानी को छोड़कार दूसरी कोई भाषा शायद ही राष्ट्रीय माध्यम बन सके। (हिन्दुस्तानी यानी हिन्दी और उर्दू के मिलाप से पैदा होने वाली भाषा।)

1920 ई. में उन्होंने पहली बार स्पष्ट रूप से हिन्दुस्तानी को परिभाषित किया।

हिन्दी और उर्दू के सम्मिश्रण से उत्पन्न हिन्दुस्तानी को बाद के वर्षों में उन्होंने अपना भाषिक आदर्श बनाया।

'हिन्दी नवजीवन', 19 अगस्त, 1921 ई., में उन्होंने स्वीकार किया कि "हिन्दुस्तानी को भारतवर्ष की राष्ट्रीय भाषा बनाने का प्रयत्न मैं हमेशा करता आया हूँ। हिन्दुस्तानी के सिवा दूसरी भाषा राष्ट्रभाषा नहीं हो सकती इसमें कुछ भी शक नहीं।"

1924 ई. में उन्होंने स्वराज्य की प्राथमिकताओं में भाषा के प्रश्न को शामिल किया और कहा कि "एक खास मियाद के अन्दर हर प्रान्त की अदालतों और धारासभाओं का कामकाज उसी प्रान्त की भाषा में जारी हो जाना चाहिए। अपील की आखिरी अदालत की ज़बान हिन्दुस्तानी करार दी जाय–लिपि चाहे देवनागरी हो या फारसी। मध्यवर्ती सरकार और बड़ी धारासभाओं की भाषा भी हिन्दुस्तानी ही हो। अन्तर्राष्ट्रीय राज्य-व्यवहार की भाषा अंग्रेजी रहे।"

1925 ई. की कानपुर कांग्रेस में यह प्रस्ताव पारित हुआ कि कांग्रेस, कांग्रेस की महासमिति और कार्यकारिणी समिति के काम काज आमतौर पर हिन्दुस्तानी में चलाए जायें। हिन्दुस्तानी में अभिव्यक्ति से अक्षम वक्तागण के लिए या आवश्यकता के अनुसार अंग्रेजी अथवा किसी प्रान्तीय भाषा का व्यवहार किया जा सकेगा। प्रान्तीय समितियों के कार्य-सम्पादन साधारणतः प्रान्तीय भाषाओं में किये जायेंगे। हिन्दुस्तानी का प्रयोग भी एतदर्थ किया जा सकता है।

हिन्दुस्तानी के उपयोग विषयक उक्त प्रस्ताव को महात्मा गांधी ने लोकमत को बहुत आगे ले जाने वाला घोषित किया।

2 मई, 1942 ई. को महात्मा गांधी के नेतृत्व और मार्गदर्शन में हिन्दुस्तानी प्रचार सभा की स्थापना की गई जिसका सन्देश यह था कि "हिन्दुस्तान की राष्ट्रभाषा अंग्रेजी नहीं, बल्कि हिन्दुस्तानी यानी हिन्दी उर्दू है।"[9]

इस सभा ने हिन्दुस्तानी को पुनर्परिभाषित किया, जो इस प्रकार है–"हिन्दुस्तानी वह भाषा है जिसे उत्तर हिन्दुस्तान के शहरों और गाँवों में हिन्दू-मुसलमान आदि सब लोग बोलते हैं, समझते हैं और आपस के कारबार में बरतते हैं और जिसे नागरी और फारसी दोनों लिखावटों में लिखा-पढ़ा जाता है और जिसके साहित्यिक (अदबी) रूप आज हिन्दी और उर्दू नाम से पहचाने जाते हैं।"[10]

1946 ई. में महात्मा गांधी ने यह स्पष्ट किया था कि "हिन्दुस्तानी भाषा के प्रचार का काम हिन्दी-प्रचार का विरोधी नहीं, बल्कि उसकी पूर्ति करने वाला है।"[11]

महात्मा गांधी हिन्दू-मुस्लिम एकता के लिए आजीवन तपस्या करते रहे। हिन्दुओं और मुसलमानों की एकता के लिए उन्होंने हिन्दी को हिन्दुस्तानी की शक्ल देने के प्रयास किये अर्थात् हिन्दी और उर्दू के सम्मिश्रण से एक नई भाषा हिन्दुस्तानी

को मान्यता दी और हिन्दी अथवा हिंन्दुस्तानी को देवनागरी और फारसी लिपियों में लिखे जाने की समानान्तर व्यवस्था दी। 1947 ई. में भारत स्वतंत्र हुआ और उस वर्ष भी उन्होंने कहा था–

''लेकिन मैं यह कबूल करता हूँ कि हिन्दुस्तानी पर मेरा जोर मुसलमान भाइयों की खातिर है। यहाँ मैं गुजरात के मुसलमानों की बात नहीं करता। वे तो उर्दू जानते ही नहीं। वे बहुत मुश्किल से उर्दू सीखते हैं। उनकी मातृभाषा गुजराती है। लेकिन उत्तर के मुसलमानों की भाषा हिन्दुस्तानी है, उर्दू नहीं। यानी उनकी भाषा आसान उर्दू है। गाँवों के करोड़ों हिन्दू–मुसलमानों का किताबों से बहुत कम लेना–देना होता है। उनकी बोली हिन्दुस्तानी है। इस बोली को मुसलमान उर्दू लिपि में लिखेंगे, और कई हिन्दू नागरी में और कई उर्दू लिपि में लिखेंगे। इसलिए मेरा और आपका यह धर्म है कि हम दोनों लिपियों में लिखें।''[12]

12 अक्टूबर, 1947 ई. के 'हरिजन सेवक' में महात्मा गांधी ने कहा–

'' ...हिन्दुस्तानी को ही राष्ट्रभाषा बनाने में हमारा हित है। वह न तो संस्कृत शब्दों से लदी हुई हिन्दी हो, न फारसी शब्दों से लदी हुई उर्दू, बल्कि इन दोनों जबानों का सुन्दर मेल हो। उसमें अलग–अलग प्रान्तीय भाषाओं और विदेशी भाषा के शब्द भी उनके अर्थ, मिठास या सम्बन्ध की दृष्टि से आज़ादी के साथ शामिल किये जायें, बशर्ते कि वे हमारी राष्ट्रभाषा में पूरी तरह से घुल–मिल सकते हों।...सिर्फ हिन्दी या उर्दू तक अपने को सीमित रखना समझदारी और राष्ट्रीयता के खिलाफ गुनाह करना होगा।''

उत्तर प्रदेश की सरकारी भाषा हिन्दी और लिपि देवनागरी होने के निर्णय पर महात्मा गांधी के दुःख व्यक्त किया था। इस निर्णय की प्रतिक्रिया में उन्होंने कहा कि ''उचित बात यह है कि दोनों लिपियाँ रखी जायें और सारे सरकारी कामों में उनमें से किसी का भी उपयोग करने की मंजूरी दी जाय। इसका नतीजा यह होगा कि लोग भी लाज़िमी तौर पर दोनों लिपियाँ सीखेंगे। तब भाषा अपनी परवाह आप कर लेगी और हिन्दुस्तानी सूबे की भाषा बन जायगी। इन दो लिपियों की जानकारी फिजूल नहीं जायगी। इससे आप और आपकी भाषा की तरक्की होगी।''[13]

भारत–विभाजन महात्मा गांधी की नीति की विफलता का प्रतीक था। किन्तु भारत की स्वतंत्रता के पश्चात् भी उन्होंने दो लिपियों की हिन्दुस्तानी के सम्बन्ध में अपने विचारों में संशोधन नहीं किया और बार–बार कहा कि ''मुझे इसमें जरा भी शक नहीं कि हिन्दुस्तानी सारे हिन्दुस्तानियों के अन्तर्प्रान्तीय व्यवहार के लिए सबसे अच्छी भाषा होगी।...मैं अंग्रेजी की अपनी जगह में उसकी इज्ज़त करता हूँ। लेकिन वह हिन्दुस्तान की राष्ट्रभाषा नहीं बन सकती।''[14]

हिन्दुस्तानी के लिए दो लिपियों की विचार–क्रान्ति वे सदैव करते रहे। इस क्रांति को उन्होंने राष्ट्रीयता और देशप्रेम में जोड़ दिया और कहा कि ''अगर हम दो

लिपियाँ सीखने से जी चुराते हैं, तो हमारी राष्ट्रीयता बिल्कुल दिखावटी और थोथी है। अगर हममें देश प्रेम की भावना है, तो हमें खुशी-खुशी दोनों लिपियाँ सीख लेनी चाहिए।''[15]

9 नवम्बर, 1947 ई. के 'हरिजन सेवक' में 'दोनों लिपियाँ क्यों?' शीर्षक आलेख में महात्मा गांधी ने कहा–

''अगर राष्ट्रभाषा हिन्दुस्तानी है तो उसे दोनों लिपियों में लिखने की छूट होनी चाहिए।

अगर हिन्दी को राष्ट्रभाषा बनना है तो लिपि नागरी ही होगी, अगर उर्दू को बनना है तो लिपि उर्दू ही होगी। अगर हिन्दी-उर्दू के संगम के जरिए हिन्दुस्तानी को राष्ट्रभाषा बनना है तो दोनों लिपियाँ जरूरी हैं।...जब तक उर्दू लिपि का सम्बन्ध मुसलमान से माना जाता है तब तक हमारा फर्ज है कि हम हिन्दुस्तानी के नाम पर और दोनों लिपियों पर कायम रहें।''

अपने आकस्मिक निधन के मात्र छब्बीस दिन पूर्व, 4 जनवरी, 1948 ई. को उन्होंने स्वीकार किया कि ''हिन्दुस्तानी और दो लिपियों के बारे में मेरे विचार पहले जैसे ही हैं।''[16]

11 जनवरी, 1948 ई.को उन्होंने 'हरिजन सेवक' में कहा–

''एक ही लिपि को सब खुशी से अपनावें तो अच्छा ही है। ऐसा होने के लिए भी दो लिपियों का चलना आज जरूरी है।''

अपने निधन के मात्र पाँच दिन पूर्व 25-1-48 ई. को महात्मा गांधी ने हिन्दी भाषा और देवनागरी लिपि विषयक अपना अंतिम वक्तव्य दिया था। उक्त वक्तव्य में उन्होंने नागरी को सबसे आला दरजे की लिपि घोषित करते हुए हिन्दुस्तानी के लिए अपने पक्षपात को स्वीकार किया। महात्मा गांधी ने उक्त वक्तव्य में कहा था–

''हिन्दुस्तानी के बारे में मेरा पक्षपात है सही। मैं मानता हूँ कि नागरी और उर्दू लिपि के बीच अन्त में जीत नागरी लिपि की ही होगी। इसी तरह लिपि का ख्याल छोड़कर भाषा का ही ख्याल करें, तो जीत हिन्दुस्तानी की ही होगी। क्योंकि संस्कृतमयी हिन्दी बिलकुल बनावटी है और हिन्दुस्तानी बिलकुल स्वाभाविक। उसी तरह फारसीमयी उर्दू अस्वाभाविक और बनावटी है।...जीत कभी संस्कृतमयी हिन्दी की होनेवाली नहीं है, न फारसीमयी उर्दू की। जीत तो हिन्दुस्तानी की ही हो सकती है।''[17]

महात्मा गांधी अंग्रेजी के विरोधी नहीं थे किन्तु वह अंग्रेजी को भारत की राष्ट्रभाषा और शिक्षा का माध्यम बनाए जाने के विरोधी थे।[18] उनके अनुसार, रोमन लिपि भारतीय लिपियों की जगह नहीं ले सकती।[19]

1927 ई. में एक सार्वजनिक भाषण में उन्होंने कहा था कि ''मैं हिन्दुस्तान के शिक्षितों से कहता हूँ कि वे हिन्दी को अपनी भाषा बना लें। हम हिन्दी के जरिए ही दूसरी प्रान्तीय भाषाओं से परिचय प्राप्त कर सकते हैं।''[20]

सर्वप्रथम, 1925 ई. में सम्पूर्ण भारत के लिए एक लिपि-राष्ट्रलिपि की अवधारणा को महात्मा गांधी ने वाणी दी। एक-भाषा और एक-लिपि की संयुक्त अवधारणा को अभिव्यक्ति वस्तुत: उन्होंने 1925 ई. में ही दी। संस्कृति की एकता में एक राष्ट्र के सिद्धान्त को चरितार्थ करने के लिए महात्मा गांधी के अनुसार एक भाषा और एक लिपि की अनिवार्यता है। एक लिपि के द्वारा ही एक भाषा का स्वप्न चरितार्थ किया जा सकता है।

महात्मा गांधी के शब्दों में, ''हमें एक-भाषा की भी जरूरत है-देशी भाषाओं की जगह पर नहीं बल्कि उनके अलावा। और आम तौर पर यह बात मान ली गई है कि वह माध्यम हिन्दुस्तानी ही होना चाहिए, जो कि हिन्दी और उर्दू के मिलाप का फल हो। जिसमें न तो भारी-भारी संस्कृत के शब्द हों और न अरबी या फारसी के। अब हमारे रास्ते में सबसे बड़ी बाधा है तो हमारी देशी भाषाओं की अनेक लिपियाँ। यदि हम एक-लिपि को अपना सकें तो हम एक-भाषा सम्बन्धी वर्तमान स्वप्न को सच बनाने के रास्ते की एक भारी रुकावट दूर कर देंगे।''[21]

लिपि-बाहुल्य अनेक प्रकार से बाधक तत्त्व ही है। आर्यभाषाओं की पारस्परिक समानता के बावजूद लिपि-भिन्नता ज्ञान प्राप्ति में बाधक है। अतएव महात्मा गांधी का अभिमत है कि ''सारे हिन्दुस्तान के लिए एक-लिपि का होना एक दूरवर्ती आदर्श है। परन्तु उन सब लोगों के लिए जो कि संस्कृत से उत्पन्न होनेवाली भाषाएँ जिनमें दक्षिण की भाषाएँ भी शामिल हैं, बोलते हैं, एक-लिपि का होना व्यावहारिक आदर्श है, यदि हम सिर्फ अपनी प्रान्तीयता को दूर कर दें।''[22]

यह एक-लिपि, सर्वसामान्य सर्वमान्य लिपि देवनागरी ही है। ''और इस बात के लिए कि देवनागरी ही सर्व-सामान्य लिपि हो, मैं समझता हूँ, किसी प्रत्यक्ष प्रमाण की आवश्यकता न होगी, क्योंकि यही तो एक ऐसी लिपि है जिसे भारत के अधिकांश भाग के लोग जानते हैं। उसका प्रचार ही उसके पक्ष में यह फैसला देता है।''[23]

तात्पर्य यह कि 1909 ई. में लिखित अपनी सर्वप्रथम पुस्तक 'हिन्द स्वराज्य' में महात्मा गांधी ने पारस्परिक व्यवहार में अंग्रेजी के बहिष्कार हेतु सम्पूर्ण भारत के लिए एक मात्र हिन्दी की अनुशंसा की। किन्तु उसे उर्दू अथवा नागरी लिपि में लिखे जाने की छूट उन्होंने दे दी। वे जन-समूह द्वारा सहज बोधगम्य भाषा के सदैव पक्षधर रहे। उनके अनुसार, हिन्दी और उर्दू में भाषा का अन्तर नहीं, मात्र लिपि का भेद है। उन्होंने हिन्दी को भारत की राष्ट्रभाषा पद पर प्रतिष्ठित करने का आह्वान हिन्दी साहित्य सम्मेलन के 1935 ई. के अधिवेशन में अध्यक्ष पद से किया था। उन्होंने

हिन्दी साहित्य सम्मेलन, प्रयाग के आठवें (1918 ई.) और चौबीसवें (1935 ई.) अधिवेशनों का सभापतित्व किया था। उन्होंने हिन्दी भाषा को राष्ट्रीय स्थान और भारत की अन्य प्रान्तीय भाषाओं को उनका योग्य प्राप्य प्रदान किये बिना स्वराज्य को भी निरर्थक घोषित किया था। यह 1918 ई. की बात है। 1920 ई. में उन्होंने पहली बार हिन्दुस्तानी की वकालत की, उसको परिभाषा दी–हिन्दुस्तानी अर्थात् हिन्दी और उर्दू के संगम से उत्पन्न भाषा। तत्पश्चात् उन्होंने हिन्दुस्तानी की वकालत आजीवन की। इसे भारत की राष्ट्रभाषा का दर्जा दिया। इस हिन्दुस्तानी को उर्दू और नागरी लिपियों में लिखे जाने की छूट दी। उनकी इस नीति के मूल में हिन्दू–मुस्लिम एकता का सिद्धान्त था। भारत–विभाजन के पश्चात् भी वे दो लिपियों की हिन्दुस्तानी के पक्षधर रहे।

1925 ई. में उन्होंने पहली बार एक–लिपि के दूरवर्ती आदर्श को अभिव्यक्त किया था। यह एक–लिपि सर्वसामान्य लिपि देवनागरी ही हो सकती है। यह सर्वव्यापिनी है। अपने निधन के मात्र पाँच दिन पूर्व भाषा विषयक अपने अंतिम वक्तव्य में उन्होंने देवनागरी लिपि को सर्वश्रेष्ठ लिपि घोषित करते हुए यह अवधारणा व्यक्त की थी कि नागरी और उर्दू लिपि के बीच अन्त में विजय नागरी लिपि की ही होगी, विजय हिन्दुस्तानी की ही होगी। वस्तुतः महात्मा गांधी की हिन्दी अन्ततः हिन्दुस्तानी के रूप में प्रतिफलित हुई जो सहज बोधगम्य हिन्दी का ही एक रूप है, वस्तुतः हिन्दी ही है।

संदर्भ

1. हिन्द स्वराज्य : गांधी जी, अनुवादक अमृतलाल ठाकोर दास नाणावटी, पृष्ठ 76
2. सच्ची शिक्षा : गांधी जी, हमारी शिक्षा के महत्व के मुद्दे, पृष्ठ 2
3. अष्टम हिन्दी–साहित्य–सम्मेलन इन्दौर कार्य विवरण, पहला भाग (1918 ई.) पृष्ठ 18–19
4. राष्ट्रभाषा हिन्दुस्तानी, गांधी जी, पृष्ठ 10
5. उपरिवत्। पृष्ठ 12
6. अष्टम हिन्दी साहित्य सम्मेलन कार्य विवरण–पहला भाग, 1918 ई., पृष्ठ 21
7. नागरीप्रचारिणी पत्रिका : जनवरी–जून 1918 ई. (भाग 22, संख्या 7–12), पृष्ठ 171
8. दक्षिण भारत के हिन्दी–प्रचार आन्दोलन का समीक्षात्मक इतिहास (संक्षिप्त संस्करण), पृष्ठ 113
9. राष्ट्रभाषा हिन्दुस्तानी, महात्मा गांधी, पृष्ठ 153
10. उपरिवत्, पृष्ठ 152
11. हरिजन सेवक, अहमदाबाद, 14 अप्रैल 1946 ई., पृष्ठ 91
12. हरिजन सेवक, अहमदाबाद, रविवार, 10 अगस्त 1947 ई. (भाग 2, अंक 28), पृ. 228
13. (क) हरिजन सेवक, 26 अक्टूबर, 1947 ई. से उद्धृत।

14. उपरिंवत्।
15. उपरिवत्, पृष्ठ 233
16. हरिजन सेवक, 4 जनवरी, 1948 ई., उर्दू 'हरिजन'।
17. हरिजन सेवक, 25 जनवरी, 1948 ई., 'क्रोध नहीं, मोह नहीं।'
18. उपरिवत्।
19. उपरिवत्। 12 अप्रैल, 1942 ई.। रोमन बनाम देवनागरी लिपि।
20. हिन्दी नवजीवन, 15.12.1927 ई.।
21. हिन्दी नवजीवन, सम्पादक मोहनदास करमचन्द गांधी, अहमदाबाद, भाद्रपद सुदी 8 विक्रम संवत, 1982; गुरुवार, 27 अगस्त 1925 ई. (वर्ष 5, अंक 2), 'एक लिपि' शीर्षक लेख–मोहनदास करमचन्द गांधी।
22. उपरिवत्।
23. उपरिवत्।

उत्तरशती में राष्ट्रलिपि की अवधारणा

पूर्व पीठिका

भारत की सभी भाषाओं के लिए एक लिपि हो और वह लिपि देवनागरी ही हो, यही राष्ट्रलिपि के सिद्धान्त की मूल आत्मा है। इस सिद्धान्त का निरूपण सर्वप्रथम 1882 ई. में भारतेन्दु युग के लब्धप्रतिष्ठ साहित्यकार और पत्रकार पंडित बालकृष्ण भट्ट (आषाढ़ कृष्ण द्वितीया रविवार विक्रम संवत् 1901, प्रयाग, 3 जून, 1844 ई.– श्रावण शुक्ल त्रयोदशी सोमवार विक्रम संवत् 1971 तदनुसार, 14 सितम्बर 1914 ई.) ने किया। मासिक पत्र 'हिन्दी प्रदीप', एक अप्रैल 1882 ई. में 'प्रार्थना' शीर्षक सम्पादकीय अग्रलेख में उन्होंने यह मत व्यक्त किया कि देवनागरी लिपि अर्थात् नागराक्षर सम्पूर्ण भारत के राजकार्य में प्रचलित किये जायें, सभी न्यायालयों एवं दरबारों में फारसी लिपि के स्थान पर देवनागरी लिपि में कार्यवाही हो और इसी लिपि में हिन्दी, उर्दू, मराठी, पंजाबी आदि भाषाओं की पुस्तकों का प्रकाशन हो क्योंकि इस लिपि में प्रत्येक व्यक्ति की बोलचाल के अनुकूल उच्चारण हैं।

पंडित बालकृष्ण भट्ट के शब्दों में, "...यदि...नागराक्षर सम्पूर्ण भारतवर्ष के राजकार्य में प्रचलित किये जायँ तो कैसी अच्छी बात हो...(इसमें) हर एक की बोलचाल के अनुकूल उच्चारण निकलते हैं...लाखों-करोड़ों हम हिन्दुस्तानी प्रजा दिलोजान से चाहती हैं कि सब कचेहरी दरबार में फारसी अक्षरों की जगह नागरी में लिखा-पढ़ी हो और इसी में सब हिन्दी, उर्दू, मराठी, पंजाबी आदि की पुस्तकें छपा करें...।"[1]

राष्ट्रलिपि के सर्वप्रथम स्वप्नद्रष्टा पण्डित बालकृष्ण भट्ट ही थे, इसमें सन्देह नहीं।

तत्पश्चात् भारतीय आर्यभाषाओं के देवनागरी लिप्यंतरण की अनुशंसा सर गुरुदास बनर्जी (26 जनवरी, 1844 ई.-2 दिसम्बर सोमवार, 1918 ई.), हिन्दी साप्ताहिक पत्र 'भारत जीवन' के सम्पादक रामकृष्ण वर्मा (1859 ई.-1906 ई.), पंडित केशव वामन पेढे, बालमुकुन्द गुप्त (1865 ई.-18 सितम्बर 1907 ई.), श्यामसुन्दर दास (14 जुलाई, 1875 ई.-8 अगस्त, 1945 ई.), आचार्य महावीर प्रसाद द्विवेदी (1864 ई.-1938 ई.) आदि ने की। कलकत्ता उच्च न्यायालय के

न्यायाधीश न्यायमूर्ति शारदाचरण मित्र (1848 ई.–1917 ई.) ने 22 दिसम्बर, 1904 ई. को कलकत्ता विश्वविद्यालय इंस्टीट्यूट में 'ए यूनिफार्म अल्फावेट एंड स्क्रिप्ट फॉर इंडिया' शीर्षक अंग्रेजी आलेख का पाठ किया। यह आलेख डॉ. सच्चिदानन्द सिन्हा द्वारा सम्पादित और इलाहाबाद से प्रकाशित अंग्रेजी मासिक पत्र 'दि हिन्दुस्तान रिव्यू एंड कायस्थ समाचार', जनवरी 1905 ई. (न्यू सिरीज, जिल्द 11, सम्पूर्ण संख्या 65) और संयुक्तांक अप्रैल–जून 1905 ई. (न्यू सिरीज, जिल्द 11, सम्पूर्ण संख्या 68–70) में प्रकाशित हुआ। न्यायमूर्ति शारदाचरण मित्र के विचारों का सारांश, बाबू बालमुकुन्द गुप्त के शब्दों में इस प्रकार कहा जा सकता है कि 'देवनागरी हरूफ, ही सबसे आला हैं और यही कुल हिन्द में बतौर एक रस्मुलख़त के जारी होने चाहिए।''[2] न्यायमूर्ति शारदाचरण मित्र के अनुसार, इस प्रक्रिया से विभिन्न भारतीय भाषाओं के पारस्परिक नैकट्य में अभिवृद्धि होगी। भारत के लिए यह गर्व का विषय होगा कि सभी भारतीय भाषाएँ एक समान लिपि का व्यवहार करें और एक प्रान्त का साहित्य अन्य प्रान्तों के लिए सहज, सुगम और सुबोध हो। इस देश की सभी भाषाएँ एक ही प्रकार की लिपि में लिखी जायें। यह लिपि संस्कृत की वर्णमाला पर आधारित होनी चाहिए अर्थात् देवनागरी लिपि में सभी प्रादेशिक भाषाएँ लिखी जानी चाहिए।

उन्होंने स्पष्ट रूप से कहा कि ''हिमालय से कुमारी अन्तरीप तक के निवासियों, विशेष कर हिन्दुओं की एकता (समीकरण) के लिए एक भाषा और एक अक्षर का होना आवश्यक है।''[3] उन्होंने निर्णय दिया कि ''भारतवर्ष के लिए देवनागरी साधारण लिपि हो सकती है और हिन्दी भाषा ही सर्वसाधारण की भाषा होने के उपयुक्त है।''[4] क्योंकि, उनके मतानुसार, 'हिन्दी की उन्नति और प्रचार का यथार्थ अर्थ भारत की जातीय उन्नति है।'[5] इसके अतिरिक्त, उन्होंने देवनागरी लिपि के अन्तर्राष्ट्रीयकरण के प्रयास किये। उनके इस कार्य की प्रासंगिकता, उपादेयता और सार्थकता सदैव रहेगी।

अगस्त 1905 ई. में कलकत्ता में एक लिपि विस्तार परिषद् की स्थापना की गयी। 'सर्वत्र, विशेषकर भारतवर्ष में सब भाषाओं के लिए संस्कृताक्षर (देवनागरी) का व्यवहार चलाना तथा बढ़ाना ही इस परिषद् का मुख्य उद्देश्य' था।[6] इसके प्रथम प्रधान मंत्री न्यायमूर्ति शारदाचरण मित्र थे। इसके सभासदों में विश्वकवि रवीन्द्रनाथ ठाकुर, सर गुरुदास बनर्जी, महाराजा सर रमेश्वर सिंह (दरभंगा), महाराजा प्रतापनारायण सिंह (अयोध्या), पंडित श्रीधर पाठक, पण्डित बालकृष्ण भट्ट, रामानन्द चटर्जी (सम्पादक प्रवासी, इलाहाबाद) आदि थे।

'ए कॉमन करेक्टर फॉर इंडियन वर्नाक्यूलर्स', अर्थात् भारत की आर्यभाषाओं के लिए एक सार्वजनीन लिपि के निर्धारण हेतु 29 दिसम्बर शुक्रवार, 1905 ई. को काशी में नागरीप्रचारिणी सभा के तत्त्वावधान में बँगला भाषा के प्रख्यात

उपन्यासकार रमेशचन्द्र दत्त, आई.सी.एस. (सेवानिवृत्त), सी.आई.ई. (13 अगस्त, 1848 ई.–30 नवम्बर मंगलवार 1909 ई.) के सभापतित्व में एक विशेष सभा का आयोजन किया गया था जिसमें लोकमान्य बाल गंगाधर तिलक (23 जुलाई, 1856 ई.–1 अगस्त,1920 ई.) भी उपस्थित थे। उक्त अवसर पर लोकमान्य तिलक ने कहा कि भारत की सम्पूर्ण आर्यभाषाओं के लिए एक सार्वजनीन लिपि देवनागरी ही हो सकती है। भारत के लिए यही मानक लिपि है।

एक लिपि विस्तार परिषद्, कलकत्ता के तत्त्वावधान में कलकत्ता से ही यशोदानन्द अखौरी के सम्पादन में सचित्र मासिक पत्र 'देवनागर' का प्रकाशन मई 1907 ई. से किया गया। इसमें विभिन्न भाषाओं की रचनाएँ देवनागरी लिपि में प्रकाशित की जाती थीं। यह पत्र अनेक वर्षों तक चला।

1910 ई. में रेवरेंड जे. नोल्स ने 'आवर ड्यूटी टु इंडिया एंड इंडियन इलीट्रेट्स, रोमनिक लेटर्स फॉर इंडियन लैंग्वेजेज' नामक अपनी पुस्तक में भारतीय भाषाओं के रोमन लिप्यंतरण का प्रस्ताव किया। इस प्रस्ताव का व्यापक विरोध हुआ और कार्यान्वयन भी नही किया जा सका।

अंग्रेजी मासिक पत्र 'इंडियन रिव्यू', मार्च 1910 ई. में जस्टिस शारदाचरण मित्र ने कहा कि भारतवर्ष ही नहीं, यदि समस्त भूमंडल की कोई एक ही लिपि हो सकती है तो वह देवनागरी ही है। अन्य लिपियों की अपेक्षा उसे ही सारे देश की एक लिपि होने का अधिकार है।

भारत से अंग्रेजी भाषा के निष्कासन और हिन्दू-मुस्लिम एकता के लिए महात्मा गांधी (2 अक्टूबर, 1869 ई.–30 जनवरी, 1948 ई.) ने राष्ट्रभाषा हिन्दी के लिए देवनागरी और उर्दू की लिपियों का संयुक्त समर्थन किया। 1909 ई. में लिखित 'हिन्द स्वराज्य' नामक अपनी पुस्तक में उन्होंने कहा–

''सारे हिन्दुस्तान के लिए जो भाषा चाहिए, वह तो हिन्दी ही होनी चाहिए। उसे उर्दू या नागरी लिपि में लिखने की छूट रहनी चाहिए। हिन्दू-मुसलमानों के सम्बन्ध ठीक रहें, इसलिए बहुत-से हिन्दुस्तानियों का इन दोनों लिपियों को जान लेना जरूरी है। ऐसा होने से हम आपस के व्यवहार से अंग्रेजी को निकाल सकेंगे।''[7]

'हिन्द स्वराज्य' महात्मा गांधी के विचारों की कुंजी है।

1925 ई. में महात्मा गांधी ने पहली बार, सम्पूर्ण भारत के लिए एक राष्ट्रीय लिपि के आदर्श का प्रतिपादन किया। उन्होंने कहा–

''सारे हिन्दुस्तान के लिए एक लिपि का होना एक दूरवर्ती आदर्श है। परन्तु उन सब लोगों के लिए जो कि संस्कृत से उत्पन्न होने वाली भाषाएँ जिनमें दक्षिण की भाषाएँ भी शामिल हैं, बोलते हैं, एक लिपि का होना व्यावहारिक आदर्श है, यदि हम सिर्फ अपनी प्रान्तीयता को दूर कर दें।''[8]

उन्होंने पुनः कहा, "और इस बात के लिए कि देवनागरी ही सर्व-सामान्य लिपि हो, मैं समझता हूँ, किसी प्रत्यक्ष प्रमाण की आवश्यकता न होगी, क्योंकि यही तो एक ऐसी लिपि है जिसे भारत के अधिकांश भाग के लोग जानते हैं। उसका प्रचार ही उसके पक्ष में यह फैसला देता है।"[9]

1927 ई. में भी महात्मा गांधी ने कहा–"सचमुच मेरा यह दृढ़ विश्वास है कि भारत की तमाम भाषाओं के लिए एक ही लिपि होना फायदेमंद है, और वह लिपि देवनागरी ही हो सकती है।"[10]

पंडित जवाहरलाल नेहरू 14 नवम्बर, 1889 ई.–27 मई, 1964 ई.) ने 1937 ई. में 'दि क्वोश्चन ऑफ लैंग्वेज' (THE QUESTION OF LANGUAGE) नामक पच्चीस पृष्ठों की एक पुस्तिका अंग्रेजी में लिखी थी जिसकी भूमिका 3 अगस्त 1937 ई. को महात्मा गांधी ने लिखी थी। भूमिका में महात्मा गांधी ने नेहरू जी के भाषा और लिपि विषयक विचारों का पूर्ण समर्थन किया था। नेहरू जी के मतानुसार, देवनागरी, बंगाली, गुजराती और मराठी लिपियों का एकीकरण कर एक संश्लिष्ट लिपि का निर्माण किया जाय–यह संश्लिष्ट देवनागरी लिपि होगी। सिंधी लिपि का अन्तर्लीनीकरण उर्दू की लिपि में किया जाय। दक्षिण भारत की भाषाओं के लिए एक सामान्य लिपि हो। आगे चलकर हमें दो लिपियाँ रखनी चाहिए–देवनागरी–बँगला–मराठी– गुजराती के लिए एक और दूसरी उर्दू और आवश्यक हो तो एक दक्षिणी लिपि भी, बशर्तें कि वह देवनागरी से मिलती-जुलती न बनाई जा सके। इनमें से एक भी लिपि को दबाने का प्रयत्न नहीं होना चाहिए।[11]

हिन्दी भाषा और देवनागरी लिपि हेतु संघर्ष करनेवालों में पंडित चन्द्रबली पांडेय (बैशाख शुक्ल 9 विक्रम संवत् 1961, सन् 1904 ई.–24 जनवरी 1958 ई.) का नाम आदरपूर्वक लिया जा सकता है। उन्होंने इस प्रबुद्ध विषय पर अनेक पुस्तकें लिखीं और जनवरी 1941 ई. से अनेक वर्षों तक काशी से 'हिन्दी' नामक मासिक पत्र का अवैतनिक सम्पादन किया था। उन्होंने हिन्दी भाषा और देवनागरी लिपि के लिए अपना सम्पूर्ण जीवन ही समर्पित कर दिया था।

अखिल भारतीय हिन्दी प्रगतिशील लेखक सम्मेलन के प्रथम अधिवेशन में प्रयाग में सितम्बर 1947 ई. में अध्यक्ष पद से महापंडित राहुल सांकृत्यायन (9 अप्रैल, 1893 ई.–16 अप्रैल, 1963 ई.) ने कहा कि "हम संघ की एक लिपि और भाषा ही अपना सकते हैं जो कि अल्पतम समय में साध्य हो। हिन्दी (नागरी) एकमात्र ऐसी लिपि है, इसमें किसी को विवाद नहीं हो सकता। अरबी लिपि, जिसमें कि उर्दू लिखी जाती है, अपने बाहरी दोषों के कारण मुस्लिम मध्य एशिया और तुर्की से हटायी गई। जिसको शुद्धतापूर्वक लिखने के लिए उत्तरी भारत के स्कूलों की आठ साल की शिक्षा भी पर्याप्त नही है, उस लिपि को संघ की अनिवार्य लिपि बनाना हठधर्मी के सिवा

कुछ नहीं। व्यवहार में वह चल नहीं सकती। संगीनों के बल पर उसे पैंतीस करोड़ जनता को पढ़ाया नहीं जा सकता है।'[12] अतएव, राहुल जी का कथन है कि "...सारे संघ की राष्ट्रभाषा और राष्ट्रलिपि हिन्दी ही होनी चाहिए। उर्दू भाषा और लिपि के लिए वहाँ कोई स्थान नहीं है।"[13]

स्वातंत्र्यवीर सावरकर ने 1947 ई. में कहा –"मैंने सार्वजनिक जीवन-काल के प्रारम्भ से 'हिन्दी' को राष्ट्रभाषा और 'देवनागरी' को राष्ट्रलिपि माना है और इंगलैंड, अंदमान में भी उसका प्रचार किया है। भारतवर्ष की सरकार को चाहिए कि 'हिन्दी' भाषा को राष्ट्रभाषा-पद दे और 'नागरी' को राष्ट्रलिपि का पद दे।"[14]

प्रख्यात गांधीवादी विचारक किशोरलाल घनश्याम मशरूवाला (5 नवम्बर, 1890 ई.-9 सितम्बर मंगलवार 1952 ई.) ने 'जड़मूल से क्रांति' (रचनाकाल 9 अगस्त, 1947 ई.-30 जनवरी, 1948 ई.) नामक पुस्तक में भारत की लिपि-समस्या के निराकरण हेतु देश की जनता को एक पंचसूत्री कार्यक्रम दिया जो उनके ही मूल शब्दों में इस प्रकार है–

"1. रोमन लिपि का ऐसा स्वरूप निश्चित किया जाय कि वह प्रान्तों की विविध भाषाओं के उच्चारों को सम्पूर्ण रूप में और स्पष्ट रूप में प्रस्तुत कर सके, इसे निश्चित की हुई रोमन लिपि कहा जाय।
2. सबके लिए दो लिपियों का ज्ञान आवश्यक हो : प्रान्तीय लिपि का और निश्चित की हुई रोमन लिपि का।
3. किसी भी रूप में हिन्दुस्तानी को मातृभाषा की तरह बोलनेवाले की दो लिपियाँ होंगी : देवनागरी और उर्दू। यानी मातृभाषा की तरह हिन्दुस्तानी सीखनेवाले के लिए देवनागरी तथा रोमन लिपि का अथवा उर्दू तथा रोमन लिपि का ज्ञान आवश्यक हो।
4. हिन्दुस्तानी को राष्ट्रभाषा की तरह सीखनेवाले उसे अपनी प्रान्तीय लिपि में तथा रोमन लिपि में सीखें और उन दो में से किसी एक का अपनी सुविधा के अनुसार उपयोग करें। प्रान्तीय सरकार उन दोनों लिपियों को मान्य रखे। प्रान्त की भाषा के सम्बन्ध में भी यही नियम रहे।
5. केन्द्रीय सरकार के कामकाज में उपयोग की जानवाली हिन्दुस्तानी में प्रजा निश्चित की हुई रोमन, देवनागरी तथा उर्दू में से किसी भी लिपि का उपयोग करे। प्रजा की जानकारी के लिए प्रकाशित की जानेवाली विज्ञप्तियों वगैरा में रोमन लिपि तथा जिस प्रान्त के लिए वह प्रकाशित हो वहाँ की लिपि दोनों का उपयोग किया जाय।

इस व्यवस्था से देश की हरएक भाषा के लिए कम-से-कम एक सामान्य लिपि- और वह भी जगद्व्यापी लिपि-प्राप्त हो सकेगी; राज्य के आंतरिक व्यवहारों में तथा

साहित्य में प्रान्तीय लिपियाँ भी रह सकेंगी और कोई भी भाषा सीखने का रास्ता आसान हो जायेगा।''[15]

संविधान सभा में 5 नवम्बर, 1948 ई. को सेठ गोविंददास (1896 ई.–18 जून, 1974 ई.)ने कहा था कि हिन्दी हमारी राष्ट्रभाषा और देवनागरी हमारी राष्ट्रलिपि होनी चाहिए।[16] उक्त सभा में 12 सितम्बर 1949 ई. को भी उन्होंने अपने उपर्युक्त मत का प्रतिपादन अत्यन्त तार्किक ढंग से किया था।

भारतीय संविधान निर्माण–काल में देशरत्न डॉ. राजेन्द्रप्रसाद (3 दिसम्बर, 1884 ई.–28 फरवरी, 1963 ई.) ने राष्ट्रभाषा और उसकी लिपि के सम्बन्ध में कतिपय उपयोगी सुझाव दिए थे। वे संविधान सभा के सभापति थे। उन्होंने सम्पूर्ण भारत के लिए देवनागरी लिपि को ही मान्यता दी।

डॉ. राजेन्द्र प्रसाद के शब्दों में, ''सारे भारत के लिए देवनागरी लिपि ही स्वीकृत होनी चाहिए। हाँ, जिन स्थानों पर काफी समय से उर्दू प्रचलित है, वहाँ यदि लोग चाहें तो उन्हें अर्जी वगैरा उर्दू में देने की छूट होनी चाहिए। किन्तु यह स्पष्ट रूप से समझ लेना चाहिए कि सरकार उसे किसी भी कार्य के लिए अपनाने को बाध्य नहीं होगी। जनता की पर्याप्त संख्या की सुविधा के लिहाज से किसी कार्य–विशेष के लिए यदि कहीं प्रान्तीय अथवा रियासती सरकार जरूरी समझे, तो उसका प्रयोग कर सकती है। लिपि के विषय में यह हल सबको स्वीकार होना चाहिए''[17]

डॉ. राजेन्द्रप्रसाद के मतानुसार अखिल भारतीय कार्यों के लिए देवनागरी लिपि की स्वीकृति के बावजूद कुछ समय के लिए सुविधा की दृष्टि से, यदि लोग चाहें, उर्दू लिपि का व्यवहार करने की छूट दी जानी चाहिए।[18]

राजर्षि पुरुषोत्तमदास टंडन (1 अगस्त, 1882 ई.–1 जुलाई, 1962 ई.) ने राष्ट्रभाषा हिन्दी के प्रश्न पर भारतीय संविधान परिषद् में सितम्बर 1949 ई. में कहा था कि ''तात्पर्य यह कि सर्वांगपूर्ण देवनागरी लिपि में जो अनादि से चली आ रही है, हमें हिन्दी को राजकीय भाषा बनाना उचित है।''[19]

इस प्रकार, उत्तरशती के पूर्व, राष्ट्रलिपि की अवधारणा की गंगा विभिन्न कालखंडों में प्रवाहित होती रही। बहुसंख्यक अहिन्दीभाषी एवं हिन्दीभाषी विद्वानों, चिन्तकों और साहित्यकारों ने देवनागरी लिपि को ही मुख्य रूप से राष्ट्रलिपि की मान्यता प्रदान की।

काका कालेलकर

स्वराज्य–प्राप्ति के पूर्व, स्वतंत्रता–संग्राम के कालखंड में, हिन्दी–प्रचार और देवनागरी लिपि के प्रचार में अधिक–से–अधिक कार्य किसी ने यदि किया तो वह काका साहेब

कालेलकर (01 दिसम्बर 1885 ई.–21 अगस्त 1981 ई.) ही थे। महात्मा गांधी द्वारा प्रतिपादित दो लिपियों की हिन्दुस्तानी के प्रचार-प्रसार में उनका योगदान अत्यन्त महत्त्वपूर्ण था। 1950 ई. से उनकी देवनागरी लिपि विषयक मान्यताओं में बदलाव आया और उन्होंने इस लिपि को व्यापक परिवेश दिया। उन्होंने अनेक भारतेतर भाषाओं के देवनागरी लिप्यंतरण का प्रस्ताव किया और कहा कि "अब भी अगर हम लोग अपने ही हिन्दी लोगों के हित के लिए अफ्रीकी भाषा का साहित्य गुजराती या नागरी लिपि में छाप दें तो बहुत-कुछ लाभ होगा।"[20]

चीनी भाषा के लिए ध्वनिबोधक लिपि का अभाव है। यूरोप के मिशनरी लोगों ने चीनी भाषा के रोमन लिप्यंतरण की चेष्टा की थी। इस सन्दर्भ में काका साहेब कालेलकर ने 1950 ई में ही कहा था कि "आज अगर हम लोग चीन में जाकर वहाँ की भाषा सीख लें और उनका प्रधान साहित्य नागरी में लिख डालें तो हमारे लोगों को बड़ा ही लाभ होगा। अगर एशिया की सब भाषाएँ हम नागरी में ला देंगे तो उनका तुलनात्मक अध्ययन भी हो सकेगा जिसके लिए मेहनत करने वाले लोग चाहिए। खर्च करने के लिए धन चाहिए। अगर हमारा काम और लोगों को प्रिय हुआ तो हमारी लिपि भी व्यापक हो जायगी।"[21]

चीनी भाषा के साहित्य के नागरी लिप्यंतरण और चीनी ध्वनि आरोह-अवरोह के साथ व्यक्त करने के लिए देवनागरी लिपि में आवश्यक चिह्नों की वृद्धि आवश्यक है।[22] काका साहेब कालेलकर देवनागरी लिपि को एशिया की लिपि में परिवर्तित करने के अभिलाषी थे।[23]

डॉ. सम्पूर्णानन्द

11 मार्च, 1951 ई् को बिहार के तत्कालीन राज्यपाल श्रीमाधव श्रीहरि अणे की अध्यक्षता में उद्घाटित[24] बिहार राष्ट्रभाषा परिषद्, पटना के पंचम वार्षिकोत्सव 1955 ई. के सभापति पद से प्रदत्त अपने अभिभाषण में डॉ. सम्पूर्णानन्द (01 जनवरी 1890 ई.–10 जनवरी 1969 ई.) ने नागरी लिपि-सुधार की चर्चा करते हुए यह आशा व्यक्त की थी कि देवनागरी लिपि का व्यवहार हिन्दी के अतिरिक्त बँगला, गुजराती, तमिल, तेलुगू और मलयालम आदि लिखने में भी होगा।[25]

राष्ट्रपति डॉ. राजेन्द्रप्रसाद

भारत के प्रथम राष्ट्रपति डॉ. राजेन्द्रप्रसाद ने 'देवनागर' के पुनर्प्रकाशन पर 19-3-1953 ई. को आशीर्वाद प्रदान करते हुए सत्य कहा–

"लिपि की एकता विभिन्न भाषाओं के प्रचार की साधिका है और भाषा का ज्ञान राष्ट्र एवं संस्कृति की एकसूत्रता का सूचक और पोषक है।"[26]

यह ध्यातव्य है कि दिल्ली की संसदीय हिन्दी परिषद् संसद सदस्यों द्वारा स्थापित एक साहित्यिक संस्था है जिसका उद्देश्य विशेष रूप से हिन्दीतर भाषाभाषी सांसदों में हिन्दी का प्रचार करना है। राष्ट्रपति डॉ. राजेन्द्रप्रसाद ने कहा था कि "न्यायमूर्ति शारदाचरण मित्र के 'देवनागर' पत्र के आदर्श पर संसदीय हिन्दी परिषद् की ओर से किसी पत्रिका का प्रकाशन किया जाय जिसमें विभिन्न भारतीय भाषाओं की प्रतिनिधि रचनाएँ देवनागरी में लिपिबद्ध की जायँ।"[27] उनकी अनुमति-सहमति से त्रैमासिक 'देवनागर' पत्र का पुनर्प्रकाशन 1953 ई. में किया गया था, जो दीर्घजीवी नहीं हो सका। भारत की विभिन्न भाषाओं के साहित्य का देवनागरी लिप्यंतरण और इस प्रकार एक संश्लिष्ट भारतीय साहित्य के विकास में योगदान इस पत्र का उद्देश्य था।[28]

डॉ. राजेन्द्रप्रसाद के मतानुसार, यदि भारत की समस्त प्रादेशिक भाषाओं के लिए समान लिपि का प्रयोग किया जाय तो बड़ा अच्छा हो। समान लिपि के प्रयोग से भाषा की समस्याओं के सुलझाने के साथ-साथ निरक्षरता दूर करने में बड़ी मदद मिलेगी।[29]

जय भारती

महाराष्ट्र राष्ट्रभाषा प्रचार समिति, पुणे के मुखपत्र 'जय भारती' के सम्पादक पं. मु. डांगरे ने अपने सम्पादकीय अग्रलेख में फरवरी 1957 ई. में एक लिपि के सिद्धान्त को व्यक्त किया। पं. मु. डांगरे ने कहा-

"एक भाषा के प्रचार ने भारत के भिन्न-भिन्न प्रदेश एकसूत्रता में पिरोये अवश्य हैं; फिर भी वे अब तक एक हृदय नहीं हो पाये हैं। उसका एकमात्र उपाय एक लिपि है। एक लिपि के प्रचार से साक्षरता तो बढ़ेगी ही, साहित्यिक अध्ययन-अध्यापन, आदान-प्रदान से मूलगत सांस्कृतिक एकता भी सुस्थापित होगी। लिपियों के आवरणों तथा अभिनिवेशों से जो आतंक-आशंका सता रही है वह दूर हो जायगी।

लिपि-विभिन्नता के हटते ही उत्तर-दक्षिण के बीच का विन्ध्य सुलंघ्य हो जायगा, नर्मदा सुपार, सेतु-युत हो जायगी।"[39]

अखिल भारतीय राष्ट्रभाषा प्रचार सम्मेलन, भोपाल

19 और 20 जुलाई 1958 ई. को भोपाल में आयोजित अखिल भारतीय राष्ट्रभाषा प्रचार सम्मेलन के अष्टम अधिवेशन के पंचम प्रस्ताव में भारतीय भाषाओं के

विद्वानों और पत्रकारों से निवेदन किया गया था कि पारस्परिक आदान-प्रदान और सम्पर्क वृद्धि की दृष्टि से अपनी-अपनी लिपियों के साथ नागरी लिपि में भी साहित्य तैयार कराएँ तथा अपनी-अपनी भाषाओं में नागरी लिपि का प्रयोग पत्र-पत्रिकाओं में भी करें। यह अधिवेशन केन्द्रीय सरकार के तत्कालीन शिक्षा मंत्री डॉ. कालूलाल श्रीमाली की अध्यक्षता में हुआ था जिसका उद्घाटन राष्ट्रपति डॉ. राजेन्द्रप्रसाद ने किया था।[31]

सेठ गोविन्द दास

सेठ गोविन्द दास एक प्रमुख गांधीवादी साहित्यकार थे और हिन्दी के एक प्रमुख नेता भी। 16 मार्च 1927 ई. से ही उन्होंने हिन्दी भाषा के प्रश्न को प्रत्येक उचित अवसर पर उठाया और आजीवन हिन्दी भाषा और उसकी लिपि देवनागरी के लिए संघर्ष करते रहे। यह ध्यातव्य है कि 16 मार्च 1927 ई. को उन्होंने कौंसिल ऑफ स्टेट में हिन्दी भाषा का प्रश्न उठाया था। इसके पूर्व, केन्द्रीय व्यवस्थापिका सभा अथवा प्रान्तीय विधान सभाओं में हिन्दी भाषा के प्रश्न पर विचार नहीं किया गया था।

लोकसभा में शिक्षा मंत्रालय के अनुदानों पर चर्चा के क्रम में 25 मार्च 1960 ई. को उन्होंने भारत सरकार को यह सुझाव दिया कि नागरी लिपि में अहिन्दी भाषा का साहित्य मुद्रित किया जाय और उपर्युक्त कार्य के लिए एक करोड़ रुपये प्रतिवर्ष की स्वीकृति प्रदान की जाय।[32]

पुनः उन्होंने लोकसभा में 'समस्त प्रादेशिक भाषाओं के नागरी लिप्यंतरण' के प्रस्ताव पर 17 मार्च 1961 ई. को देवनागरी लिपि को राष्ट्रलिपि बनाए जाने की माँग की और कहा कि "देश के एकीकरण के लिए एक लिपि की आवश्यकता है। यदि हमारी सभी भाषाएँ एक ही लिपि में लिखी जायँ, तो उन सब भाषाओं के साहित्य को हम अच्छी तरह से समझ सकेंगे।"[33]

उन्होंने देवनागरी लिपि को समस्त भाषाओं के लिए प्रयुक्त किये जाने का हार्दिक समर्थन किया।

17 मार्च, 1961 ई. को सेठ गोविन्द दास ने उद्घोषणा की कि "जिस प्रकार अंग्रेजी राज्य इस देश में अस्वाभाविक था, उसी प्रकार रोमन लिपि भी इस देश में अस्वाभाविक है और वह इतने पुराने और इतने सुसंस्कृत देश में कभी भी स्वीकृत नहीं हो सकती। वर्तमान परिस्थितियों को देखते हुए देश में अगर एकता लानी है, एक-दूसरे के साथ सम्पर्क बढ़ाना है और देश की हर भाषा के साहित्य को समझना है, तो हमकी एक लिपि की आवश्यकता है और वह लिपि देवनागरी ही हो सकती है। उसी के साथ दूसरी जो लिपियाँ हैं, उनमें भी हमारी श्रद्धा है, भक्ति है, और

उनको भी हमें उसी आदर की दृष्टि से देखना है, जिस आदर की दृष्टि से हम देवनागरी लिपि को देखते हैं।'[34]

बीसवीं शताब्दी के छठे दशक में बंगाल और तमिलनाडु में देवनागरी लिपि का विरोध हुआ था। यह विरोध मात्र क्षुद्र राजनीतिक कारणों से था। दक्षिण भारत के चार राज्यों में से तीन राज्यों में यह विरोध नहीं था। यह सत्य है कि राजा राममोहन राय, केशवचन्द्र सेन, बंकिमचन्द्र चटर्जी, सुभाषचन्द्र बोस आदि बंगाल के मनीषियों ने देवनागरी लिपि का हार्दिक समर्थन किया था।[35]

मुख्यमंत्रियों के सम्मेलन का प्रस्ताव, 1961 ई.

10 अगस्त से 12 अगस्त 1961 ई. तक दिल्ली में आयोजित मुख्यमंत्रियों के सम्मेलन में यह प्रस्ताव सर्वानुमति से पारित किया गया–

"भारत की सब भाषाओं के लिए एक लिपि का होना वांछनीय है। यह सब भाषाओं में मेल–जोल बढ़ाने के लिए कड़ी बन सकेगी। यह देश की एकात्मकता को मजबूत करने में भी सहायक सिद्ध होगी। भारत के आज के भाषा–विषयक वातावरण में एकमात्र देवनागरी लिपि ही यह स्थान ग्रहण कर सकती है। इस लिपि को तत्काल मान्यता प्रदान करने में बाधाएँ आ सकती हैं, पर भविष्य में इस बात की ओर ध्यान देना चाहिए और इसके लिए एक योजना बनानी चाहिए।" (द्रष्टव्य : देवनागरी लिपि-एक संगोष्ठी, पृष्ठ 95–96)।

विनोबा भावे

सर्वप्रथम, 1949 ई. में, भारतीय स्वतत्रंता की प्राप्ति एवं महात्मा गांधी के निधन के पश्चात्, सन्त विनोबा (11 सितम्बर 1895 ई.–12 नवम्बर 1982 ई. दीपावली) ने देवनागरी लिपि को राष्ट्रलिपि बनाए जाने का प्रस्ताव किया। उनके अनुसार, राष्ट्रलिपि में सब भाषाएँ और सब लिपियों में राष्ट्रभाषा लिखी जाय। नागरी लिपि में न केवल देशभाषा ही लिखी जाय बल्कि प्रान्तीय भाषाएँ भी लिखी जायें। किन्तु इसका तात्पर्य प्रान्तीय लिपियों का निषेध नहीं है। प्रान्तीय भाषाएँ अपनी–अपनी लिपियों में भी लिखी जायें। किन्तु नागरी लिपि में अगर सारी प्रान्तीय भाषाएँ लिखी जायेंगी तो नए सीखनेवाले को सरलता होगी। तेलुगु, मलयालम, बंगला, कन्नड़ आदि पूर्ण लिपियों में हमारी देशभाषा भी लिखी जाय।[36] विनोबा जी के अनुसार, राष्ट्रभाषा की ओर विशेष ध्यान देने का अर्थ यह नहीं है कि प्रान्तीय भाषाएँ अथवा लिपियाँ गौण समझी जायें। उनकी भी अपनी–अपनी विशेषताएँ हैं। अत: उनका भी अभ्यास चलता रहे। इससे सबका गुण सबको मिलेगा और देश आगे बढ़ेगा।[37]

अपने जीवन के उत्तरार्द्ध में विनोबा जी ने 'भारतीय एकता के लिए नागरी लिपि' की अनिवार्यता महसूस की।

उन्होंने सातवें दशक में राष्ट्रलिपि के प्रश्न को अत्यन्त व्यापक और संघबद्ध ढंग से उठाया। उन्होंने कहा–

"नागरी लिपि अगर हिन्दुस्तान की सब भाषाओं के लिए चले तो हम लोग बिल्कुल नजदीक आ जायँगे। खास करके दक्षिण की भाषाओं को नागरी लिपि का लाभ होगा। वहाँ की चार भाषाएँ अत्यन्त नजदीक हैं। उनमें संस्कृत शब्दों के अलावा उनके अपने जो प्रान्तीय शब्द हैं, तेलुगु, कन्नड़ और मलंयालम के, उनमें बहुत–से शब्द समान हैं। वे शब्द नागरी लिपि में अगर आ जाते हैं तो दक्षिण की चारों भाषाएँ 15 दिन में सीख सकते हैं। इतना आसान हो जायगा इसके बाद भिन्न–भिन्न लिपि सीखने में हर एक की अपनी–अपनी परिस्थिति आड़े आती है।"[38]

इस प्रसंग में विनोबा जी का कथन है, 'दूसरी लिपियाँ चलें, उनका मैं विरोध नहीं करता। मैं तो चाहता हूँ वे भी चलें और नागरी भी चले। 'नागरी' ही चले, यह मैं नहीं कहता। मैं 'भी' वादी हूँ। वह 'भी' चले और नागरी लिपि 'भी' चले।[39]

उन्होंने बार–बार यह घोषणा की कि "नागरी लिपि सब भाषाओं में चले इसका मतलब दूसरी लिपियों का निषेध नहीं है, दोनों लिपियाँ चलेंगी।[40]

प्रथम विश्व हिन्दी सम्मेलन, जनवरी 1975 ई. के तत्त्वावधान में प्रकाशित स्मारिका 'विश्व हिन्दी दर्शन' में प्रकाशित 'देवनागरी विश्वनागरी बने' शीर्षक लेख में उन्होंने कहा कि "हिन्दुस्तान की एकता के लिए हिन्दी भाषा जितना काम देगी, उससे बहुत ज्यादा काम देवनागरी लिपि देगी। इसलिए मैं चाहता हूँ कि हिन्दुस्तान की समस्त भाषाएँ देवनागरी लिपि में लिखी जायँ।"[41]

आचार्य विनोबा भावे ने इस मत की पुनरावृत्ति अनेक अवसरों पर की।[42]

विनोबा जी का कथन है कि जिन कारणों से 'सबकी बोली' के तौर पर हिन्दी को मान्यता दी गई है, उन्हीं कारणों से नागरी को सबकी लिपि के तौर पर मान्यता मिलनी चाहिए। हिन्दुस्तान की अन्य भाषाएँ भी देवनागरी लिपि में लिखी जायँ, ऐसा निर्णय होने पर दूसरी भाषाओं के लिए आज जो लिपियाँ चल रही हैं, उनका निषेध नहीं होगा, वे लिपियाँ भी चलेंगी और नागरी 'भी' चलेगी।[43]

नागरी लिपि में सुधार की आवश्यकता महसूस करने के बावजूद उनका कथन है कि "स्वीकार के पश्चात् ही सुधार व्यावहारिक रूप से उचित एवं तर्कसंगत होगा।" नागरी लिपि में सुधार की चर्चा के क्रम में उनका कथन है कि "कुछ सुधार तो करने ही पड़ेंगे। किन्तु प्रथम सुधार नहीं। प्रथम स्वीकार। स्वीकार के बाद सुधार।[44]

उन्होंने विश्व रोमन की परिकल्पना की जिसमें एक उच्चारण के लिए एक वर्ण होगा और एक वर्ण के लिए एक उच्चारण होगा।

उनका कथन है कि अंग्रेजी भाषा सीखने की इच्छा रखनेवाले विद्यार्थी प्रथम नागरी लिपि में उत्तम अंग्रेजी सीख लें।

विनोबा जी के अनुसार, ''मेरा तो मानना है कि अगर भारत की सभी प्रान्तीय भाषाएँ देवनागरी लिपि को भी स्वीकार कर लें तो आगे चलकर चीन, जापान जैसे देश भी उसे स्वीकार कर लेंगे। मैं जानता हूँ कि देवनागरी लिपि जावा, सुमात्रा आदि दक्षिण-पूर्व एशिया की सभी भाषाओं के लिए अपनायी जा सकती है। यह सब-का-सब नागरी का क्षेत्र है।...यदि चीन और जापान देवनागरी लिपि को अपना लेते हैं तो इसमें इनका ही भला है। पर यह आगे की बात है। लेकिन कम-से-कम भारत का क्षेत्र नागरी में आये।''[45]

विनोबाजी की प्रेरणा से गुजराती, बंगला, कन्नड़, तेलुगु, पंजाबी, उड़िया की सर्वोदय पत्रिकाएँ नागरी लिपि में भी प्रकाशित होने लगी थीं। विनोबा कृत 'गीता प्रवचन' के जो अनुवाद विभिन्न भाषाओं में हुए, उन्हें सर्वसेवा संघ ने देवनागरी लिपि में प्रकाशित किया। भारत की भाषाओं में पारस्परिक साम्य है जिसका अनुभव एक लिपि-देवनागरी लिपि के माध्यम से सहज ही प्राप्त किया जा सकता है।

विनोबा जी के शब्दों में, ''भिन्न-भिन्न लिपियाँ भारत में चलती हैं। उन सबकी अपनी-अपनी खूबियाँ हैं। मैं सबसे कहता हूँ कि आपकी भाषा नागरी में भी लिखी जाय तो सारे भारत के शिक्षितों को जोड़ने में मदद मिलेगी।...अगर हम लोगों में भारत के प्रति प्रेम है तो नागरी में दूसरी लिपियों का साहित्य लाने का प्रयत्न करना चाहिए।''[46]

किन्तु देवनागरी लिपि दक्षिण भारतवासियों के लिए अरुचिकर होगी, यह गलत कल्पना है। कुछ लोग देवनागरी को हिन्दी लिपि के रूप में विज्ञापित करते हैं। यह भ्रांति है। उसे हिन्दी लिपि कहने से भ्रम होता है। यह अनेक भाषाओं की लिपि है-संस्कृत, मराठी, अर्द्धमागधी, पाली आदि। उत्तर भारत की भाषाएँ आंशिक अन्तर के साथ देवनागरी लिपि में ही लिखी जाती हैं। अतएव इसे हिन्दी लिपि कहना अनुचित है। विनोबा जी के अनुसार, ''देवनागरी सारे भारत को जोड़नेवाली लिपि है।''[47]

विनोबा जी का कथन है कि नागरी लिपि अन्य भाषा सीखने के लिए आवश्यक है, अपनी भाषा सीखने के लिए नहीं।

लिपि के सम्बन्ध में विनोबा जी का कथन है-'मैं' 'भी' वादी हूँ, 'ही' वादी नहीं। देवनागरी ही चले नहीं कहता हूँ, देवनागरी भी चले कहता हूँ।

उनका पंचविध उद्देश्य लिपि के सम्बन्ध में इस प्रकार है-

''मेरा प्रथम उद्देश्य है कि दक्षिण की चार भाषाएँ बिल्कुल नजदीक आ

जायँ।...एक-दूसरे का साहित्य एक-दूसरे पढ़ें। इससे पन्द्रह दिन के अन्दर-अन्दर पूरी एकता उनकी हो जायगी।

2. सारा उत्तर भारत एक हो जाय। नाहक अलग-अलग लिपि न चलाएँ।

3. दक्षिण और उत्तर भारत एक हो जायँ।

4. भारत और एशिया एक हो जायँ।

5. भारत और विश्व एक हो जायँ। यह पाँचवाँ कार्यक्रम तब शुरू होगा, जब विश्व की एकता लाने की बात होगी, वहाँ मैं नागरी के साथ रोमन-ऐसा मान सकता हूँ वह होगी विश्व रोमन।''[48]

इसीलिए विनोबा जी का मंत्र है कि देवनागरी विश्वनागरी बने।''[49]

उन्होंने बार-बार इस उद्देश्य की पुनरावृत्ति की कि ''यह आखिरी बात बिल्कुल याद रखी जाय। नंबर एक, दक्षिण भारत एक; नंबर दो, उत्तर भारत एक; नंबर तीन, दक्षिण और उत्तर भारत दोनों एक; नंबर चार, भारत और एशिया एक; और नंबर पाँच, भारत और विश्व एक; इसमें विश्वरोमन और नागरी दोनों।''[50]

उनके अनुसार, यदि सम्पूर्ण भारत में देवनागरी मान्य हो जाय तो वह सर्वनागरी बनेगी।[51]

14-2-1974 ई. को पवनार (वर्धा) में आयोजित देवनागरी लिपि की संगोष्ठी के समापन पर वैदिक आशीर्वचन प्रदान करने के क्रम में उन्होंने कहा था-''आप लोगों को यदि एक-दूसरे की भाषा सीखनी है और सीखनी तो होगी ही क्योंकि इतना बड़ा देश है, इतना बड़ा साहित्य है और इकट्ठा रहना है, हमको, इस वास्ते सीखना पड़ेगा, उसके लिए देवनागरी लिपि काम आये।''[52]

काका कालेलकर

पवनार (वर्धा) में आयोजित देवनागरी लिपि संगोष्ठी में 23 फरवरी 1974 ई. को काका साहेब कालेलकर (01 दिसम्बर 1885 ई.-21 अगस्त 1981 ई.) ने कहा कि ''हम चाहते हैं कि सारे भारत में एक लिपि रहे। हम नहीं कहते कि एक ही लिपि रहे। सब लिपियाँ भले ही रहें। साथ में यह नागरी लिपि भी चले। फिर लोग आगे जाकर कहेंगे कि हमारे लिए एक नागरी लिपि बस है। लेकिन आज हम सबको इसे ही चलाने को नहीं कहेंगे। किसी को हम दुखी नहीं करेंगे। लेकिन वे सब स्वयं मिलकर कहेंगे कि नागरी लिपि सब जानते हैं इसलिए दूसरी लिपि लेकर हम क्या करें?''[53]

उन्होंने विनोबा जी के लिपि विषयक सिद्धान्तों का समर्थन किया और कहा कि ''आपको भारत की ही नहीं, एशिया की भी सब भाषाएँ सीखनी चाहिए और सीखकर उन भाषाओं के लिए नागरी कैसे अनुकूल है यह उन्हें बताना चाहिए।''[54]

नन्दकुमार अवस्थी

लखनऊ के पद्मश्री नन्दकुमार अवस्थी (बैशाख कृष्ण 5 वि.सं. 1964 तदनुसार 02 मई 1907 ई.–27 अक्टूबर 1988 ई.) 1947 ई. से ही भारतीय भाषाओं के सत्साहित्य को नागरी लिपि में लिप्यंतरित करने की दिशा में प्रयत्नशील रहे। उन्होंने 1969 ई. में लखनऊ में एतदर्थ भुवन वाणी ट्रस्ट की स्थापना की। उनके अनुसार, ''लिप्यंतरण केवल अपनी लिपि में लिख देना मात्र ही नहीं है। दूसरी भाषाओं के स्वर-व्यंजन जो अपनी लिपि में अनुपलब्ध हैं, उनका प्रतिनिधित्व करते हुए लिप्यंतरण की उपयोगिता है।''[55]

अवस्थी जी ने अनुभव किया कि भारतीय स्वतंत्रता के पश्चात् न्यायमूर्ति शारदाचरण मित्र के देवनागरी लिप्यंतरण का सिद्धान्त आवश्यकता बन गया था।[56] इसीलिए उन्होंने और उनके द्वारा संस्थापित भुवनवाणी न्यास ने इस दिशा में यथोचित कार्य किये।

भुवन वाणी ट्रस्ट को उन्होंने विश्वभाषा हेतु संस्थान के रूप में विकसित करने के प्रयत्न किये जिसका सिद्धान्त वाक्य है–

भाषा–सुमन पल्लवित उपजा, भारत में तरु एक अनूप।
देवनागरी–अक्षयवट का देखो कैसा भव्य स्वरूप॥
विश्व वाङ्मय से निःसृत अगणित भाषायी धारा।
पहन नागरी–पट सबने अब भूतल भ्रमण विचारा॥

उन्होंने भुवन वाणी ट्रस्ट, लखनऊ द्वारा बँगला कृत्तिवास रामायण, तेलुगु पोतन्न महाभागवतम्, तेलुगु श्री गोल्ल रामायण, कन्नड़ रामचन्द्र चरित पुराणम्, कन्नड़ तोखे रामायण, तमिल शिल्प पदिहारम्, तमिल भारदियार कविदैहल (सुब्रह्मण्य भारती), तमिल कम्ब रामायण, ओड़िया विचित्र रामायण, ओड़िया विलंका रामायण, गुजराती गिरधर रामायण, असमिया माधव कंदली रामायण, संस्कृत श्रीमद्वाल्मीकीय रामायणम्, संस्कृत अदभुत रामायण, मराठी हरिविजय, मराठी श्रीरामविजय, सुखमनी साहिब, चन्दा झा कृत मैथिली रामायण आदि श्रीगुरु ग्रन्थ साहिब, यूनानी बाइबिल (नया विधान), श्री दशम ग्रन्थ साहिब, जपुजी, नेपाली भानुभक्त रामायण, कुर्आन शरीफ आदि के हिन्दी अनुवाद सहित नागरी लिप्यंतरण प्रकाशित किये। एक सफल लिप्यंतरणकार के रूप में उन्होंने अपने को प्रतिष्ठापित किया। विभिन्न अति प्राचीन अहिन्दी धर्मग्रन्थों और रामायणों के सानुवाद सटिप्पण देवनागरी लिप्यंतरण की सांस्कृतिक महत्ता राष्ट्रीय समग्रता की दृष्टि से विलक्षण है। संसार की सम्पूर्ण भाषाएँ उनके अनुसार देवनागरी रूपी अक्षयवट के पल्लव हैं।

नागरी लिपि परिषद्, नई दिल्ली

भारत की समस्त भाषाओं की अपनी-अपनी लिपियों के साथ अतिरिक्त सहलिपि के रूप में देवनागरी का प्रचलन राष्ट्र की भावनात्मक एकता और अन्ततः मानव जाति के सांस्कृतिक नैकट्य का सुदृढ़ साधन हो सकता है। इस भावना से विनोबा भावे के निर्देशानुसार गांधी स्मारक निधि के प्रयास से सन् 1975 ई. में राजघाट, नई दिल्ली में नागरी लिपि परिषद् की स्थापना हुई। इस परिषद् का उद्घाटन 17 अगस्त, 1975 ई को नई दिल्ली में भारत के तत्कालीन उपराष्ट्रपति श्री ब.दा. जत्ती ने किया। नागरी लिपि परिषद् के पूर्व अध्यक्ष डॉ. मलिक मोहम्मद के अनुसार, ''नागरी को जोड़-लिपि के रूप में पूरे देश में प्रचारित-प्रसारित करने की दिशा में परिषद् क्रियाशील रही है।''[57]

नागरी लिपि परिषद् की ओर से 'नागरी संगम' नामक त्रैमासिक पत्रिका का प्रकाशनारम्भ डॉ. मलिक मोहम्मद के सम्पादन में जनवरी-अप्रैल 1978 ई. में राजघाट, नई दिल्ली से किया गया। 'नागरी संगम' के तत्कालीन सम्पादक डॉ. मलिक मोहम्मद के शब्दों में 'भाषायी और सांस्कृतिक एकता मजबूत करने की दृष्टि से सभी भारतीय और साथ-साथ एशियायी भाषाओं के लिए एक अतिरिक्त लिपि के रूप में नागरी का उपयोग वांछनीय है। नागरी के माध्यम से भारतीय भाषाएँ एक-दूसरे के निकट आ सकेंगी और भावात्मक और सामाजिक एकता की भावना सुदृढ़ हो सकेगी। इसी उद्देश्य से नागरी लिपि परिषद् कई महत्त्वपूर्ण योजनाओं को कार्यान्वित कर रही है।''[58]

नागरी लिपि परिषद् के पूर्व कर्णधार श्रीमन्नारायण के शब्दों में, ''परिषद् का लक्ष्य है, राष्ट्रीय एकता के उद्देश्य से समस्त भारतीय भाषाओं की सहलिपि के रूप में नागरी लिपि को स्वीकार कराने का प्रयत्न करना और विश्व की सभी भाषाओं, विशेषकर एशियायी भाषाओं की लिपि के रूप में नागरी को स्वीकार्य बनाने का प्रयास करना।''[59]

नागरी लिपि परिषद् द्वारा आयोजित अखिल भारत नागरी लिपि सम्मेलन पवनार (वर्धा) में दिनांक 21, 22 फरवरी 1976 ई. को विनोबा जी के मार्गदर्शन और श्रीमन्नारायण की अध्यक्षता में संपन्न हुआ। इस सम्मेलन में जिन मुख्य विषयों पर आम सहमति हुई, वे इस प्रकार हैं-संस्कृत की लिपि देवनागरी का स्वीकार, हर भाषा में नागरी लिपि में पत्रिका, हर भाषा का श्रेष्ठ साहित्य नागरी लिपि में, भारतीय भाषाओं को सीखने में नागरी का उपयोग, नई भाषाओं और बोलियों के लिए देवनागरी लिपि, अविरोधी भावना से प्रसार, विदेशी भाषाओं के सीखने का माध्यम नागरी, विश्वनागरी, बहुलिपि भाषाओं में नागरी का महत्त्व, परभाषी को नागरी की

सुविधा, समाचार–पत्रों में नागरी का उपयोग, टेलीप्रिंटर में नागरी का उपयोग, प्रदेश सहयोगी मंडल की स्थापना और नागरी निधि।[60]

दिल्ली में 16–17 अप्रैल 1977 ई. को भारत के तत्कालीन प्रधान मंत्री मोरारजी देसाई की अध्यक्षता में कार्यवाहक राष्ट्रपति ब. दा. जत्ती द्वारा उद्‌घाटित द्वितीय अखिल भारत नागरी लिपि सम्मेलन ने अपने दो दिनों के गहन विचार–विमर्श के उपरान्त आचार्य विनोबा भावे के सान्निध्य में फरवरी 1976 में प्रायोजित सम्मेलन की मूल भावना को पुनर्घोषित करते हुए निवेदन किया कि ''विभिन्न भाषाओं के बीच निकटता का सम्बन्ध स्थापित करने में देवनागरी लिपि एक महत्त्वपूर्ण भूमिका अदा कर सकती है और राष्ट्रीय एकता की दृष्टि से देश में नागरी को एक अतिरिक्त लिपि के रूप में सभी भाषाएँ प्रेमपूर्वक स्वीकार करें, यह वांछनीय है। इसमें परम्परागत लिपियों को हटाने की बात नहीं है, उनका संरक्षण और संवर्द्धन होने के साथ नागरी भी चले, यह भावना है।[61]

16 अप्रैल 1978 ई. को नई दिल्ली में आयोजित तृतीय अखिल भारत नागरी सम्मेलन, 27–29 मई 1979 ई. को बंगलुरू में आयोजित नागरी लिपि सम्मेलन में देवनागरी को भारत की राष्ट्रलिपि के रूप में प्रतिष्ठित करने हेतु अनेक संकल्प व्यापक रूप से लिए गए।[62]

डॉ. मलिक मोहम्मद

नागरी लिपि परिषद्, 19 गांधी स्मारक निधि, राजघाट, नई दिल्ली के पूर्व अध्यक्ष एवं पूर्व अध्यक्ष स्नातकोत्तर हिन्दी विभाग, कालीकट विश्वविद्यालय, कालीकट (केरल) डॉ. मलिक मोहम्मद का यह कथन उचित एवं सार्थक है कि ''संस्कृत भाषा की भी लिपि होने के कारण देवनागरी लिपि इस देश की विशाल सांस्कृतिक परम्परा को भी साथ में लिए हुए है।'' उनका यह स्पष्ट मत है कि ''भारत की किसी एक लिपि को व्यापक प्रयोग के लिए चुनना है तो वह नागरी लिपि ही हो सकती है। हिन्दी की लिपि होने के कारण ही नहीं, बल्कि भारत की कुछ अन्य भाषाओं की लिपि होने के साथ–साथ स्वाभाविक सुविधा और व्यावहारिकता की दृष्टि से भी देवनागरी लिपि की अधिक लोकप्रियता सिद्ध हो सकती है।''[63]

अत्यन्त प्राचीन काल में भारत के प्रायः सभी भागों में एक अतिरिक्त लिपि के रूप में देवनागरी लिपि का सदैव प्रचार था।

डॉ. मलिक मोहम्मद के अनुसार, ''जिस प्रकार से भारतीय एकता के लिए सम्पर्क भाषा के रूप में हिन्दी भाषा एक महत्त्वपूर्ण भूमिका अदा करती आ रही है उसी प्रकार सम्पर्क लिपि के रूप में देवनागरी लिपि की उपयोगिता निर्विवाद है। एक तो विशाल जनसमूह की सम्पर्क भाषा की लिपि होने के कारण देवनागरी काफी

प्रचलन में है। दूसरी बात यह है कि वैज्ञानिकता और व्यावहारिकता की दृष्टि से भी वह भारत के जनसमाज के लिए अधिक अनुकूल है।''[64]

डॉ. मलिक मोहम्मद का यह मत सर्वथा उचित है कि ''देश की राष्ट्रीय एकता के लिए भारत की विविध भाषाओं के बीच में एक सम्पर्क लिपि या सहलिपि के रूप में देवनागरी बहुत हद तक एक महत्त्वपूर्ण भूमिका अदा कर सकती है। देवनागरी को एक अतिरिक्त या जोड़ लिपि के रूप में स्वीकार करने से उन भारतीय भाषाओं के बीच में बहुत निकटता का सम्बन्ध हो सकता है जिनकी लिपि देवनागरी नहीं है। देवनागरी को एक अतिरिक्त लिपि के रूप में काम में लाने से किसी एक भाषा की अपनी निजी लिपि को हानि पहुँचाने का उद्देश्य कभी भी नहीं है। विभिन्न भारतीय भाषाओं के बीच में लिपियों की विभिन्नता के कारण निकटता का अभाव है।''[65]

हिन्दी साहित्य सम्मेलन, प्रयाग, इलाहाबाद

6-8 दिसम्बर 1975 ई. को आयोजित हिन्दी साहित्य सम्मेलन, प्रयाग के विशेष अधिवेशन में जिन तीन महत्त्वपूर्ण प्रस्तावों को पारित किया गया उनमें से एक देवनागरी लिपि में भारतीय भाषाओं के उत्कृष्ट ग्रन्थों को प्रकाशित करने का भी प्रस्ताव है। उक्त प्रस्ताव में राष्ट्रीय एकता को सुदृढ़ करने के लिए एक लिपि का होना आवश्यक माना गया था और कहा गया था कि वर्तमान में यह कार्य देवनागरी लिपि के द्वारा ही भलीभाँति सम्पन्न हो सकता है।[66]

हिन्दी साहित्य सम्मेलन, प्रयाग के विशेष अधिवेशन के अवसर पर 7-12-1975 ई. को आयोजित साहित्यकार सम्मेलन का उद्घाटन करते हुए वाल्टेयर विश्वविद्यालय के तत्कालीन कुलपति अप्पा राव ने प्रादेशिक भाषाओं में हिन्दी साहित्य के रूपान्तरण एवं प्रादेशिक भाषाओं के नागरी लिपिकरण को आवश्यक घोषित किया।[67] उक्त साहित्यकार सम्मेलन कथाकार यशपाल के सभापतित्व में संपन्न हुआ था।

डॉ. प्रभात मिश्र शास्त्री

6-8 दिसम्बर 1975 ई. को आयोजित हिन्दी साहित्य सम्मेलन, प्रयाग के विशेष अधिवेशन के समापन पर आभार-ज्ञापन के क्रम में उक्त सम्मेलन के पूर्व प्रधान मंत्री डॉ. प्रभात मिश्र शास्त्री ने कहा था कि ''प्रशासन और विश्वविद्यालयों में इस बात की चेष्टा करें कि क्षेत्रीय लिपियों के साथ-साथ नागरी लिपि का भी प्रचार-प्रसार हो सके और उनसे सम्बद्ध साहित्य दोनों लिपियों में उपलब्ध हो सके। तमिल को छोड़कर दक्षिण की प्रायः सभी भाषाएँ संस्कृतनिष्ठ हैं, वास्तविक दूरी अधिकांशतः लिपि की

भिन्नता के कारण है। हमारा यह विश्वास है कि यदि दक्षिण का साहित्य उत्तर में नागरी लिपि में प्रस्तुत हो सके, साथ ही उत्तर का साहित्य भी क्षेत्रीय लिपियों में उपलब्ध हो सके, तो हमारे भीतर दूरियों का बोध समाप्त हो सकता है और प्रत्येक क्षेत्र का साहित्य पूरे देश की सम्पत्ति के रूप में सर्जित और अर्जित किया जा सकता है।''[68]

रामेश्वर कन्हैयालाल लोहिया

मुंबई के रामेश्वर कन्हैयालाल लोहिया ने नागरी लिपि का संशोधित रूप उपस्थापित किया जिसका नामकरण उन्होंने 'विश्वनागरी' अथवा 'एकभारती' किया। 1975 ई. में प्रकाशित अपनी 'विश्वनागरी' पुस्तक की भूमिका में उन्होंने कहा कि ''एकभारती न केवल भारतीय भाषाओं के लिए सामान्य राष्ट्रलिपि के रूप में उपयोगी है बल्कि विश्व की सब भाषाओं की सेवा कर सकती है और इसका शीघ्रातिशीघ्र प्रचार किया जाय–विश्वनागरी के रूप में।''

ज्ञानी जैल सिंह

15 अप्रैल 1984 ई. को भारत के तत्कालीन राष्ट्रपति ज्ञानी जैल सिंह ने देवनागरी को सभी भारतीय भाषाओं की सम्पर्क लिपि के रूप में अपनाने की जोरदार अपील की। उन्होंने कहा कि इससे सभी भारतीय भाषाओं को समृद्ध बनाने एवं देश के लोगों को एक–दूसरे के निकट लाने में सहायता मिलेगी।[69] दिल्ली में संस्कृत भवन का शिलान्यास करते हुए उन्होंने यह कहा। इस कथन का अर्थ, जैल सिंह के अनुसार, लोगों पर हिन्दी थोपना नहीं है। उन्होंने कहा कि लोगों में, यहाँ तक कि दक्षिण भारत के लोगों में हिन्दी के प्रति बहुत प्रेम है। यदि कभी कोई समस्या उत्पन्न भी होती है तो उसका कारण राजनीतिक होता है।[70]

आर. वेंकटरामन

1987 ई. में भारत के तत्कालीन राष्ट्रपति आर. वेंकटरामन ने कहा कि ''हमारे यहाँ...अधिकतर भाषाओं की अपनी अलग लिपियाँ हैं। यूरोप में अनेक देशों में लोग दो–दो, तीन–तीन भाषाएँ सीखते और बोलते हैं, लेकिन वहाँ सुविधा यह है कि हर भाषा की लिपि वही अंग्रेजी लिपि यानी मेरा मतलब रोमन लिपि है...आदि शंकराचार्य ने क्या किया था, वे शुद्ध संस्कृत बोलते थे, लेकिन जब तमिलनाडु में अपने विचारों का प्रचार करने आए तो उन्होंने बोला तो खैर तमिल में, लेकिन

सवाल था कि संस्कृत श्लोकों को तमिल में लिखा कैसे जाय, क्योंकि संस्कृत की कई ध्वनियाँ ऐसी थीं, जो तमिल लिपि में थीं ही नहीं, तो उन्होंने लिपि का अध्ययन किया और उन ध्वनियों के लिए तमिल में कुछ नए अक्षर प्रचलित किये, फिर वे श्लोक लिखे गए जिसको ग्रन्थ कहते हैं। मैं तो यह भी कहूँगा कि कुछ दिनों के लिए अगर हिन्दी को कई लिपियों में लिखा जाय तो उसमें हर्ज क्या है। हिन्दी को कहीं तमिल लिपि में, कहीं कन्नड़ लिपि में, कही बँगला आदि कई तरह की लिपियों में, कहीं रोमन लिपि में भी लिखा जाय तो उससे हिन्दी का प्रचार बढ़ेगा।''[71]

आर. वेंकटरामन ने उक्त मत, राष्ट्रपति पद का शपथग्रहण करने के पूर्व और राष्ट्रपति पद पर निर्वाचित हो जाने के पश्चात् 10 जुलाई 1987 ई. को दोपहर में, 6 मौलाना आजाद रोड, नई दिल्ली में, 'धर्मयुग' को दिए विशेष साक्षात्कार में व्यक्त किया था।

हिन्दी भाषा का रोमन लिप्यंतरण राष्ट्रीय स्वाभिमान के विरुद्ध है। इस लिपि की ध्वन्यात्मकता हिन्दी भाषा के अनुकूल नहीं है। हिन्दी भाषा को विभिन्न क्षेत्रीय अथवा प्रान्तीय लिपियों में लेखन में हिन्दी का अहित निहित है। राष्ट्रीय समग्रता हेतु देवनागरी लिपि में सम्पूर्ण भारतीय भाषाओं का लेखन आवश्यक है, विभिन्न लिपियों में हिन्दी-लेखन नहीं।

दैनिक जागरण

दैनिक 'जागरण' ने 1994 ई. में 'एक और प्रहार' शीर्षक सम्पादकीय अग्रलेख में कहा कि समय की माँग है कि उर्दू देवनागरी लिपि अपनाये। देवनागरी लिपि अपनाने से उर्दू का न सिर्फ विकास होगा, बल्कि वह और अधिक सम्पन्न भी होगी।[72]

इस प्रकार, 1882 ई. से अद्यतन काल तक, राष्ट्रलिपि देवनागरी की अवधारणा की धारा प्रवाहित होती रही। न्यायमूर्ति शारदाचरण मित्र ने बीसवीं सदी के प्रारम्भ में इसे व्यापक परिवेश दिया और उत्तरशती कालखंड में विनोबा भावे ने विश्वनागरी के रूप में इसे परिभाषित किया। उपर्युक्त ऐतिहासिक सन्दर्भों में देवनागरी को राष्ट्रलिपि यथाशीघ्र बनाए जाने की अनिवार्यता राष्ट्रहित में है।

संदर्भ

1. हिन्दी प्रदीप : प्रयाग, चैत्र शुक्ल 13, विक्रम संवत् 1939 तदनुसार 1 अप्रैल 1882 ई. (जिल्द 5, संख्या 8)। 'प्रार्थना' शीर्षक सम्पादकीय अग्रलेख, पृष्ठ 4-5,
2. बालमुकुन्द गुप्त : निबन्धावली (प्रथम भाग), 'हिन्दुस्तान में एक रस्मुलखत', पृष्ठ 166

3. प्रथम हिन्दी साहित्य सम्मेलन, काशी, कार्य-विवरण, दूसरा भाग, 'राष्ट्रभाषा और राष्ट्रलिपि' शीर्षक लेख, शारदाचरण मित्र, पृष्ठ 69
4. उपरिवत्।
5. उपरिवत्, पृष्ठ 71
6. एक लिपि विस्तार परिषद् की नियमावली, 1905 ई., पृष्ठ 1
7. हिन्द स्वराज्य, पृष्ठ 76
8. हिन्दी नवजीवन, सम्पादक मोहनदास करमचन्द गांधी, भाद्रपद सुदी 8, विक्रम संवत् 1982, गुरुवार 27 अगस्त 1925 ई. (वर्ष 5, अंक 2), अहमदाबाद, 'एक लिपि' शीर्षक लेख-मोहनदास करमचन्द गांधी, पृष्ठ 14
9. उपरिवत्।
10. हिन्दी नवजीवन : सम्पादक मोहनदास करमचन्द गांधी, अहमदाबाद, श्रावण बदी 7, विक्रम संवत् 1984, गुरुवार 21 जुलाई, 1927 ई. (वर्ष 6, अंक 49)। 'एक लिपि' शीर्षक सम्पादकीय टिप्पणी, पृष्ठ 389
11. राष्ट्रभाषा का सवाल, जवाहरलाल नेहरू, पृष्ठ 28
12. साहित्य निबन्धावली : राहुल सांकृत्यायन, 'प्रगतिशील लेखक' शीर्षक निबन्ध, पृष्ठ 112
13. उपरिवत्, 'हमारा साहित्य' शीर्षक निबन्ध, पृष्ठ 133-39
14. जय भारती मासिक पत्र-दिसम्बर 1947 ई., हिन्दी साहित्य सम्मेलनांक, (वर्ष 1, अंक 1), पुणे, पृष्ठ 1
15. जड़मूल से क्रान्ति और अन्य लेख, कि. ध. मशरूवाला, 'लिपि का प्रश्न उत्तरार्द्ध' शीर्षक लेख, पृष्ठ 158-59
16. हिन्दी भाषा आन्दोलन, पृष्ठ 19
17. साप्ताहिक पत्र 'हरिजन सेवक', अहमदाबाद, रविवार, 11 सितम्बर 1949 ई. (भाग 13, अंक 28), राजेन्द्र बाबू का हल-किशोरलाल घ. मशरूवाला, पृष्ठ 246
18. उपरिवत्।
19. टंडन निबन्धावली, पृष्ठ 137
20. मंगल प्रभात मासिक पत्र-1 सितम्बर, 1950 ई. (वर्ष 1, अंक 8), 'नागरी का क्षेत्र विस्तार', काका कालेलकर, पृष्ठ 241
21. मंगल प्रभात, मासिक पत्र-1 सितम्बर 1950 ई. (वर्ष 1, अंक 8), 'नागरी का क्षेत्र विस्तार', काका कालेलकर, पृष्ठ 242
22. उपरिवत्।
23. उपरिवत्।
24. राष्ट्रभाषा हिन्दी-समस्याएँ और समाधान, बिहार राष्ट्रभाषा परिषद्, पटना, कुमार गंगानन्द सिंह द्वारा प्रदत्त अध्यक्षीय अभिभाषण, पृष्ठ 37
25. उपरिवत्, पृष्ठ 34
27. देवनागर (त्रैमासिक), बैशाख विक्रम संवत् 2010 (वर्ष 1, अंक 1), संसदीय हिन्दी परिषद्, दिल्ली, 1953 ई., राष्ट्रपति का आशीर्वाद।

28. देवनागर (त्रैमासिक), बैशाख विक्रम संवत् 2010 (वर्ष 1, अंक 1), संसदीय हिन्दी परिषद्, दिल्ली, 1953 ई., सम्पादकीय।
29. उपरिवत्।
30. जय भारती, फरवरी 1957 ई. (वर्ष 10, अंक 2), पुणे, 'एक लिपि' शीर्षक सम्पादकीय के प्रारम्भ में उद्धृत, पृष्ठ 49
31. जय भारती, पुणे, फरवरी 1957 ई. (वर्ष 10, अंक 2), सम्पादकीय, एक लिपि, पृष्ठ 49
32. जय भारती, पुणे, जुलाई-अगस्त-सितम्बर 1958 ई. (वर्ष 11, अंक 7-9), अखिल भारतीय राष्ट्रभाषा-प्रचार सम्मेलन, पृष्ठ 112
33. हिन्दी भाषा आन्दोलन, संकलनकर्ता लक्ष्मीचन्द, पृष्ठ 80
34. उपरिवत्, पृष्ठ 84
35. उपरिवत्, पृष्ठ 85
36. उपरिवत्।
37. हरिजन सेवक, अहमदाबाद, रविवार, 20 मार्च 1949 ई. (भाग 13, संख्या 3), राष्ट्रभाषा-विचार, पृष्ठ 19, स्तम्भ 1
38. उपरिवत्।
39. स्वतंत्रता रजत-जयन्ती सप्ताह समापन स्मारिका, दिल्ली प्रादेशिक हिन्दी साहित्य सम्मेलन, नई दिल्ली, 1973 ई., 'भारतीय एकता के लिए नागरी लिपि', आचार्य विनोबा भावे, पृ. 9
40. उपरिवत्, पृष्ठ 10
41. विश्व हिन्दी दर्शन, 'देवनागरी विश्वनागरी बने', पृष्ठ 19
42. उपरिवत्।
43. नागरी संगम, जनवरी-अप्रैल 1978 ई. (वर्ष 1, अंक 1-2), देवनागरी विश्वनागरी बने, विनोबा, पृष्ठ 1
44. उपरिवत्।
45. उपरिवत्।
46. उपरिवत्, पृष्ठ 12
47. उपरिवत्, पृष्ठ 14
48. उपरिवत्, पृष्ठ 15
49. उपरिवत्, पृष्ठ 16
50. उपरिवत्, पृष्ठ 9-16
51. देवनागरी लिपि-एक संगोष्ठी, प्रकाशक गांधी स्मारक निधि, राजघाट, नई दिल्ली, पृ. 60
52. उपरिवत्, पृष्ठ 64
53. उपरिवत्, पृष्ठ 80
54. उपरिवत्, पृष्ठ 14
55. उपरिवत्, पृष्ठ 15
56. लेखक के नाम 22 अगस्त 1979 ई. को लिखित-सम्बोधित नन्दकुमार अवस्थी का पत्र।
57. उपरिवत्।
58. नागरी लिपि परिषद्, संगठन और कार्य-विवरण (1975-1978), 'निवेदन' शीर्षक भूमिका।

59. नागरी संगम, जनवरी–अप्रैल 1978 ई. (वर्ष 1, अंक 1–2), 'निवेदन' शीर्षक एक पृष्ठीय सम्पादकीय अग्रलेख।
60. स्मारिका नागरी लिपि सम्मेलन 27–28–29 मई 1979, बंगलुरू, 'नागरी लिपि क्यों?' शीर्षक लेख, डॉ. श्रीमन्नारायण, पृष्ठ 1
61. उपरिवत्, पृष्ठ 7–12
62. उपरिवत्, पृष्ठ 12
63. (क) उपरिवत्, पृष्ठ 19–24
    (ख) स्मारिका नागरी लिपि सम्मेलन 27–28–29 मई 1979, बंगलुरू।
64. देवनागरी लिपि की लोकप्रियता, डॉ. मलिक मोहम्मद, पृष्ठ 1
65. उपरिवत्, पृष्ठ 4
66. उपरिवत्, पृष्ठ 5
67. राष्ट्रभाषा सन्देश, 1 नवम्बर 1976 ई, गोष्ठी विशेषांक, पृ. 22–23, इलाहाबाद
68. उपरिवत्, पृष्ठ 8
69. उपरिवत्, पृष्ठ 22
70. (क) दैनिक प्रदीप, सोमवार 16 अप्रैल, 1984 ई., पटना, 'देवनागरी को सभी भाषाओं में सम्पर्क लिपि बनाने पर बल' शीर्षक समाचार, पृष्ठ 1
    (ख) दैनिक आर्यावर्त, पटना, सोमवार चैत्र कृष्ण पक्ष 1, शाके 1906, 16 अप्रैल, 1984 ई., पृष्ठ 1, कॉलम 2 और 3, 'देवनागरी को सभी भाषाओं की सम्पर्क लिपि बनाएँ', ज़ैल सिंह, शीर्षक समाचार।
71. उपरिवत्।
72. धर्मयुग, 9 से 15 अगस्त 1987 ई., वर्ष 38, अंक 32, स्वाधीनता विशेषांक, 'राष्ट्रभक्त आर.वी की कहानी राष्ट्रपति वेंकटरामन की जबानी', पुष्पा भारती द्वारा अन्तरंग, भेंटवार्ता, पृष्ठ 11
73. दैनिक जागरण, गोरखपुर संस्करण, 16 मई, 1994 ई., 'एक और प्रहार' शीर्षक सम्पादकीय अग्रलेख, पृष्ठ 6

भाषायी समन्वय की साधना में *देवनागर* का योगदान

अगस्त 1905 ई. में कोलकाता में एक लिपि विस्तार परिषद् की स्थापना की गई थी। 'सर्वत्र, विशेषकर भारतवर्ष में सब भाषाओं के लिये संस्कृताक्षर (देवनागरी) का व्यवहार चलाना तथा बढ़ाना ही इस परिषद् का मुख्य उद्देश्य' था। इस उद्देश्य की सिद्धि के लिए 'एक लिपि विस्तार परिषद की प्रथम नियमावली (1905 ई.)' के अनुसार, इसके दस कर्तव्य निर्धारित किये गए थे–

"(अ) अन्यान्य भाषाओं की पुस्तकों को संस्कृताक्षर में छपवाना तथा दूसरों को छपवाने का अनुरोध करना।

(इ) पारितोषिक, पुरस्कार, समाचारपत्र एवं उपदेशकों द्वारा लोगों का संस्कृताक्षर की ओर उत्साह बढ़ाना और इसमें ग्रन्थ लिखवाना।

(उ) प्रत्येक जिला, शहर तथा गाँव में सहायक सभा स्थापित करने वा कराने का यथासाध्य उद्योग करना, मुफस्सिल की पाठशालाओं के गुरुओं को पुरस्कार आदि देकर उत्साहित करना कि वह छात्रों को संस्कृताक्षर भी सिखावें और संस्कृताक्षर में शुद्ध लेख लिखनेवाले छात्रों को भी पारितोषिक आदि के द्वारा उत्साहित करें।

(ऋ) जिन लोगों में संस्कृताक्षर का प्रचार नहीं है उनकी शिक्षा का प्रबन्ध करना और उनके लिये परीक्षा नियत करना तथा उत्साह वर्द्धनार्थ परीक्षोत्तीर्ण को स्वर्ण या रौप्य पदक किम्बा छात्रवृत्ति आदि देना।

(लृ) जो समाचारपत्र भारतीय भाषाओं में प्रकाशित होते हैं वा होंगे उनके स्वामी तथा सम्पादकों को अनुरोध करना कि वह अपने पत्र का कम से कम एक कॉलम भी संस्कृताक्षर में छापा करें। और उनकी सहायता करना।

(ए) संस्कृताक्षर प्रचार का उद्योग करने वाली सभी सभाओं में पूरी सहानुभूति रखना और उनसे आवश्यक सहायता लेना तथा उन्हें देना।

(ऐ) विदेशीय भाषाओं के उपयोगी ग्रन्थों का अनुवाद करके संस्कृताक्षर में छपवाना और संस्कृताक्षर ग्रन्थों का भाण्डार बढ़ाना।

(ओ) 'देवनागर' नाम का एक पत्र निकालना और योग्यता से चलाना जिसमें नाना भाषाओं के लेख संस्कृताक्षर में छापे जाँय।

(औ) संस्कृताक्षर के प्रचार के लिये अंग्रेजी सरकार तथा इस देश के राजा महाराजा नवाब एवं अन्याय देशीय वा विदेशीय विचारवान महाशयों के समीप आवेदन करना।

(अं) इनके अतिरक्ति अन्य ऐसे कार्य करना जो इस परिषद् के उद्देश्यों की सफलता अथवा आवश्यकता के लिये उचित समझे जायँ।"[1]

इस परिषद् के प्रथम संस्थापक मंत्री कलकत्ता उच्च न्यायालय के न्यायमूर्ति शारदाचरण मित्र थे। इसके सदस्यों में रवीन्द्रनाथ ठाकुर, रमेशचन्द्र दत्त, मुंशी देवी प्रसाद, श्रीधर पाठक, बालकृष्ण भट्ट, रामानन्द चटर्जी, गोविंदनारायण मिश्र जैसे अखिल भारतीय स्तर के साहित्यकार और विद्वान थे।

एक लिपि विस्तार परिषद् के तत्वावधान में यशोदानन्द अखौरी के सम्पादन में मई 1907 ई. में 'देवनागर' नामक भारतीय चित्र विचित्र भाषाओं के लेखों से भूषित एक अद्वितीय सचित्र मासिक पत्र का प्रकाशन 85 ग्रे स्ट्रीट, कलकत्ता से हुआ था। इसके सम्पादक प्रथमांक से छब्बीसवें अंक तक यशोदानन्द अखौरी थे। 'देवनागर' के प्रथमांक के 'आविर्भाव' शीर्षक प्रथम सम्पादकीय अग्रलेख में इसके सिद्धान्त, उद्देश्य एवं कर्तव्य अभिव्यक्त किये गए थे जो अधोलिखित हैं–

"मनुष्य स्वभाव से ही एकता का प्रेमी है। अद्वितीय परमात्मा का अंश होने के कारण चित्र विचित्र परावलम्बित संसार को एकता के सूत्र में गूंथने की इच्छा उसे सदा बनी रहती है। वह यही चाहता है कि अपना मण्डल दूर तक फैले, इसी में विविध वस्तुओं का समागम हो, उच्च, नीच, सम तथा बाल, युवा, वृद्ध आदि अपने अपने स्थान पर इसी मण्डल में सुशोभित हों और सब भेदभावों को भूलकर परस्पर के प्रेम में प्रेमानन्द स्वरूप अद्वैत ईश्वर में एक हो जाँय। मनुष्य की यही स्वभावजात अभिलाषा भाषाओं को एक करने के विषय में भी चरितार्थ होती है।

जगद्विख्यात भारतवर्ष जैसे महाप्रदेश में जहाँ जाति, पाँति, रीति, नीति, मत आदि के अनेक भेद दृष्टिगोचर हो रहे हैं, भाव की एकता रहते भी भिन्न-भिन्न भाषाओं के कारण एक प्रान्तवासियों के विचारों से दूसरे प्रान्तवालों का उपकार नहीं होता। इसमें सन्देह नहीं कि भाषा का मुख्य उद्देश्य अपने भावों को दूसरों पर प्रगट करना है इससे परमार्थ ही नहीं समझना चाहिये अर्थात् मनुष्य को अपना विचार दूसरों पर इसीलिये प्रगट नहीं करना पड़ता है कि उससे दूसरे का ही लाभ हो किन्तु स्वार्थसाधन के लिये भी भाषा की बड़ी आवश्यकता है। इस समय भारतवर्ष में अनेक भाषाओं के प्रचार होने के कारण प्रान्तिक भाषाओं से सर्वसाधारण का लाभ नहीं हो सकता। भाषाओं को शीघ्र एक कर देना तो परमावश्यक होने पर भी दुस्साध्य सा प्रतीत होता

है। परन्तु इस अवस्था में भी जब यह देखा जाता है कि अधिकांश लोग काश्मीर से कुमारिकाअन्तरीप और ब्रह्मदेश से गांधार पर्यन्त हिन्दी या इसके रूपान्तर का व्यवहार करते हैं तब आशा है कि सबकी चेष्टा तथा अभिरुचि होने से कालान्तर में प्रान्तिक भाषाओं के सम्मिलन से एक सार्वजनिक नूतन भाषा का आविर्भाव हो जायगा। कारण यह कि भारत की सभी प्रान्तिक भाषाएँ एक ही जननी संस्कृत से उत्पन्न हैं। यह कार्य थोड़े समय में सिद्ध नहीं हो सकता इसके लिये प्रत्येक प्रान्त के निवासियों को तन-मन-धन से चेष्टा करनी होगी। इसे प्रारम्भ में ही असंभव या हास्यापद कहकर त्याग देना बुद्धिमत्ता का काम नहीं है।

संसार का नियम है कि कठिन से कठिन कार्य भी अभ्यास और परिश्रम से सिद्ध हो जाता है। उन्नतिशील देश में अच्छे कार्य के अंकुर लगा देने पर साधारण सिंचाई से भी वह फल देता है।...एक ऐसा वृक्ष भी रोपना चाहिये जिसमें एक भाषा रूपी सर्वप्रिय फल फले। भारत के भिन्न-भिन्न प्रान्त की भिन्न-भिन्न बोलियों को एक लिपि में लिखना ही उस आशानुरूप फल का देनेवाला प्रधान अंकुर है। क्योंकि अनेक प्रान्तिक बोलियों का सरल करने की पहली सीढ़ी उन्हें एक सामान्य सर्वसुगम लिपि का वस्त्र पहनाना है जिस रूप में वह अपने चित्र विचित्र लिपियों का परिच्छद छोड़कर एक प्रान्त से दूसरे प्रांत के निवासियों के सम्मुख आने पर सहज में पढ़ी जा सकें और थोड़े ही परिश्रम से समझी जा सकें। यह बात निर्विवाद है कि भाषा का प्रचार बढ़ने से उसकी उन्नति भी अवश्य होती है। इससे साहित्य के पाठक तथा लेखक आदि सभी का लाभ होता है। किसी बुद्धिमान की युक्तियुक्त तथा पक्षपातशून्य ऐसी सम्मति नहीं हो सकती कि लिपि के परिवर्तन से प्रान्तिक बोली पर आघात पहुँचता है। इसके लिए सभ्य जगत उदाहरण है जहाँ कि भिन्न-भिन्न बोलियाँ एक सामान्य लिपि में लिखी जाती हैं।...

बहुतेरे प्रचलित अक्षरों में से चुनकर एक को सर्वसम्मत बनाने के लिये कई बातों का विचार कर लेना अवश्य है जिनमें प्रधान यह है कि कौन सी लिपि उस देश के प्रायः सभी प्रान्तों में प्रचलित है अर्थात् किस एक लिपि के प्रचार करने से सभी प्रान्तों के लोगों को अपनी-अपनी प्रान्तिक भाषाओं को लिखने में विशेष कष्ट नहीं होगा। सौभाग्यवश भारत के पढ़े-लिखे लोगों के चित्त में भी यह प्रश्न उठने लगा कि इस अनेकभाषी देश में भी कोई एक लिपि प्रचलित हो सकती है? यदि हो सकती है तो वह कौन सी लिपि है जो भारत की सभी बोलियों को अपने रूप में लेकर सुधार देगी। इन प्रश्नों के समाधान करने से यही सिद्धान्त स्थिर हुआ कि देवनागराक्षर में ही यह विशेषता है कि वह भारतीय सभी भाषाओं के शब्दों को शुद्ध शुद्ध स्पष्ट प्रगट कर सकती है और पढ़ने में व्यर्थ समय भी नष्ट नहीं होने देती। इसमें सन्देह नहीं कि एक प्रान्त के रहनेवाले अपनी ही लिपि को सरल समझते हैं किन्तु यहाँ स्मरण रखना चाहिये

कि सभी भाषाओं के लिये एक ही लिपि चलाना अभीष्ट है इस विचार से देवनागराक्षर की ही भारत में उपयुक्तता मानी जाती है। इसके सीखने में अधिक समय भी नहीं लगता और इसकी लिखावट ऐसी स्पष्ट है कि बच्चा और बुड्ढा सभी बिना कठिनाई के इसे बांच ले सकते हैं और अभ्यास करने से बहुत शीघ्र लिख भी सकते हैं। भारत में बहुत सी लिपियाँ ऐसी प्रचलित हैं जिनसे काम चलता है और वह बहुत तेज लिखी जाती हैं किन्तु परिणाम यह होता है कि लिखने में शीघ्रता करने से पढ़ने के समय अत्यन्त कठिनाई झेलनी पड़ती है। यहाँ तक कि लिपि द्वारा अपने भावों का प्रगट करना जो लिखने का उद्देश्य था वह भी निष्फल हो जाता है। इन दोषों से रहित होने के कारण ही भारत में देवनागरी के पक्षपाती बहुत है।

इन्हीं विचारों से उत्तेजित हो राजधानी कलकत्ते में कतिपय सुशिक्षित बुद्धिमानों ने 'एक लिपि विस्तार परिषद्' नाम की एक सभा स्थापित की है जिसका उद्देश्य है भारत की भिन्न-भिन्न प्रान्तिक भाषाओं को यथासाध्य यत्नों द्वारा देवनागराक्षर लिखने और छापने का प्रचार बढ़ाना जिससे कुछ समय के अनन्तर भारतीय भाषाओं के लिये एक सामान्य लिपि प्रचलित हो जाय अर्थात् इसका अभीष्ट यही रहे कि बंगला, मराठी, सिंधी, बलूची, पश्तू, वर्मी, गुजराती, तैलंगी, तमिल, कनाड़ी, मलयालम, तुलू, पंजाबी, नेपाली, गुरुमुखी, मारवाड़ी, सन्थाली, आसामी, उड़िया, हिन्दी आदि भाषाओं की पुस्तकों का प्रचार भारत के एक प्रान्त से दूसरे प्रान्त तक फैलाना जो पुस्तकें अपनी-अपनी प्रान्तिक लिपियों में लिखी रहने से प्रचलित नहीं हो सकतीं। इसी उद्देश्य की सिद्धि के लिये परिषद् का यह पत्र 'देवनागर' का आविर्भाव हुआ है।

इस पत्र का मुख्य उद्देश्य है-भारत में एक लिपि का प्रचार बढ़ाना और वह एक लिपि देवनागराक्षर है। इससे किसी प्रान्तिक पाठक के चित्त में यह भ्रम न उत्पन्न हो कि उनकी प्रान्तिक लिपि विलुप्त हो जायगी वा उनकी साहित्योन्नति में प्रतिबन्ध होगा क्योंकि सब प्रान्तों में प्रान्तिक लिपि के अतिरिक्त सुशिक्षित लोगों को रोमन तथा देवनागरी लिपियों को सीखना भी बहुधा आवश्यक है और भारतीय अन्य लिपियों की अपेक्षा देवनागराक्षर का प्रचार विदेश में भी अधिकतर है।

यह बात मुक्तकंठ से स्वीकार करनी ही पड़ेगी कि इस समय प्रान्तिक लिपि और भाषा के साथ-साथ दूसरी लिपि और भाषा का ज्ञान भी मनुष्यजीवन का प्रधान अंग बन गया है। प्रचलित दो लिपियों में-रोमन और देवनागर में-भारतवासियों का चित्त किस ओर झुकेगा यह दिखलाने की आवश्यकता नहीं है जब अंगरेज और मुसलमान आदि भी देवनागरी की स्पष्टता और उपयोगिता को सराहते हैं। भारतीय लिपियों की जननी देवनागरी लिपि ही है जैसे भाषाओं की जननी संस्कृत। देवनागर का व्यवहार चलाने में किसी प्रान्त के निवासी का अपनी लिपि वा भाषा के साथ स्नेह कम नहीं पड़ सकता। हाँ, यह अवश्य है कि अपने परिमित मण्डल को बढ़ाना होगा।

इस पत्र में साहित्य विषयक रोचक लेख तथा विज्ञान आदि विषय के भी उत्तम लेख प्रकाशित किये जांयगे। कालान्तर में उनका भाषान्तर भी कर दिया जायगा। प्रत्येक अंक में किसी न किसी प्रान्तिक भाषा के व्याकरण सम्बन्धी लेख अवश्य रहेंगे और कुछ शब्दकोश भी। जिनसे अन्य भाषाओं को समझने में सरलता हो और इस पत्र के पढ़ने में पाठकों का चित्त लगे। पहले इस पत्र को पढ़ने में पाठकों को बड़ी नीरसता जान पड़ेगी किन्तु इसकी दूरदर्शिता, उपयोगिता तथा आवश्यकता का विचार कर सहृदय पाठकगण अनन्त भविष्यत के गर्भ में पड़े हुए पचास वर्ष के अनन्तर उत्पन्न होने वाले शुभ फल की आशा से इस क्षुद्र भेंट को अंगीकार करेंगे।

इस देश की वर्तमान दशा में जब मनुष्य अपनी ही मातृभाषा का यथाविध ज्ञान तथा व्यवहार नहीं रखता, बहुभाषी पत्र का निकालना दुष्कर जान पड़ता है। बहुभाषी पुरुष का मिलना तो दूर रहे, उत्तरीय भारत की भाषा के साथ-साथ दक्षिणी भाषा का जाननेवाला भी मिलना कठिन है। प्राय: दो वर्ष से इसकी चेष्टा की गई, अच्छे-अच्छे भारत हितैषियों के साथ पत्र व्यवहार किया गया, कई समाचारपत्रों में विज्ञापन दिये गये और स्वयं मिलकर आजकल के शिक्षितों से सहायता माँगी गई किन्तु सब प्रयत्न निष्फल हुए। निदान अपने ही पुरुषार्थ पर भरोसा कर अपने इस देवनागर को सर्वसाधारण के सन्मुख रखा है जिसके लिये कतिपय देशहितैषियों की आँखें उत्सुकता से लगी हुई थीं और जिन्होंने यथाशक्ति धन द्वारा सहायता भी की है।''[2]

'देवनागर' एक बहुभाषी पत्र था- लिपि एक, भाषाएँ अनेक और लिपि देवनागरी। भारत में इसके पूर्व इस प्रकार की पत्रिका का प्रकाशन नहीं हुआ था। यह अपने ढंग की सबसे पहली मासिक पत्रिका थी। 'आविर्भाव' शीर्षक इसका प्रथम सम्पादकीय गुजराती, तेलुगु, तमिल, मराठी, बंगला, कन्नड़, सिंधी, संस्कृत, पाली, मलयालम और उड़िया अर्थात् बारह भाषाओं में प्रकाशित हुआ था जिनकी विभिन्न भाषाओं के बावजूद एकमात्र लिपि देवनागरी ही थी। एक ही लेख पृथक् पृथक् अनेक भाषाओं में एक ही अंक में प्रकाशित किया जाता था। किन्तु उनकी एकमात्र लिपि देवनागरी थी।

ज्येष्ठ विक्रम संवत् 1964 में 'देवनागर' का सर्वप्रथम अंक प्रकाशित होने पर इसका आशातीत सम्मान हुआ था। चैत्र विक्रम संवत् 1965 तक इसके 9 अंक प्रकाशित हुए। किन्तु आषाढ़ विक्रम संवत् 1965 अर्थात् चौदह महीने में मात्र बारह अंक निकल सके। भारत और जापान की भिन्न-भिन्न भाषाओं को एक रूप में, एक देवनागराक्षर के परिच्छद में, सर्वसाधारण के समक्ष उपस्थित करने में इसके सम्पादक और नीति नियामकों को कम कष्ट नहीं उठाना पड़ा। एतदर्थ उत्तम चित्र और फलकचित्र बनाए

गए थे। यह एक श्रमसाध्य कार्य था। आरम्भ में हिन्दी, संस्कृत, पाली, प्राकृत, उर्दू, फारसी, मराठी, गुजराती, सिंधी, पंजाबी, कुमाऊँनी, कूमाँचली, नेपाली, उड़िया, जापानी, तेलुगु, तमिल, कन्नड़, मलयालम आदि भाषाओं के लेख देवनागरी लिपि में इसमें प्रकाशित हुए।

'एक लिपि विस्तार परिषद्' के चतुर्थ वर्ष और 'देवनागर' के द्वितीय वर्ष में प्रवेश के सुअवसर पर इस परिषद् की ओर से यह विश्वास व्यक्त किया गया था– "...किसी न किसी समय सम्पूर्ण भारतवर्ष में एक लिपि प्रचलित होगी ही। धीरे-धीरे प्रादेशिक लिपि के भक्त क्षुदहृदय लोगों की संख्या घटती जायगी, भारतमाता के देशप्रिय सपूत लोगों की संख्या क्रमशः बढ़ती जायगी एवं थोड़ी ही देर में भिन्न-भिन्न प्रदेशों में एक लिपि व्यवहृत होकर भाषा और साहित्य को एक कर देगी।"[3]

एक लिपि की उपयोगिता पर देश में विशेष मतभेद नहीं था। 'देवनागर' के द्वितीय वर्ष के प्रथम अंक के सम्पादकीय अग्रलेख के अनुसार–"हिमालय की तुषारमय शुभ्र शृंगावली से लेकर भारत महासागर पर्य्यन्त सम्पूर्ण प्रदेशों में एक लिपि व्यवहार की उपयोगिता के विषय में विशेष मतभेद नहीं देखा जाता। सभी कहते हैं कि सर्वत्र एक लिपि का प्रचलन होना बड़े ही आनन्द की बात है। सम्राट एक, शासनप्रणाली एकरूप, बहुतेरी प्रचलित प्रादेशिक भाषाओं का मूल भी एक, वर्णमाला का पार्थक्य भी नाममात्र है...सर्वत्र वही क, ख, ग, इत्यादि...।

इधर राजनीतिक विषय लेकर समस्त भारतवर्ष को आंदोलित करने की कामना तो हम लोग करते हैं, किन्तु आपस की भाषाओं को समझने के लिये कोई प्रधान उपाय ग्रहण करने के विषय में हम लोग कुछ भी चेष्टा नहीं करते। यही उपाय 'एकलिपि' है।"[4]

इसके प्रकाशन के कतिपय वर्षों के पश्चात् यह पत्रिका स्थगित हो गई। तत्पश्चात् 1911 ई. में, कार्तिक 1833 शकाब्द को 'देवनागर' का नवपर्याय प्रकाशित हुआ। इसका आकार पहले से घटा दिया गया किन्तु पृष्ठ संख्या बढ़ा दी गई। पहले प्रति अंक में डिमाई चार पेजी पाँच फार्म रहा करते थे किन्तु इसके नवीन संस्करण में चार पेजी छह फार्म रहने लगे। इसका आकार कम कर अन्यान्य मासिक पत्रिकाओं के अनुरूप कर दिया गया। नवीन संस्करण में प्रत्येक अंक में चार फार्म भारतीय भाषाओं के और दो अंगरेजी के दिए गए।

'देवनागर' के नवीन संस्करण के 'नवीन व्यवस्था' शीर्षक प्रथम सम्पादकीय में यह कहा गया–

"एक लिपि का प्रश्न इस समय भारतव्यापी हो गया है, यह आनन्द की बात है। इसलिये देवनागर में कुछ स्थान ऐसी भाषा में लिखित लेखों को देना आवश्यक हुआ है, जिसे भारतवर्ष के प्रत्येक प्रदेश के ऐसे शिक्षित सज्जन समझ सकें जो एक

लिपि-प्रचार के लिए प्रयत्न कर रहे हैं। हमारी भावी राष्ट्रभाषा हिन्दी अभी इस योग्यता को प्राप्त नहीं हुई है कि, उसके द्वारा भारत व्यापी आन्दोलन किया जा सके। वह शुभ समय जितना शीघ्र आवेगा उतना ही अच्छा है। पर जब तक वह नहीं आया है तब तक हमें, इच्छा न रहते हुए भी, परदेशी भाषा से कुछ सहायता लेनी ही पड़ेगी। यूरोप की भी एक समय ऐसी ही अवस्था हुई थी। पहले वहाँ राष्ट्रभाषा 'लैटिन' थी। पर यह भाषा केवल विद्वान् ही समझ सकते थे और वे अपने भाव इसी के द्वारा प्रकट करते थे। इससे ज्ञान का प्रचार जैसा होना चाहिये था वैसा नहीं होता था। यह देखकर कुछ दूरदर्शी महानुभावों ने देशी भाषाओं के प्रचारार्थ प्रयत्न करना प्रारम्भ किया। पर यह प्रयत्न उन्हें 'लैटिन' भाषा के द्वारा ही करना पड़ता था। उनके उसी प्रयत्न का यह फल हुआ कि, आज फ्रेंच भाषा (Lingua franca) यूरोप की राष्ट्रभाषा बन गई है तथा अंगरेजी भाषा की इतनी उन्नति हुई है। इसी तरह हमें भी अपनी राष्ट्रभाषा का पथ निष्कण्टक करने में अंगरेजी से सहायता लेनी पड़ेगी। यह सहायता लेने का एक और कारण है। कुछ लोग 'रोमन' लिपि को भारत की राष्ट्र लिपि बनाना चाहते हैं। आजकल मदरास के पादरी नोलेस इसके लिए यथासाध्य प्रयत्न कर रहे हैं। आपने खास इंगलैंड में भी यह आन्दोलन प्रारम्भ किया है। वहाँ के लोगों के सामने देवनागरी तथा अन्यान्य भारतीय लिपियों को अयोग्य सिद्ध करना तथा रोमन लिपि के प्रचारार्थ वहाँ के अधिवासियों से सहायता माँगना, आपका उद्देश्य है। यदि रेवरेंड मि. नोलेस का यह उद्देश्य सिद्ध हो गया तथा इंगलैंड के लोगों ने रोमन लिपि का प्रचार करना आवश्यक समझ लिया तो हमारी सरकार को भी उसके प्रचार में सहायता करनी पड़ेगी। उस अवस्था में नागरी का प्रचार करना और भी कठिन हो जायगा, यह कहने की आवश्यकता नहीं है। इसलिये जिसमें प्रारम्भ में ही हम नागरी की उपयोगिता और श्रेष्ठता अंगरेजों को समझा सकें, इसके लिए देवनागर में अंगरेजी लेखों को भी स्थान देना आवश्यक हुआ है। इच्छा न रहते हुए भी हमें यह काम करना पड़ा है, इसके लिए हम पाठकों से क्षमा ही नहीं वरन् उनकी सहानुभूति भी चाहते हैं।

देवनागर के प्रकाशित होने में अधिक विलम्ब हो जाने के कारण, एक वर्ष में एक-लिपि-प्रचार के काम में जो उन्नति हुई है, उसकी आलोचना हम नहीं कर सके। आनन्द की बात है कि, भारतवर्ष के प्रत्येक प्रदेश में एक लिपि की आवश्यकता अनुभूत होने लगी है।''[5]

एक लिपि प्रचार के उद्देश्यों को कार्य रूप में परिणत करने के लिए विविध भाषाओं की पुस्तकों को देवनागरी में प्रकाशित करना आवश्यक था। भिन्न-भिन्न भारतीय भाषाओं के लेखों को एक मासिक पत्र में, एक लिपि में, छापते रहना एक लिपि परिषद् की सजीवता का प्रमाण था।

इसीलिए 'हीरार मूल्य' और बंगभाषा का उपन्यास 'राज-भक्ति' का प्रकाशन देवनागराक्षर में किया गया। 'विद्यापति पदावली' के प्रकाशनार्थ दरभंगा नरेश ने एक हजार रुपये की सहायता की थी।

देवनागर, सिंह कन्या 5010 कल्यब्द (वत्सर 2 अंक 5-6) में यह स्वीकार किया गया था कि 'परिषद् के उद्देश्यों में 'देवनागर' पत्र का प्रकाशन करना केवल अंशमात्र है। इसके अन्य उद्देश्य जैसे देवनागरी लिपि में नाना प्रकार की भाषाओं के उत्तम ग्रन्थों का प्रकाश करना, ग्रन्थकारों को पुरस्कार देना, वृत्ति तथा पदकादि दान से देवनागराक्षर का भारतवर्ष के विविध प्रान्तों में विस्तार करना इत्यादि अर्थाभाव के कारण असंभव ही थे।''[6]

'देवनागर' के प्रथम वर्ष में इसके चार सौ नियमित ग्राहक थे।

'देवनागर' का उद्देश्य भारतीय भाषाओं के लिए था, अन्य भारतेतर भाषाओं के लिए नहीं। 'देवनागर' की एक सम्पादकीय टिप्पणी के अनुसार, 'देवनागर का उद्देश्य केवल भारतीय भाषाओं के लिए, न कि पृथ्वी भर की सभी भाषाओं के लिए, एक लिपि का प्रचार करना है।''[7]

एक लिपि विस्तार परिषद् के द्वितीय और तृतीय सम्मिलित वार्षिक अधिवेशन (10 सितम्बर 1908 ई.) का सभापतित्व कलकत्ता उच्च न्यायालय के जस्टिस शरफुद्दीन ने किया था जिसमें उन्होंने कहा था-''वस्तुतः मैं अति उत्सुकता से उस दिन की प्रतीक्षा कर रहा हूँ जब सारे हिन्दुस्थान में एक ही लिपि का प्रचार हो और अरबी तथा फारसी के ग्रन्थ उसी लिपि में प्रकाशित हों।'' (देवनागर : सिंह कन्या, 5010 कल्यब्द वत्सर 2 अंक 5-6, 'परिषद् का वार्षिकोत्सव, पृष्ठ 112)

यह सत्य है कि मासिक पत्र 'देवनागर' दीर्घ जीवन प्राप्त नहीं कर सका। किन्तु भाषायी एकता और एक लिपि के सिद्धान्त को इसने निष्ठापूर्वक अभिव्यक्ति प्रदान की और हिन्दी पत्रकारिता के इतिहास में ही नहीं, राष्ट्रलिपि की अवधारणा के इतिहास में एक विलक्षण कीर्तिमान स्थापति करने का विनम्र प्रयास भी किया, जो स्तुत्य है।

संदर्भ

1. एक लिपि विस्तार परिषद्, कलकत्ता नियमावली। 1905 ई., पृष्ठ 1-3
2. देवनागर : वत्सर। अंक। मेष 5009 कल्यब्द। विक्रम संवत्1964 'आविर्भाव' शीर्षक संपादकीय। पृष्ठ 1-3, (1907 ई.)
3. देवनागर : वत्सर 2 अंक। मेष 5010 कल्यब्द। एक लिपि विस्तार परिषद्। पृष्ठ 5
4. उपरिवत्, पृष्ठ 5
5. देवनागर (नवपर्याय) : भाग 1 संख्या 1, कार्तिक 1833 शकाब्द। 'नवीन व्यवस्था' शीर्षक सम्पादकीय, पृष्ठ 2

6. देवनागर : वत्सर 2 अंक 5-6, सिंह कन्या, 5010 कल्यब्द। 'परिषद् का वार्षिकोत्सव' शीर्षक सम्पादकीय, पृष्ठ 115
7. देवनागर : भाग 1 संख्या 2, मार्गशीर्ष 1833 शकाब्द। सम्पादकीय टिप्पणी, पृष्ठ 312 कॉलम 1

संघर्षों की अनेक दिशाएँ : हिन्दी भाषा

सम्पूर्ण संसार में हिन्दी एकमात्र ऐसी भाषा है जिसे अपने अस्तित्व को प्रमाणित करने के लिए एक सुदीर्घ अवधि तक सर्वाधिक संघर्ष करने पड़े। संघर्षों की इस यात्रा का समापन अधावधि नहीं हो सका है। समस्त भारत के लिए एक राष्ट्रभाषा के रूप में हिन्दी की अवधारणा का उद्‌भव वस्तुतः भारतेन्दु काल में हुआ। इसके पूर्व हिन्दी को न्यायालय-लिपि प्रदान किये जाने के छिटपुट असंगठित प्रयास किये गए थे। 1873 ई. में प्रकाशित 'शब्दकोष' की भूमिका में शब्दकोशकार राधा लाल ने अखिल भारतव्यापिनी राष्ट्रभाषा हिन्दी की पहली व्यापक परिकल्पना की। राधा लाल (माथुर) ने 1873 ई. में लाइट प्रेस, बनारस से मुद्रित 'शब्दकोष' की भूमिका में कहा था–

"...हिन्दुस्तान की पुरानी और असली बोली हिन्दी है। यह बोली पश्चिम, उत्तर प्रदेश, पंजाब, राजपूताना, बीच के हिन्दुस्तान और बिहार में बोली जाती है और सिख, गुजराती, मरहठे, नेपाली और जाति के लोग कि जिनकी बोलियां जुदी-जुदी हैं, इसको झट समझ लेते हैं। पर मुसलमानों से दब कर नगर नगर से निकल भागी थी और गाँवों और दूर-दूर के शहरों में रहने लगी थी। क्या अचम्भा है कि अब फिर सजसजा कर शहरों में आवे और फिर असली रंग ढंग दिखलावे जब कुछ अधिक जोर पावे कचहरियों और अदालतों में भी अपना जोर जमावे। इसलिए यह करना चाहिए कि हिन्दी बोली सज सजा कर ऐसी निखरे कि जो सुने लोट पोट हो जावे। और एक ही बोली अमीर-गरीब बोले। हिन्दू मुसलमान ईसाई एक ही तरह बातचीत करें। बल्कि सारे हिन्दुस्तान में एक ही बोली बोली जावे। और धीरे-धीरे सारी विद्या और कानून के शब्द भी इसी तरह बन जावें तो हमारे देशवासी अपनी बोली से काम निकालें।"[1]

यह भूमिका फाल्गुन सुदी 2 विक्रम संवत् 1929 तदनुसार एक मार्च 1873 ई. को लिखी गई थी। तात्पर्य यह कि एक मार्च 1873 ई. को ही सर्वप्रथम हिन्दी राष्ट्रभाषा की उद्घोषणा और परिकल्पना की गई थी। राष्ट्रभाषा हिन्दी के इतिहास में इस तिथि का अक्षय महत्त्व है। राधा लाल का 'शब्दकोष' एकमात्र देवनागरी

लिपि और हिन्दी भाषा में लिखित सर्व प्रथम शब्दकोष है। इसके पूर्व के सभी हिन्दी शब्दकोष द्विभाषी, त्रिभाषी और चतुर्भाषी थे। शब्दकोशकार राधा लाल गया (बिहार) के नार्मल ट्रैंनिंग स्कूल के प्रधानाध्यापक थे। इस शब्दकोश की रचना गया में हुई थी। इसमें शब्दों की अर्थ सहित धातु, उसके लक्षण, वर्णन, अर्थ और अर्थों के प्रमाण आदि हिन्दी भाषा में ही लिपिबद्ध हैं।

इलाहाबाद से प्रकाशित मासिक पत्र 'हिन्दी प्रदीप', फरवरी 1886 ई. (जिल्द 9 संख्या 6) में 'भारतवर्ष की जातीय भाषा' नामक सम्पादकीय अग्रलेख में पंडित बालकृष्ण भट्ट ने यह मत व्यक्त किया कि हिन्दी ही भारत की एकमात्र जातीय अर्थात् राष्ट्रीय भाषा होगी।

उक्त सम्पादकीय अग्रलेख की पृष्ठ संख्या 21 पर सम्पादक पंडित बालकृष्ण भट्ट ने घोषणा की थी–

"यदि देश का कुछ भी अभिमान हमको है तो ऐसा उपाय शीघ्र ही करना चाहिये जिससे हमारी एक जातीय भाषा हो जाय।

...यदि भारतवर्ष की कभी कोई जातीय भाषा होगी तो वह यही हमारी प्यारी सर्वगुण आगरी नागरी ही होगी–और यथार्थ में इसी को ऐसा बनने का अधिकार भी है।"

महाराष्ट्र के पंडित केशववामन पेठे ने उन्नीसवीं शताब्दी के अंतिम दशाब्द में कहा था कि हिन्दुस्तान का हित साधन करने के लिए एक राष्ट्रभाषा की आवश्यकता है। हिन्दी ही हमारी राष्ट्रभाषा हो सकती है। एक भाषा और एक लिपि के द्वारा ही भारत का हित–साधन और विभिन्न प्रान्तों में ऐक्य संस्थापन संभव है।[2] लोकमान्य बालगंगाधर तिलक और तत्कालीन महाराष्ट्र के सभी मराठी पत्रों ने पंडित केशववामन पेठे के उक्त विचारों का हार्दिक समर्थन किया था। तत्पश्चात् प्रायः सभी हिन्दी, हिन्दीतर विद्वान और चिन्तक हिन्दी को ही भारत की एकमात्र राष्ट्रभाषा बनाए जाने के संकल्प लेते रहे। स्वराज्य के पूर्व तक राष्ट्रभाषा हिन्दी की सर्वव्यापिनी गरिमा के सम्बन्ध में हिन्दीतर भाषियों में कभी मतभेद नहीं हुआ। वे हिन्दी को ही भारत की एकमात्र राष्ट्रभाषा बनाए जाने हेतु सर्वानुमति से निर्मित अपनी अखंड प्रतिबद्धता की पुनरावृत्ति करते रहे।

1904 ई. में बालमुकुन्द गुप्त ने 'भारतमित्र' में लिखा था–

"सचमुच भारतवर्ष के लिये एक देश–व्यापी भाषा की बहुत भारी जरूरत है। भारतवासियों के पास इस समय्य ऐसी कोई भाषा नहीं है, जिसमें भारत के सब प्रान्तों के लोग बातें कर सकें।...यदि हिन्दी को भारतवासी सारे भारत की भाषा बना सकें तो अंग्रेजी के बाद दूसरा दर्जा पृथ्वी पर इसी भाषा को होगा।" (बालमुकुन्द गुप्त–निबन्धावली, प्रथम भाग, 'भारत की भाषा' शीर्षक निबन्ध, पृष्ठ 158–159)

महात्मा गांधी

1909 ई. में लिखित अपनी सर्वप्रथम सिद्धान्त पुस्तक 'हिन्द स्वराज्य' में महात्मा गांधी ने कहा था–

"सारे हिन्दुस्तान के लिए जो भाषा चाहिये वह तो हिन्दी ही होनी चाहिये। उसे उर्दू या नागरी लिपि में लिखने की छूट रहनी चाहिये। हिन्दू-मुसलमानों के सम्बन्ध ठीक रहें, इसलिए बहुत से हिन्दुस्तानियों का इन दोनों लिपियों का जान लेना जरूरी है। ऐसा होने से हम आपस के व्यवहार में अंग्रेजी को निकाल सकेंगे।"[3]

अष्टम हिन्दी साहित्य सम्मेलन, इन्दौर (1918 ई.) के अध्यक्ष पद से भी महात्मा गांधी ने हिन्दी भाषा की व्याख्या की थी–

" ...हिन्दी भाषा वह भाषा है जिसको उत्तर में हिन्दू व मुसलमान बोलते हैं और जो नागरी अथवा फारसी लिपि में लिखी जाती है। यह हिन्दी एकदम संस्कृतमयी नहीं है न वह एकदम फारसी शब्दों में लदी हुई है।"[4]

महात्मा गांधी हिन्दी की इस परिभाषा पर आजीवन कायम रहे।

इसके पूर्व कांग्रेस के महाधिवेशन के अवसर पर 29 दिसम्बर 1916 ई. को लखनऊ में महात्मा गांधी की अध्यक्षता में एक-भाषा और एक-लिपि प्रचार परिषद् का अधिवेशन हुआ था जिसमें महामना पंडित मदनमोहन मालवीय, ऐनी बेसेन्ट, तमिलनाडु के रामस्वामी अय्यर, रंगस्वामी आयंगर आदि भी उपस्थित थे। नागरी लिपि और हिन्दी भाषा ही राष्ट्रभाषा होने योग्य है–इस सत्य का प्रतिपादन मालवीय जी ने अपनी ललित भाषा में किया। महात्मा गांधी ने अपने अध्यक्षीय भाषण में कहा था कि यदि आपलोग चाहते हैं कि हिन्दी भाषा का देश में सर्वत्र प्रचार हो जाय तो पहले आपको अपने सब काम हिन्दी में करने चाहिए। घर बाहर और अदालत में, सब जगह, आपको हिन्दी का व्यवहार करना चाहिए। मैं, अपनी कहता हूँ, मुझे तो हिन्दी छोड़कर अंग्रेजी बोलना पाप मालूम होता है।[5] उस अधिवेशन में यह प्रस्ताव सर्वसम्मति से पारित हुआ था कि देवनागरी लिपि और हिन्दी भाषा का सार्वदेशिक प्रचार होना चाहिए। देश-हित और ऐक्य-स्थापना के लिए इसकी बड़ी जरूरत है।[6]

हिन्दी साहित्य सम्मेलन, प्रयाग के साथ महात्मा गांधी का सम्बन्ध 1918 ई. से था, जब वे पहली बार उसके इन्दौर अधिवेशन के सभापति मनोनीत किये गए थे। 1935 ई. में वे दूसरी बार उक्त सम्मेलन के अध्यक्ष हुए। दूसरी बार उसके अध्यक्ष होने पर सम्मेलन ने गांधी जी की हिन्दी की व्याख्या को स्वीकार कर लिया, किन्तु सम्मेलन ने गांधी जी की उपर्युक्त हिन्दी व्याख्या को कभी कार्यान्वित नहीं किया। हिन्दी उर्दू के प्रश्न ने एक कौमी झगड़े का रूप धारण कर लिया था।

1928 ई. में 'हिन्दी नवजीवन' के सम्पादक महात्मा गांधी ने अपनी एक सम्पादकीय टिप्पणी में कहा कि "मैं हिन्दी के जरिए प्रान्तीय भाषाओं का दबा दिया जाना नहीं चाहता हूँ किन्तु उनके साथ हिन्दी को भी जोड़ देना चाहता हू जिसमें एक प्रान्त दूसरे के साथ जीवन्त सम्बन्ध जोड़ सके। इससे प्रान्तीय भाषाओं और हिन्दी, दोनों की श्री–वृद्धि होगी।"[7]

भाषा–विषयक इस विचार की अभिव्यक्ति वे इसके पूर्व अनेक अवसरों पर कर चुके थे। उन्होंने उक्त सम्पादकीय टिप्पणी में स्पष्ट रूप से कहा था कि "अगर हमें सचमुच ही हिन्दुस्तान के लिए वैसा प्यार हो जैसा कि अपने–अपने प्रान्तों के लिए है तो हम बहुत जल्दी हिन्दी सीख लेंगे और अपनी लोकप्रिय सभा यानी कांग्रेस की महासमिति में यह जलील दृश्य फिर नहीं होने देंगे कि वहाँ पर अगर बिलकुल ही नहीं तो बहुत करके अंग्रेजी में ही उसकी कार्रवाई होती है।"[8]

बीसवीं शताब्दी के तृतीय दशक में भारत के तीस करोड़ लोगों में बारह करोड़ लोग हिन्दी बोलते थे और दूसरे आठ करोड़ इसे समझ लेते थे तथा संसार की सबसे अधिक बोली जाने वाली भाषाओं में हिन्दी का तीसरा स्थान होने के कारण हर भारतीय के लिए हिन्दी सीखना अनिवार्य है। अच्छी हिन्दी सीखने के लिए छह माह का समय यथेष्ठ है। भारतीय शिक्षा प्रणाली में हिन्दी का आवश्यक स्थान होना चाहिए। प्रारम्भ से विश्वविद्यालय तक की शिक्षा प्रणाली में हिन्दी का अध्ययन–अध्यापन एक अनिवार्य विषय के रूप में किया जाय। उपर्युक्त तथ्यों एवं सिद्धान्त–बिन्दुओं पर महात्मा गांधी की पूर्ण सहमति थी।[9]

महात्मा गांधी ने सितम्बर 1928 ई. में राष्ट्रभाषा सम्मेलन के अवसर पर कहा था कि "भाषा तो एक साधन है। उसके द्वारा हम अपने राष्ट्र का उद्धार करना चाहते हैं। यदि कोई यह साबित कर दे कि अंग्रेजी भाषा से इस देश का उद्धार होगा तो मैं इस सभामंच से अंग्रेजी के प्रचार की आवाज उठाऊँगा। पर मैं जानता हूँ कि अंग्रेजी के लिए ऐसा दावा और ऐसा प्रयत्न आकाश पुष्पवत् है। मैं अंग्रेजी का द्वेषी नहीं, पर हर चीज अपनी–अपनी जगह सुशोभित होती है। मैं तो यह प्रयत्न हिन्दी के भले के लिए कर रहा हूँ, अंग्रेजी या किसी दूसरी भाषा के द्वेष से नहीं।...हिन्दी हिन्दुओं के अन्दर धर्मवृद्धि के लिए चमत्कारिक वस्तु है।...मैं मुसलमानों के द्वेष से हिन्दी या हिन्दू की वृद्धि नहीं चाहता।[10]

23 जनवरी, 1942 ई. को महात्मा गांधी ने 'हरिजनसेवक' में दुख व्यक्त करते हुए 'हिन्दी–उर्दू का सवाल' शीर्षक सम्पादकीय अग्रलेख में कहा था कि कमनसीबी तो यह है कि आज हिन्दी–उर्दू का सवाल एक कौमी झगड़े का सवाल बन गया है। झगड़े की यह जड़ कट सकती है, बशर्ते कि दोनों में से कोई भी एक दल दूसरे दल की भाषा को अपनाए और उसमें जितना कुछ लेने लायक है उसे उदारतापूर्वक लेने

को तैयार हो जाय। याद रहे कि जो भाषा अपनी विशेषता की रक्षा करते हुए दूसरी भाषाओं से खुलकर मदद लेती है, वह अपनी इस उदार नीति के कारण अंग्रेजी की तरह समृद्ध बन सकती है।

महात्मा गांधी ने 30 मार्च, 1946 ई. को 'हिन्दुस्तानी' शीर्षक एक वक्तव्य में राष्ट्र भाषा को पारिभाषित करने के पश्चात् यह खेद व्यक्त किया कि मैंने अपनी बोली में उसे अब तक साबित नहीं किया।[11]

उस वक्तव्य में उन्होंने घोषण की कि "मुझे इसमें शक नही कि हिन्दुस्तानी यानी हिन्दी उर्दू का सही मिलाप ही राष्ट्रभाषा है।"[12]

उन्होंने कहा कि "हिन्दुस्तानी भाषा के प्रचार का काम हिन्दी प्रचार का विरोधी नहीं, बल्कि उसकी पूर्ति करने वाला है। निरी हिन्दी, यानी नागरी लिपि में लिखी जानेवाली संस्कृतमयी भाषा राष्ट्रभाषा नहीं, न उर्दू लिपि में लिखी जानेवाली फारसीमयी भाषा राष्ट्रभाषा है।...हिन्दी जाननवाले को उर्दू सीखनी चाहिये और उर्दू जाननेवाले को हिन्दी। तभी हम सच्ची राष्ट्रभाषा पैदा कर सकेंगे।"[13]

गांधीवाद के प्रमुख प्रवक्ता काका साहब कालेलकर के अनुसार, "गांधी जी के प्रयत्न से हिन्दीवालों में यह महत्त्वाकांक्षा जरूर मजबूत हुई कि उनकी हिन्दी भारत की राष्ट्रभाषा हो। उन्होंने इस बारे में गांधी जी के प्रयत्न की प्रथम-प्रथम सराहना की, सहायता कम की। लेकिन जब गांधी जी ने राष्ट्रीय भाषा की एकता और समृद्धि के ख्याल से हिन्दुस्तानी का नाम चलाया तबसे उन्होंने गांधी जी का भी विरोध किया। गांधी जी ने जो संस्थाएँ बनाईं, उन्होंने हिन्दी का प्रचार जोरों से चलाया, स्वयं हिन्दीवालों को वैसा कुछ करने की न कुछ सुझी, न मौका मिला।"[14]

हिन्दीतर भाषी प्रदेशों में हिन्दी-प्रचार

भारत के विभिन्न हिन्दीतर प्रदेशों ने प्राचीन काल से ही हिन्दी भाषा और साहित्य के संवर्द्धन में विशिष्ट एवं महत्त्वपूर्ण योगदान किये।[15]

हिन्दीतर प्रदेश के हिन्दी विद्वान डॉ. मलिक मोहम्मद के अनुसार, "हिन्दी के सार्वदेशिक स्वरूप को विकसित करने में अहिन्दी प्रदेशों का महत्त्वपूर्ण योगदान रहा है। शताब्दियों से हिन्दी भाषा और साहित्य को समृद्ध करने में हिन्दी प्रदेश के अतिरिक्त अहिन्दी प्रदेशों ने भी महत्त्वपूर्ण भूमिका का निर्वाह किया है। भारत की भाषाओं में केवल हिन्दी ही ऐसी भाषा है, जिसको स्वाभाविक रूप से अपने क्षेत्र के बाहर भी विकसित होने के लिए अवसर मिला है।"[16]

तमिलनाडु में हिन्दी प्रचार सभा ने महात्मा गांधी के मार्गदर्शन में इस प्रदेश में हिन्दी प्रचार में उल्लेखनीय सफलता प्राप्त की। दक्षिण भारत में हिन्दी प्रचार का

शुभारम्भ 1918 ई. में महात्मा गांधी के सत्प्रयासों से ही संभव हो सका। वे इस सभा के आजीवन सभापति थे।

1925 ई. में महात्मा गांधी ने अपनी एक सम्पादकीय टिप्पणी में कहा था– ''यदि दक्षिण और बंगाल हिन्दी को अपनाने के लिए तैयार किये जा सकें तो सारे भारत के लिए एकभाषा का प्रश्न आसानी से हल हो जायगा।''[17]

बंगाल में, तत्कालीन मद्रास की पद्धति पर, हिन्दी–प्रचार हेतु उद्योग करने के हिन्दी प्रेमियों के आग्रह पर महात्मा गांधी ने उक्त सम्पादकीय टिप्पणी में कहा था कि कलकत्ता के हिन्दी प्रेमियों को चाहिए कि वे बंगाल के प्रमुख केन्द्रों में हिन्दी अध्यापन का प्रबन्ध करें। इसकी व्यवस्था स्थानीय उत्साही लोगों द्वारा होनी चाहिए।[18]

दिसम्बर 1928 ई. में कलकत्ता में महात्मा गांधी के सभापतित्व में राष्ट्रभाषा सम्मेलन का आयोजन किया गया था। यह कलकत्ता के कांग्रेस सप्ताह में हिन्दी–प्रचार–सभा का अधिवेशन था। इसके स्वागताध्यक्ष सुभाषचन्द्र बोस थे। इस सम्मेलन के प्रस्ताव के अन्तर्गत बंगाल में हिन्दी–प्रचार के उद्योग का प्रारम्भ किया गया था। नेताजी सुभाषचन्द्र बोस ने अपने हिन्दी अभिभाषण में बंगाली विद्वानों की हिन्दी सेवा का वर्णन करते हुए बंगाल में राष्ट्रभाषा हिन्दी के प्रचार पर जोर दिया था और अन्त में अपने उद्‌बोधन में कहा था कि ''यदि हमलोगों ने तन मन धन से प्रयत्न किया तो वह दिन दूर नहीं है जब भारत स्वाधीन होगा और उसकी राष्ट्रभाषा होगी–हिन्दी।''[19]

अपने अध्यक्षीय भाषण में महात्मा गांधी ने बंगालियों को हिन्दी न सीखने के सम्बन्ध में उलहना देते हुए कहा था कि यदि हम अगले 1–2 साल में स्वाधीनता लेना चाहते हैं तो बंगाल आदि में राष्ट्रभाषा के प्रचार के बिना वह कैसे हो सकेगा? सारे राष्ट्र का काम बिना एक–भाषा के सार्वत्रिक प्रचार के कैसे चल सकेगा?[20]

महात्मा गांधी ने यंग 'इंडिया' और 'हिन्दी नवजीवन' में जनवरी 1929 ई. में 'बंगाल में हिन्दी' शीर्षक विचारोत्तेजक सम्पादकीय अग्रलेख लिखा था और उसमें कहा था कि ''हिन्दी केवल एक भाषा के रूप में ही नहीं बल्कि राष्ट्रभाषा के रूप में सिखाई जानी चाहिए। हिन्दुओं के लिए हिन्दी धर्म और सदाचार की भाषा है।...

उन्हें हिन्दुस्तानी के रूप में भी हिन्दी सिखानी है। यह हिन्दुस्तानी उर्दू की स्पर्धा नहीं करेगी बल्कि हिन्दी और उर्दू दोनों का मिश्रण होगी।''[21]

महात्मा गांधी ने भारतीय स्वतंत्रता की प्राप्ति के लिए राष्ट्रभाषा हिन्दी को अनिवार्य घोषित किया थाँ। उन्होंने अपने उक्त सम्पादकीय अग्रलेख में घोषणा की थी–

''देश की विशाल जनता को तबतक स्वतंत्रता नहीं मिल सकती जबतक उसके प्रतिनिधि अपना काम राष्ट्रभाषा में नहीं करते। जब स्वराज्य की सच्ची माँग उत्पन्न होगी तब राष्ट्रीय महासभा में अंग्रेजी की कोई आवश्यकता न रह जायगी। अंग्रेजी

का अपना स्थान तो तब भी होगा और महत्त्वपूर्ण होगा। वह अन्तर्राष्ट्रीय राजनीति और पत्र व्यवहार की भाषा तो रहेगी ही, उसे रहना भी चाहिए। लेकिन उसे राष्ट्रभाषा का स्थान ले लेने की संधि नहीं दी जानी चाहिए।''[22]

चक्रवर्ती राजगोपालचारी ने 4 फरवरी 1929 ई. को 'हिन्दू' में यह भविष्यवाणी की थी कि हिन्दी भविष्य के भारत की राजभाषा होगी और और हमें अभी से उसे सीखना शुरु कर देना चाहिए।

केरल प्रान्तीय हिन्दी प्रचार-परिषद् का अधिवेशन 10 फरवरी 1929 ई. को एरनाक्यूलम् (कोचीन) में आयोजित किया गया था जिसमें यह प्रस्ताव सर्वसम्मति से पारित किया गया था :

''यह परिषद् गांधी जी और सेठ जमनालाल बजाज के प्रति अपनी हार्दिक कृतज्ञता प्रकट करती है क्योंकि ये दोनों महानुभाव दक्षिण भारत में हिन्दी-प्रचार आन्दोलन को बढ़ाने के लिए और हिन्दी को भारत की राष्ट्रभाषा बनाने के लिए अथक परिश्रम कर रहे हैं। परिषद् भारत के तमाम देशभक्त पुत्रों और पुत्रियों से प्रार्थना करती है कि वे उस आन्दोलन को आगे बढ़ाने में सहायक हों, स्वयं हिन्दी भाषा सीखें और केन्द्रीय कोष में सहायता पहुँचावें।''[23]

उक्त प्रस्ताव पर महात्मा गांधी ने 'यंग इंडिया' और 'हिन्दी नवजीवन' में सम्पादकीय टिप्पणी लिखी थी। वे उक्त दोनों पत्रों के सम्पादक थे। 'हिन्दी नवजीवन' में उक्त प्रस्ताव पर टिप्पणी करते हुए उन्होंने कहा था-''दक्षिण में हिन्दी-प्रचार के बारे में मुझे कितनी दिलचस्पी है सो हर कोई जानता है। जब मैं 1915 में भारत लौटा उसके पहले ही से सेठ जमनालाल जी हिन्दी के पक्के प्रेमी बन चुके थे।...जहाँ-जहाँ सेठ जमनालाल जी और श्रीयुत राजगोपालाचार्य गए हैं वहाँ की सभाओं में पूर्वोक्त प्रस्ताव जैसे प्रस्ताव पास किये गये हैं। अगर उन-उन स्थानों के सब सज्जन इन प्रस्तावों पर उसी ढंग से अमल भी करने लगें तो हिन्दी-प्रचार का काम दिन दूना रात चौगुना बढ़ने लगे और उसे धन की भी कमी न रहे।''[24]

1929 ई. से अविभाजित बंगाल और असम में हिन्दी-प्रचार का कार्यारम्भ हुआ। इस कार्य में सर्वश्री आचार्य प्रफुल्लचन्द्र राय, नेताजी सुभाषचन्द्र बोस, सुनीतिंकुमार चटर्जी, योगेन्द्र चन्द्र चक्रवर्ती, सतीशचन्द्र दासगुप्त हरदयाल नाग आदि बंगाल के तत्कालीन प्रतिष्ठित नेताओं ने बहुमूल्य सहायता प्रदान की थी। हिन्दी प्रचार का व्यापक कार्यक्रम अल्प समय में ही यथेष्ठ उत्साहजनक एवं सन्तोषप्रद सिद्ध हुआ था।[25]

कुछ पहाड़ी रियासतों में हिन्दी को राज्य-भाषा की श्रेणी प्रदान किये जाने के प्रयत्नों को काफी सफलता प्राप्त हुई थी।[26]

स्वतंत्र भारत और हिन्दी भाषा

'हिन्द स्वराज्य' में प्रतिपादित दो लिपियों की हिन्दी–हिन्दुस्तानी की परिभाषा पर 1947 ई. में भी महात्मा गांधी हिमालय की तरह अटल रहे। 'हिन्द स्वराज्य' में ही गांधीवाद का बीजमंत्र निहित है। यह गांधीवाद का हृदय है, गांधीवाद की गंगोत्री भी।

महात्मा गांधी ने हिन्दी–हिन्दुस्तानी के लिए रोमन लिपि का हमेशा विरोध ही किया। उनका यह कट्टर विरोध अनेक अवसरों पर जाहिर हुआ। 1947 ई. में भी उनका यह विरोध सामने आया। हिन्दुस्तानी के लिए रोमन लिपि के विरोध में 21 जनवरी 1947 ई. को गांधीजी का अखबारी बयान विशेष द्रष्टव्य है जिसमें उन्होंने दुख व्यक्त किया था कि काश, हिन्दू–मुसलमान दोनों में इतनी अक़्ल तो हो ही, कि जिससे वे खुद यह समझ सकें कि उन्हें अपनी आपसी नफरत इस हद तक हरगिज नहीं बढ़ानी है कि जिसकी बदौलत हिन्दुस्तान की इन दो लिपियों अर्थात् नागरी और उर्दू को अपनी जगह से हटानी पड़े।[27]

21 फरवरी, 1947 ई. को भी महात्मा गांधी ने 'मज़हबी व फ़ौजी तालीम और रोमन लिखावट' शीर्षक लेख में कहा कि सैनिकों में उर्दू और नागरी लिखावटों के बदले रोमन लिखावट अख्तियार करने की बदलाहट एक घातक गलती होगी और इसका नतीजा हमारे लिए कड़ाह से निकलकर आग में गिरने के समान हो जायगा।[28]

2 अप्रैल, 1947 ई. को दिल्ली के पुराने किले में आयोजित एशियाई कॉन्फ्रेंस के आखिरी जलसे में तकरीर करते हुए महात्मा गांधी ने कहा था–

"हमारी कौमी जबान हिन्दुस्तानी है। मैं जानता हूँ कि असके अन्तर्राष्ट्रीय जबान बनने में अभी लम्बा वक्त लगेगा।"[29]

पाकिस्तान के निर्माण की घोषणा के पश्चात् भी 2 जुलाई, 1947 ई. को नई दिल्ली में अपनी प्रार्थना–सभा में महात्मा गांधी ने कहा, "मेरे लिए तो आज ही वह वक्त है, जब मुझे मेहनत से दोनों लिपियाँ या लिखावटें सीखनी चाहिये और ऐसी भाषा बोलनी चाहिये जो हिन्दी और उर्दू दोनों की ठीक मिलावट हो।"[30]

देश के हिन्दुस्तान और पाकिस्तान नाम से दो टुकड़े हो जाने की घोषणा के बाद राष्ट्रभाषा हिन्दुस्तानी की स्थिति पर गांधीवाद के प्रमुख प्रवक्ता काका कालेलकर ने अपना एक वक्तव्य दिया था क्योंकि जिस एकता की दुहाई देकर हिन्दुस्तानी और उसकी दो लिपियों की अनिवार्यता का प्रचार महात्मा गांधी के आशीर्वाद की छाया में किया जाता था, वह एकता ध्वस्त हो गई थी। काका कालेलकर ने अपने 'हम विश्वास क्यों खोयें?' शीर्षक वक्तव्य में कहा था कि हमने तो तय किया है कि हिन्दुस्तानी के विषय में जो नीति हमने चलायी, आइंदा के लिए भी वही सही है।

वही हम चलाएँगे। जहाँ तक हिन्दुस्तानी प्रचार सभा का ताल्लुक है, हम आसान हिन्दी और सहल उर्दू के मिलाने से जो हिन्दुस्तानी बनती है, उसीको राष्ट्रभाषा मानेंगे और उसके लिए नागरी और उर्दू दोनों लिपियाँ सीखना लाजमी तौर पर जरूरी मानेंगे।[31]

24-7-1947 ई. को नई दिल्ली की प्रार्थना-सभा में महात्मा गांधी ने राष्ट्रभाषा के प्रश्न पर भी प्रकाश डाला था। उन्होंने कहा कि ''मुझसे कहा गया है कि देवनागरी लिपि में लिखी हुअी हिन्दी राष्ट्रभाषा होगी। अिससे मैं सहमत नहीं हो सकता। मैं दो बार हिन्दी साहित्य सम्मेलन का सभापति रहा हूँ। मैं हिन्दी और अुर्दू का दुश्मन नहीं हो सकता। मगर मैंने महसूस किया है कि मामूली आदमी की भाषा, हिन्दुस्तान की राष्ट्रभाषा, देवनागरी या अुर्दू लिपि में लिखी हुअी, सरल हिन्दी और सरल अुर्दू शब्दों से बनी हिन्दुस्तानी ही हो सकती है। मैं जानता हूँ कि-मुसलमानों की तो बात ही छोड़िये-कअी हिन्दू अैसे हैं जो न तो संस्कृत शब्दों से भरी हिन्दी समझते हैं और न देवनागरी लिपि में लिख सकते हैं। अिसलिअे चाहे मैं अकेला ही क्यों न रह जाअूँ, मैं तो हिन्दुस्तानी से चिपका रहूँगा।''[32]

25 जुलाई, 1947 ई. को महात्मा गांधी ने लिखा कि न तो देवनागरी लिपि में लिखी हुई और संस्कृत शब्दों से भरी हुई हिन्दी और न फारसी लिपि में लिखी हुई, फारसी शब्दों से भरी उर्दू ही हिन्दुस्तान की दो या ज्यादा जातियों को एक दूसरी से बांधनेवाली जंजीर बन सकती है। यह काम तो दोनों के मेल से बनी हुई हिन्दुस्तानी ही कर सकती है, जो दोनों से ज्यादा स्वाभाविक है और देवनागरी या फारसी लिपि में लिखी जाती है। हिन्दी और उर्दू का मिलाप, स्वाभाविक रूप से वर्षों से होता आया है। सब कुदरती बातों की तरह धीमे-धीमे हो रहा है, मगर हो रहा है।[33]

पाकिस्तान निर्माण के पश्चात् हिन्दुस्तानी प्रचार सभा की भाषा नीति में किसी भी प्रकार का परिवर्तन गांधी जी ने नहीं किया और कहा कि ''हिन्दुस्तानी कमेटी के हरअेक मेम्बर को अपने अक़ीदे पर अमल करना है, यानी अुसे दोनों लिपियाँ सीखनी हैं और हिन्दी और अुर्दू की मिलावट से बनी हुई भाषा हिन्दुस्तानी पर काबू पाना है। यह तभी होगा जब सादी हिन्दी और सादी अुर्दू का मेहनत के साथ अभ्यास किया जाअ्रगा।''[34]

मुसलमानों के लिए महात्मा गांधी हिन्दुस्तानी की वकालत आजीवन करते रहे। 31 जुलाई, 1947 ई. को उन्होंने यह स्वीकार भी किया था-''हिन्दुस्तानी पर मेरा जोर मुसलमान भाअियों के खातिर है।''[35] हिन्दुस्तानी की वकालत करते हुए उन्होंने बार-बार दो लिपियों का आग्रह किया। उन्होंने पुनः कहा- ''राष्ट्रभाषा दो नहीं हो सकती, एक ही हो सकती है। वह संस्कृत से भरी हिन्दी या फारसी से भरी अुर्दू नहीं हो सकती। वह तो दोनों के सुन्दर संगम से ही बन सकती है, और अुर्दू या नागरी

किसी भी लिपि में लिखी जा सकती है।...अुर्दू लिपि से भागकर कायरों की तरह पीछे न हटें।''[36]

ब्रिटिश सरकार की साम्प्रदायिक और विभाजनकारी नीतियों के कारण भारत-विभाजन हुआ। किन्तु आजादी के बाद 1947 ई. में महात्मा गांधी ने कहा-''मेरी राय में अन्तर्प्रान्तीय भाषा, सिर्फ नागरी या अुर्दू लिपि में लिखी जानेवाली हिन्दुस्तानी ही हो सकती है।''[37]

27 सितम्बर, 1947 ई. को लिखित 'हिन्दुस्तानी' शीर्षक आलेख में महात्मा गांधी ने दो लिपियों की अपनी हिन्दुस्तानी के सिद्धान्तों की ही पुनरावृत्ति की।[38]

बिड़ला भवन, नई दिल्ली में 19 अक्टूबर 1947 ई. को आयोजित प्रार्थना सभा में महात्मा गांधी ने राष्ट्रभाषा विषयक अपनी नीति की पुनरावृत्ति की ओर कहा कि नि:सन्देह हिन्दुस्तानी सारे हिन्दुस्तानियों के अन्तरप्रान्तीय व्यवहार के लिए सबसे अच्छी भाषा होगी। 19 अक्टूबर 1947 ई. की उनकी प्रार्थना-सभा मुख्य रूप से राष्ट्रभाषा की समस्या पर ही केन्द्रित थी।[40]

1 नवम्बर, 1947 ई. को 'दोनों लिपियों क्यों?' शीर्षक नीतिपरक निबन्ध में महात्मा गांधी ने दो लिपियों के सिद्धान्त की व्याख्या करते हुए कहा कि ''मैं नहीं कहता कि हिन्दुस्तान के चालीस करोड़ को दोनों लिपियाँ सीखना है। अैसा अवश्य है कि जो सारे मुल्क में फिरता है, जिसको अपने सूबे की ही नहीं बल्कि सारे मुल्क की सेवा करनी है, अुसे दो लिपियाँ सीखनी ही चाहिये, चाहे वह हिन्दू हो या मुसलमान।

अगर हिन्दी को राष्ट्रभाषा बनना है, तो लिपि नागरी ही होगी, अगर अुर्दू को बनना है, तो लिपि अुर्दू ही होगी। अगर हिन्दी अुर्दू के संगम के जरिये हिन्दुस्तानी को राष्ट्रभाषा बनना है, तो दोनों लिपियाँ जरूरी हैं।[40]

इस प्रकार दो लिपियों की अपनी बहुप्रचारित नीति में उन्होंने भारत की स्वतंत्रता के पश्चात् आंशिक छूट दी।

स्वतंत्रता की प्राप्ति के पश्चात् 1947 ई. में उत्तर प्रदेश और बिहार की सरकारों ने हिन्दी को अपने-अपने प्रान्तों की सरकारी भाषा और देवनागरी को उसकी एकमात्र लिपि घोषित कर दी। महात्मा गांधी के जीवन-काल में ही यह घोषणा हुई और इस घोषणा के आलोक में कार्यारम्भ भी हो गया।

यह महात्मा गांधी की भाषा-नीति अर्थात् दो लिपियों की हिन्दुस्तानी की नीति की विफलता का प्रमाण है।

किन्तु 29 दिसम्बर, 1947 ई. को महात्मा गांधी ने यह स्वीकार किया कि ''हिन्दुस्तानी और दो लिपियों के बारे में मेरे विचार पहले जैसे ही हैं।''[41] 4 जनवरी, 1948 ई. के अपने वक्तव्य में उन्होंने दो लिपियों के सिद्धान्त को पुन: वाणी दी। किन्तु

इसमें थोड़ी सी रियासत यह कह कर दे दी कि "करोड़ों को दोनों लिपि सिखाने की बात नहीं है। जिनको अपने सूबे से बाहर काम करना है, उन्हें वे सीखनी चाहिये। केन्द्र के दफ़्तर में सब कुछ दोनों लिपियों में छापने की बात भी नहीं है। जो अिश्तहार सबके लिअे हों, अुन्हें दोनों लिपियों में छापना जरूरी है। जब दोनों कौमों के बीच जहर फैल गया है, तब अुर्दू लिपि का बहिष्कार लोक-वाद (जमहूरियत) का विरोध ही बताता है।"[42]

18 जनवरी, 1948 ई. को 5.45 पूर्वाह्न में महात्मा गांधी ने 'क्रोध नहीं, मोह नहीं' शीर्षक से भाषा और लिपि विषयक अपना अंतिम वक्तव्य बिड़ला भवन, नई दिल्ली में दिया। यह उनके अंतिम उपवास का छठा दिन था। उनकी प्रातः कालीन प्रार्थना के पश्चात् यह वक्तव्य श्रुति-लेख द्वारा लिखाया गया था। यह वक्तव्य हरिजनसेवक 25 जनवरी 1948 ई. में प्रकाशित हुआ था। उक्त अंतिम वक्तव्य में उन्होंने कहा था-

"लिपियों में मैं सबसे आला दरजे की लिपि नागरी को ही मानता हूँ। यह कोअी छिपी बात नहीं है। यहाँ तक कि मैंने दक्षिण अफ्रीका से गुजराती लिपि के बदले में नागरी लिपि में गुजराती खत लिखना शुरू किया था।...नागरी लिपि का विरोध मेरे मन में जरा भी नहीं है। लेकिन जब नागरी के पक्षपाती अुर्दू लिपि का विरोध करते हैं तब अुसमें मुझे द्वेष की और असहिष्णुनता यानी तअस्सुब की बू आती है। विरोधियों में अितना भी आत्म-विश्वास नहीं है कि नागरी लिपि यदि सम्पूर्ण है-दूसरी लिपियों के मुकाबले में पूर्ण है, तो अुसी का साम्राज्य अन्त में होगा। अिस निगाह से देखा जाय तो मेरा फैसला निर्दोष लगना चाहिये और जरूरी भी।

हिन्दुस्तानी के बारे में मेरा पक्षपात है सही। मैं मानता हूँ कि नागरी और अुर्दू लिपि के बीच अन्त में जीत नागरी लिपि की ही होगी। अिसी तरह लिपि का ख्याल छोड़कर भाषा का ही ख्याल करें, तो जीत हिन्दुस्तानी की ही होगी। क्योंकि संस्कृतमयी हिन्दी बिलकुल बनावटी है और हिन्दुस्तानी बिलकुल स्वाभाविक। अुसी तरह फारसीमयी अुर्दू अस्वाभाविक और बनावटी है।...भले ही अिस विचार के साथ आज मैं अकेला हूँ, यह साफ है कि जीत कभी संस्कृतमयी हिन्दी की होनेवाली नहीं है, न फारसीमयी अुर्दू की। जीत तो हिन्दुस्तानी की ही हो सकती है।"[43]

मौलाना अबुल कलाम आजाद (प्रथम शिक्षा मंत्री, भारत सरकार) के अनुसार, "गांधी जी ने हिन्दुस्तान को बहुत सी चीजें दी हैं। मगर शायद कम लोगों का ध्यान इस ओर गया होगा कि एक बड़ी चीज जो हिन्दुस्तान को उनके हाथों से मिली, वह उसकी मुल्की ज़बान है। बहुत सी बोलियाँ रखने पर भी हिन्दुस्तान अपनी मुल्की ज़बान नहीं रखता था। गांधी जी ने उसकी यह कमी पूरी कर दी।"[44]

अंग्रेजी भाषा के प्रभाव, मोह और वर्चस्व से मुक्त होना, महात्मा गांधी के

अनुसार, स्वराज्य का एक हिस्सा था।[45] और जब तक अंग्रेजी भाषा का मोह हमारे हृदय से दूर नहीं होगा, हमारी भाषा कंगाल रहेंगी।[46]

महात्मा गांधी द्वारा प्रतिपादित हिन्दुस्तानी और उसकी दो लिपियों की नीति के मूल में हिन्दू-मुस्लिम एकता का लक्ष्य ही निहित था। दो लिपियों की उनकी नीति में किसी प्रौढ़ भाषाविद् की दृष्टि नहीं थी। महात्मा गांधी का सम्पूर्ण जीवन हिन्दू-मुस्लिम एकता के लिए समर्पित था। उन्होंने स्वराज्य के पूर्व भी कहा था–

"हिन्दू-मुसलमान ऐक्य के बिना स्वराज्य आकाश पुष्पवत् है।"[47]

हिन्दू-मुसलमान एकता के प्रश्न को वे नानाविध अवसरों पर उद्वेलित करते रहे। वे उर्दू भाषा के विद्वान नहीं थे, उसके प्रेमी थे। इस तथ्य को उन्होंने स्वयं सार्वजनिक रूप से स्वीकार किया था। 1946 ई. में उन्होंने कहा था–

"उर्दू का ज्ञान मुझे हिन्दी से भी बहुत कम है। नागरी लिपि बचपन से जानता हूँ। फारसी लिपि तो मेहनत करके सीखा हूँ। लेकिन उसका मुहाबरा न होने से उसे थोड़ी मुश्किल से पढ़ पाता हूँ। जैसे तैसे लिख भी लेता हूँ। इस तरह अुर्दू का ज्ञान तो बहुत ही कम है। जो है, सो प्रेम है, और किसी का पक्षपात नहीं है।"[48]

नई दिल्ली में 24 अक्टूबर 1947 ई. को प्रार्थना सभा में भी उन्होंने कहा था– "मैं अुर्दू अखबार बहुत ही कम पढ़ता हूँ। मैं अुर्दू जानता तो हूँ लेकिन काफी आसानी से नहीं पढ़ सकता। दोस्त लोग समय-समय पर अुर्दू अखबारों के हिस्से मुझे पढ़कर सुनाया करते हैं।"[49]

स्वतत्रंता की प्राप्ति के पश्चात् राष्ट्रभाषा का नामकरण विवाद के घेरे में आ गया था। एक समान राष्ट्रभाषा का निर्माण और विकास भारत के पुनर्निर्माण के लिए अनिवार्य है। सामाजिक समरसता और सामाजिक न्याय हमारी राष्ट्रीयता के प्रमुख अंग हैं। महात्मा गांधी ने अखिल भारतीय भाषा के लिए हिन्दूस्तानी नाम चलाया था। संविधान के निर्माता उसे स्वीकार करने में समर्थ नहीं हो सके।

सेठ गोविंद दास

9 अगस्त, 1947 ई. को संविधान सभा में सेठ गोविंद दास ने यह प्रस्ताव किया था कि संविधान मूल में राष्ट्रभाषा में बने।[50] इसके पूर्व, संविधान सभा में 23 दिसम्बर, 1946 ई. को उन्होंने यह प्रश्न किया था कि किस भाषा में संविधान सभा की कार्यवाही चलेगी, इसका नियमन कर दिया जाय।[51] 5 नवम्बर, 1948 ई. को भी उन्होंने संविधान सभा में कहा था कि हिन्दी ही ऐसी एकमात्र भाषा है जो इस देश की राष्ट्रभाषा हो सकती है। हिन्दी हमारी राष्ट्रभाषा और देवनागरी हमारी राष्ट्रलिपि होनी चाहिए।[52]

यह उल्लेखनीय है कि सेठ गोविंद दास हिन्दी भाषा आन्दोलन के प्रमुख नेताओं में से एक थे। सर्वप्रथम उन्होंने ही 16 मार्च 1927 ई. को कौंसिल ऑफ स्टेट में यह माँग की थी कि भारतीय विधान मंडल में हिन्दी या उर्दू में भी भाषण करने की अनुमति प्रदान की जाय। एतदर्थ वैधानिक प्रक्रिया के नियमों में संशोधन किया जाय।[53] उन्होंने कहा था कि राजनीतिक स्वराज्य, जो इस देश की सभ्यता, कला, संस्कृति एवं भाषा से रहित हो, निरर्थक है। इस प्रस्ताव के पक्ष में बारह और विपक्ष में बाइस मत पड़े। पक्ष में मतदान करने वालों में तीन मुस्लिम सदस्य, तीन बंगाली सदस्य और तीन दक्षिण भारतीय थे।[54]

किसी भी विधान मंडल में 16 मार्च 1927 ई. को ही सर्वप्रथम हिन्दी भाषा का प्रश्न उठाया गया था और इसके प्रश्नकर्त्ता सेठ गोविंद दास ही थे।

राजेन्द्र बाबू का हल

1949 ई. में तत्कालीन विधान–सभा के प्रमुख डॉ. राजेन्द्र प्रसाद (प्रथम राष्ट्रपति भारत गणराज्य) ने राष्ट्रभाषा के विवाद का एक सर्वस्वीकार्य हल प्रस्तुत करने का प्रयास किया था। उन्होंने भाषा के स्वरूप की व्यापक परिभाषा को ज्यादा तर्कसंगत एवं न्यायपूर्ण करने की चेष्टा की थी। डॉ.राजेन्द्र प्रसाद के अनुसार, सारे भारत के लिए देवनागरी लिपि ही स्वीकृत होनी चाहिए। जिन स्थानों में काफी समय से उर्दू प्रचलित है, वहाँ यदि लोग चाहें तो उन्हें आवेदनपत्र आदि उर्दू में देने की सुविधा होनी चाहिए। किन्तु सरकार उसे किसी भी कार्य के लिए अपनाने को बाध्य नहीं होगी। जनता की पर्याप्त संख्या की सुविधा की दृष्टि से किसी कार्य विशेष के लिए यदि कहीं प्रान्तीय अथवा रियासती सरकार आवश्यक समझे तो उसका प्रयोग कर सकती है। लिपि के विषय में यह हल सबको स्वीकार होना चाहिए।

जो भाषा आमतौर पर उत्तरी भारत में समझी जाती है, वही सारे भारत की भाषा हो सकती है। क्योंकि इसे सर्वाधिक देशवासी समझ सकते हैं, चाहे वे उसे शुद्ध रूप में न भी लिख सकते हों। उस भाषा में से आज के प्रचलित शब्द नहीं हटाए जा सकते। उस भाषा में बड़ी संख्या में विदेशी स्रोत के शब्द प्रचलित हैं। उसे उत्तर और दक्षिण सभी प्रान्तीय भाषाओं से और अंग्रेजी से अनेक शब्द लेने होंगे। यह क्रम तो सदियों से चल रहा है। उसे सिर्फ विदेशी होने के कारण न तो अपने अपनाए हुए शब्दों को निकालना संभव हो सकता है और न नए शब्दों का बहिष्कार। यदि भाषा की यह परिभाषा स्वीकार हो तो, जहाँ तक भाषा के तत्त्वों का प्रश्न है, उसे तय करने में कोई गम्भीर कठिनाई नहीं रह जायगी।

नाम का विवाद समझौते के मार्ग में नहीं आना चाहिए।[55]

अपने वक्तव्य के उपसंहार में डॉ. राजेन्द्र प्रसाद ने अपील की कि विदेशी स्रोत के शब्दों को निकालना नहीं चाहिए। उस भाषा में हिन्दी की दूसरी शैलियों को भी शामिल करना चाहिए। उसमें न केवल प्रान्तीय भाषाओं के शब्द ही लिए जाने चाहिए बल्कि शायद उसके व्याकरण को अहिन्दी भाषी प्रान्तों की सुविधा के अनुसार बदलना चाहिए। अखिल भारतीय कामों के लिए जो भी देवनागरी लिपि मानी गई है, फिर भी कुछ समय के लिए सुविधा की दृष्टि से जो लोग चाहें उन्हें उर्दू लिपि बरतने की भी छूट दी जानी चाहिए।[56]

अपने वक्तव्य के अन्त में राजेन्द्रबाबू ने कहा कि हिन्दी के विकास की दृष्टि से मैं मानता हूँ कि यह हल सबसे उम्दा है और इसलिए तमाम हिन्दी प्रेमियों को सिर्फ हिन्दी के हित की दृष्टि से भी यह स्वीकार होना चाहिए।[57]

राजेन्द्र बाबू की यह सार्वजनिक अपील संविधान सभा में राजभाषा की कार्य सूची पर विचार विमर्श और निर्णय किये जाने के पूर्व ही सार्वजनिक रूप से प्रकाशित हुई थी। 11 सितम्बर से 14 सितम्बर, 1949 तक संविधान सभा में राजभाषा कार्यसूची पर दूरगामी प्रभाव उत्पन्न करने वाला व्यापक एवं गम्भीर विचार विमर्श हुआ था और अन्त में सर्वथा प्रजातांत्रिक ढंग से निर्णय लिए गए थे।

डॉ. राजेन्द्र प्रसाद ने राजभाषा विवाद पर जो हल अपनी ओर से दिया था उसे किशोरलाल घ. मशवाला आदि गांधीवाद के अनेक भाष्यकारों और विद्वानों ने समर्थन किया था। मशरूवाला ने कहा था कि भाषा के नाम और परिभाषा के बारे में राजेन्द्र बाबू का हल सम्पूर्ण निष्ठा से स्वीकार कर लिया जाय। अंग्रेजी के विषय में राजेन्द्र बाबू जितने भी समय के लिए कहें उतने समय के लिए केन्द्रीय सरकार स्वीकार करे, बड़ी अदालतों में अंग्रेजी और हिन्दी दोनों एक जैसी प्रमाण रूप में बरती जायें और सभी कानून, अन्य आवश्यक कार्रवाइयाँ आदि दोनों भाषाओं में सम्पन्न और प्रकाशित किये जायें। अन्तर्राष्ट्रीय अंकों का ही सार्वजनिक, प्रशासनिक कार्यों में उपयोग किया जाय। हिन्दी अंक नागरी लिपि में प्रकाशित दूसरे प्रकाशनों में रहें। किन्तु उनके आकार निश्चित हो जाने चाहिए। बालबोध 'मोड़ी' (महाराष्ट्र) का ढंग सुन्दरता और सुविधा दोनों दृष्टियों से प्रमाण रूप में ग्रहण किया जाना चाहिए।[58]

लिपि के बारे में राजेन्द्र बाबू का हल, मशरूवाला के अनुसार, नागरी और उर्दू के बीच का झगड़ा निबटा देता है। गांधीवाद के एक प्रमुख भाष्यकार होने के बावजूद मशरूवाला ने महात्मा गांधी द्वारा बहुप्रचारित नागरी और उर्दू लिखावटों की नीति के विपरीत कहा कि "प्रामाणिक रोमन लिपि भी हिन्दी के लिअे बरतने की छूट दी जानी चाहिये, हालाँकि नागरी का ज्ञान लाजिमी रखा जाय। अिससे बंगाली, अुड़िया, द्रबिड़, प्रान्त और जो अुर्दू के परिचित या अपनी बोली को (जैसे कोकनी) रोमन में लिखने के आदी हों, वे जल्दी से हिन्दी के आदी हो जायें। इसी से जिनके पास अंग्रेजी

टाअिपराइटर है, वे भी बगैर कठिनाअी, खर्च और देरी के अपनी भाषा का माध्यम बदल सकेंगे। अभी जो बहुत कुछ अंग्रेजी में लिखा जाता है (और वह भी बहुधा खराब अंग्रेजी में) वह सिर्फ अिसीलिअे कि लोगों के पास जो अंग्रेजी टाअिपराइटर है उन्हें इसी वक्त फेंककर उनकी जगह महँगे नागरी लिपि के अलग-अलग क्रम में चाबीवाले टाअिपराइटर लेना उन लोगों को नहीं पुसाता।

चूँकि स्वर की दृष्टि से नागरी अधिक परिपूर्ण है, अिसलिए अुसका पहला स्थान खोने की संभावना नहीं, (बशर्ते कि वह सुधारों को ग्रहण करना अस्वीकार न करे) और जैसे-जैसे हमारे रोजमर्रा के सर्वमान्य कामों से अंग्रेजी का अुपयोग उठता जायेगा, वैसे-वैसे रोमन लिपि का हमेशा दुय्यम स्थान रहना ही संभव है।''[59]

इस प्रकार गांधीवाद के प्रमुख भाष्यकार मशरूवाला ने हिन्दी के लिए तथाकथित प्रामाणिक रोमन लिपि का समर्थन कर महात्मा गांधी की भाषा और लिपि विषयक नीति के प्रति अपनी सैद्धांतिक असहमति व्यक्त कर दी। यह 2 सितम्बर 1949 ई. का उनका वक्तव्य है। इसके पूर्व 7 अगस्त 1947 ई. को काका कालेलकर, विनोबा और कि. घ. मशरूवाला की ओर से और 'ज्यादा सफाई' शीर्षक से एक संयुक्त अपील प्रकाशित हुई थी जिसमें हिन्दी का नामकरण हिन्दुस्तानी और उसके लिए नागरी और उर्दू लिपियों की अनुशंसा की गई थी।[60]

23 और 24 नवम्बर, 1949 ई. को दिल्ली में आयोजित प्रथम अखिल भारतीय हिन्दी परिषद् के अधिवेशन में अध्यक्षीय अभिभाषण में भी डॉ. राजेन्द्र प्रसाद ने कहा था कि हिन्दी ही उत्तर और दक्षिण के बीच में मजबूत पुल बाँधकर दोनों का सम्बन्ध दृढ़ बना सकेगी।[61]

विनोबा भावे

26 फरवरी, 1949 ई. को राष्ट्रभाषा प्रचारक सम्मेलन, वर्धा में राष्ट्रभाषा की समस्या पर विनोबा जी ने उद्बोधन किया था। उक्त उद्बोधन में उन्होंने राष्ट्रभाषा का रूप, लिपि और लिपि-सुधार के विषय में अपने विचार प्रकट किये थे।

विनोबा जी के अनुसार, ''हिन्दी के रूप के विषय में मेरी राय यह है कि उसमें न संस्कृत या अरबी-फारसी शब्दों का तिरस्कार होना चाहिए, न उन शब्दों की भरमार ही। जो शब्द सहजता से भावानुकूल होकर उसमें घुल मिल गए हैं, या जा सकते है उन्हें सबको स्वीकार करना चाहिए। हमारी देशभाषा तो समुद्र जैसी होगी, नदी जैसी मर्यादित नहीं। प्रदेश-भाषाएँ नदियों के समान हैं, जो अपना प्रवाह अलग रखती हैं। समुद्र तो सारे प्रवाहों को अपने उदर में स्थान देता है। हमारी देश-भाषा भी वैसी ही होनी चाहिए। प्रान्तीय भाषाओं के भी कई शब्द उसमें आएँगे, व्याकरण की भिन्न

रचनाएँ भी आएँगी, लिंग-विचार आसान बनाया जायगा। बहुत सारे शब्दों को अभय लिंगी मानने की तैयारी करनी होगी। हिन्दी को समुद्र जैसा व्यापक रूप देने की जब मैं बात करता हूँ तब कुछ लोगों को डर लगता है कि इससे भाषा की निर्मलता कम होगी। लेकिन हिन्दी अगर नदी का 'निर्मल' रूप रखना चाहेगी तो वह एक प्रान्तीय भाषा बन सकती है। हम तो उसे देशभाषा बनाना चाहते हैं...इसलिए हिन्दी में बाहर से कितना भी शब्दसंग्रह क्यों न आ जाय हमें उसे स्वीकार कर लेना चाहिए। हाँ, उसमें विवेकबुद्धि जरूर रखनी पड़ेगी। कौन से शब्द भाषा में मिल सकते हैं और कौन नहीं, इसका विवेक होना चाहिए। वैसा विवेक रखकर संस्कृत, अरबी, फारसी और दूसरी भी प्रान्तीय भाषाओं के सरल शब्द हम हिन्दी में लें।''[62]

विनोबा जी का कथन है कि हम हिन्दी को देशभाषा बनाने का दावा करते हैं। इसलिए हमें प्युरिटन अर्थात् शुद्धिपन्थी नहीं बनाना चाहिए।[63]

दक्षिण भारत हिन्दुस्तानी प्रचार सभा, चेन्नई (तत्कालीन मद्रास) की सायं-प्रार्थना में 29 अप्रैल, 1949 ई. को विनोबा जी ने कहा था–

''जनता की भाषा में जनता का राज-कारोबार चले, तो जनता का भी जल्दी विकास हो और भाषा का भी। गरीबों की सेवा भी अच्छी तरह हो सकेगी।''[64]

विनोबा जी देवनागरी लिपि को भारत की एकता के लिए एक उत्तम साधन मानते थे। उनके अनुसर उमसें न केवल देशभाषा बल्कि प्रान्तीय भाषाएँ भी लिखी जायें। किन्तु उनके इस कथन में प्रान्तीय लिपियों का निषेध नहीं था। प्रान्तीय भाषाएँ अपनी-अपनी लिपियों में भी लिखी जायें। लेकिन नागरी में यदि सारी प्रान्तीय भाषाएँ लिखी जायेंगी तो नए सीखनेवालों को सरलता हो जायगी। प्रान्तीय भाषाएँ नागरी में लिखी जाने से सबको एक-दूसरों की भाषा सीखने में बहुत सुविधा होगी। तेलुगु, मलयालम, बंगला, कन्नड़ आदि की पूर्ण लिपियाँ हैं उनमें हमारी देशभाषा भी लिखी जाय।[65]

विनोबा जी के शब्दों में, '' ...राष्ट्रलिपि में सब भाषायें और सब लिपियों में राष्ट्रभाषा लिखी जाय ऐसा मैं मानता हूँ। राष्ट्रभाषा की ओर विशेष ध्यान देने का अर्थ यह नहीं है कि प्रान्तीय भाषायें की लिपियाँ गौण समझी जायँ। उनमें भी अपनी-अपनी खूबियाँ हैं। असलिओ अुनका भी अभ्यास जारी रहे। अुसमें भी मेरा यह सुझाव मददगार साबित होगा। असिसे सबका गुण सबको मिलेगा और देश आगे बढ़ेगा।''[66]

विनोबा जी के मतानुसार, नागरी लिपि में कुछ सुधारों की आवश्यकता है। ज्ञान की दृष्टि से उसमें सुधार होना चाहिए।[67]

किशोरलाल घ. मशरूवाला ने गुर्जर-नागरी की अनुशंसा की। इसमें गुजराती और राष्ट्रभाषा दोनों का हित है। उनका कथन था कि राष्ट्रभाषा के लिए देवनागरी लिपि तो सभी प्रान्तों को सीखनी होगी। किन्तु किसी भी तरह यदि हम अनेक

लिपियों से एक लिपि पर आ जायेंगे तो आज जो प्रान्तभाषाएँ हमें एक दूसरे से बिलकुल दूर-दूर प्रतीत होती है, वे नजदीक मालूम होने लगेंगी।[68]

गांधीवादी विचारक किशोरलाल घ. मशरूवाला ने संविधान निर्माण के पूर्व 27 अप्रैल, 1949 ई. में कहा था कि हमारी एक राष्ट्रभाषा होनी ही चाहिए और वह अंग्रेजी तो हो ही नहीं सकती। इसलिए उसके लिए हिन्दुस्तानी ही वाहन हो सकती है। उसे हम हिन्दुस्तान के सर्वोदय के लिए अपरिहार्य मान लें।[69] उन्होंने भाषा की तथाकथित साम्राज्यशाही के इलज़ाम का जोरदार खंडन किया।[70]

कांग्रेस कार्य समिति के प्रस्ताव

कांग्रेस कार्य समिति ने भाषा के प्रश्न पर नई दिल्ली में 5 अगस्त 1949 ई. को एक प्रस्ताव पारित किया था कि "अखिल भारतीय कामों के लिए अेक राजभाषा रहे, जिसमें हिन्दी संघ का काम चलाया जाय। वह प्रान्तीय और रियासती सरकारों से पत्र व्यवहार करने की भाषा होगी। केन्द्र के तमाम काग़ज़ात (records) उसी भाषा में रखे जायँ। वह आन्तर-प्रान्तीय और आन्तर-रियासती व्यापार और पत्र व्यवहार करने का काम भी देगी। रद्दोबदल के बीच के समय में, जो 15 साल से ज्यादा नहीं होगा, केन्द्र और आन्तर-प्रान्तीय मामलों में अंग्रेजी का अुपयोग किया जा सकता है, बशर्ते कि राजभाषा का अुपयोग दिनोदिन अिस कदर बढ़ता रहे कि अन्त में वह अंग्रेजी की जगह पूरी-पूरी ले ले।"[71]

भाषा के प्रश्न पर जनता में बेचैनी थी। अतएव कांग्रेस की कार्य समिति की राय में ऐसे सिद्धान्त निश्चित कर लेना इष्ट था जो विशेष क्षेत्रों की विशेष परिस्थितियों में कार्यान्वित किये जा सकें।

कांग्रेस कार्यसमिति के उक्त प्रस्ताव में यद्यपि उक्त राजभाषा का निर्धारण नहीं किया गया था तथापि यह राजभाषा एकमात्र हिन्दी ही हो सकती थी।

संविधान सभा और हिन्दी

15 अगस्त, 1947 ई. को भारत स्वतंत्र हुआ। भारत के संविधान-निर्माण का कार्य 1947 ई. से ही प्रारम्भ हो गया था। डॉ. राजेन्द्र प्रसाद 9 दिसम्बर, 1946 ई. को संविधान सभा के अध्यक्ष निर्वाचित हुए थे। 14 जुलाई, 1947 ई. को संविधान सभा के चतुर्थ सत्र के दूसरे दिन ही यह संशोधन प्रस्तुत किया गया कि हिन्दुस्तानी के स्थान पर 'हिन्दी' शब्द प्रयुक्त किया जाय। इस पर मतदान हुआ। मतदान में 'हिन्दी' (भाषा-नाम) के पक्ष में 63 तथा 'हिन्दुस्तानी' (भाषा-नाम) के पक्ष में 32 और इसी प्रकार देवनागरी

के सन्दर्भ में हुए मतदान में पक्ष में 63 तथा विपक्ष में 18 मत पड़े। इस प्रकार, देवनागरी लिपि में लिखित हिन्दी का मार्ग प्रशस्त हुआ।[72]

प्राय: तीन वर्षों के पश्चात् 26 नवम्बर, 1949 ई. को संविधान सभा ने भारतीय संविधान को पूर्णता प्रदान की। 14 सितम्बर 1949 ई. को संविधान सभा ने भारत संघ राज्य की राजभाषा पर ऐतिहासिक निर्णय लिया और हिन्दी राजभाषा के पद पर आरूढ़ हुई। यह तिथि हिन्दी दिवस के रूप में प्रख्यात है। 26 जनवरी 1950 ई. से भारत का यह संविधान कार्यान्वित हुआ।

यह ध्यातव्य है कि भारतीय संविधान सभा में हिन्दी के सम्बन्ध में वाद-विवाद 4 नवम्बर 1948 ई., 6 नवम्बर 1948 ई. 8 और 9 नवम्बर 1948 ई. को हुआ। तत्पश्चात् 12 सितम्बर, 1949 ई. से 14 सितम्बर 1949 ई. तक यह वाद-विवाद व्यापक हुआ। इन तीन दिनों में ही हिन्दी के भाग्य की अग्नि-परीक्षा हुई। 14 सितम्बर (बुधवार) 1949 ई. को संघ की राजभाषा हिन्दी और उसकी एकमात्र लिपि देवनागरी हुई।[73]

इस प्रकार, हिन्दी भाषा और उसकी लिपि के सम्बन्ध में मात्र आठ दिनों तक संविधान सभा में गम्भीर विचार-विमर्श किया गया था।

भारतीय संविधान के भाग 14 (क) अध्याय एक (संघ की राजभाषा में उल्लिखित 301 (क) के (1) के शब्दों में, 'संघ की राजभाषा हिन्दी और लिपि देवनागरी होगी।'

संघ के राजकीय प्रयोजनों के लिए प्रयोग होनेवाले अंकों का रूप भारतीय अंकों का अन्तरराष्ट्रीय रूप होगा।

(2) खंड (1) से किसी बात के होते हुए भी इस संविधान के प्रारम्भ से पन्द्रह वर्ष की कालावधि के लिए संघ के उन सब राजकीय प्रयोजनों के लिए अंग्रेजी भाषा प्रयोग की जाती रहेगी जिनके लिए ऐसे प्रारंभ के ठीक पहले वह प्रयोग की जाती थी।

परन्तु राष्ट्रपति उक्त कालावधि में, आदेश द्वारा संघ के राजकीय प्रयोजनों में से किसी के लिए अंग्रेजी भाषा के साथ-साथ हिन्दी भाषा का तथा भारतीय अंकों के अन्तरराष्ट्रीय रूप के साथ-साथ हिन्दी भाषा का तथा भारतीय अंकों के अन्तरराष्ट्रीय रूप के साथ-साथ देवनागरी रूप का प्रयोग प्राधिकृत कर सकेगा।

(3) इस अनुच्छेद में किसी बात के होते हुए भी संसद उक्त पन्द्रह साल की कालावधि के पश्चात् विधि द्वारा–

(क) अंग्रेजी भाषा का, अथवा

(ख) अंकों के देवनागरी रूप का

ऐसे प्रयोजनों के लिए प्रयोग उपबंधित कर सकेगी जैसे कि ऐसी विधि में उल्लिखित हो।[74]

संविधान सभा में राजभाषा पर अंतिम निर्णय ले लिए जाने के पश्चात् डॉ. राजेन्द्र प्रसाद अध्यक्ष, भारतीय संविधान सभा ने 14 सितम्बर 1949 ई. को सत्य ही कहा था कि "हमारे इतिहास में अब तक कभी भी एक भाषा को शासन और प्रशासन की भाषा के रूप में मान्यता नहीं मिली थी। हमारा धार्मिक साहित्य और प्रकाशन संस्कृत में सन्निहित था। नि:सन्देह उसका समस्त देश में अध्ययन किया जाता था, किन्तु वह भाषा भी कभी समूचे देश के प्रशासकीय प्रयोजनों के लिए प्रयुक्त नहीं होती थी। आज पहली ही बार ऐसा संविधान बना है जब कि हमने अपने संविधान में एक भाषा लिखी है जो संघ के प्रशासन की भाषा होगी और उस भाषा का विकास समय की परिस्थितियों के अनुसार ही करना होगा।"[75]

संविधान सभा के अध्यक्ष के अनुसार, "हम केन्द्र में जिस भाषा का प्रयोग करेंगे, उससे हम एक दूसरे के निकटतर आते जायेंगे। आखिर अंग्रेजी से हम निकटतर आए हैं क्योंकि यह एक भाषा थी। अंग्रेजी के स्थान पर हमने एक भारतीय भाषा को अपनाया है–इससे अवश्यमेव हमारे सम्बन्ध घनिष्टतर होंगे, विशेषत: इसलिए कि हमारी परम्पराएँ एक ही हैं, हमारी संस्कृति एक ही है और हमारी सभ्यता में सब बातें एक ही हैं। अतएव यदि हम इस सूत्र को स्वीकार नहीं करते तो परिणाम यह होगा कि इस देश में बहुत–सी भाषाओं का प्रयोग होता या वे प्रान्त पृथक हो जाते जो बाध्य होकर किसी भाषा विशेष को स्वीकार करना नहीं चाहते थे। हमने यथासंभव बुद्धिमानी का कार्य किया है।"[76]

राष्ट्रभाषा और सरदार वल्लभ भाई पटेल

स्वतंत्र भारत के संविधान के पूर्व, हिन्दी के लिए मात्र 'राष्ट्रभाषा' का प्रयोग ही किया जाता था। बाद में भी भारत के प्रथम उपप्रधान मंत्री लौहपुरुष सरदार वल्लभ भाई पटेल ने 13.10.1949 ई. के अपने एक सन्देश में 'हिन्दी' के लिए 'राष्ट्रभाषा' शब्द का ही प्रयोग किया था। सरदार पटेल ने अपने उक्त सन्देश में कहा था–

"अब जब कि हिन्दी को राष्ट्रभाषा की पदवी मिल गई है (यद्यपि कुछ वर्षों के लिए एक विदेशी भाषा के साथ उसको यह गौरव प्राप्त हुआ है) हर व्यक्ति का यह कर्तव्य है कि राष्ट्रभाषा की उन्नति बढ़ाए और उसकी सेवा करें, जिससे सारे भारत में वह बिना संकोच या सन्देह के स्वीकृत हो। हिन्दी को महासागर की तरह विलीन होना चाहिए जिसमें मिलकर और भाषाएँ अपना बहुमूल्य भाग ले सकें। राष्ट्रभाषा न तो किसी प्रान्त न किसी जाति की है। सारे भारत की भाषा है और उसके लिए यह आवश्यक है कि सारे भारत के लोग उसको समझ सकें और अपनाने का गौरव हासिल कर सकें।"[77]

राजभाषा अधिनियम 1963 ई. (संशोधित 1967 ई.)

भारत के संविधान के अनुच्छेद 210 (1) और उसके तृतीय खंड के अधीन राजभाषा अधिनियम, 1963 ई. (संशोधित 1976 ई.) को तत्कालीन गृह मंत्री श्री लालबहादुर शास्त्री ने, पंडित जवाहरलाल नेहरू के प्रधानमंत्रीत्व काल में, 13 अप्रैल 1963 ई. को संसद में उपस्थापित किया। यह विधेयक 25 अप्रैल 1963 ई. को पारित होकर 10 मई 1963 ई. को हस्ताक्षरित हुआ। इसके फलस्वरूप अंग्रेजी सहभाषा के रूप में स्वीकृत हुई और राजभाषा की द्विभाषिक स्थिति स्थापित हो गई। हिन्दीतर भाषी राज्य अपने-अपने प्रदेशों की विधान सभाओं में इस विसंगति की समाप्ति का विधेयक पारित करें और यह संघ के दोनों सदनों में बहुमत अथवा सर्वसम्मत से पारित कर लिया जाय तब राजभाषा की इस द्विभाषिक स्थिति का समापन हो सकता है।

मूल अष्टम अनुसूची में प्रारम्भ में मात्र चौदह भाषाएँ थीं जिनकी संख्या अब अठारह हो गई है।

राजभाषा नियम 1976 ई.

राजभाषा अधिनियम 1976 ई. की आठवीं धारा के अंतर्गत राजभाषा नियम 1976 ई. (17 जुलाई, 1976 ई. के गजट में प्रकाशित) की अधिसूचना भी निर्गत हुई। इसके द्वारा राजभाषा विभाग (गृह मंत्रालय) राजभाषा हिन्दी के प्रति सचेष्ट है।

संविधान का अनुच्छेद 351 और राजभाषा हिन्दी

भारत की एक अखिल देशीय भाषा कौन हो सकती है, यह संविधान के अनुच्छेद 351 में स्पष्ट शब्दों में बताया गया है। यह भाषा भारत की सर्वग्राही संस्कृति को व्यक्त करने वाली होगी और उसमें हिन्दुस्तानी एवं अष्टम अनुसूची में उल्लिखित अन्य भारतीय भाषाओं की समृद्धि का उचित समावेश होगा। ऐसी भाषा का नाम संविधान में हिन्दी ही है।

भारतीय संविधान के अनुच्छेद 351 में हिन्दी भाषा के विकास के लिए प्रदत्त दिशा निर्देश इस प्रकार है कि हिन्दी भाषा की प्रसार-वृद्धि करना, उसका विकास करना ताकि वह भारत की सामासिक संस्कृति के सब तत्त्वों की अभिव्यक्ति का माध्यम हो सके तथा उसकी प्रकृति में हस्तक्षेप किये बिना हिन्दुस्तानी के और अष्टम अनुसूची में उल्लिखित अन्य भारतीय भाषाओं के रूप, शैली और पदों को

आत्मसात् करते हुए तथा जहाँ आवश्यक या वांछनीय हो वहाँ उसके शब्द–भंडार के लिए मुख्यतः संस्कृत से तथा गौणतया वैसी उल्लिखित भाषाओं से शब्द ग्रहण करते हुए उसकी समृद्धि सुनिश्चित करना संघ का कर्त्तव्य होगा।

संविधान के अनुच्छेद 351 के दिशा–निर्देश के आलोक में ही हिन्दी भाषा का समुचित विकास राष्ट्रीय परिप्रेक्ष्य में संभव है।

आठवीं अनुसूची

भाषाएँ–1. असमिया, 2. बंगला, 3. गुजराती, 4. हिन्दी, 5. कन्नड़, 6. कश्मीरी, 7. कोंकणी, 8. मलयालम, 9. मणिपुरी, 10. मराठी, 11. नेपाली, 12. ओड़िया, 13. पंजाबी, 14. संस्कृत, 15. सिंधी, 16. तमिल, 17. तेलुगु, 18. उर्दू।

संविधान की धारा 351 भारतीय संघ का यह कर्त्तव्य निश्चित करती है कि हिन्दी की मूल प्रकृति में किसी प्रकार का हस्तक्षेप किये बिना हिन्दुस्तानी अथवा आठवीं सूची में दी गई भारत की दूसरी भाषाओं में उपयोग किये जानेवाले रूपों, शैली और मुहावरों को पचाकर उसे समृद्ध बनाया जाय। आठवीं अनुसूची में अठारह भारतीय भाषाएँ हैं। संस्कृत, उर्दू और नेपाली को छोड़कर शेष प्रादेशिक भाषाएँ हैं। इन पन्द्रह भाषाओं के समूह में बंगला, गुजराती, मराठी, कन्नड़ आदि के साथ हिन्दी का उल्लेख किया गया है। अतएव अष्टम अनुसूची की हिन्दी अन्य विनिर्दिष्ट भाषाओं के संवर्ग और श्रेणी की ही है, जो प्रादेशिक भाषाओं के नाम से प्रख्यात हैं। धारा 351 हमें अष्टम अनुसूची में विनिर्दिष्ट भाषाओं के मुख्य तत्त्वों को पचाकर अथवा आत्मसात कर हिन्दी को समृद्ध करने का मार्गदर्शक प्रावधान सुनिश्चित करती है। अष्टम अनुसूची में हिन्दी सम्मिलित है जिसका तात्पर्य प्रादेशिक हिन्दी है।

संविधान भारतीय संघ को आदेश देता है कि अष्टम अनुसूची में परिगणित हिन्दी के रूपों, शैली और मुहावरों को पचाकर अनुच्छेद 351 में प्रदत्त हिन्दी को समृद्ध किया जाय। यदि इस सन्दर्भ में हिन्दी शब्द का अर्थ दो भिन्न चीजें न हो तो अनुच्छेद 351 में दिया गया निर्देश व्यर्थ हो जाता है। किन्तु ऐसा न तो है, न ऐसा संभव ही है। यदि हम अष्टम अनुसूची की हिन्दी को प्रादेशिक हिन्दी और अनुच्छेद 351 की हिन्दी को उससे भिन्न स्वीकार कर लें तो संविधान का निर्देश निश्चित अर्थपूर्ण बन जाता है।

अष्टम अनुसूची में भारत की भाषायी समस्या के समाधान के सूत्र निहित हैं। राष्ट्रीय परिप्रेक्ष्य में इसके पुनर्मूल्यांकन एवं अभिनव भाष्य की आवश्यकता है, राष्ट्रीय दृष्टि की आवश्यकता है।

धारा 351 की राजभाषा हिन्दी है। यह भारत की सर्वमान्य भाषा है। मिलीजुली संस्कृति भारत की मौलिक विशेषता है। चूँकि वह मिलीजुली है, इसलिए उसमें अनेक तत्त्वों का समावेश स्वाभाविक रूप से हुआ है। धारा 351 हिन्दी के ऐसे विकास की व्यवस्था करती है कि वह भारत की मिलीजुली संस्कृति के समस्त तत्त्वों को व्यक्त करने का महान माध्यम बन सके। अतएव भारतीय संघ द्वारा विकसित की जानेवाली हिन्दी को भारत की सर्वग्राही संस्कृति के समस्त तत्त्वों को अभिव्यक्त करने का व्यापक माध्यम बनना ही श्रेयष्कर है। धारा 351 की हिन्दी का क्षेत्र अत्यन्त विशाल और व्यापक है, राष्ट्रीय समग्रता के गौरव से परिपूर्ण भी।[78]

भारत के संविधान ने हिन्दी को राजभाषा ही घोषित किया। अतएव डॉ. भोलानाथ तिवारी का यह अभिमत उचित है कि अब हिन्दी को राष्ट्रभाषा न कहकर राजभाषा कहा जाय तो यह अधिक व्यावहारिक, उचित तथा संविधानसम्मत होगा।[79]

पंडित जवाहरलाल नेहरू

31 जनवरी, 1951 ई. (संध्या) को गुजरात विद्यापीठ, अहमदाबाद में एक सभा को सम्बोधित करते हुए पंडित जवाहरलाल नेहरू ने राष्ट्रभाषा हिन्दी के स्वरूप पर प्रकाश डाला था। उन्होंने कहा कि यह आवश्यक है कि सारे देश की एक भाषा हो। वह सिर्फ हिन्दी-हिन्दुस्तानी ही हो सकती है। चाहे हम उसे हिन्दी कहें या हिन्दुस्तानी कहें। हमारी भाषा का सही स्वरूप हिन्दुस्तानी है। मुझे इसमें कोई रुकावट नहीं कि नये शब्द संस्कृत से आएँ। लेकिन वे शब्द नकली रूप से न आने चाहिए। हिन्दुस्तानी प्रचार का काम हर तरह से बहुत जरूरी है क्योंकि वह राष्ट्र की माँग है। राष्ट्रभाषा हमारे राष्ट्र को बाँधती है, उसे मजबूत करती है। हमें राष्ट्रभाषा को आमलोगों की भाषा बनाना है। इसलिए उसमें नए शब्द लेने वाले भाषा की सेवा करते हैं। राष्ट्रभाषा प्रचार का काम एक आवश्यक काम है।[80]

18 जुलाई, 1953 ई. को इलाहाबाद में कायस्थ पाठशाला के मैदान में एक सार्वजनिक सभा में भाषण करते हुए पंडित जवाहरलाल नेहरू ने कहा कि जनता के किसी भी समुदाय की भाषा या संस्कृति को दबाने की कोशिश करना अनुचित है। भाषा में देश की सांस्कृतिक सम्पत्ति निहित होती है। हमलोगों ने निर्णय किया है कि हिन्दी हमारी राष्ट्रभाषा है और उसके इस पद के अनुकूल हम उसे एक शक्तिशाली भाषा बनाएँगे। लेकिन साथ ही हमें प्रान्तीय भाषाओं को, जिनका साहित्य काफी समृद्ध है, विकास का समान अवसर देना चाहिए।[81]

उसी तिथि अर्थात् 18 जुलाई, 1953 ई. को आनन्द भवन, इलाहाबाद में कांग्रेस कार्यकर्ताओं को सम्बोधित करते हुए पंडित नेहरू ने कहा कि उर्दू को हिन्दी की

प्रतियोगिता करने का सवाल नहीं है। लेकिन उर्दू को दबाने का या किसी तरह उसका विकास रोकने का भी कोई सवाल नहीं होना चाहिए। सच बात तो यह है कि हिन्दी के साथ-साथ हमें दूसरी भाषाओं को भी समृद्ध करना है।[82]

डॉ. राजेन्द्र प्रसाद

इसके पूर्व भारतीय संघ के प्रथम राष्ट्रपति डॉ. राजेन्द्र प्रसाद ने उस्मानिया विश्वविद्यालय, हैदराबाद के दीक्षांत समारोह में 30 अगस्त 1951 ई. को मुख्य अतिथि के रूप में अभिभाषण करते हुए भारत की भाषा-नीति पर व्यापक ढंग से प्रकाश डाला था। उन्होंने प्रादेशिक भाषाओं के महत्त्व को रेखांकित करते हुए भाषा के तथाकथित शुद्धिकरण के प्रयास की निन्दा की थी। उन्होंने कहा कि भाषा को सोलह आने शुद्ध बनाने के लिए शब्दों, मुहावरों और व्याकरण-शुद्ध रचना को भी इस आधार पर छोड़ने का कोई प्रयत्न कि वे दूसरी भाषाओं से लिए गए हैं और मूलरूप में उस स्रोत से नहीं आए हैं, जिससे उस भाषा की उत्पत्ति हुई है, न सिर्फ असफल रहेगा, बल्कि भाषा को समृद्ध बनाने के बजाय कंगाल बनाएगा।[83]

डॉ. राजेन्द्र प्रसाद के अनुसार, प्रादेशिक भाषाओं को विकसित और समृद्ध बनाना अत्यावश्यक है लेकिन साथ ही एक दूसरे प्रश्न पर भी सावधानीपूर्वक विचार किया जाना चाहिए। हमारा देश बहुभाषी है। इसलिए हमारे पास एक ऐसी समान भाषा होनी चाहिए जिसके द्वारा विभिन्न भाषाभाषी प्रदेश आन्तरप्रान्तीय और राष्ट्रीय जीवन से सम्बन्ध रखनेवाली बातों में एक-दूसरे के साथ व्यवहार कर सकें। पूरे विचार विमर्श के पश्चात् विधानसभा ने संविधान में यह व्यवस्था की कि वह समान भाषा देवनागरी लिपि में लिखी जाने वाली हिन्दी होगी और संघ के सरकारी कामकाज के लिए उपयोग किये जानेवाले अंकों का रूप भारतीय अंकों का अन्तर्राष्ट्रीय रूप होगा। यह निर्णय सर्वानुमति से और देश के सारे तत्त्वों के हितों का पूरा ध्यान रखकर किया गया था।

देश के किसी नागरिक को यह आशंका रखने का कोई कारण नहीं है कि इस निर्णय से उसके अथवा उसके दल के हितों को किसी तरह नुकसान पहुँचेगा। प्रत्येक भाषाभाषी प्रदेश के शिक्षाक्रम में संघभाषा हिन्दी की पढ़ाई का प्रबन्ध होना ही चाहिए।[84]

किशोरलाल मशरूवाला

गांधी दर्शन के मौलिक अर्थकार और गांधीमार्गियों के एक अद्वितीय ध्रुवतारा किशोरलाल मशरूवाला ने स्पष्ट रूप से कहा था कि सार्वदेशिक हिन्दी के विकास में हमें प्रादेशिक हिन्दी को महत्त्व का स्थान देना ही पड़ेगा।[85]

तमिलनाडु की जनता

1952 ई. में तमिलनाडु की जनता का एक लघु वर्ग इस तथ्य को स्वीकार नहीं कर सका था कि हिन्दी को अब हमारे विद्यालयों और महाविद्यालयों के पाठयक्रम का अविभाज्य एवं अनिवार्य अंग बन जाना चाहिए। यह वर्ग उत्तर भारत के तथाकथित 'हिन्दी साम्राज्यवाद' से भयभीत था। यह भय निराधार था। इसलिए, 'हरिजनसेवक' की एक सम्पादकीय टिप्पणी में कहा गया था कि उत्तर के लिए इसका एक रास्ता यह है कि वह अहिन्दी भागों में हिन्दी प्रचार का काम छोड़ दे, सारा क्षेत्र वहीं के लोगों और उनके राज्यों के हाथ में सौंप दे और माँगने पर उन्हें आवश्यक सहायता प्रदान करे। मद्रास राज्य के लिए सही चीज तो यह होगी कि वह हिन्दी को विद्यालयों में अनिवार्य विषय के तौर पर शुरू करने का रास्ता खोज निकाले।[86]

हिन्दीतर प्रदेशों में हिन्दी-प्रचार नीति

एक अन्य सम्पादकीय टिप्पणी में 'हरिजनसेवक' ने कहा था कि अहिन्दी प्रान्तों के लोग अखिल भारतीय भाषा, जितनी जल्दी हो सके, सीख लें और संविधान ने उसके विषय में जो आदेश दिया है और उसकी जैसी कल्पना की है, उसे ध्यान में रखकर उसके विकास में दिलचस्पी लें।[87]

गुजरात हिन्दी-हिन्दुस्तानी प्रचारक सम्मेलन ने गुजरात विद्यापीठ, अहमदाबाद में आयोजित 11 जनवरी, 1953 ई. के अधिवेशन में पारित एक प्रस्ताव में अहिन्दीभाषी प्रदेशों में हिन्दी प्रचार की नीति का निश्चय किया गया था कि "हरअेक अहिन्दी-भाषी प्रदेश को अपने प्रदेश के हिन्दी प्रचार का काम खुद अुठा लेना चाहिये और वहाँ से हिन्दी-भाषी प्रदेश की संस्थाओं को अब हट जाना चाहिये। अगर अैसा न हुआ तो हिन्दी और अहिन्दी-भाषी प्रदेशों में बिना कारण गलतफहमी पैदा होगी, जिसका नतीजा हिन्दी प्रचार के लिअे खराब होगा।"[88]

मोरारजी देसाई

मोरारजी देसाई ने जुलाई 1953 ई. में सूरत हिन्दी प्रसार मंडल दीक्षांत समारोह में राष्ट्रभाषा के स्वरूप के प्रश्न पर अपने विचार व्यक्त करते हुए कहा था कि राष्ट्रभाषा के स्वरूप के बारे में झगड़ना बेकार है। झगड़े से कोई तरक्की नहीं हुई है। हमें इस विषय में विवाद से दूर रहना चाहिए, लेकिन इसका यह मतलब नहीं कि अपने सिद्धान्तों को छोड़ देना चाहिए।

संविधान में जो बात स्वीकार की गई है, वह यह है कि हिन्दी यानी गांधी जी द्वारा उपयोग में लाई जानेवाली ''हिन्दी-हिन्दुस्तानी' हमारी राष्ट्रभाषा होगी। किसी भी तरह की मुश्किल को टालने के लिए राष्ट्रभाषा का नाम हिन्दी स्वीकार कर लिया गया है, साथ ही एक लिपि का विचार भी मान लिया गया है।

यह मुसलमानों को खुश करने के लिए नहीं था। उत्तर भारत के बहुत बड़े हिस्से में साहित्य उर्दू और देवनागरी दोनों लिपियों में पाया जाता है। दोनों लिपियाँ सीखने से हमें लाभ ही होगा। अगर हम दोनों लिपियाँ सीख सकें तो भाषा का क्षेत्र और उपयोगिता बढ़ जायगी और देश की विभिन्न भाषाओं के शब्द हिन्दी के शब्द-भंडार में शामिल कर लिये जाने चाहिये, ताकि हिन्दी एक सर्वसामान्य भाषा के नाते ज्यादा उपयोगी बन सके।[89]

डॉ. जाकिर हुसैन

26 जुलाई, 1953 ई. को लखनऊ में आयोजित उत्तर प्रदेश उर्दू कॉन्फ्रेंस में सभापति पद से बोलते हुए डॉ. जाकिर हुसैन (तत्कालीन कुलपति, अलीगढ़ मुस्लिम विश्वविद्यालय और कालान्तर में राष्ट्रपति, भारत सरकार) ने घोषणा की थी कि उर्दू न तो हिन्दी की विरोधी है, न राष्ट्रहित की। उर्दू को हिन्दी की केवल एक शैली कहकर उसकी उपेक्षा करना ईमानदारी नहीं है।[90]

कांग्रेस कार्य समिति के प्रस्ताव

4 और 5 अप्रैल 1954 ई. को दिल्ली में आयोजित कांग्रेस कार्यसमिति के प्रस्ताव में स्पष्ट रूप से कहा गया था कि सरकार को चाहिये कि वह शिक्षा-प्रणाली तथा अन्य साधनों के जरिये हिन्दी का, प्रादेशिक भाषा के रूप में और सरकारी तथा दूसरे कामों के लिए उपयोगी अखिल भारतीय राष्ट्रभाषा के रूप में भी, विकास करे और बढ़ाये। साथ ही संविधान में उल्लिखित दूसरी प्रादेशिक भाषाओं को पूरा प्रोत्साहन दिया जाना चाहिए। इसमें उद्देश्य इन सब भाषाओं के जरिये एक भारतीय साहित्य का विकास करने का है और इसलिए इन सब भाषाओं को आपस में निकट सम्पर्क कायम करना चाहिए।

अखिल भारतीय राष्ट्रभाषा की तरह हिन्दी स्कूलों और कॉलेजों में शिक्षा की प्रत्येक अवस्था में अनिवार्य विषय की तरह पढ़ाई जानी चाहिए। पर साथ ही यह जरूरी है कि हिन्दी भाषी क्षेत्र के लोग कम-से-कम एक दूसरी भारतीय भाषा भी सीखें।

अंग्रेजी दुनिया की मुख्य भाषाओं में महत्त्व का स्थान रखती है और उससे हमारे पुराने सम्बन्ध भी हैं, इसीलिए खासकर अंग्रेजी के अध्ययन का बढ़ावा देना जरूरी होगा...

विश्वविद्यालय में शिक्षा का माध्यम प्रदेश–भाषा होना चाहिए, यद्यपि हिन्दी का उपयोग भी किया जा सकता है। विश्वविद्यालयों में सामान्य शिक्षण प्रदेश भाषा में ही होगा, लेकिन शिक्षकों को हिन्दी में और कभी–कभी अंग्रेजी में भी भाषण करने की छूट होनी चाहिए। इससे अन्तरप्रान्तीय सांस्कृतिक व्यवहार में सुविधा होगी।[91]

शिक्षा के माध्यम के प्रश्न पर कांग्रेस की कार्य समिति ने 5 अगस्त, 1949 ई. और 17 मई 1953 ई. को भी प्रस्ताव पारित किये थे। उक्त प्रस्तावों का कार्यान्वयन ईमानदारी से नहीं किया जा सका।

कांग्रेस कार्य समिति के 4 और 5 अप्रैल, 1954 ई. के प्रस्ताव जवाहरलाल नेहरू की भाषानीति के आधार पर ही है, इसमें सन्देह नहीं।

जवाहरलाल नेहरू

सितम्बर 1954 ई. में संसद के हिन्दी परिसंघ के द्वितीय वार्षिक अधिवेशन में अपने अध्यक्षीय भाषण में जवाहरलाल नेहरू ने भाषा विषयक एक मुख्य खतरे का जिक्र किया जिसे खासकर हिन्दीतर प्रदेशों में हिन्दी को फैलाने में दिलचस्पी रखनेवालों को टालना चाहिए। उन्होंने हिन्दी के हिमायतियों से भाषा सम्बन्धी सहिष्णुता दिखाने की अपील की। उन्हें धीरे–धीरे इस काम को आगे बढ़ाना चाहिए किन्तु इसका तात्पर्य यह नहीं कि वे अपनी गति बहुत धीमी कर दें या इस दिशा में बिल्कुल आगे न बढ़ें।[92]

5 जनवरी, 1955 ई. को गुजरात विद्यापीठ ग्रंथालय भवन, अहमदाबाद का उद्घाटन करते हुए भाषा और साहित्य की सर्जनशक्ति पर स्वतंत्र भारत के प्रथम प्रधान मंत्री जवाहरलाल नेहरू ने वक्तव्य देते हुए कहा था कि "हिन्दी हमारी राष्ट्रभाषा हो गई है। यह दूसरी भाषाओं की तबाही का कारण नहीं है। हिन्दी और भाषाओं को दबाती नहीं है। कुछ लोग हैं जो हिन्दी की सेवा करने की बात करते हैं। उन्हें इस बात की फिक्र रहती है कि उसे किस तरह कायदे–कानून से आगे बढ़ाया जाय। कायदे–कानून से बढ़ना अच्छा है। मगर भाषाएँ कायदे–कानून से नहीं बढ़ती। भाषाएँ तब बढ़ती हैं जब उनके बोलने–चालने वालों में जान होती है, ताकत होती है। भाषाएँ फूल की तरह बढ़ती हैं। मारपीट से फूल नहीं बढ़ते। फूलों की, दरख्तों की सेवा करें, खाद दें, पानी दें, उनकी हिफाजत करें, तब वे बढ़ते हैं, खींचातानी से नहीं।

हिन्दी प्राचीन भाषा है, ऊँचे दर्जे की भाषा है। मेरी राय में हिन्दी के अलावा कोई भाषा राष्ट्रभाषा नहीं हो सकती थी। इसलिए यह निश्चय हुआ, हमारे विधान ने यह निश्चय किया। क्योंकि अगर यह नहीं किया होता तो हमें अंग्रेजी पर भरोसा रखना पड़ता, जैसे कि अब तक बहुत कुछ रखना पड़ा...

यह साफ है कि अपने देश का काम हम विदेशी भाषा से नहीं कर सकते। प्रान्तीय भाषाएँ बंगला, गुजराती, मराठी, तमिल, तेलुगू वगैरह बड़ी भाषाएँ हैं। उनका साहित्य भी पुराना है। मगर उनमें से कोई भी भाषा ऐसी नहीं जो सारे देश की भाषा बन सके। इसीलिए हमने हिन्दी को राष्ट्रभाषा बनाया...।''[93]

उर्दू हिन्दी की पुरानी बहस पर पंडित नेहरू ने दुख व्यक्त किया और कहा कि भाषा में हिन्दू-मुसलमान का सवाल नहीं है। उर्दू कोई ऐसी चीज नहीं जो हिन्दी की छाती पर बैठ जाय और उसे नुकसान पहुँचाए।[94] उन्होंने कहा कि कोई भाषा तब तक नहीं बढ़ सकती जब तक वह आम जनता की भाषा न हो।...भाषा की शक्ति की जड़ आम जनता में है।[95]

नेहरू जी ने यह आरोप लगाया कि हिन्दी को लोग दरबारी भाषा बना रहे हैं। हिन्दी के उच्च कोटि के लेखकों को शायद ही गाँव के लोग समझते हों।[96] किन्तु उनके इस आरोप को स्वीकार करना किसी के लिए भी अत्यन्त कठिन है।

चेन्नई (तत्कालीन मद्रास) में 2 अक्टूबर 1955 ई. को अपने भाषण में पंडित जवाहर लाल नेहरू ने भाषा के सवाल पर पुनः अपने विचार प्रकट किये। उन्होंने कहा कि भारतीय संविधान में उल्लिखित भाषाएँ बहुत सही अर्थ में राष्ट्रभाषाएँ हैं। संविधान में यह भी कहा गया है कि हिन्दी अखिल भारतीय राजभाषा है और होनी चाहिए। लेकिन इस कारण तमिल, गुजराती, मराठी या तेलुगू से हिन्दी ज्यादा राष्ट्रीय हो जाती है, ऐसी बात नहीं है। भारत की राष्ट्रीय भाषाओं में, कई कारणों से हिन्दी अखिल भारतीय कार्यों के लिए राजभाषा की तरह स्वीकार किये जाने के लिए सबसे ज्यादा आसान भाषा है। अन्यथा उसमें दूसरी भाषाओं की तुलना में ऐसी कोई प्रमुखता नहीं है।

पंडित नेहरू ने कहा कि तमिल और हिन्दी में कोई विरोध नहीं है। हिन्दी और तमिल या तेलुगू या और किसी भाषा में किसी तरह का विरोध है, ऐसी बात सोचना बिल्कुल निराधार है।[97]

पंडित नेहरू के शब्दों में, '' ...सरकारी कार्यों के लिए हमारी एक सामान्य भाषा भी होनी चाहिए। नहीं तो भाषाओं की इतनी दीवालें हमारे बीच में आती है कि हमारा एक-दूसरे से व्यवहार करना असंभव हो जाता है। इसीलिए हिन्दी राजभाषा चुनी गई है और कोई दूसरी भाषा हमारे पास ऐसी नहीं है जो यह काम कर सके। हिन्दी न तो बाहर से लादी जानेवाली है और न वह किसी दूसरी भाषा के रास्ते में

आयगी। यह सोचना कि वह बाहर से लादी जायगी, बिल्कुल ही गलत है। व्यवहार में हम ऐसा कोई भी कदम नहीं उठाएँगे जिससे हिन्दी न जानने वाले लोगों पर–वे सरकारी नौकरियों में काम करते हों, या नहीं और–कोई बोझ पड़े।''[98]

पंडित नेहरू ने तमिलनाडु के हिन्दी विरोधी आन्दोलन पर खेद व्यक्त किया और कहा कि इस आन्दोलन का कोई अर्थ नहीं है, क्योंकि कोई भी हिन्दी को लोगों पर लादना नहीं चाहता। उन्होंने कहा कि मुझे विश्वास है कि हिन्दी का ज्ञान हर एक के लिए हर तरह से लाभकारी सिद्ध होगा।

उनके अनुसार, अंग्रेजी राष्ट्रभाषा की तरह नहीं रह सकती। सामान्य जनता के लिए विदेशी माध्यम नहीं चलाया जा सकता। लेकिन भारत और उसके भावी विकास के लिए यह अच्छा नहीं होगा कि हम सारी अभारतीय भाषाओं से नाता तोड़ लें, उनकी बिलकुल उपेक्षा करें। अंग्रेजी दुनिया की महत्त्वपूर्ण भाषाओं में से एक और सबसे ज्यादा व्यापक ही नहीं है, कई दृष्टियों से वह आज दुनिया की सबसे महत्त्वपूर्ण भाषा है। इसलिए हमें अपना अंग्रेजी का–सही किस्म की अंग्रेजी का, मामूली टूटी–फूटी अंग्रेजी का नहीं–पढ़ना–पढ़ाना जारी रखना है। अगर हम किसी विदेशी भाषा से पूरा परिचय नहीं रखेंगे तो हम अपना वैज्ञानिक और औद्योगिक कार्य अच्छी तरह नहीं कर सकेंगे।[99]

राष्ट्रभाषा प्रचार समिति, वर्धा के रजत जयन्ती महोत्सव के अवसर पर अपने एक सन्देश में तत्कालीन प्रधान मंत्री जवाहरलाल नेहरू ने 13 मई, 1962 ई. को कहा कि ''हिन्दी एक ही तरह से उन्नति कर सकती है- लोगों को सीखने का मौका दिया जाय बगैर जबरदस्ती किये। कोई भाषा भी उन्नति करती है इसी तरह से।...हमारे लिए यह भाषाओं का प्रश्न एक बहुत कठिन और पेचीदा हो गया है। लेकिन मैं समझता हूँ कि हल्के–हल्के उसको हल करने का रास्ता दिख रहा है।[100]

डॉ. बी. आर. अंबेडकर

इसके पूर्व, बाबा साहेब भीमराव अम्बेडकर ने कहा था–

''जनता में एक भाषा के माध्यम से ही एकता आ सकती है। दो भाषाएँ जनता को निश्चय ही विभाजित कर देंगी। यह एक अटल नियम है। भाषा के माध्यम से संस्कृति सुरक्षित रहती है। चूँकि भारतीय एक होकर सामान्य संस्कृति विकास करने के आकांक्षी हैं अत: सभी भारतीयों का अनिवार्य कर्त्तव्य है कि वे हिन्दी को अपनी भाषा के रूप में अपनाएँ।''[101]

यह सत्य है कि राष्ट्रीय भाषा के रूप में हिन्दी की स्थिति भारत में अद्वितीय है। उर्दू अथवा किसी अन्य भारतीय भाषा का उसके साथ प्रतियोगिता करने का प्रश्न नहीं है।

राजर्षि पुरुषोत्तम दास टंडन

राजर्षि पुरुषोत्तम दास टंडन हिन्दी के एक संघर्षशील महान योद्धा थे। टंडन जी के अनुसार हिन्दी के द्वारा राष्ट्रीयता की भावना जागी है।[102] राष्ट्रीयता और हिन्दी दो चीजें नहीं, एक ही है।[103] हिन्दी वह भाषा है, जिससे हमारा राष्ट्रीय काम चल सकता है।[104] श्रीमन्नारायण के अनुसार, राष्ट्रभाषा हिन्दी के प्रति टंडन जी का प्रेम राष्ट्रीयता से ओत प्रोत था। उसमें संकुचित दृष्टि नहीं थी। वे दिन–रात इसी का चिन्तन करते थे कि किस तरह सारे देश को राष्ट्रभाषा–प्रचार द्वारा एकता के धागे में बाँधा जा सके।[105]

उनका दृढ़ मत था कि भारत की राष्ट्रभाषा अंग्रेजी नहीं, एक स्वदेशी भाषा ही बन सकती है और वह हिन्दी ही हो सकती है। राष्ट्रभाषा हिन्दी संस्कृतनिष्ठ ही हो, ऐसा उनका आग्रह नहीं था। विभिन्न प्रादेशिक भाषाओं में संस्कृत का प्राचुर्य है। अतएव, यह स्वाभाविक है कि राष्ट्रभाषा में अधिकतर संस्कृत के ही शब्द हों ताकि वह सारे देश में आसानी से समझी जाय। टंडनजी की दृष्टि शुद्ध राष्ट्रीयता से भरी थी।[106] वे राष्ट्रभाषा के प्रतीक पुरुष थे। हिन्दी की गरिमा की रक्षा के लिए उन्होंने महात्मा गांधी से भी सीधी टक्कर ली थी। हिन्दी भाषा के इतिहास में गांधी–टंडन पत्र व्यवहार का ऐतिहासिक महत्त्व है।[107] वे महात्मा गांधी की हिन्दुस्तानी नीति से सहमत नहीं थे। टंडन जी ने कहा था–

''गांधी जी का यह कहना कि हिन्दी–उर्दू दोनों ही सीखना चाहिए, मैं इस मत से सहमत नहीं हूँ। मैं दोनों को ही एक लड़ी में गूँथ देना चाहता हूँ और उस लड़ी का नाम मैं 'हिन्दी' रखना चाहता हूँ। हिन्दी–उर्दू दोनों के समन्वय के बाद भी हिन्दी अपने अस्तित्व को मिटा नहीं सकती। हम हिन्दी हैं, हमारा देश 'हिन्दी' है, और उसकी भाषा भी हिन्दी ही रहेगी।...हिन्दी की रक्षा करना मेरे जीवन का प्रधान आदर्श है। इस आदर्श को मैं मरते दम तक छोड़ नहीं सकता। मैंने राष्ट्र की भलाई के लिए ही हिन्दी–उर्दू के समन्वय का प्रश्न उठाया है। मैं चाहता हूँ कि आजादी के मार्ग में भाषा रोड़ा न बन जाय। इसलिए मैंने समन्वय का सुझाव दिया। उर्दू के वे शब्द जो कि आम जनता में प्रचलित हैं उन्हीं को हम हिन्दी में अपना सकते हैं, फारसी के कठिन शब्दों को नहीं, समन्वयवाद का यह अर्थ कदापि नहीं कि हिन्दी अपने देदीप्यमान स्वरूप को नष्ट कर दे।''[108]

टंडन जी राष्ट्रभाषा हिन्दी के प्रतिष्ठापकों में से एक थे। उनका सम्पूर्ण जीवन हिन्दी के लिए समर्पित था।

अंग्रेजी का बहिष्कार अनिवार्य है

गणतंत्र भारत के प्रथम अर्द्धदशाब्द से ही कुछ अति उत्साही हिन्दी प्रचारक और हिन्दी ध्वजवाहक हिन्दी को भारत की आन्तर–भाषा के अपने स्थान से भ्रष्ट कर हमारी राष्ट्रीय

स्वभाषाओं के स्थान पर प्रतिष्ठित करने हेतु प्रयत्नशील हो गए थे। किन्तु यह कार्य राष्ट्र की प्रगति के अनुकूल नहीं था और हमारी एक राष्ट्रीय आंतर-भाषा तथा एकता के कार्य और सच्ची लोकशाही के विकास में बाधक था। भारत से अंग्रेजी को सार्वभौम सम्प्रभुता के पद से च्यूत करने का बड़ा प्रश्न था। अंग्रेजी की पदावनति की अनिवार्यता के पक्ष-विपक्ष में अनेक तर्क-कुतर्क दिए जाते थे। अंग्रेजी को सतारूढ़ रखने के पक्ष में यह खतरनाक तर्क दिया जाता था कि यदि अंग्रेजी अभी शीघ्र ही हटायी गई तो उसके स्थान पर हिन्दी नहीं, कोई क्षेत्रीय भाषा आसीन हो जायगी। राष्ट्र के स्वाभिमान की रक्षा में हिन्दी ही नहीं, अन्य क्षेत्रीय भाषाओं को भी अंग्रेजी के स्थान पर प्रतिष्ठित करने के उद्‌देश्य से ही अंग्रेजी का न्यायोचित बहिष्कार अनिवार्य है।

रामधारी सिंह दिनकर

मई 1954 ई. में राष्ट्रकवि रामधारी सिंह दिनकर ने भावनगर (गुजरात) में हिन्दी प्रचारकों के सम्मेलन में अपने अध्यक्षीय अभिभाषण में कहा था कि सच तो यह है कि विभिन्न भाषा-क्षेत्रों में अंग्रेजी को प्रभुता के पद से हटाने का काम वहाँ की मातृभाषाएँ कर सकती हैं, राष्ट्रभाषा नहीं क्योंकि जनता में जो उत्साह मातृभाषा के लिए जगाया जा सकता है, वह राष्ट्रभाषा के पक्ष में नहीं जगाया जा सकता। हिन्दी को हम सार्वदेशिक सम्बन्धों की भाषा के रूप में स्वीकार कर रहे हैं। परन्तु प्रान्तों के अधिक कार्य तो ऐसे ही हैं जिनके लिए वहाँ की मातृभाषाएँ यथेष्ठ होंगी। जब तक राष्ट्रभाषा की उपयोगिता की इस सीमा को हम नहीं समझ लेते तब तक क्षेत्रीय भाषा-क्षेत्रों में राष्ट्रभाषा का प्रसार शंकाओं से पीड़ित रहेगा, इसमें सन्देह नहीं।[109]

राष्ट्रभाषा के आन्दोलन को सभी भाषाओं के आन्दोलन के साथ-साथ आगे ले चलने में राष्ट्रहित है। इस प्रश्न को स्पष्ट करते हुए दिनकर ने कहा था कि राष्ट्रभाषा की किस्मत मातृभाषाओं की किस्मत से बंधी हुई है, इस तथ्य को देश जितना शीघ्र समझ ले, हमारा भाषा-विषयक विवाद उतना ही शीघ्र शान्त हो जायगा।[110]

भारतवर्ष की भाषा-विषयक जागृति के मूल में स्वतंत्रता और आत्माभिव्यक्ति की भावना रही है, राष्ट्रीय स्वाभिमान, देशोन्नति और भाषोन्नति की पवित्र त्रिवेणी भी। किन्तु जैसा कि दिनकर ने कहा था, प्रत्येक (भारतीय) भाषा के सिर पर एक चट्टान पड़ी हुई है और इस चट्टान को तोड़कर वह ऊपर आना चाहती है। यह चट्टान राष्ट्रभाषा की नहीं, अंग्रेजी और अंग्रेजियत की चट्टान है।[111]

दिनकर के अनुसार, राष्ट्रभाषा ने किसी भी क्षेत्रीय भाषा का कोई अहित नहीं किया है। वस्तुस्थिति यह है कि देश की सभी भाषाएँ अंग्रेजी के दबाव के कारण अकुला रही हैं और जब तक अंग्रेजी का यह दबाव नहीं हटता तब तक देश की यह आकुलता भी मौजूद रहेगी। आज जो भाषा विषयक युद्ध चल रहा है, उसमें एक

ओर तो हिन्दी समेत भारत की सारी राष्ट्रीय भाषाएँ हैं और दूसरी ओर किले पर कब्जा किये हुए अंग्रेजी लड़ रही है। जब तक इस किले पर अंग्रेजी का आधिपत्य है, हिन्दी और हिन्दीतर भाषाओं को अपने विकास का मार्ग नहीं मिलेगा और संभव है, अंग्रेजी कूटनीति से काम लेकर इन भाषाओं में मनमुटाव भी पैदा कर दे। इसलिए राष्ट्रीय एकता के हित में यह अत्यन्त आवश्यक है कि हम अंग्रेजी को प्रभुता के पद से शीघ्र से शीघ्र हटाकर उसकी जगह पर देश-भाषाओं को प्रतिष्ठित कर दें। यह पहला काम है जो अविलंब पूरा किया जाना चाहिए। इसके बाद के कार्य अर्थात् अंग्रेजी के द्वारा रिक्त स्थानों की पूर्ति कहाँ पर राष्ट्रभाषा और कहाँ पर मातृभाषाएँ करेंगी, इस योजना पर विचार देश की सुविधा पर छोड़ देना चाहिए।[112]

डॉ. भोलानाथ तिवारी

डॉ. भोलानाथ तिवारी के अनुसार यदि हिन्दी को राष्ट्रभाषा कहें तो भारत की अन्य भाषाओं को राष्ट्रीय भाषाएँ हम कह सकते हैं।[113]

अध्यक्ष, राजभाषा आयोग

भाषा के प्रश्न पर राष्ट्रव्यापी तनाव रहा है। किन्तु भारत में भाषा के प्रश्न पर विरोध का घनत्व विशेष रहा है। 1955 ई. में गठित राजभाषा आयोग के अध्यक्ष बी. जी. खेर ने कहा था कि मैं नहीं जानता कि आज तक दुनिया के दूसरे किसी अनेक भाषावाले देश को इतना उलझा हुआ प्रश्न हल करना पड़ा होगा।[114]

संघ भाषा हिन्दी के विकास की अनिवार्यता का उल्लेख करते हुए राजभाषा आयोग के अध्यक्ष ने कहा था कि हम संघ-भाषा का विकास अखिल भारतीय स्तर पर सारे सरकारी प्रयोजनों, विभिन्न राज्यों के साथ सरकारी और गैर सरकारी व्यवहार के साधन, समस्त देश में राष्ट्रमत निर्माण और उसकी अभिव्यक्ति के माध्यम के रूप में करना चाहते हैं। यह ध्येय हम अपनी महान प्रदेश-भाषाओं के विकास के साथ सिद्ध करना चाहते हैं। इन प्रदेश-भाषाओ को भी अपने-अपने भाषा-भाषी समूहों में ऐसा ही उचित स्थान मिलना चाहिए। हम अन्तिम उद्देश्य के पूरक प्रयत्न के रूप में यह हम ऐसा कार्य करना चाहते हैं, जिससे देश के विभिन्न भाषा-भाषी समूह एक-दूसरे की भाषा के अधिक निकट हों और उनके बीच उत्तरोतर अधिक मात्रा में समानता बढ़े। इस दृष्टि से देखा जाय तो हमें भाषा-सम्बन्धी एक अत्यन्त जटिल और व्यापक क्रांति करनी है।[115]

उनकी यह अपील अत्यन्त सार्थक उचित और राष्ट्रहित में थी कि भाषा के प्रश्न

पर धार्मिक या पुनरुत्थानवादी नहीं बल्कि गैरमजहबी दृष्टि से, प्रान्तीय और साम्प्रदायिक नहीं, राष्ट्रीय दृष्टि से तथा सैद्धांतिक नहीं अपितु व्यावहारिक दृष्टि से विचार किया जाना चाहिए। संसार के किसी भी देश के इतिहास में अपूर्व माने जा सकने वाले इस प्रश्न पर इस दृष्टि से विचार करने पर ही हम उसे सन्तोषप्रद ढंग से हल कर सकते हैं।[116]

आन्तरभाषा हिन्दी

हिन्दी भारत की आन्तर भाषा है–लिंग्वा फ्रैंका। अतएव संविधान ने हिन्दी के लिए दो रूपों की व्यवस्था की है–प्रदेश-हिन्दी, जो उत्तर भारत की स्वभाषा है और आन्तरप्रान्तीय हिन्दी, जिसका स्वरूप संविधान की धारा 351 के अनुसार निर्धारित है।

'हरिजनसेवक' ने 29 मई, 1954 ई. के अंक में सच कहा था कि "आन्तरभाषा के सम्बन्ध में बड़ा सवाल तो आज यह है कि अहिन्दी प्रदेशों की सारी शालाओं में अुसका शिक्षण शुरू हो। अिसके लिअे साफ और अनुकूल वातावरण पैदा करने की जरूरत है। अिस आन्तरभाषा को शिक्षण का माध्यम बनाने से यह सवाल व्यर्थ में अुलझता है और अुसका विरोध होता है। आज मुख्य बात अहिन्दी प्रदेशों में हर जगह हिन्दी का नियमित और व्यवस्थित अनिवार्य शिक्षण शुरू करने की है। समय पर अिसकी व्यवस्था करने में ही सच्ची राज्यनीति और शिक्षण नीति भी है।"[117]

किन्तु आन्तरभाषा के निष्ठापूर्वक कार्यान्वयन में सच्ची राज्यनीति और शिक्षा-नीति का पालन नहीं किया जा सका।

आन्तरभाषा हिन्दी देश की अन्य प्रमुख भाषाओं को किसी भी प्रकार की क्षति पहुँचाने के लिए नहीं, इनकी सहायता और परिपूर्ति के लिए है। यह हिन्दी किसी हिन्दीतर प्रदेश के कारोबार की अथवा शिक्षा की माध्यम भाषा बनने के लिए नहीं है। इससे प्रदेश-भाषाओं की समुन्नति में किसी भी प्रकार की बाधा नहीं पहुँच सकती। भारतवासी परस्पर मिल सकें और अपने देश का सारा आन्तर-प्रदेशीय और निखिल भारतीय व्यापार चला सकें–इसीलिए एक आन्तर-भाषा अनिवार्य है, इसे सबको अपनाना और काफी हद तक सीखना होगा। यह भाषा उत्तर भारत की प्रादेशिक भाषा नहीं, अपितु सरल, सर्वग्राही और वर्धमान भाषा है, जिसे महात्मा गांधी हिन्दी-हिन्दुस्तानी कहते थे।[118]

महात्मा गांधी द्वारा संस्थापित 'हरिजन सेवक' साप्ताहिक पत्र के सम्पादक मगनभाई प्रभुदास देसाई के मतानुसार, "हिन्दी आन्तरभाषा है। राष्ट्रीय भाषायें तो देश की सारी प्रदेश भाषायें हैं। 'राष्ट्रभाषा', नाम का प्रयोग केवल हिन्दी के लिअे नहीं होना चाहिये। अुसके लिअे 'आन्तर-भाषा' जैसा शब्द-प्रयोग अधिक अुचित है। इस

भाषा को भारत की सारी जनता बिना किसी जात-पात, धर्म और प्रान्त अित्यादि के भेद के अपनायगी और समृद्ध बनायगी।''[119]

हिन्दी विरोध

राजनीति की मायावी व्यूहरचना के कारण आजादी के बाद, हिन्दी भाषा के प्रति हिन्दी-विरोधियों का आक्रामक रुख हो गया था और हिन्दी समर्थकों ने मात्र रक्षात्मक नीति अपनाई। राजभाषा हिन्दी को सार्वभौम लोकसत्तामूलक सामासिक संस्कृति के अनुरूप भाषा बनाने के संकल्प, उसके सार्वभौम अधिकार, हिन्दी भाषा की विधिमान्य सत्ता के जनाधार में गुणात्मक वृद्धि और राष्ट्रीय एकता का प्रतीक होने के बावजूद तमिलनाडु में संविधानेतर भाषा-आन्दोलन कतिपय क्षेत्रीय राजनीतिज्ञों द्वारा खड़ा किया गया, भाषा को अवैध हथियार के रूप में प्रयोग किया गया, राजभाषा हिन्दी में कुत्सित और कुपथगामिनी राजनीति का अपमिश्रण कर दिया गया, भारतीय संविधान के अनुच्छेद 351 की हिन्दी भाषा के सकारात्मक पहलुओं को नजरअंदाज कर दिया गया। यह हिन्दी विरोधी आन्दोलन सांविधानिक निष्ठा के सर्वथा प्रतिकूल था। इसमें तार्किक पक्ष का अभाव था। यह राजभाषा के विरुद्ध अन्यायपूर्ण असंवैधानिक और अलोकतांत्रिक कदम था जिसका प्रभावकारी विरोध नहीं हुआ। हिन्दी-विरोधियों और हिन्दी-प्रेमियों अथवा अन्य राष्ट्रप्रेमियों के बीच संवादहीनता की स्थिति बन गई अथवा बना दी गई। हिन्दी प्रेमी भी राजभाषा हिन्दी का पक्ष राष्ट्र को पूरी तरह समझा नहीं सके। भाषा के प्रश्न पर राष्ट्रीय बहस होनी चाहिए थी। इस पर राष्ट्रीय सर्वानुमति उत्पन्न करने के प्रयास नहीं किये गए। इसका कुपरिणाम यह हुआ कि राजभाषा अधिनियम 1963 ई. (संशोधित 1967 ई.) देश को स्वीकार करने के लिए बाध्य होना पड़ा और अंग्रेजी अघोषित अवधि तक भारत पर लाद दी गई, वह राजभाषा हिन्दी की सहभाषा के रूप में प्रतिष्ठापित होकर अपसंस्कृति को व्यापकता प्रदान करती रही और स्वभाषा का राष्ट्राभिमान कुम्भकर्णी निद्रा में लीन हो गया। स्वराज्य के बाद अंग्रेजी की अनिवार्यता हमारी मानसिक सोच की संकीर्णता और मानसिक दासता का प्रतीक है। यह स्वराज्य की अपूर्णता भी है। अभाव और प्रचुरता के दो खतरनाक ध्रुवों में विभक्त समाज की भाषायी विडम्बनाओं को दूर करने की आवश्यकता है। राजभाषा हिन्दी को कोई और ग़लत राजनीति की दिशा प्रदान किये जाने के कुत्सित प्रयास को विफल करने की अनिवार्यता है।

राजभाषा हिन्दी विकल्पहीन है। संविधान के अनुच्छेद 351 की हिन्दी विकल्पहीन है। किन्तु इसके विरुद्ध छद्म युद्ध की स्थिति बनाई गई। यह एक संवैधानिक अपराध ही था।

राष्ट्रीय एकता और राजभाषा हिन्दी

हिन्दी राष्ट्रीय एकता की कड़ी है।[120] हिन्दी हमारी सांस्कृतिक धरोहर की उत्तराधिकारिणी है।[121] भारत में हिन्दी के बिना राष्ट्रीय समग्रता की अवधारणा का विकास नहीं हो सकता। हिन्दी के बिना भारत को एक सूत्र में आबद्ध करना दुष्कर है। हिन्दी को भारतीय संविधान ने राजभाषा का गौरव प्रदान किया। यह हमारे स्वराज्य आन्दोलन की प्रमुख भाषा रही है। राजभाषा हिन्दी की संवैधानिक गरिमा के अनुपालन में प्रशासनिक हिन्दी की अखंड अनिवार्यता है। संविधान के अनुच्छेद 343 की गरिमा प्रशासनिक हिन्दी की सर्वव्यापकता और सर्वमान्य सार्थकता में है।

प्रारम्भ में माध्यम परिवर्तन दुष्कर कार्य प्रतीत होता है। जब एक भाषा से दूसरी भाषा में कामकाज करना आरम्भ किया जाता है तब अनेक प्रकार की व्यावहारिक कठिनाइयाँ गति अवरोधक प्रतीत होती हैं। किन्तु नियमित प्रयोग से भाषा का परिष्कार और परिमार्जन होता है। प्रशासनिक हिन्दी राजभाषा हिन्दी की एक चुनौती ही है। स्वतंत्रता के पूर्व भारत में प्रशासन की भाषा मुख्य रूप से अंग्रेजी रही है। संविधान के अनुच्छेद 343 की रक्षा के लिए प्रशासनिक हिन्दी और प्रयोजनमूलक हिन्दी का अक्षय महत्त्व है।

यदि प्रथम गणतंत्र दिवस, 26 जनवरी, 1950 ई. से ही सरकारी कामकाज में राजभाषा हिन्दी के सम्पूर्ण प्रयोग का श्रीगणेश कर दिया जाता तो भारत भाषायी स्वाभिमान और राष्ट्रीय समग्रता की दृष्टि से ज्यादा सुखी और सम्पन्न होता और भाषा के नाम पर ग़लत राजनीति की रोटी सेकनेवालों की दाल नहीं गलती–राजभाषा के नाम पर अनावश्यक कोलाहल भी नहीं होता, हिन्दी ज्यादा समर्थ होती और एक विश्व भाषा के रूप में अपने को व्यावहारिक रूप से परिभाषित एवं व्याख्यायित भी करती। किन्तु दुर्भाग्यवश ऐसा नहीं हो सका। सार्वभौम गणतंत्र भारत के संविधान के प्रारम्भ से पन्द्रह वर्षों की कालावधि हिन्दी को सम्पूर्ण राजभाषा के पद पर आरूढ़ करने के विरुद्ध षड्यंत्र, विश्वासघात, अवमानना, भयादोहन, ढुलमुल और अदूरदर्शितापूर्ण राजनीति की कालावधि सिद्ध हुई। नाना प्रकार के राजनीतिक और भाषायी दबाव के कारण हिन्दी के सर्वव्यापी प्रयोग के मार्ग में अनुल्लंघनीय बाधाएँ आईं। भारतीय संविधान के अनुच्छेद 351 की हिन्दी के नाम पर सहमति और सहयोग की राजनीति नहीं, टकराव और आरोपों–प्रत्यारोपों की राजनीति की गई।

अटल बिहारी बाजपेयी का यह कथन सर्वथा उचित है कि "हिन्दी भारत की राजकाज, शिक्षा–दीक्षा तथा न्यायदान की भाषा बनने की लड़ाई उसी दिन दिन हार गई, जिस दिन संविधान के निर्माताओं ने 1950 में एक विदेशी भाषा को आगामी 15 वर्षों के लिए स्वतंत्र भारत की राजभाषा बनाए रखने का दुर्भाग्यपूर्ण निर्णय ले

लिया। यदि हिन्दी को नई दिल्ली में आना था, तो वह कलम की एक नोक से आ सकती थी, उसे किस्तों में लाने के फैसले का विफल होना निश्चित था और वह विफलता उजागर हो गई।''[122]

हिन्दीतरभाषी हिन्दी विद्वान डॉ. मलिक मोहम्मद के अनुसार, ''संविधान में राजभाषा के रूप में स्वीकृत हो जाने पर भी व्यावहारिक रूप में हिन्दी के विकास में बाधाएँ आने लगीं। हिन्दी के प्रश्न को लेकर कुछ राजनीतिक नेता अपने स्वार्थ की पूर्ति के लिए जनमानस में गलतफहमी पैदा करने में ही अपनी भलाई समझने लगे। हिन्दी की स्थिति को कमजोर करने के लिए कुछ राजनीतिक शक्तियाँ भी प्रत्यक्ष और अप्रत्यक्ष रूप से काम करने लगीं।

हिन्दी के विरोध में कुछ क्षेत्रों में शक्तिशाली आन्दोलन भी चला। तमिलनाडु में जो हिन्दी-विरोधी आन्दोलन चला, उसके पीछे स्वार्थी राजनीतिज्ञों का हाथ था।''[123]

तात्पर्य यह कि राजभाषा हिन्दी के नाम पर कतिपय क्षेत्रीय और जनाधार विहीन नेताओं ने ढुलमुल राजनीति की और इसे राष्ट्र की मुख्य धारा से पृथक् करने के कुत्सित प्रयास भी किये।

यह सत्य है कि राजभाषा हिन्दी के कार्यान्वयन की दिशा में अनेक प्रयत्न सरकारी स्तर पर किये गए हैं। परन्तु हिन्दी अभी तक संविधान द्वारा प्रदत्त पूर्ण गौरव से वंचित ही है। इसका प्रयोग अपेक्षित स्तर तक अद्यावधि नहीं हो सका। अभी तक बहुत कुछ करना शेष ही है। राजभाषा हिन्दी, सम्पर्क भाषा हिन्दी के राष्ट्रव्यापी प्रचारार्थ स्थिर, सक्षम, ईमानदार और उद्देश्यपरक नीति के सफल कार्यान्वयन की अनिवार्यता है। एतदर्थ, नीतिगत जड़ता दूर करनी होगी।

हिन्दी के व्यवहार क्षेत्र को प्रभावशाली ढंग से बढ़ाने के लिए निष्ठापूर्वक और सुदृढ़ इच्छा शक्ति से अनेकानेक कार्य करने की आवश्यकता है। जो कार्य सरकारी कार्यालयों में अंग्रेजी के माध्यम से हो रहे थे, उनके स्थान पर हिन्दी को सम्पूर्ण व्यवहार में प्रतिष्ठापित करने के लिए विशेषातिविशेष प्रश्रय-प्रोत्साहन दिया जांय। सम्पर्क भाषा के रूप में भी हिन्दी भारत की लोकशक्ति है। यह जनशक्ति है।

स्वातंत्र्योत्तर संस्थाएँ

स्वतंत्रता के पश्चात् स्थापित साहित्य अकादेमी (नई दिल्ली), केन्द्रीय हिन्दी निदेशालय (नई दिल्ली), राष्ट्रीय शैक्षिक एवं अनुसंधान परिषद् (नई दिल्ली), केन्द्रीय हिन्दी संस्थान (आगरा) आदि विशिष्ट संस्थाएँ हिन्दी भाषा के संवर्द्धन हेतु अनेक महत्त्वपूर्ण कार्य-योजनाओं में संलग्न हैं।

स्वायत्त राष्ट्रीय संस्था साहित्य अकादेमी की स्थापना 12 मार्च 1954 ई. को नई दिल्ली में की गई थी। जवाहरलाल नेहरू इसके मार्गदर्शक थे, प्रथम अध्यक्ष भी।

भारतीय संविधान के अनुच्छेद 351 में हिन्दी भाषा के विकासार्थ प्रदत्त दिशा-निर्देशों के अनुपालन हेतु 1 मार्च, 1960 ई. को भारत सरकार के शिक्षा मंत्रालय (अब शिक्षा विभाग, मानव संसाधन विकास मंत्रालय) के अधीन केन्द्रीय हिन्दी निदेशालय की विधिवत् स्थापना की गई। ''हिन्दी को अखिल भारतीय स्वरूप प्रदान करने, हिन्दी भाषा के माध्यम से जन-जन को जोड़ने और हिन्दी को वैश्विक धरातल पर प्रतिष्ठा दिलाने के लिए निरंतर प्रयासरत हिन्दी की यह शीर्षस्थ सरकारी संस्था अनेक महत्त्वपूर्ण योजनाओं को कार्यान्वित कर रही है।''[124]

इनके अतिरिक्त भारत के विभिन्न प्रदेशों में अनेक हिन्दीसेवी गैरसरकारी और सरकारी संस्थाएँ हैं जो यथाशक्ति हिन्दी भाषा के विकास एवं संवर्द्धन में संलग्न हैं।

राजभाषा हिन्दी स्वातंत्र्योत्तर भारतीय जनमानस का अति संवेदनशील मुद्दा है। अटल बिहारी वाजपेयी और इंदिरा गांधी ही नहीं, वाराह वेंकट गिरि, फखरुद्दीन अली अहमद, ज्ञानी ज़ैल सिंह, डॉ. शंकर दयाल शर्मा आदि भारत के भूतपूर्व राष्ट्रपतियों ने भी हिन्दी को भारत की सम्पर्क भाषा के रूप में विकसित करने की अनिवार्यता व्यक्त की है। राजभाषा का राजधर्म भाषायी एकता और राष्ट्रीय समग्रता है। भारत में हिन्दी ही इस राजधर्म का पालन कर सकती है।

अटल बिहारी वाजपेयी

राजभाषा नीति पर राज्यसभा में 22 जनवरी, 1965 ई. को अटल बिहारी वाजपेयी ने जनता की भाषा में जनता का राज का मंत्र देश को प्रदान करते हुए चेन्नई में हिन्दी विरोध में आत्मदाह का भी उल्लेख किया था। उन्होंने सच कहा था-

''लोकतंत्र की स्थापना के पन्द्रह साल बाद, हम अपने देश की भाषा के विरोध में जलकर मर जायें, इससे बढ़कर लज्जा की बात और कोई नहीं हो सकती। दुनिया वाले हम पर हँसते हैं।...वे हिन्दी के विरोध में मर गए, यद्यपि हिन्दी उनके ऊपर लादी नहीं गई है।...ऐसे लोग भी जलकर मरे हैं, जो अंग्रेजी नहीं जानते थे। उनके दिल में अंग्रेजी का प्रेम कहाँ से आया? ताज्जुब की बात यह है कि जो लोग जलकर मर गए, उनकी जेब से चिट्ठी निकली कि वे हिन्दी के लादे जाने के खिलाफ जलकर मर रहे हैं। सारा शरीर जल गया, मगर चिट्ठी नहीं जली! वह चिट्ठी बाद में रखी गई थी। इस बात की भी जाँच होनी चाहिए कि किसने लोगों को भड़काया और आत्महत्या के लिए प्रेरित किया।''[125]

अटल बिहारी वाजपेयी ने भारत की भाषा नीति स्पष्ट की थी कि ''हम नहीं चाहते कि हिन्दी किसी प्रान्तीय भाषा की जगह ले।...अंग्रेजी केवल हिन्दी की दुश्मन नहीं है, अंग्रेजी हर एक भारतीय भाषा के विकास के मार्ग में, हमारी संस्कृति की उन्नति के मार्ग में रोड़ा है।...हम नहीं चाहते आप हिन्दी को लादें, मगर हम अंग्रेजी लदने नहीं देंगे। हिन्दी प्रान्तों में अंग्रेजी नहीं चलेगी। राजकाज में, शिक्षा में, विश्वविद्यालय में, रेल में, डाक-तार में, पलटन में, हम अंग्रेजी को हटाएँगे। इसलिए नहीं कि अंग्रेजी से हमको घृणा है, लेकिन इसलिए कि अगर अंग्रेजी चलेगी तो लोकतंत्र मजाक बन जायेगा। अंग्रेजी अगर चलेगी तो भारत प्रगति नहीं करेगा। जनता का राज जनता की भाषा में चलना चाहिए।''[126]

वाजपेयी जी ने सत्य कहा था-''राष्ट्र की सच्ची एकता तब पैदा होगी जब भारतीय भाषाएँ अपना स्थान ग्रहण करेंगी। और अगर भारतीय भाषाएँ हर जगह अपना स्थान ग्रहण कर लें तो फिर ''लिंक लैंगुएज' के बनने में दो राय नहीं होगी। अभी मद्रास में तमिल नहीं आई, बंगाल में बंगला नहीं आई, इसीलिए वहाँ के लोगों को हिन्दी के खिलाफ भड़काया जा सकता है। एक बार वहाँ के आम आदमी समझ जायें कि दो फीसदी अंग्रेजी जाननेवाले हमें गुलाम रखने के लिए हिन्दी के विरोध का नारा लगा रहे हैं तो फिर अंग्रेजी नहीं रहेगी।''[127]

उन्होंने स्पष्ट कहा था-वोट और नोट की भाषा एक होनी चाहिए।[128]

वाराह वेंकट गिरि

29 अक्टूबर, 1972 ई. को भारत के तत्कालीन राष्ट्रपति वराह वेंकट गिरि ने कहा था-

''मेरा दृढ़ विश्वास है कि हिन्दी देश की 'लिंगुआ फ्रैंका' बनेगी। पर हिन्दी प्रचार के कार्य में पारस्परिक समझ, अनंत धैर्य तथा सुदीर्घ प्रयत्न की आवश्यकता है।'[129]

फखरुद्दीन अली अहमद

राष्ट्रपति फखरुद्दीन अली अहमद ने 3 जनवरी, 1977 ई. को मदुरै विश्वविद्यालय की दशवार्षिकी के अवसर पर अपने उद्घाटन भाषण में कहा था-

''हमें राष्ट्रीय स्तर पर एक सम्पर्क भाषा की आवश्यकता है और वह केवल हिन्दी ही हो सकती है।''[130]

श्रीमती इंदिरा गांधी

तृतीय विश्व हिन्दी सम्मेलन के अवसर पर 28 अक्टूबर 1983 ई. को अपने उद्घाटन भाषण में श्रीमती इंदिरा गांधी ने कहा था–

''देश की भाषाओं के बीच हिन्दी को सम्पर्क भाषा के रूप में कार्य करना है। इसे इसलिए मान्यता नहीं मिली है कि यह सबसे अधिक विकसित भाषा है वरन् इसलिए क्योंकि इसे अहिन्दी भाषी लोगों ने अंगीकार किया है।''[131]

ज्ञानी ज़ैल सिंह

भारत के पूर्व राष्ट्रपति ज्ञानी ज़ैल सिंह ने 4 मार्च, 1986 ई. को राजभाषा विभाग के पुरस्कार वितरण समारोह, नई दिल्ली में कहा था–

''यह इसलिए नहीं है क्योंकि हिन्दी एक समृद्ध भाषा है, बल्कि इसलिए क्योंकि यह सर्वाधिक लोगों द्वारा बोली और समझी जाती है। हिन्दी ही मात्र ऐसी भाषा है जो सम्पर्क भाषा के रूप में प्रयुक्त हो सकती है। इसकी लोकप्रियता का कारण इसका लचीलापन है। हमें इसका सम्पर्क भाषा के रूप में विकास करना है।''[132]

डॉ. शंकरदयाल शर्मा

20 जून 1997 ई. को नई दिल्ली में भारत के तत्कालीन राष्ट्रपति डॉ. शंकरदयाल शर्मा ने आह्वान किया कि हिन्दी को समृद्ध करने में सभी भारतीय भाषाएँ योगदान करें। उन्होंने अपने उद्बोधन में कहा कि हिन्दी को गंगा, यमुना, कृष्णा, कावेरी नहीं बल्कि महासागर बनना है और वह महासागर तभी बन सकती है जब हमारे देश की सभी भाषाएँ इसमें अपना योगदान करें।...हिन्दी भाषा में इतनी ताकत और उदारता है कि वह अपनी भगिनी भाषाओं के शब्दों को ही नहीं, बल्कि विदेशी भाषाओं के शब्दों को भी खुले रूप में स्वीकार करती है।

डॉ. शर्मा ने कहा कि हमारे स्वतंत्रता आन्दोलन के सभी राष्ट्रीय नेताओं ने चाहे वह किसी भी क्षेत्र के रहे हों, हिन्दी को राष्ट्रभाषा के रूप में स्वीकार किया। लेकिन ऐसा अकारण नहीं हुआ बल्कि इसके पीछे भाषायी एकता के अतिरिक्त लोकसुविधा की भावना काम कर रही थी। उन्होंने कहा कि हिन्दी न सिर्फ भाषा बल्कि स्वदेशी चेतना का प्रतिनिधित्व करती है। हम सब जानते हैं कि बापू के नेतृत्व में स्वदेशी की भावना पूरे देश में जागृत कर दी गई थी और हम केवल राजनीतिक मुक्ति की ही माँग नहीं कर रहे थे बल्कि भाषा के स्तर पर भी मुक्ति की माँग स्वाभाविक हो गई थी।

उस समय स्वराज्य, स्वदेशी वस्तु, स्वभाषा और राष्ट्रीय शिक्षा को स्वाधीनता प्राप्ति का अभिन्न अंग माना गया था।[133]

प्रशासनिक हिन्दी : प्रयोजनमूलक हिन्दी

प्रशासनिक हिन्दी और प्रशासनिक शब्दावली में अन्योन्याश्रय सम्बन्ध है। प्रशासनिक हिन्दी के व्यावहारिक कार्यान्वयन में ऐसी शब्दावलियाँ प्रयुक्त होती हैं जिनका प्रत्यक्ष और घनिष्ठ सम्बन्ध प्रशासन, सरकारी कामकाज अथवा कार्यालयों में प्रचलित कार्यपद्धति और कार्यप्रणाली से होता है। जनभाषा और प्रशासन की भाषा में आंशिक अन्तर सर्वथा स्वाभाविक है। प्रशासन की भाषा संचिकाओं पर लिखी जानेवाली टिप्पणियों और प्रारूपों की भाषा होती है–ज्ञापनों, परिपत्रों, अधिसूचनाओं, विज्ञप्तियों और कार्यालय आदेशों की भाषा होती है। एतदर्थ, कतिपय शब्द रूढ़ हो जाते हैं जो निरंतर उसी क्षेत्र में प्रयुक्त किये जाते हैं। नियम, परिनियम, वित्तीय नियम, कार्यालय कार्य–विधि, आदेश–निर्देश आदि भाषा के इस विशेष स्वरूप की नानाविध संकल्पनाओं की समुचित एवं सटीक अभिव्यक्ति के मार्ग में विशिष्ट शब्दावली अर्थात् तकनीकी शब्दावली अथवा पारिभाषिक शब्दावली की आवश्कता होती है। प्रशासनिक भाषा का निर्माण ऐसी ही शब्दावलियों से होता है।

अटल बिहारी वाजपेयी का यह कथन सही है कि विदेशों में अंग्रेजी के जोर के बावजूद हिन्दी तेजी से सार्वजनिक जीवन के केन्द्र में अपना स्थान बना रही है। (राष्ट्रभाषा सन्देश पाक्षिक पत्र, 15 अक्टूबर, 1977 ई., पृष्ठ 1)

प्रशासनिक हिन्दी के प्रचार–प्रसार की श्रीवृद्धि और उसे बोधगम्य बनाने के लिए आम प्रचलन के शब्दों का अधिग्रहण कर भाषा को लोकप्रिय बनाया जा सकता है। ऐसी शब्दावली का व्यापक स्वागत समर्थन सुनिश्चित है और इसके स्थान पर कृत्रिम तथा गढ़े हुए शब्दों का प्रचलन नहीं हो सकेगा। लोकप्रचलित शब्दों का विशेष महत्त्व होता है। हिन्दी शब्द–निर्माण में संस्कृत का निर्विवाद महत्त्व है। किन्तु लोकप्रचलित शब्दों का भी भाषा के विकास और उसकी अभिव्यक्ति–सामर्थ्य की अभिवृद्धि करने में पूरा महत्त्व है।[134] लोक–प्रयोग से प्रमाणित भाषा ही सच्ची भाषा होती है। प्रशासनिक कार्यों की तरह, प्रशासनिक शब्दावलियों में भी एकरूपता आवश्यक है। समेकित शब्दावली एकरूपता की दृष्टि से अनिवार्य है।

शासन और प्रशासन के स्तर पर अनुवाद की हिन्दी गढ़ी हुई सरकारी हिन्दी है, जो दुर्बोध है। इसका अपेक्षित सरलीकरण आवश्यक है।

भाषा की नई टकसाल खोलकर उसमें हिन्दुस्तानी के नाम पर खोटे और नकली सिक्के ढाले जाने का जबरदस्त बहिष्कार भी अत्यन्त आवश्यक है। राष्ट्रभाषा के

स्वरूप और उसकी प्रवृत्ति को क्षत-विक्षत एवं भ्रष्ट करने के विरुद्ध हिन्दी जगत में, आचार्य शिवपूजन सहाय के अनुसार, संगठित रूप में आन्दोलन होना चाहिए।[135]

तथाकथित आधुनिकता के नाम पर हिन्दी भाषा में अधिक-से-अधिक अंग्रेजी शब्दों का अनावश्यक व्यवहार इस भाषा को विकृत कर रहा है। यह राष्ट्रीय चिन्ता और दु:ख का विषय है।

सरकारी कामकाज में प्रयोजनमूलक हिन्दी का विशेष महत्त्व निर्विवाद है। प्रशासनिक हिन्दी के रूप में भाषायी परिवर्तन स्पष्ट रूप से परिलक्षित है। उसे नई शैली और अभिनव शब्दावली प्राप्त हो रही है। उसकी अभिव्यक्ति और अभिव्यंजना शैली निरंतर विकसित हो रही है। यह शुभ लक्षण है।

प्रयोजनमूलक हिन्दी का उद्देश्य भाषा के व्यवहार क्षेत्र को व्यापक बनाना है। प्रयोजनमूलक हिन्दी अंग्रेजी की नकल नहीं है, अपने आप में इसकी स्वतंत्र सत्ता है, जो इसके सार्वजनिक व्यवहार से प्रमाणित है, सरकारी आदेश से नहीं।[136] डॉ. विद्यानिवास मिश्र ने ठीक ही कहा है-

''वस्तुत: हिन्दी के अनेक क्षेत्रीय और बहुभाषी परिस्थितियों से बहुविध रंजित रूप हैं और आगे और होंगे, पर इन्हीं रूपों में सार्वदेशिक स्तर पर स्वीकार्य रूप का आकार भी होगा, वही हिन्दी सबकी हिन्दी होगी।...हिन्दी की शक्ति के स्रोत हैं इसकी क्षेत्रीय उपभाषाएँ, इन उपभाषाओं से निरंतर रस लेकर ही हिन्दी संस्कृत से शब्द लेकर भी संस्कृत नहीं है, वह हिन्दी है, ऐसी हिन्दी जो संस्कारी भाषा और जनभाषा के बीच खाई नहीं आने देती। प्रयोजनमूलक भाषा का जो भी स्वरूप होगा, वह हिन्दी की इस विशेषता को प्रतिबिम्बित करने वाला होगा।''[137]

संयुक्त राष्ट्रसंघ में हिन्दी

संसार के विभिन्न देशों में हिन्दी के पठन-पाठन की व्यवस्था है। हिन्दी यूनेस्को की आधिकारिक भाषा है। भारत के समस्त विश्वविद्यालयों के अतिरिक्त संसार के अन्य प्राय: 100 विश्वविद्यालयों में हिन्दी के अध्ययन-अध्यापन की सुविचारित व्यवस्था है। संयुक्त राष्ट्रसंघ में अंग्रेजी, फ्रेंच, चीनी, रूसी, स्पेनिश और अरबी भाषाओं को मान्यता प्राप्त है। हिन्दी बोलनेवालों की संख्या 70 करोड़ के आसपास है। संख्या बल की दृष्टि से हिन्दी समस्त भूमंडल की तृतीय भाषा और संसार की मानव जाति के पंचमांश की भावी राष्ट्रभाषा है। हिन्दी को संयुक्त राष्ट्रसंघ की मान्यता की अनिवार्यता है। संयुक्त राष्ट्रसंघ में हिन्दी को मान्यता प्रदान किये जाने के लिए प्रथम विश्व हिन्दी सम्मेलन (जनवरी 1975 ई.) में आवाज उठाई गई थी। यह स्वप्न अभी तक पूर्ण नहीं हो सका। भारत सरकार को इस दिशा में समुचित कार्रवाई करनी चाहिए।

यह सर्वोच्च प्राथमिकता का विषय है। संयुक्त राष्ट्रसंघ संहिता की धारा 54 के तहत भारत के दो भूतपूर्व विदेश मंत्री अटल बिहारी वाजपेयी और पी.वी. नरसिंह राव ने संयुक्त राष्ट्रसंघ में अपने अभिभाषण हिन्दी में देकर इस दिशा में पहल की थी। हिन्दी को अंतरराष्ट्रीय मंच पर पहली बार यह सम्मान प्राप्त हुआ।

भारत की सार्वजनीन लिपि देवनागरी

भारतेन्दुकालीन उद्‌भट साहित्यकार और पत्रकार पंडित बालकृष्ण भट्ट ने इलाहाबाद से अपने सम्पादन में प्रकाशित दीर्घजीवी मासिक पत्र 'हिन्दी प्रदीप', अप्रैल, 1882 ई., में प्रकाशित 'प्रार्थना' शीर्षक सम्पादकीय अग्रलेख में भारत की सार्वजनीन लिपि देवनागरी की सर्वप्रथम परिकल्पना और आकांक्षा व्यक्त की थी।[138] इसके पूर्व, किसी भी साहित्यकार चिंतक अथवा राजनेता और व्यक्ति ने देवनागरी लिपि अर्थात् नागराक्षर को भारत की एकमात्र राष्ट्रलिपि बनाए जाने की अधियाचना नहीं की थी।

उन्नीसवीं शताब्दी के अन्तिम दशाब्द में किसी भी विश्वविद्यालय के सर्वप्रथम भारतीय कुलपति सर गुरुदास बनर्जी, पंडित केशववामन पेढे के पश्चात् बीसवीं सदी के प्रारम्भ में पण्डित सतीशचन्द्र विद्याभूषण, न्यायमूर्ति शारदाचरण मित्र, बंगला भाषा के यशस्वी उपन्यासकार रमेशचन्द्र दत्त, लोकमान्य बाल गंगाधर तिलक, जस्टिस कृष्णस्वामी ऐयर, महात्मा गांधी, काका कालेलकर, विनोबा भावे, डॉ. राजेन्द्र प्रसाद, सेठ गोविन्द दास आदि शताधिक भारतभक्तों ने देवनागरी लिपि को भारत की राष्ट्रलिपि बनाए जाने के लिए वैचारिक क्रान्ति की थी।

1882 ई. से अब तक भारत के विभिन्न साहित्यकारों, चिन्तकों राजनेताओं, विद्वानों और पत्रकारों द्वारा देवनागरी लिपि को भारत की सार्वजनीन लिपि अर्थात् राष्ट्रलिपि–सर्वमान्य लिपि बनाए जाने की माँग की जाती रही है। यह माँग हिन्दी भाषियों की अपेक्षा हिन्दीतर भाषियों द्वारा विशेष रूप से उठायी गई है। किन्तु भारत में सार्वजनीन लिपि का स्वप्न अब तक अपूर्ण ही है। यह राष्ट्रीय खेद का विषय है।

तात्पर्य यह कि भारत की बहुभाषिकता, सामाजिक अस्मिता और सम्प्रेषणीयता के सन्दर्भ में भारतीय संविधान के अनुच्छेद 351 की हिन्दी भाषा के प्रकार्य एवं प्रयोजन पर राष्ट्रीय बहस होनी चाहिए और इससे जो राष्ट्रीय सहमति विकसित हो, उसके आधार पर देवनागरी लिपि में लिखित हिन्दी भाषा का बहुआयामी विकास किया जाय।

राष्ट्राभिमान की पुनर्स्थापना के लिए यह आवश्यक है।

सन्दर्भ

1. शब्दकोश : राधालाल, 1873 ई. प्रथम संस्करण, भूमिका, पृष्ठ 2
टिप्पणी : प्रस्तुत निबन्ध में, उद्धरण चिह्नों के अन्तर्गत उद्धृत मूल पंक्तियों की गद्य-भाषा में किसी प्रकार का परिवर्तन संशोधन नहीं किया गया है।
2. नागरीप्रचारिणी पत्रिका, तीसरा भाग, काशी नागरीप्रचारिणी सभा द्वारा सम्पादित और प्रकाशित, 1899 ई., राष्ट्रभाषा, पृष्ठ 155
3. हिन्द स्वराज्य, गांधी जी, अनुवादक अमृतलाल ठाकोरदास नाणावटी, संस्करण 1959 ई., पृष्ठ 76
4. (क) नागरीप्रचारिणी पत्रिका, जनवरी-जून 1918 ई., भाग 22, संख्या 7-12, अष्टम हिन्दी साहित्य सम्मेलन, इन्दौर, पृष्ठ 28
   (ख) अष्टम हिन्दी साहित्य सम्मेलन इन्दौर कार्यविवरण, पहला भाग, 1918 ई., पृष्ठ 18-19
   (ग) सभापतियों के भाषण (भाग एक) हिन्दी साहित्य सम्मेलन, प्रयाग, इलाहाबाद, 1987 ई.। अभिभाषण-8, मोहनदास करमचंद गांधी, पृष्ठ 190
5. सरस्वती मासिक पत्र, फरवरी 1917 ई. भाग 18, संख्या 2, पृष्ठ 86-87
6. उपरिवत्। पृष्ठ 106
7. हिन्दी नवजीवन (साप्ताहिक पत्र), अहमदाबाद, द्वितीय श्रावण सुदी 8, विक्रम संवत्, 1984, गुरुवार 23 अगस्त 1928 ई., (वर्ष 8 अंक 1),
सम्पादक मोहनदास करमचन्द गांधी, 'हिन्दी-हिन्दुस्तानी' शीर्षक सम्पादकीय टिप्पणी, मो.क. गांधी।
8. उपरिवत्।
9. उपरिवत्।
10. हिन्दी नवजीवन, अहमदाबाद, पौष बदी 8 विक्रम संवत् 1985 गुरुवार 3 जनवरी 1929 ई., वर्ष 8 अंक 20, सम्पादक मोहनदास करमचन्द गांधी, भाषा तो साधन है, पृष्ठ 156
11. हरिजनसेवक (साप्ताहिक पत्र), अहमदाबाद, रविवार 7 अप्रैल, 1946 ई. भाग 10, अंक 10, सम्पादक प्यारेलाल। 'हिन्दुस्तानी' शीर्षक वक्तव्य-मोहनदास करमचन्द गांधी, पृष्ठ 1, कॉलम 1
12. (क) उपरिवत्।
   (ख) हरिजनसेवक 1 सितम्बर, 1946 ई. भाग 10, अंक 30, अंग्रेजी के हिन्दुस्तानी मानी-मोहनदास करमचन्द गांधी, पृष्ठ 293
   (ग) हरिजन सेवक, 8 सितम्बर 1946 ई., भाग 10, अंक 31, हिन्दुस्तानी बनाम हिन्दी और उर्दू, मोहनदास करमचन्द गांधी, पृष्ठ 299
   (घ) ''मेरी हिन्दुस्तानी न हिन्दी है, न अुर्दू, वह तो अिन दोनों का मेल या संगम है। अिस संगम से निकली हुई सरस्वती रूपी भाषा आज तो सरस्वती नदी की तरह नजर नहीं आती।'' मोहनदास करमचन्द गांधी, 13.9.46 ई.।
   हरिजन सेवक : 22 सितम्बर, 1946 ई. (भाग 10 अंक 33), पृष्ठ 313

13. (क) हरिजनसेवक, 14 अप्रैल, 1946 ई. भाग 10, अंक 19, गुजराती हिन्दुस्तानी प्रचार समिति–मोहनदास करमचन्द गांधी, पृष्ठ 91

(ख) हरिजनसेवक, 16 जून 1946 ई. भाग 10, अंक 19, उर्दू दोनों की भाषा? मोहनदास करमचन्द गांधी–3 जून, 1946 ई., पृष्ठ 180–81, उर्दू हरिजन का मज़ाक, पृष्ठ 181

14. राष्ट्रभारती हिन्दी का मिशन, काका साहब कालेलकर, 'हिन्दी की रक्षा' शीर्षक प्रकरण। पृष्ठ 174

15. रजत जयन्ती ग्रन्थ (1962) ई., राष्ट्रभाषा प्रचार समिति, हिन्दी नगर, वर्धा।

(क) महाराष्ट्र की हिन्दी को देन, डॉ. विनयमोहन शर्मा, पृष्ठ 1–21

(ख) गुजरात की हिन्दी को देन, केशवराम का. शास्त्री, पृष्ठ 22–58

(ग) आन्ध्र की हिन्दी को देन, डॉ. आय पांडुगराव, पृष्ठ 59–82

(घ) कर्नाटक की हिन्दी को देन, प्रो. ना. नागप्पा, पृष्ठ 83–101

(ङ) केरल की हिन्दी को देन, एन. वेंकटेश्वरन, पृष्ठ 102–133

(च) तमिलनाड की हिन्दी को देन, क.म. शिवराम शर्मा, पृष्ठ 134–147

(छ) ओड़िशा की हिन्दी को देन, डॉ. हरेकृष्ण मेहताब, पृष्ठ 148–160

(ज) पंजाब की हिन्दी को देन, डॉ. धर्मपाल मैनी, पृष्ठ 161–193

(झ) मणिपुर की हिन्दी को देन, विमला रैना और छत्रध्वज शर्मा, पृष्ठ 194–205

(ट) बंगाल की हिन्दी को देन, डॉ. सुनीति कुमार चाटुर्ज्या, पृष्ठ 206–222

(ठ) कश्मीर की हिन्दी को देन, पृथ्वीनाथ मधुप, संशोधक और संवर्द्धक प्रो.जे.डी. जाड्डू, पृष्ठ 223–246

विशेष दृष्टव्य :

(अ) विश्व हिन्दी दर्शन, प्रकाशक विश्व हिन्दी सम्मेलन, नागपुर। प्रथम संस्करण 10 जनवरी, 1975 ई.।

(क) केरल की हिन्दी सेवा, डॉ. एम. मलिक मोहम्मद, पृष्ठ 134–138

(ख) बंगाल की हिन्दी सेवा, डॉ. लक्ष्मीनारायण दुबे, पृष्ठ 139–140

(ग) आन्ध्र की हिन्दी सेवा, डॉ. भीमसेन निर्मल, पृष्ठ 141–142

(ई) राजभाषा हिन्दी : विकास के विविध आयाम, डॉ. मलिक मोहम्मद, हिन्दी के सार्वदेशिक स्वरूप का विकास, शीर्षक अध्याय, पृष्ठ 53–68

16. राजभाषा हिन्दी : विकास के विविध आयाम, डॉ. मलिक मोहम्मद, हिन्दी के सार्वदेशिक स्वरूप का विकास शीर्षक अध्याय, पृष्ठ 53

17. हिन्दी नवजीवन : आषाढ़ बदी 12 विक्रम संवत 1982 गुरुवार 18 जून 1925 ई., वर्ष 4 अंक 46, 'बंगाल में हिन्दी' शीर्षक सम्पादकीय टिप्पणी, पृष्ठ 357

18. उपरिवत्।

19. हिन्दी नवजीवन, अहमदाबाद, पौष बदी 8 विक्रम संवत 1985 गुरुवार 3 जनवरी 1929 ई.। वर्ष 8, अंक 20, सम्पादक मोहनदास करमचन्द गांधी, 'बंगाल में हिन्दी प्रचार का उद्योग', पृष्ठ 159–160

20. उपरिवत्।

21. हिन्दी नवजीवन, अहमदाबाद, पौष बदी, 5 विक्रम संवत 1985 गुरुवार 10 जनवरी, 1929 ई., वर्ष 8, अंक 21, सम्पादक मोहनदास करमचन्द गांधी। 'बंगाल में हिन्दी' शीर्षक प्रथम सम्पादकीय अग्रलेख। पृष्ठ 161
22. उपरिवत्, पृष्ठ 162
23. हिन्दी नवजीवन, अहमदाबाद, फाल्गुन सुदी 3, विक्रम संवत 1985 गुरुवार, 14 मार्च 1929 ई., वर्ष 8 अंक 30, सम्पादक मोहनदास करमचन्द गांधी। 'सुदूर दक्षिण में हिन्दी' शीर्षक सम्पादकीय टिप्पणी, मो.क. गांधी, पृष्ठ 235, कॉलम 2
24. उपरिवत्।
25. हिन्दी नवजीवन, अहमदाबाद, बैशाख सुदी 15 विक्रम संवत 1985 गुरुवार 23 मई 1929 ई. वर्ष 8 अंक 40, बंगाल में हिन्दी प्रचार पृष्ठ 315
26. उपरिवत्, पृ. 315, कॉलम 2
27. हरिजनसेवक, अहमदाबाद, रविवार, 2 फरवरी 1947 ई. भाग 11, अंक 1, गांधी जी का अखबारी बयान। पृष्ठ 8, सम्पादक प्यारेलाल।
28. हरिजनसेवक, रविवार 23 मार्च 1947 ई., भाग 11, अंक 8, मजहबी व फौजी तालीम और रोमन लिखावट, पृष्ठ 60
29. हरिजनसेवक, 20 अप्रैल, 1947 ई., भाग 11, अंक 12, अेशिया का पैगाम, पृष्ठ 100
30. हरिजनसेवक, 13 जुलाई, 1947 ई., भाग 11, अंक 24, 'हिन्दुस्तानी' शीर्षक लेख पृष्ठ 195
31. उपरिवत्, 'हम विश्वास क्यों खोएँ?' काका कालेलकर, पृष्ठ 193
32. हरिजनसेवक, 3 अगस्त, 1947 ई., भाग 11, अंक 27, 'गांधी जी के भाषणों में राष्ट्रभाषा', पृष्ठ 224
33. हरिजनसेवक, 3 अगस्त 1947 ई., भाग 11, अंक 27, 'हिन्दी या हिन्दुस्तानी' शीर्षक लेख। मोहनदास करमचन्द गांधी, पृष्ठ 217, अंक का प्रथम पृष्ठ।
34. (क) उपरिवत्, पृष्ठ 217-218
    (ख) हरिजन सेवक, 3 नवम्बर 1946 ई., भाग 10, अंक 39, हिन्दुस्तानी-काका कालेलकर। पृष्ठ 374-375
    (ग) हरिजनसेवक, 12 जनवरी 1947 ई., भाग 10 अंक 49, हिन्दुस्तानी की तालीम-काका कालेलकर, पृष्ठ 467
35. हरिजनसेवक, 10 अगस्त 1947 ई., भाग 11 अंक 28, गरवीला गुजरात भी? मोहनदास करमचन्द गांधी, पृष्ठ 228 कॉलम 1
36. उपरिवत्, पृ. 228, कॉलम 2
37. हरिजनसेवक, 21 सितम्बर, 1947 ई. भाग 11 अंक 34, 'सावधान' शीर्षक आलेख, मोहनदास करमचन्द गांधी, पृष्ठ 276
38. हरिजनसेवक, 5 अक्टूबर, 1947 ई., भाग 1 अंक 36, हिन्दुस्तानी, मोहनदास करमचन्द गांधी, पृष्ठ 300
39. हरिजनसेवक, 26 अक्टूबर, 1947 ई., भाग 11 अंक 39, पृष्ठ 326-327
40. हरिजनसेवक, 9 नवम्बर, 1947 ई., भाग 11 अंक 41, दोनों लिपियाँ क्यों?, मोहनदास करमचन्द गांधी, नई दिल्ली, 1-11-47, पृष्ठ 341

हरिजनसेवक, 30 नवम्बर, 1947 ई., भाग 11 अंक 44, दोनों लिपियाँ किसलिए? मगनभाई देसाई पृष्ठ 373–374

41. हरिजनसेवक, 4 जनवरी 1948 ई. भाग 11 अंक 49, उर्दू हरिजन, मोहनदास करमचन्द गांधी, पृष्ठ 42, अंक का प्रथम पृष्ठ।
42. हरिजनसेवक, 11 जनवरी 1948 ई., भाग 11 अंक 50, कुछ सवाल, मोहनदास करमचन्द गांधी, पृष्ठ 441
43. हरिजनसेवक, 25 जनवरी 1948 ई, भाग 11 अंक 52, 'क्रोध नहीं, मोह नहीं', शीर्षक वक्तव्य मोहनदास करमचन्द गांधी, पृष्ठ 472–473
44. हरिजनसेवक, 26 मई 1946 ई., भाग 10 अंक 16, हिन्दुस्तान और उसकी मुल्की ज़बान, अबुल कलाम आजाद, पृष्ठ 149
45. उपरिवत्, अंग्रेजी भाषा का प्रभाव, मोहनदास करमचन्द गांधी, 21 मई 1946 ई., पृष्ठ 149–150
46. हरिजनसेवक, 15 सितम्बर, 1946 ई., भाग 10 अंक 32, हिन्दुस्तानी के बारे में, मोहनदास करमचन्द गांधी, नई दिल्ली 7 सितम्बर 1946 ई., पृष्ठ 305, अंक का प्रथम पृष्ठ।
47. हिन्दी नवजीवन (साप्ताहिक पत्र), क्वार बदी 30, विक्रम संवत 1981 रविवार 28 सितम्बर, 1924 ई., वर्ष 4 अंक 7, पृष्ठ 52, सम्पादक मोहनदास करमचन्द गांधी।
48. हरिजनसेवक, 14 जुलाई 1946 ई., भाग 10 अंक 23, हिन्दी और उर्दू का अन्तर, मोहनदास करमचन्द गांधी, पृष्ठ 217
49. हरिजनसेवक, 2 नवम्बर 1947 ई. भाग 11 अंक 40, गांधी जी की प्रार्थना सभा के भाषण, पृष्ठ 331
50. राजभाषा हिन्दी, सेठ गोबिन्द दास, प्रकाशक हिन्दी साहित्य सम्मेलन, प्रयाग, प्रथम संस्करण 1965 ई., पृष्ठ 13
51. उपरिवत्, पृष्ठ 11–12
52. उपरिवत्, पृष्ठ 15
53. उपरिवत्, पृष्ठ 1
54. उपरिवत्, पृष्ठ 9–10
55. हरिजनसेवक, अहमदाबाद, 11 सितम्बर, 1949 ई., भाग 13 अंक 28, 'राजेन्द्र बाबू का हल' किशोरलाल घ. मशरूवाला, पृष्ठ 246
56. उपरिवत्।
57. उपरिवत्।
58. उपरिवत्, राष्ट्रभाषा का विवाद, किशोरलाल घ. मशरूवाला, पृष्ठ 245
59. उपरिवत्।

विशेष द्रष्टव्य :

(क) हरिजनसेवक, 21 अप्रैल, 1946 ई., भाग 10 अंक 11, रोमन उर्दू, मोहनदास करमचन्द गांधी, पृष्ठ 97

(ख) हरिजनसेवक, 9 मई 1946 ई., भाग 10 अंक 15, रोमन लिपि और सांस्कृतिक गुलामी, प्यारेलाल संपादक हरिजनसेवक, पृष्ठ 136

60. हरिजनसेवक, रविवार, 14 अगस्त, 1949 ई., भाग 13 अंक 24, 'और ज्यादा सफाई', काका कालेलकर, विनोबा, कि. घ. मशरूवाला, पृष्ठ 204–205
61. नागरीप्रचारिणी पत्रिका, विक्रम संवत 2006, वर्ष 54, अंक 2–3, 'विविध' स्तम्भ, पृष्ठ 241
62. हरिजनसेवक, अहमदाबाद, रविवार 20 मार्च, 1949 ई., भाग 13 अंक 3 राष्ट्रभाषा विचार, विनोबा, पृष्ठ 18
63. (क) उपरिवत्, पृष्ठ 18–19
    (ख) हरिजनसेवक, रविवार 5 जून, 1949 ई., भाग 13 अंक 14, परभाषा के शब्दों का अंगीकार, विनोबा, पृष्ठ 112, राष्ट्रभाषा प्रचारक सम्मेलन में 27 अप्रैल 1949 ई. को प्रदत्त विनोबा का प्रवचन।
64. हरिजनसेवक, रविवार 28 अगस्त 1949 ई., भाग 13, अंक 26, 'भाषावार प्रान्त शीर्षक अभिभाषण, विनोबा, पृष्ठ 223
65. हरिजनसेवक, रविवार 20 मार्च, 1949 ई., भाग 13 अंक 3, 'राष्ट्रभाषा विचार', विनोबा, पृष्ठ 19
66. उपरिवत्।
67. उपरिवत्।
68. हरिजनसेवक, 10 अप्रैल, 1949, भाग 13 अंक 6, सवाल–जवाब, गुर्जरनागरी का स्थान, पृष्ठ 42–43
69. हरिजनसेवक, रविवार, 8 मई 1949 ई., भाग 13 अंक 10, पृष्ठ 77
70. उपरिवत्।
71. हरिजनसेवक, रविवार 21 अगस्त 1949 ई., भाग 13 अंक 25, भाषा की समस्या पर कांग्रेस कार्य समिति का प्रस्ताव। पृ. 209, अंक का प्रथम पृष्ठ।
72. हिन्दी : विकास और सम्भावनाएँ, डॉ. कैलाश चन्द्र भाटिया, पृष्ठ 214–215
73. (क) रजत जयन्ती ग्रन्थ, (1962 ई.), प्रकाशक राष्ट्रभाषा प्रचार समिति, वर्धा। राजभाषा हिन्दी। पृष्ठ 711–772
    (ख) हिन्दी भाषा आन्दोलन, संकलनकर्ता लक्ष्मीचन्द। प्रकाशक हिन्दी साहित्य सम्मेलन, प्रयाग, इलाहाबाद, 'संविधान सभा में' शीर्षक प्रकरण। पृष्ठ 15–30
    (ग) हिन्दी राष्ट्रभाषा से राजभाषा तक, डॉ. विमलेशकान्ति वर्मा। खंड एक, पूर्वपीठिका भारतीय संविधान सभा में हिन्दी के सम्बन्ध में वाद–विवाद, पृष्ठ 93–132
    खंड दो, अग्नि परीक्षा, भारतीय संविधान सभा में हिन्दी के सम्बन्ध में वाद–विवाद, पृष्ठ 135–437
    प्रकाशक, प्रकाशन विभाग, सूचना और प्रसारण मंत्रालय, भारत सरकार, नई दिल्ली, अगस्त 1997 ई.।
74. हिन्दी राष्ट्रभाषा से राजभाषा तक, विमलेश कान्ति वर्मा, खंड 3, निर्वहण। भारतीय संविधान सभा में पारित संविधान (राजभाषा, खंड 1), पृष्ठ 441
75. उपरिवत्, खंड 4, प्रतिक्रिया, राजभाषा हिन्दी के सम्बन्ध में विविध प्रतिक्रियाएँ, पृष्ठ 449
76. उपरिवत्, पृष्ठ 453

विशेष द्रष्टव्य :

सम्मेलन पत्रिका त्रैमासिक, आषाढ़ मार्गशीर्ष शक संवत 1891, भाग 55 संख्या 3–4, गांधी टंडन स्मृति अंक, 'भारतीय संविधान सभा में राष्ट्रभाषा हिन्दी' शीर्षक निबन्ध, कन्हैयालाल माणिकलाल मुंशी, पृष्ठ 7–18

77. कैलाशचन्द्र भाटिया विरचित 'हिन्दी : विकास और सम्भावनाएँ' नामक ग्रन्थ के 'सरकारी कामकाज में हिन्दी' शीर्षक अध्याय में सरदार वल्लभ भाई पटेल के 13.10.1949 ई. के सन्देश की छायाप्रति से उद्धृत।

78. (क) हरिजनसेवक, 30 जून 1951 ई., भाग 15, अंक 18, विधान की हिन्दी, मगनभाई देसाई, पृष्ठ 157–158

(ख) हरिजनसेवक, 17 अप्रैल, 1954 ई., भाग 18 अंक 7, हिन्दी, हिन्दुस्तानी और उर्दू, मगनभाई देसाई, पृष्ठ 49–50 संविधान के अनुसार हिन्दी, पृष्ठ 50–51

(ग) हरिजनसेवक, 24 अप्रैल, 1954 ई., भाग 18 अंक 8, संविधान के अनुसार हिन्दी 2, पृष्ठ 58–59

(घ) हिन्दी भाषा और नागरी लिपि, सम्पादक लक्ष्मीकान्त वर्मा, 1971 ई., हिन्दुस्तानी एकेडमी, इलाहाबाद, भाषा का सवाल, डॉ. ताराचन्द, पृष्ठ 3–9, राजभाषा हिन्दी, डॉ. ताराचन्द, पृष्ठ 29–55

79. राजभाषा हिन्दी, डॉ. भोलानाथ तिवारी, 'राष्ट्रभाषा बनाम राजभाषा' शीर्षक प्रकरण, पृष्ठ 64

विशेष द्रष्टव्य :

राजभाषा हिन्दी : विकास के विविध आयाम, डॉ. मलिक मोहम्मद।

'संविधान में हिन्दी' शीर्षक प्रकरण, पृष्ठ 137–160 राजभाषा हिन्दी : प्रगति के पथ पर,1960 से 1980, शीर्षक प्रकरण, पृष्ठ 161–175

80. हरिजनसेवक, 10 फरवरी 1951 ई., भाग 14 अंक 50, संस्थापक महात्मा गांधी। संपादक किशोरलाल मशरूवाला। राष्ट्रभाषा हिन्दी का स्वरूप, पृष्ठ 449–450

81. (क) हरिजनसेवक, 8 अगस्त 1953 ई., भाग 17 अंक 23, उत्तर प्रदेश का भाषा सम्बन्धी विवाद, पृष्ठ 181

(ख) नेशनल हेराल्ड, लखनऊ, 19 जुलाई 1953 ई.।

82. उपरिवत्।

83. हिन्दुस्तान टाइम्स, 31 अगस्त, 1951 ई.,
हरिजनसेवक, 8 सितम्बर 1951 ई., भारत की भाषा नीति, पृष्ठ 244–245

84. हिन्दुस्तान टाइम्स, 31 अगस्त 1951 ई.,
हरिजनसेवक 8 सितम्बर 1951 ई., भाग 15, अंक 28 भारत की भाषा–नीति, पृष्ठ 245

85. हरिजनसेवक, 22 सितम्बर, 1951 ई., भाग 15 अंक 30, संविधान की हिन्दी–कि.घ. मशरूवाला, पृष्ठ 263

86. हरिजनसेवक, 23 अगस्त 1952 ई., भाग 16 अंक 26, मद्रास में हिन्दी, मगनभाई देसाई, पृष्ठ 217

87. हरिजनसेवक, 15 नवम्बर, 1952 ई., भाग 16 अंक 38, हिन्दी–राष्ट्रीय और प्रादेशिक, सम्पादक मगनभाई प्रभुदास देसाई, पृष्ठ 342

88. (क) हरिजनसेवक, 7 जनवरी 1953 ई., भाग 16 अंक 47, गुजरात में हिन्दी-हिन्दुस्तानी प्रचारक सम्मेलन, पृष्ठ 413
    (ख) हरिजनसेवक, 24 जनवरी 1953 ई., भाग 16 अंक 48, बम्बई राज्य में हिन्दी प्रचार का काम, पृष्ठ 423-424
89. (क) हरिजनसेवक, 1 अगस्त 1953 ई., भाग 17 अंक 22, संविधान की हिन्दी, पृष्ठ 176
    (ख) हिन्दू, अंग्रेजी समाचार पत्र, 21 जुलाई 1953 ई.।
90. (क) हरिजनसेवक, 22 अगस्त, 1953 ई., भाग 17 अंक 25, पृष्ठ 195
    (ख) नेशनल हेराल्ड, अंग्रेजी समाचार पत्र, 27 जुलाई 1953 ई.।
91. (क) हरिजनसेवक, 7 अप्रैल, 1954 ई., भाग 18 अंक 7, कांग्रेस कार्यसमिति के प्रस्ताव, पृष्ठ 54-55
    (ख) हरिजनसेवक, 7 मई, 1955 ई., भाग 19 अंक 10, कांग्रेस का प्रस्ताव, पृष्ठ 90
92. हरिजनसेवक, 18 सितम्बर, 1954 ई., भाग 18 अंक 29, भाषा सम्बन्धी सहिष्णुता और हिन्दी, पृष्ठ 225, अंक का प्रथम पृष्ठ, कॉलम एक।
93. हरिजनसेवक, अहमदाबाद, शनिवार 15 जनवरी 1955 ई., भाग 18 अंक 46 भाषा और साहित्य की सर्जनशक्ति, जवाहरलाल नेहरू, पृष्ठ 367 कॉलम 1 और 2
94. उपरिवत्, पृष्ठ 367, कॉलम 2
95. उपरिवत्, पृष्ठ 368, कॉलम 1
96. उपरिवत्।
97. (क) हरिजनसेवक, 22 अक्टूबर, 1955 ई., भाग 19 अंक 34, भाषा का सवाल, जवाहरलाल नेहरू, पृष्ठ 268
    (ख) हिन्दू-अंग्रेजी समाचार पत्र, 3 अक्टूबर 1955 ई.।
98. उपरिवत्।
99. उपरिवत्।
100. रजत जयन्ती ग्रन्थ, (1962 ई.), पृष्ठ 628, वर्धा।
101. हिन्दी : विकास और सम्भावनाएँ, डॉ. कैलाशचन्द्र भाटिया, पृष्ठ 120 से उद्धृत।
102. राजर्षि टंडन रचनावली, प्रकाशक हिन्दी साहित्य सम्मेलन, प्रयाग, 1982 ई., पृष्ठ 19
103. उपरिवत् पृष्ठ 45
104. उपरिवत्।
105. सम्मेलन पत्रिका त्रैमासिक, गांधी टंडन स्मृति अंक, आषाढ़ मार्गशीर्ष, शक 1891, भाग 55 संख्या 3-4, राजर्षि टंडन जी और राष्ट्रभाषा शीर्षक आलेख, श्रीमन्नारायण, पृष्ठ 173, हिन्दी साहित्य सम्मेलन, प्रयाग, इलाहाबाद।
106. उपरिवत्।
107. सम्मेलन पत्रिका, भाग 66 और अंक 1-4, शक 1901-02 राजर्षि टंडन जन्मशती विशेषांक, गांधी टंडन पत्र व्यवहार, पृष्ठ 273-281

108. राजर्षि टंडन जन्मशती स्मारिका, 1982, हिन्दी साहित्य सम्मेलन प्रयाग, इलाहाबाद, 'राष्ट्रभाषा हिन्दी या हिन्दुस्तानी : टंडन जी की दृष्टि में' शीर्षक संस्मरण, पृष्ठ 216
109. हरिजनसेवक, अहमदाबाद, शनिवार, 5 जून, 1954 ई., भाग 18 अंक 14, देश–भाषाओं की प्रतिष्ठा, रामधारी सिंह दिनकर, पृष्ठ 110, कॉलम 1
110. उपरिवत्।
111. उपरिवत्।
112. उपरिवत्, पृष्ठ 110 कॉलम 1 और 2

विशेष द्रष्टव्य :

हिन्दी भाषा : समस्याएँ और समाधान, प्रो. डॉ. वासुदेव नन्दन प्रसाद। हिन्दी : राष्ट्रभाषा, राजभाषा और सम्पर्क भाषा, पृष्ठ 56–61

113. राजभाषा हिन्दी, डॉ. भोलानाथ तिवारी, 'राष्ट्रभाषा बनाम राजभाषा' शीर्षक प्रकरण, पृष्ठ 65
114. हरिजनसेवक, 4 फरवरी 1956 ई., भाग 19 अंक 49, भाषा सम्बन्धी जो क्रान्ति हमें चाहिये, बी.जी. खेर, पृष्ठ 387
115. उपरिवत्।
116. उपरिवत्।
117. हरिजनसेवक, 29 मई, 1954 ई., भाग 18 अंक 13, मातृभाषायें और आन्तरभाषा, मगनभाई देसाई, पृष्ठ 102

विशेष द्रष्टव्य :

हरिजनसेवक, 12 जून 1954 ई., भाषा–नीति और सर्वोच्च न्यायालय का निर्णय, मगनभाई देसाई, पृष्ठ 117

118. (ख) हरिजनसेवक, 3 जुलाई, 1954 ई., भाग 18 अंक 18, राष्ट्रभाषा का सवाल, मगनभाई देसाई, पृष्ठ 144
    (ख) हरिजनसेवक, 18 सितम्बर, 1954 ई., भाग 18 अंक 29, भाषा सम्बन्धी सहिष्णुता और हिन्दी, मगनभाई देसाई, पृष्ठ 225, अंक 21 प्रथम पृष्ठ 1
    (ग) हरिजनसेवक, 20 नवम्बर, 1954 ई., भाग 18 अंक 38, ग्राम विद्यापीठ का हेतु और आदर्श, पृष्ठ 297–299, 301–304
119. (क) हरिजनसेवक, 12 मार्च, 1955 ई., भाग 19 अंक 2, आन्तर भाषा हिन्दी, मगनभाई देसाई, पृष्ठ 10
    (ख) हरिजनसेवक, 3 सितम्बर, 1955 ई., भाग 19 अंक 27, हिन्दी और उर्दू, पृष्ठ 209
    (ग) हरिजनसेवक, 5 अक्टूबर, 1955 ई., भाग 19 अंक 33, पंजाब में भाषाओं का प्रश्न, पृष्ठ 262–265
    (घ) हरिजनसेवक, 26 नवम्बर, 1955 ई., भाग 19 अंक 33, समान भाषा और प्रजाभावना, मगनभाई देसाई, पृ. 306, राजभाषा कमीशन, पृष्ठ 308–309
    (ङ) हरिजनसेवक, 28 जनवरी, 1955 ई., भाग 19 अंक 48, भाषा सम्बन्धी जो क्रान्ति हमें चाहिए, राजभाषा आयोग के अध्यक्ष बी.जी. खेर द्वारा चेन्नई (तत्कालीन मद्रास) में 12 जनवरी 1956 ई. का भाषण, पृष्ठ 378–379

(च) हरिजनसेवक, 4 फरवरी, 1956 ई., भाग 19 अंक 49, भाषा सम्बन्धी जो क्रान्ति हमें चाहिए, बी.जी. खेर, पृष्ठ 385-387

(छ) हरिजनसेवक, 18 फरवरी 1956 ई., भाग 19 अंक 51, अहिन्दी प्रदेशों की भाषा सम्बन्धी माँगें, मगनभाई देसाई, पृ. 404-405, अंग्रेजी को हटाया जाय या रखा जाय?, मगनभाई देसाई, पृष्ठ 405

120. (क) विश्व हिन्दी दर्शन, (प्रथम विश्व हिन्दी सम्मेलन, जनवरी 1975 ई. के अवसर पर प्रकाशित स्मारिका), हिन्दी राष्ट्रीय एकता की कड़ी है, विद्याचरण शुक्ल, पृष्ठ 76-77

(ख) हिन्दी भाषा, समस्याएँ और समाधान, प्रो. डॉ. वासुदेव नन्दन प्रसाद, भावात्मक एकता और हिन्दी, पृष्ठ 61-64

121. विश्व हिन्दी दर्शन।
हमारी सांस्कृतिक धरोहर की उत्तराधिकारी : हिन्दी, डॉ. कर्ण सिंह, पृष्ठ 105-106

विशेष द्रष्टव्य :
हिन्दी : विकास और सम्भावनाएँ, डॉ. कैलाशचन्द्र भाटिया। 'सरकारी कामकाज में हिन्दी का प्रयोग' शीर्षक प्रकरण। पृष्ठ 206-225

122. कुछ लेख कुछ भाषण, अटल बिहारी वाजपेयी। 'हिन्दी की दयनीय स्थिति' शीर्षक आलेख, पृष्ठ 87
123. राजभाषा हिन्दी : विकास के विविध आयाम, डॉ. मलिक मोहम्मद, पृष्ठ 177
124. केन्द्रीय हिन्दी निदेशालय परिचय एवं प्रकाशन, पृष्ठ 2
125. कुछ लेख कुछ भाषण, अटल बिहारी वाजपेयी, पृष्ठ 80
126. उपरिवत्, पृष्ठ 80-81
127. उपरिवत्, पृष्ठ 83
128. उपरिवत्, पृष्ठ 88
129. स्पीचेज ऑफ प्रेसीडेंट, वी.वी. गिरि, खंड 2, पृष्ठ 149
130. स्पीचेज ऑफ प्रेसीडेंट, फ़ख़रुद्दीन अली अहमद, पृष्ठ 179
131. इन्दिरा गांधी, सेलेक्टेड स्पीचेज एंड राइटिंग्स, खंड 5, 1982-1984 ई., पृष्ठ 281
132. स्पीचेज ऑफ प्रेसीडेंट ज्ञानी जैलसिंह, खंड 2, पृष्ठ 24
133. दैनिक जागरण, वाराणसी, 21 जून शनिवार 1997 ई., पृष्ठ 7
134. प्रशासनिक हिन्दी एवं शब्दावली, डॉ. नारायणदत्त पालीवाल, पृष्ठ 27-28
135. शिवपूजन सहाय प्रतिनिधि संकलन, प्रधान सम्पादक नामवर सिंह, पृष्ठ 112
136. प्रयोजनमूलक हिन्दी, प्रकाशक केन्द्रीय हिन्दी संस्थान, आगरा, 1975 ई., प्रयोजनमूलक हिन्दी : उद्देश्य और सीमा, विद्यानिवास मिश्र, पृष्ठ 92
137. उपरिवत्।
138. हिन्दी प्रदीप, प्रयाग, चैत्र शुक्ल 13, विक्रम संवत् 1939 तदनुसार 1 अप्रैल, 1882 ई., जिल्द 5 संख्या 8, 'प्रार्थना' शीर्षक सम्पादकीय अग्रलेख, पृष्ठ 4-5

भारतेन्दु हरिश्चन्द्र कृत 'प्रथम हिन्दी व्याकरण'

भारतेन्दु हरिश्चन्द्र कृत 'प्रथम हिन्दी व्याकरण' एक दुर्लभ कृति है। वैयाकरण भारतेन्दु पर अद्यावधि बहुत कम विचार किया गया है। वैयाकरण के रूप में उन्हें ख्याति नहीं मिल सकी। उनकें 'प्रथम हिन्दी व्याकरण' का मुद्रण 1884 ई. में बिहार बन्धु छापाखाना, बाँकीपुर, पटना में किया गया था। साधोराम भट्ट उक्त छापाखाना के मुद्रक थे। यह पुस्तक मोहन सिंह, मौजा शहरी, पत्रालय बाढ़, जिला पटना के यहाँ अपने प्रथम प्रकाशन के कुछ वर्षों तक प्राप्य थी। वे इस पुस्तक के प्रकाशक थे। यह लघु आकार के बीस पृष्ठों की पुस्तक है। उसका तत्कालीन मूल्य एक आना था।

यह पुस्तक 'छोटे स्कूलों की शिक्षा के हेतु' लिखी गई थी। प्राक् भारतेन्दु और भारतेन्दु काल में विद्यालयीय शिक्षा के हेतु व्याकरण लेखन की परम्परा थी; किन्तु भारतेन्दु के उक्त व्याकरण में मौलिकता का अभाव नहीं है।

पंडित दामोदर शास्त्री द्वारा विरचित और ब्रांच बुधोदय प्रेस, बाँकीपुर, पटना से प्रकाशित (द्वितीय संस्करण 1883 ई.) 'भाषादर्श बाल व्याकरण' के आवरण के तृतीय पृष्ठ पर 'सूचना! सूचना!! सूचना!!!' शीर्षक एक विज्ञापन प्रकाशित है। उक्त विज्ञापन के अनुसार बाबू गिरिधर दास कृत 'भाषा व्याकरण' को भारतेन्दु हरिश्चन्द्र ने पूर्ण किया था। यह 'भाषा व्याकरण' 1883 ई. के पूर्व ही खड्गविलास प्रेस, बाँकीपुर, पटना प्रकाशित हुआ था। रामचरण सिंह द्वारा विरचित और खड्गविलास प्रेस, पटना द्वारा प्रकाशित 'भाषा प्रभाकर' (द्वितीय संस्करण, 1887 ई.) नामक व्याकरण ग्रन्थ के आवरण के चतुर्थ पृष्ठ पर भी 'भाषा व्याकरण' के रचयिता का नामोल्लेख 'भाषा प्रभाकर' में प्रकाशित खड्गविलास प्रेस के प्रकाशनों की सूची में नहीं है। किन्तु इसके रचयिता का नामोल्लेख खड्गविलास प्रेस अथवा अन्य यंत्रालयों के भारतेन्दुकालीन प्रकाशनों की सूची में भी नहीं मिलता। 'भाषा प्रभाकर' (द्वितीय संस्करण, 1887 ई.) के आवरण के तृतीय और चतुर्थ पृष्ठों पर खड्गविलास प्रेस के प्रकाशनों का सूचीपत्र प्रकाशित है। इस सूचीपत्र में 1887 ई. तक प्रकाशित खड्गविलास प्रेस की पुस्तकों की नामावली है। इनमें से किसी भी पुस्तक के रचयिता का नामोल्लेख नहीं है। किन्तु

'भाषादर्श बाल व्याकरण' (द्वितीय संस्करण 1883 ई.) में प्रकाशित विज्ञापन 'भाषा व्याकरण' की निर्णयात्मक सूचना है। उक्त 'भाषा व्याकरण' हिन्दी व्याकरण के इतिहास में सर्वथा अनुल्लिखित कृति है। यह 'भाषा व्याकरण' दुष्प्राप्य है। नागरीप्रचारिणी सभा, काशी में भी इसकी कोई प्रति प्राप्य नहीं है। यह ज्ञातव्य है कि बाबू गिरिधर दास भारतेन्दु के पिता थे। पंडित दामोदर शास्त्री के 'भाषादर्श बाल व्याकरण' (प्रथम संस्करण सन् 1874) की प्रस्तावना में यह स्वीकार किया गया है कि व्याकरणलेखन की प्रेरणा लेखक को भारतेन्दु हरिश्चन्द्र से प्राप्त हुई। मार्गशीर्ष शुक्ल 2, गुरुवार, विक्रम संवत् 1931 तदनुसार (1874 ई.) को लिखित इसकी प्रस्तावना में वैयाकरण दामोदर शास्त्री के शब्दों में, ''मैं इसमें मेरे परम आधार प्राणाधिक प्रियतम श्री बाबू हरिश्चन्द्र जी को अनंत धन्यवाद देता हूँ क्योंकि जिनके सहवास से मेरी इसमें प्रवृत्ति हुई।''

'भाषादर्श बाल व्याकरण' के द्वितीय संस्करण 1883 ई, के आवरण पृष्ठ पर भी यह स्पष्ट उल्लेख है कि उक्त व्याकरण भारतेन्दु जी के घनिष्ठ सम्पर्क से लिखा गया। 'भाषादर्श बाल व्याकरण' (द्वितीय संस्करण, 1883 ई.) के आवरण पृष्ठ की सत्य प्रतिलिपि यह है–

भाषादर्श बाल व्याकरण

अर्थात्

हिन्दी भाषा का बालकों की शिक्षा का परमोपयोगी

प्रथम व्याकरण

हिन्दी भाषा के एकमात्र आश्रय

भारतभूषण भारतेन्दु

श्री हरिश्चन्द्र के सहवास से उनके निजसुहृद

श्री दामोदर शास्त्री ने बनाया।

इसका कोई अधिकार किसी को नहीं

द्वितीय संस्करण

PRINTED BY K. N. BHATTACHARJI

BRANCH BUDHODOYA PRESS

BANKIPORE

1883

दाम 1–) डाक महसूल) ॥

इससे यह स्पष्ट है कि व्याकरणलेखन की ओर भारतेन्दु हरिश्चन्द्र ने अपने युग के विद्वानों को प्रेरित किया था। भारतेन्दु भाषा की शुद्धता के संरक्षक थे।

व्याकरण ग्रन्थ 'भाषा प्रभाकर' (द्वितीय संस्करण 1887 ई.) के आवरण के तृतीय पृष्ठ पर कैथी लिपि में भारतेन्दु हरिश्चन्द्र द्वारा विरचित 'हरिश्चन्द्र ग्रामर' का उल्लेख है जिसका मूल्य उन दिनों एक आना (छह पैसे) था; किन्तु यह 'हरिश्चंद्र ग्रामर' अद्यावधि दुष्प्राप्य है। इसका उल्लेख अभी तक किसी विद्वान् ने नहीं किया है।

भारतेन्दु हरिश्चन्द्र कृत अति दुर्लभ 'प्रथम हिन्दी व्याकरण' का सम्पूर्ण आलेख यथावत् यहाँ सबसे पहली बार पुनर्मुद्रित है। इसके द्वितीय संस्करण अथवा इसकी द्वितीय आवृत्ति का प्रकाशन अद्यावधि नहीं हुआ था। यह किसी भी भारतेन्दु रचनावली में अब तक नहीं था। यह भारतेन्दु समग्र की असंगृहीत रचना होने के कारण विशेष महत्त्वपूर्ण है। 'प्रथम हिन्दी व्याकरण' के आवरण पृष्ठ की सत्य प्रतिलिपि यथावत् यहाँ उद्धृत है। तत्पश्चात् भारतेन्दु हरिश्चन्द्र की भूमिका और मूल पुस्तक का पाठ भी यहाँ यथावत् पुनर्मुद्रित है। इसका यथावत् पुनर्मुद्रण शोध संसार की एक उपलब्धि सिद्ध होगा, ऐसी आशा है। वैयाकरण भारतेन्दु पर जमकर विचार किये जाने की आवश्यकता है। इस ओर विद्वानों को ध्यान मैं सादर आकृष्ट करता हूँ।

HARISCHANDRA'S HINDI SERIES

No. 1

हरिश्चन्द्र की हिन्दी शिक्षा पुस्तक प्रथम श्रेणी

प्रथम

हिन्दी व्याकरण

छोटे स्कूलों की शिक्षा के हेतु श्रीमान् भारतेन्दु

बाबू हरिश्चन्द्र ने बनाया

और

बाबू मोहन सिंह ने छपवाया।

पटना

'बिहार बन्धु' छापाखाना, बाँकीपुर।

१८८४

मूल्य प्रति पुस्तक–)

भूमिका

हमारे स्कूल के बालकों को किसी ऐसे व्याकरण बिना बड़ी असुविधा थी जो पहले पहल पढ़ाने के योग्य हो अर्थात् जिसको पढ़कर बालकों को हिन्दी व्याकरण में प्रवेश का अधिकार हो और हिन्दी भाषा में पाठोपयोगी सब प्रकार के पुस्तक संकलन का मेरा बहुत दिनों से मनोरथ भी था इस हेतु यह मैंने पहले व्याकरण श्रेणी की यह प्रथम पुस्तक लिखी है।

इसकी रीति मैंने हिन्दी की स्वतंत्र भाषानुसार रखी है इससे इसमें प्रथम अनेक भ्रम होना संभव है इस हेतु हिन्दी भाषा के विज्ञ लोग यदि इसमें कुछ गुण दोष पावें तो अनुग्रह पूर्वक मुझे लिखें दूसरी बेर के छपने में वे सब निकाल दिये जायेंगे।

—हरिश्चन्द्र।

प्रथम हिन्दी व्याकरण

१. व्याकरण विद्या से बोलने वा लिखने में शुद्ध अशुद्ध का ज्ञान होता है।

२. हिन्दी का व्याकरण वर्ण, शब्द और पद इन तीन विभागों में बँटा है और साहित्य और छन्द इसके दो अंग हैं।

३. वर्ण–स्वर व्यंजन दो प्रकार के हैं और मात्रामिश्रित और कल्पित यह तीन प्रकार इस में और हो जाते हैं।

स्वर–अ आ इ ई इत्यादि।

व्यंजन–क ख इत्यादि।

मात्रा–व्यंजन में स्वर मिलने से बनती है यथा का की इत्यादि परन्तु कोई कोई मात्रा ही को स्वर कहते हैं।

मिश्रित–दो व्यंजनों के मिलने से बना है यथा कृष्ण इत्यादि।

कल्पित–दूसरे भाषा के उच्चारण के अर्थ चिह्न देकर बनाए जाते हैं यथा ज़रा, ग़रीब।

४. सार्थ शब्द पाँच प्रकार के होते हैं यथा संज्ञा, क्रिया, धर्म्म, वाचक और प्रतिनिधि।

संज्ञा–जीव या वस्तु के नाम को कहते हैं यथा मनुष्य, वृक्ष।

क्रिया–वस्तुओं के व्यापार का बोध करती है यथा मनुष्य आता है।

धर्म्म–संज्ञा, वा क्रिया का गुण जनाता है जैसा दयाल ईश्वर जल्दी दौड़ना।

वाचक–शब्दों के सम्बन्ध के हेतु हैं यथा उससे और ऐसे ही मैंने भी मानी में साथ के जब इत्यादि अनेक हैं।

प्रतिनिधि–संज्ञा वा क्रिया वा गुण से बदले आते (जाते) हैं जैसा उस ने वही किया।

५. संज्ञा में जाति पुरुष वचन और विभक्ति होती हैं और इस्के विशेष और साधारण दो भेद हैं।

विशेष वह जो एक व्यक्ति का बोध करे।

साधारण वह जो समुदाय का बोध करे।

६. जाति–पुरुष और स्त्री दो प्रकार की हैं और हिन्दी में नपुंसक जाति के शब्द भी इन्हीं दो जाति में मिला दिये जाते हैं, जो हिन्दी भाषा में फ़ारसी, अंगरेजी इत्यादि भाषा के शब्द मिल गए हैं उनकी कहीं तो हिन्दीवालों ने जाति बदल दी है कहीं नहीं बदली है इस्से जो ऐसे शब्द आवें जिनकी जाति हिन्दीवालों ने न बदली हो तो उन्हें उसी भाषा की जाति के अनुसार बोलना चाहिए।

पु. जा.–ब्राह्मण।

स्त्री जा.–ब्राह्मणी।

नपुंसक जाति का संस्कृत शब्द कमल पु. जा. पुरुष जाति पवन

स्त्री. जा. पर प्राय: पवन।

दोनों जाति में बोला जाता है यथा कमल अच्छा है पवन चलती है पवन चलता है।

७. पुरुष–उत्तम और मध्यम अन्य तीन हैं, बात करनेवाला उत्तम जिस्से बात की जाय वह मध्यम जिसकी बात की जाय वह अन्य।

८. वचन–एक वचन और बहुवचन दो प्रकार के हैं।

एक वचन एक का बोध करता है यथा राम।

बहुवचन अनेक का बोध करता है यथा घोड़े।

९. विभक्ति 6 हैं कर्त्ता, क्रियाश्रय, करण, अधिष्ठान, सम्बन्ध और सम्बोधन।

कर्त्ता–क्रिया करने वाला यथा राम मारते हैं तो यहाँ राम कर्त्ता है और इस्का चिह्न कोई विशेष नही है[1]।

क्रियाश्रय में क्रिया समाप्त होती है जैसा रावण को मारा तो यहाँ मारना क्रिया रावण में समाप्त हुई वा राम को नमस्कार तो नमस्कार क्रिया राम में समाप्त हुई।

करण (अर्थात् द्वारा) जिस्के द्वारा क्रिया हो यथा बाण से मारा तो मारना क्रिया यहाँ बाण द्वारा हुई।

अधिष्ठान संज्ञा का आश्रय होता है यथा उसमें छत पर तो यहाँ उस और छत आश्रय हैं।

सम्बन्ध संज्ञाओं के सम्बन्ध को कहते हैं यथा राम का बाण तो राम से बाण से सम्बन्ध है इससे राम में यहाँ सम्बन्ध विभक्ति है।

---

1. कोई कर्त्ता का चिह्न ने मानते हैं पर कोई कहते हैं कि ने तृतीया है पर भाषा में राम से रावण मारा गया राम ने मारा राम मारता है राम करके रावण मारा गया यहाँ सब स्थान में राम कर्त्ता ही है यदि राम बाण से मारता है तो बाण करण होगा इस्से ने से कहीं-कहीं कर्त्ता के हेतु भी आते हैं और ने से के अर्थ ग्रहण में इसी से भेद होता है।

सम्बोधन दूसरे को पुकारने वा बोलने में उसका नाम वा गुण कहकर सम्बोधन करने को कहते हैं यथा हे राम, अरी हठीली, इत्यादि।

१०. शब्दों के अनेक प्रकार के होने से उनकी विभक्तियाँ अनेक प्रकार की होती हैं और वे शब्द दोनों जाति में प्राय: सब अ आ इ ई उ ऊ ऐ ओ औ अं इन स्वरों वा इनके मात्राओं से समाप्त होते हैं इसी से उनके रूप अलग होते हैं और इन शब्दों की स्त्री जाति से पुरुष जाति वा पुरुष जाति से स्त्री जाति बनाने की भी रीति अलग-अलग है यथा–

अकारान्त ब्राह्मण शब्द

पु.	जाति		स्त्री जाति
ए. व.	बहु व.	ए. व.	बहु. व.
कर्त्ता ब्राह्मण	ब्राह्मणों	ब्राह्मणी	ब्राह्मणियों
क्रि. ब्राह्मण की,	ब्राह्मणों की,	ब्राह्मणियों की,	क. ब्राह्मण से,
ब्राह्मणों से,	ब्राह्मणी से,	ब्राह्मणियों से	
अ. ब्राह्मण में,	ब्राह्मणों में,	ब्राह्मणी में,	ब्राह्मणियों में
स. ब्राह्मण का,	ब्राह्मणों का,	ब्राह्मणी का,	ब्राह्मणियों का
की के	की के	की के	की के
सं. हे ब्राह्मण,	हे ब्राह्मणों,	अरी ब्राह्मणी	अरी ब्राह्मणियों

अकारान्त शब्द की स्त्री जाति बनाने में परम्परा के अनुसार इन, आनी, आइन, अन, ई और नी लगा कर बनाते हैं यथा मिसर मिसरानी मिसराइन, गोंड, गोंड़िन, धोबी धोबन, लुटेरा लुटेरी, जाट जाटनी, सिंह सिंहनी, पंड्या पंड्यानी, मोर मोरनी, ऊँट ऊँटनी इत्यादि।

सब मात्रांत शब्दों के केवल कर्ता का रूप और स्त्री बनाना दिखाते हैं ऐसे ही को से मैं का की के लगाने से और चारों विभक्ति बनती हैं केवल सम्बोधन में रूप बदल जाता है। कितने शब्दों की तथा विशेष संज्ञा के शब्दों की स्त्री जाति नहीं होती। कर्त्ता में जहाँ ने लगता है वहाँ रूप बदलता है नहीं तो ज्यौं का त्यौं रहता है।

अकारान्त घोड़ा शब्द

	पुरुष जाति		स्त्री जाति
ए. व.	बहु व.	ए.व.	बहु व.
घोड़ा	घोड़े	घोड़ी	घोड़ियाँ
घोड़े ने	घोड़ों ने	घोड़ी ने	घोड़ियों ने
हे घोड़े	हे घोड़ों	हे घोड़ी	हे घोड़ियों

इकारान्त रवि शब्द

ए. व.	बहु. व.
रवि	रवि
रवि ने	रवियों ने
रवि	रवियो

ईकारान्त माली शब्द

माली	माली	मालिन	मालिनै
माली ने	मालियों ने	मालिन ने	मालिनी ने
माली	मालियों	मालिन	मालिनी

परन्तु यहाँ यदि हाथी शब्द होता तो उस्की स्त्री जाति हथिनी होती।

उकारान्त साधु शब्द

साधु	साधु	साधुनी	साधुनियैं
साधु ने	साधुओं ने	साधुनी ने	साधुनियों ने
हे साधु	हे साधुओं	हे साधुनी	हे साधुनियों

ऊकारान्त बाबू शब्द

बाबू	बाबू	बबुआइन	बबुआइनै
बाबू ने	बाबुओं ने	बबुआइन ने	बबुआइनी ने
बाबू	बाबुओं	बबुआइन	बबुआइनी

एकारान्त चौबे शब्द

चौबे	चौबे	चौबाइन	चौबाईनै
चौबे ने	चौबों ने	चौबाइन ने	चौबाइनों ने
चौबे	चौबों	चौबाइन	चौबाइनों

ऐकारान्त शब्द जो होगा उस्का रूप यकारान्त करके ब्राह्मण शब्द की भाँति जानो।

ओकारान्त और औकारान्त शब्दों में भी कही वकारान्त होकर ब्राह्मण की भाँति रूप होता है जौ जब इत्यादि।

अकारान्त स्त्री जाति शब्द मालिन की भाँति होते हैं।

अकारान्त स्त्री माला शब्द

एक वचन	बहु वचन
माला	मालाएँ वा माला
माला ने	मालाओं ने
माला	मालाओ

इकारान्त और ईकारान्त स्त्री जाति ब्राह्मणी शब्द की भाँति जानो।

उकारान्त ऊकारान्त पुरुष जाति उकारान्त ऊकारान्त की भाँति होते हैं यथा जोरू।

एकारान्त, ऐकारान्त, ओकारान्त औकारान्त स्त्री जाति में दोनों वचन की सब विभक्ति में शब्द अपने रूप ही में रहते हैं यथा बरैं गुलाबो लौ॥

११. क्रिया अनुभव और कृति दो प्रकार की हैं। अनुभव होने को कहते हैं यथा यह काम होता है तो यहाँ होना क्रिया उसी काम ही में समाप्त हो गई और कृति करने को कहते हैं यथा मारना। कृति क्रिया दो प्रकार की हैं स्वनिष्ठ और परनिष्ठ।

स्वनिष्ठ क्रिया वह है जिस्की कृति कर्त्ता ही में हो जैसा चलता है तो यहाँ वह आप चलता हैं।

परनिष्ठ की क्रिया दूसरे पर पड़ती है यथा उड़ाता है तो यहाँ वह अवश्य किसी दूसरे को उड़ाता है।

वचन पुरुष और जाति के अनुसार क्रिया का भी रूपान्तर होता है जहाँ संज्ञा जिस वचन वा जाति की होगी वहाँ क्रिया भी वैसी ही बोली जायगी यथा वह मनुष्य आया, वे मनुष्य आए, स्त्री आई, स्त्रियाँ आंईं।

जहाँ बहुत सी संज्ञा एक साथ आवैंगी वहाँ अन्त वाली संज्ञा की जाति के अनुसार क्रिया होगी जैसा वहाँ अनेक स्त्री घोड़ी बैल आए थे इत्यादि।

सब क्रियाओं में तीन काल तथा सन्देह और आज्ञा होती है।

भूत–जो क्रिया हो चुकी है यथा आया था।

वर्तमान–जो हो रही है यथा करते हैं।

भविष्य–जो होने का है यथा खांयेगे।

संदेह–जिस्में संदेह हो यथा किया हो, आवे न आवै इत्यादि।

आज्ञा–जिसमें आज्ञा हो यथा कर।

आज्ञा क्रिया तीन प्रकार की होती है यथा विधि, निषेध और उदासिन, विधि–कर, निषेध–मत कर, उदासिन–चाहे कर चाहे मत कर।

करना क्रिया के सब रूपों का उदाहरण।

उत्तम पुरुष

पु. जा.	एक व.	पु. जा. बहु व.
वर्तमान	मैं करता हूँ	हम करते हैं
भूत	मैं करता था	हम करते थे
भविष्य	मैं करूँगा	हम करेंगे।
सन्देह	मैं करूँ	हम करैं
स्त्री. जा. एक व.		स्त्री. जा. बहु व.
वर्तमान	मैं करती हूँ	हम करती हैं
भूत	मैं करती थी	हम करती थीं, हम करतीं थीं
भविष्य	मैं करूँगी	हम करैंगी
सन्देह	मैं करूँ	हम करैं

उत्तम पुरुष में आज्ञा क्रिया नहीं होती।

मध्यम पुरुष

वर्तमान	तू करता है	तुम करते हौ
भूत	तू करता था	तुम करते थे
भविष्य	तू करेगा	तुम करोगे
सन्देह	तू करे	तुम करो
आज्ञा	तू कर	तुम करो
वर्तमान	तू करती है	तुम करती हो
भूत	तू करै थी, तू करती थी	तुम करैं थी तुम करती थी
भविष्य	तू करेगी	तुम करोगी
सन्देह	तू करे	तुम करो
आज्ञा	तू कर	तुम करो

अन्य पुरुष

वर्तमान	वह करता है	वे करते हैं
भूत	वह करता था	वे करते थे
भविष्य	वह करैगा	वे करैंगे
सन्देह	वह करता	वे करते
आज्ञा	वह करै	वे करैं
वर्तमान	वह करती है	वे करती हैं
भूत	वह करती थीं	वे करती थीं

भविष्य	वह करेगी	वे करेंगी
सन्देह	वह करती	वे करतीं
आज्ञा	वह करे	वे करें

सन्देह क्रिया में सब काल होते हैं और में, है, थे, थी, हैं, हौ इत्यादि सूचक चिह्न भी होते हैं और यथासंभव बोले जाते हैं और प्रश्न भी इसी के अन्तर्गत है यथा करना ही क्रिया ही करैगा करूँ इत्यादि और इसका चिह्न ? है।

१२. धर्म्म भी संज्ञा वा क्रिया के अनुसार जाति और वचन में बदल जाते हैं यथा अच्छा अच्छे अच्छी।

आकारानी धर्म्म पु. जा., एक वचन में सर्वदा आकारान्त रहता है और बहुवचन में एकारान्त हो जाता है पर स्त्री जाति में दोनों वचन में एकारान्त ही रहता है और आकारान्त दोनों वचनों वा जातियों में एक ही सा रहता है और और मात्रांत भी यथासंभव बदलते हैं।

कहीं कहीं धर्म्म के भी धर्म्म होते हैं यथा गहिरा पीला।

१३. वाचक सम्बन्धी अधिष्ठान अनुरूप सामयिक विशेष उद्गार और सन्देह आठ हैं। सम्बन्धी वह है जो सम्बन्ध बतलावे यथा का से ने के इत्यादि। अधिष्ठान, आधार बताते हैं यथा में पर भीतर साथ इत्यादि अनुरूप, क्रिया संज्ञा वा धर्म्मों की अनुरूपता बताते हैं यथा जैसा वैसा कैसा मानो जानो इत्यादि। सामयिक, समय से सम्बन्ध रखते हैं यथा कब जब इत्यादि। विशेष पदों वा शब्दों में विशेषता बताते हैं यथा और तथापि यद्यपि परन्तु इत्यादि सन्देह, सन्देह प्रकाश करते हैं यथा यदि जो इत्यादि।

उद्गार चित्त का भाव दिखाते हैं यथा हा धिक् शाबाश इत्यादि।

१४. प्रतिनिधि में भी जाति वचन पुरुष और विभक्तियाँ होती हैं पर उन्हीं प्रतिनिधि शब्दों में जो संज्ञा के बदले आवें और धर्म्म और क्रिया के बदले के शब्दों की व्यवस्था धर्म्म वा क्रिया के अनुसार होती है।

उत्तम पुरुष

एकवचन	पु. जा.	बहुवचन	पु. जा.
कर्त्ता	मैं मैं ने	हम	हम ने
क्रियाश्रय	मुझे मुझे को	हमैं	हम को
कर्ण	मुझ में	हम में	
अधिष्ठान	मुझ में, मुझ पर	हम में हम पर	
सम्बन्ध	मेरा, मेरी, मेरे	हमारा, हमारी, हमारे	
सम्बोधन	मैं	हम	

मध्यम पुरुष

कर्त्ता	तू, तू ने	तुम, तुम ने
क्रियाश्रय	तुझे, तुझ को	तुम्हें, तुम को
कर्ण	तुझ से वा तेरे से	तुम से वा तुम्हारे से
अधि.	तुझ में, तेरे में, पर	तुम्हारे, तुम में वा पर
सम्बन्ध	तेरा तेरी, तेरे, तुम्हारा	तुम्हारी, तुम्हारे
सम्बोधन	तू	तुम

अन्य पुरुष

कर्त्ता	उसने, वह	उन्होंने, वे
क्रियाश्रय	उसको	उनको, उन्हीं को
कर्ण	उससे	उनसे
अधिष्ठान	उसमें पर	उन में, पर।
सम्बन्ध	उसका, की, के	उन का, की, के उन्हीं का, की, के।

विभक्तियों में पुरुष जाति के सदृश स्त्री जाति का रूप होता है और अन्य पुरुष में सम्बोधन नहीं होता पर आदर के स्थान में तुम के बदले आप कहते हैं।

१५. पद विभाग जानने से मनुष्य शुद्ध और ललित वाक्य बोल वा लिख सकता है।

संज्ञा क्रिया वाचक इत्यादि को यथास्थान में रखना वाक्य बनाना है यथा उस भले आदमी ने अच्छा कुआँ बनाया।

हिन्दी पदों में क्रिया प्राय: अन्त में आती है।

वाक्य बनाने में व्याकरण की शुद्धता को छोड़ के मुहावरे का भी ध्यान अवश्य है क्योंकि जिस मुहावरे में जो शब्द बोले जाते हैं उनको वहीं बोलने से पद शुद्ध होगा यथा गाड़ी हाँकना, नाव खेवना। वाक्य साहित्य और मुहावरों से ललित होते हैं।

१६. साहित्य पदों का भूषण है इससे व्याकरण जान कर इसका जानना योग्य है क्योंकि साहित्य जानने बिना लिखना या बोलना रुखा होता है।

साहित्य अलंकार आदि को बताता है।

१७. शब्दों के परस्पर सम्बन्ध से जो एक प्रकार के पद में उत्तमता उत्पन्न होती है उनके कारणों को अलंकार कहते हैं।

अलंकार अर्थ और शब्द दो प्रकार के हैं।

अर्थालंकार अर्थ से और शब्दालंकार शब्द से सम्बन्ध रखते हैं।

१८. जिसकी समता दी जाय वह उपमान जिसको दी जाय वह उपमेय कहाता है।

विद्यार्थियों के ज्ञान के हेतु यहाँ सुलभ कई अलंकार वर्ण क्रम से दिखाते हैं।

सुलभ अलंकार वर्णन

नाम लक्षण उदाहरण

अत्युक्ति–योग्यता से विशेष करना।
यथा–तुम्हारे एक एक दास कर्ण से दानी हैं।
अनुप्रास (श.)–अनुपात बराबर मिलता जाय।
यथा–उसके आस पास दास दासी खड़े थे।
असंगत–बेमेल।
यथा–बंध्यापुत्र ने यह पुष्प सूँघा।
उत्प्रेक्षा–जहाँ एक वस्तु को दूसरे के सदृश कहैं
इस में मानो जानो आदि शब्द आते हैं
यथा–तेरा मुख मानों चन्द्रमा है।
उपमा–जहाँ किसी को उपमा दी जाय।
यथा–मुख कमल है।

चित्र (श.) जहाँ हाथी घोड़ा इत्यादि के चित्रों में उलट पुलट कर के अक्षर पढ़े जाँय। यथा–

रात को–
महल में–
भरी नींद–
जो सीता–
इस्से पहिला अक्षर लेने से राम भजो निकला।
यमक (श.) एक ही से अनेक शब्द आवे पर अर्थ अलग 2 हो।
यथा–राम ने आराम में आराम किया।
लोकोक्ति–जहाँ लोक की कहावत कही जाय।
यथा–यह गोमुख व्याघ्र है।
व्याजस्तुति–स्तुतिसी हो पर उसमें भीतर निन्दा झलके।
यथा–अब यही तो दानी रह गये हैं।
स्वभावोक्ति–जहाँ स्वभाव वर्णन किया जाय।
यथा–गवारियों की कैसी सीधी चितवन है।

श्लेष (शब्द) दो अर्थ हों।

यथा–बारी आओ यहाँ बारी बलिहारी और बागीचा दो अर्थ हुए।

१९. छन्द एक तुलना में पदों वा शब्दों की योजना है।

वे छन्द तीन भाँति के हैं एक में मात्रा की दूसरे में अक्षरों की और तीसरे में ताल की समता मुख्य है।

अ इ उ ये ह्रस्व मात्रा हैं और शेष सब दीर्घ हैं।

चौपाई दोहा सोरठा कबित्त सवैया बरवा छप्पै हरिगीति और भजन ये प्रसिद्ध छन्द है।

मात्रा प्रधान छन्द यथा चौपाई, चौपाई में आठ गुरु में सोलह लघु तक होते हैं क्योंकि दो लघु एक गरु के समान होते हैं।

श्री राधा स्वामी की मारी।

हरि भजु मन तजि सब भय नित प्रति।

आगे चले बहुरी रघुराई।

दोहा छन्द का वर्णन। इस छन्द में चार चरण होते हैं १ म चरण में तेरह मात्रा 2य में ग्यारह 3य में १३ और ४ र्थ में ११ होती है।

यथा दो.–जै जै जै राधारमन, जुगल बेष बपु एक।

देहु लडैती स्याम घन, चित्त चातिक लों टेक।

सोरठा छन्द दोहा के उलटने से बन जाता है अर्थात् उसके १ म चरण में ११ मात्रा और 2 य में १३ मात्रा और 3 य में ११ और चतुर्थ में १३ मात्रा होती हैं।

यथा–

निज कवि निज शृंगार, निज करि जो गावे सुने।
राधारमन उदार, ततछन हिय में झलमलैं।

यह एक मोटे भेद का उदाहरण दिया है यदि सूक्ष्म भेद किया जाय तो तीनों पद अलग-अलग छन्द के हो जायेंगे।

अक्षर प्रधान छन्द यथा कबित्त।

कवित्त में बत्तीस वा इकतीस अक्षर होते हैं और सोलह पर विश्राम होता है।

यथा–

ब्रह्मा विष्णु शंभु की कृपा तैं नभ भारत में,
नित्य ही दुचन्दकला आपनी बढ़ावैगी।
विद्वज्जनमानस कुमुद प्रफुलित ह्वें हैं
चाहक चकोरन को सुख दरसावैगी।

मूरखता कुमती कुकर्म तम नास करि
सुमति सुकर्म को प्रकाश पसरावैगी।
छत्री वर्ग मंडल के हित नित लाल यह,
पत्रिका सुधा कर लौं सुधा बरसावैगी।

ताल प्रधान छन्द भजन है इन में ताल के अनुसार छोटे बड़े पद होते हैं।

–इति

●●●